# 2017 中国艺术品 ANTIQUES 拍卖年鉴

CHINESE ART AUCTION RECORDS

拍卖成交记录 | 2016.1.1~2016.12.31

掌握文玩投资全球价格及趋势

文玩爱好者、收藏者、从业者每年必备书

**铜镜香炉 佛珠造像 沉香手串 笔墨纸砚**
**印章名石 琥珀玛瑙 珊瑚蜜蜡 料器烟壶**
**银铁壶器 紫砂壶 明清家具 古籍善本**

《拍卖年鉴》编辑部 / 编著　罗伯健 / 编审

北京联合出版公司
Beijing United Publishing Co.,Ltd.

# 推荐序

RECOMMENDATION

艺术品拍卖市场作为中国艺术品交易的二级市场，在过去几年，起到了良好的市场指引作用。拍卖市场的调整，则进一步影响着艺术品一级交易市场的走向与发展。拍卖平台的公开性与平等性，使藏品成交信息的获得更为直接、透明，网络及移动终端提供了更加迅捷、便利的查询途径。资讯时代的特征，在艺术品拍卖面前，显现出强大的动能；而获得准确的资讯，也间接或直接地影响了交易双方的投资收益。

由于网络资讯数据库过于庞大与冗杂，需要查询者付出大量宝贵的时间进行信息的梳理。随着拍卖市场的火爆而来的，是中国大陆涌现出了众多良莠不齐的拍卖年鉴类图书，殊不知，这是很不好的现象。拍卖年鉴中的资讯具有更高的参考价值，是因为其经过专业编辑团队系统性的汇总与整合筛选。其中，“紫图全球拍卖年鉴系列”收录了苏富比、佳士得、邦瀚斯、中国嘉德、北京保利等全球 40 家著名拍卖行的拍卖信息，视野覆盖伦敦、纽约、旧金山、香港、澳门、北京、上海、广州、台北等中国艺术品全球拍卖交易重镇，在国内拍卖年鉴类图书市场中，独领风骚。

紫图拍卖年鉴由数十名资深艺术品编辑、制作及专家、顾问组成的团队，耗时一年精心耕耘，在数以百万计的拍卖数据瀚海中孤舟向前，潜心为读者遴选实用、可用之数据；而坚持“从每年 1 月 1 日开始收集至 12 月 31 日为止”的编著宗旨，白驹过隙间已四载有余，更是诚心可鉴。

整套年鉴共收录了 48000 余条拍品资料、50000 余幅相关拍品高清图片；每本年鉴 600 余页，文字资料 20 余万字，仅此两点，在国内就无出其右者。这一切的努力，只为能给中国艺术品藏家、艺术品收藏爱好者、艺术品投资人士及其相关从业人员，提供有价值的、可供参考的第一手拍卖成交信息。

本套艺术品年鉴，切合了广大投资者对资讯系统化的需求，还能帮助收藏爱好者开阔国际收藏视野。相信通过大家的共同努力，将艺术品市场向更为积极、透明、开放的发展方向进行引导，中国艺术品必会在世界收藏品市场中，更受瞩目与期待。

中国收藏家协会 会长 罗伯健

# 前言
PREFACE

《中国艺术品拍卖年鉴》系列丛书不是对过去一年所有拍品的简单搜罗，而是系统性、专业性的投资收藏指南。本着对读者认真负责的态度，我们《拍卖年鉴》编辑部经过一年的酝酿与筹备，推出了《2017 中国艺术品拍卖年鉴》系列丛书。

本书即是《2017 中国艺术品拍卖年鉴 文玩杂项》一书，书中搜集了邦瀚斯、保利厦门、保利香港、北京保利、北京诚轩、北京传是、北京东正、北京古天一、北京翰海、北京华辰、北京匡时、北京荣宝、北京中汉、朵云轩、福建东南、广东崇正、华艺国际、佳士得、荣宝斋、上海道明、上海嘉禾、苏富比、西泠印社、中国嘉德、中国艺海、中贸圣佳等拍卖公司从 2016 年 1 月 1 日至 12 月 31 日中国艺术品拍卖中文玩杂项的交易记录 4100 多笔。本年鉴 608 页，翔实收录每件拍品的拍卖信息，并附精美图片说明，是目前中国艺术品拍卖市场中最具参考价值的拍卖年鉴。

在 2016 年春拍文玩杂项板块中，佛教艺术品市场延续了近几年上扬的趋势，成交表现优异，如北京保利 2016 春拍“从喜马拉雅到五台山——重要佛教美术夜场”中一件“明宣德观世音菩萨像”以 4,830 万元成交，北京匡时 2016 春拍“天工开物——瓷玉工艺品精品夜场”中“十五世纪铜鎏金无量寿佛”以 2,817.5 万元成交，中国嘉德 2016 春拍一件“至稀至珍双色铜合铸释迦牟尼成道像”以 2,530 万元成交等。

佛教文物艺术品在中国艺术品拍卖市场中经过近十年的发展已然成了各大拍卖公司必不可少的常设拍卖板块。在全球范围内，佛教文物艺术品的存世量是比较丰富的，足以持续地支撑佛教文物艺术板块有效地流通周转。

然而佛造像市场看似火热，但是频繁的版块轮动也表明这一版块进入瓶颈期，短期内不会有太大的突破。从 2016 年秋拍的数据来看，嘉德、保利、匡时、东正等几家公司推出的重要佛造像市场，数量和成交额基本与春拍持平，但就成交率而言，秋拍比春拍略有下滑。

明清铜炉在近几年始终处于一个交投相对火热的地位，北京匡时 2016 春拍“天工开物——瓷玉工艺品精品夜场”，一件“清乾隆铜带盖原座钵式炉”以 1,115.5

万元成交。北京保利2016年春拍“吉金——重要私人收藏明清铜炉”专场中，由王世襄先生旧藏的“明末清初鬲式炉”以943万元成交。

以铜炉为代表的铜器板块作为杂项中的分支门类，在近几年的中国艺术品拍卖市场中备受关注，这是由于王世襄先生的收藏和提倡。表现在拍卖市场中，王世襄先生旧藏的拍品在品质方面受到藏家信任；另外，由于“文房文化”中把铜炉作为一样重要的表现道具收纳其中，以及香道文化中对于传统香具的重新发现，使以“宣德炉”为中心的这一文物门类得到了足够的学术重视与市场培养。在此市场氛围中，以铜炉为代表的铜器板块有望成为日后中国艺术品拍卖市场文玩杂项板块中一个不可或缺的精品板块。

家具板块，拍卖成交率高但单品价格“缩水”。2016年春拍中，仅有中国嘉德、北京东正和中贸圣佳推出了家具专场拍卖。三场拍卖中有两场是百分百成交，但是单品的成交价却并不高，甚至没有一件过千万元的拍品。中国嘉德“黄花梨四出头龙纹官帽椅成对”和北京东正“黄花梨打洼攒牙头条桌”都以920万成交，并列第一高价。而“黄花梨四出头龙纹官帽椅成对”是第二次出现在嘉德拍场，曾于2011年5月21日“读往会心——侣明室藏明式家具”专场中以2,300万元拍出。现在的藏家不仅仅看料，关注更多的还是家具的形制和品类。现场多以行家为主，大家还是抱着捡漏的心态来的。

不但明式家具的价格有所回落，中贸圣佳推出的几件清代宫廷家具，成交热度明显比前两年有所下降。清式家具与简约隽永的明式家具不同，清康、雍、乾三朝制作的宫廷家具，极具奢华，工艺繁复，2010年、2011年，市场非常追捧此类家具，近两年由于市场的调整以及藏家审美的变化，热度有所减弱。

本季的家具拍卖除了单品缩水之外，文玩类的小件依然是藏家的心头好。中国嘉德“黄花梨小几”75.9万元成交；“黄花梨折叠式镜架”31.05万元成交；中贸圣佳拍卖一件黄花梨葵口雕花笔筒，也以138万元成交，显示木雕文玩的拍卖市场依旧受到藏家的关注。

《拍卖年鉴》编辑部预估，2017年文玩杂项拍卖市场将会延续稳定的成交态势。当前的艺术品拍卖市场已持续走低，回暖迹象虽然不够明显，但从艺术品拍卖市场近几年起伏不定的发展趋势、今年春拍的大热行情来看，艺术品拍卖市场很可能将会回暖。另外，市场的精品化、藏家专业化的行业发展态势也同样会为市场带来新的契机。

# 目录
CONTENTS

## PART 3 文房雅玩 Art of Scholars / 249

# 阅读导航

EXAMPLE

### 拍品名

拍卖行官方品名信息，便于读者与相关拍卖行进行对比式查阅。

### 拍品图片

精美的高清图片，读者可根据图片对拍品进行鉴赏，对年度成交前十位的各器型拍品均予以标注，方便查找对比。

### 拍卖机构信息

书中所有拍品均被标注拍卖机构的中英文名，读者可以迅速而直接地了解拍品成交信息及成交行情，让投资更简单。

康熙帝御宝檀香木异兽钮方玺
康熙 Kangxi S 苏富比
2016-04-06 Lot3101 11 × 10.2 × 10.2cm
估价：咨询价
成交价：HKD 92,600,000

### 拍品年代信息

书中断代信息均为拍卖行官方数据，便于读者对图片、文字数据进行比对鉴赏。

### 拍品估价及成交价位信息

书中均列明拍品估价与成交价，价格均以拍卖当地币种记录，更易查阅。

### 拍卖详情

详细列明拍品成交时间、拍品编号（Lot）及尺寸信息。

### 特别说明

1. 本书所用币种如下：USD－美元、GBP－英镑、HKD－港币、RMB－人民币。
2. 拍卖公司英文名称均为英文缩写，详情参考“拍卖公司中英名称及本书缩称索引”（第16页）。
3. 尺寸单位为厘米（cm），其中字母含义分别为：H－高、D－直径、L－长、W－宽、De－进深；重量单位为克（g），以W表示；容积单位为毫升（ml），以C表示。

# 2016年度文玩杂项拍卖TOP10

## THE TOP 10 OF 2016 ANTIQUES AUCTIONS

### 2016中国文玩杂项拍卖十大天价排行榜 2016 Chinese Art Auction TOP10 中国艺术拍卖十大天价

| 排行 | 拍卖公司 | 时间 | Lot号 | 年代 | 名称 | 尺寸 | 估价 | 成交价 |
|---|---|---|---|---|---|---|---|---|
| 1 | 北京东正 | 2016-05-14 | 312 | 明 | 铜镀金道教水将像 | H216cm | 咨询价 | RMB 89,700,000 |
| 2 | 苏富比 | 2016-04-06 | 3101 | 康熙 | 康熙帝御宝<br>檀香木异兽钮方玺 | 11×10.2×10.2cm | 咨询价 | HKD 92,600,000 |
| 3 | 中国嘉德 | 2016-11-12 | 3060 | 蒙古，<br>17世纪 | 铜鎏金哲布尊丹巴像·扎那巴扎尔 | H52cm;W37cm | 咨询价 | RMB 73,025,000 |
| 4 | 北京保利 | 2016-06-06 | 7384 | 宣德 | 观世音菩萨 | H74cm | 咨询价 | RMB 48,300,000 |
| 5 | 苏富比 | 2016-04-06 | 3102 | 康熙 | 康熙帝御宝<br>寿山石瑞兽钮方玺 | 6.9×5.9×5.9cm | 咨询价 | HKD 48,920,000 |
| 6 | 北京翰海 | 2016-12-03 | 2326 | 17-18世纪 | 绿度母 | H102cm | RMB 18,000,000-25,000,000 | RMB 37,950,000 |
| 7 | 北京保利 | 2016-06-06 | 7386 | 雍正 | 绿度母 | H98cm | RMB 22,000,000-32,000,000 | RMB 37,950,000 |
| 8 | 华艺国际 | 2016-11-26 | 1033 | 7-8世纪 | 铜释迦牟尼（错银错红铜） | H19.5cm | 咨询价 | RMB 36,800,000 |
| 9 | 北京翰海 | 2016-12-03 | 2371 | 11世纪 | 无量寿佛 | H59cm | 咨询价 | RMB 34,500,000 |
| 10 | 中国嘉德 | 2016-11-12 | 2647 | 宣德 | 金嵌宝莲托梵文瓜棱盖罐 | H20.5cm;W1455g | RMB 20,000,000-30,000,000 | RMB 34,500,000 |

### 2016中国铜器拍卖十大天价排行榜 2016 Chinese Art Auction TOP10 中国艺术拍卖十大天价

| 排行 | 拍卖公司 | 时间 | Lot号 | 年代 | 名称 | 尺寸 | 估价 | 成交价 |
|---|---|---|---|---|---|---|---|---|
| 1 | 中国嘉德 | 2016-11-12 | 2647 | 宣德 | 金嵌宝莲托梵文瓜棱盖罐 | H20.5cm;W1455g | RMB 20,000,000-30,000,000 | RMB 34,500,000 |
| 2 | 保利香港 | 2016-04-05 | 3092 | 商晚期 | 青铜兽面纹方彝 | H27.5cm | HKD 12,000,000-15,000,000 | HKD 14,750,000 |
| 3 | 保利香港 | 2016-10-04 | 3310 | 商晚期 | 青铜天黾觥 | H21.8cm;L23.3cm | HKD 12,000,000-18,000,000 | HKD 13,570,000 |
| 4 | 北京匡时 | 2016-06-07 | 3749 | 乾隆 | 铜带盖原座钵式炉 | H28cm | RMB 8,000,000-10,000,000 | RMB 11,155,000 |
| 5 | 中国嘉德 | 2016-05-17 | 5233 | 乾隆 | 金质“大清乾隆年制 须弥福寿之庙”高浮雕双卧羊耳尊 | L19cm;H7.5cm | RMB 1,200,000-2,400,000 | RMB 10,522,500 |
| 6 | 北京保利 | 2016-06-06 | 7330 | 明末清初 | 鬲式炉 | D22.2cm;H9.9cm | RMB 6,500,000-8,500,000 | RMB 9,430,000 |
| 7 | 中国嘉德 | 2016-11-13 | 4336 | 乾隆 | 鲨鱼皮鞘铜鎏金饰件<br>嵌宝石腰刀 | L91cm;L86.5cm | RMB 8,000,000-12,000,000 | RMB 9,200,000 |
| 8 | 华艺国际 | 2016-05-26 | 1223 | 清早期 | “献贤氏藏”款戟耳炉 | H6.2cm;D8.9cm | RMB 5,000,000-8,000,000 | RMB 8,050,000 |
| 9 | 北京东正 | 2016-11-11 | 1506 | 年代不详 | “大明宣德年制”<br>冲天耳三足炉 | D14cm;H7.2cm | RMB 5,500,000-6,500,000 | RMB 7,475,000 |
| 10 | 北京东正 | 2016-11-11 | 1505 | 雍正 | 洒金“恕园”款戟耳炉 | D12.6cm;H7.8cm | RMB 3,500,000-5,000,000 | RMB 6,900,000 |

## 2016中国佛珠造像拍卖十大天价排行榜 2016 Chinese Art Auction TOP10

| 排行 | 拍卖公司 | 日期 | Lot号 | 年代 | 名称 | 尺寸 | 估价 | 成交价 |
|---|---|---|---|---|---|---|---|---|
| 1 | 北京东正 | 2016-05-14 | 312 | 明 | 铜镀金道教水将像 | H216cm | 咨询价 | RMB 89,700,000 |
| 2 | 中国嘉德 | 2016-11-12 | 3060 | 蒙古，17 世纪 | 铜鎏金哲布尊丹巴像·扎那巴扎尔 | H52cm;W37cm | 咨询价 | RMB 73,025,000 |
| 3 | 北京保利 | 2016-06-06 | 7384 | 宣德 | 观世音菩萨 | H74cm | 咨询价 | RMB 48,300,000 |
| 4 | 北京翰海 | 2016-12-03 | 2326 | 17-18 世纪 | 绿度母 | H102cm | RMB 18,000,000-25,000,000 | RMB 37,950,000 |
| 5 | 北京保利 | 2016-06-06 | 7386 | 雍正 | 绿度母 | H98cm | RMB 22,000,000-32,000,000 | RMB 37,950,000 |
| 6 | 华艺国际 | 2016-11-26 | 1033 | 7-8 世纪 | 铜释迦牟尼（错银错红铜） | H19.5cm | 咨询价 | RMB 36,800,000 |
| 7 | 北京翰海 | 2016-12-03 | 2371 | 11 世纪 | 无量寿佛 | H59cm | 咨询价 | RMB 34,500,000 |
| 8 | 佳士得 | 2016-11-30 | 3234 | 明早期 | 鎏金铜威罗瓦金刚立像 | H98.8cm | HKD 30,000,000-50,000,000 | HKD 36,380,000 |
| 9 | 佳士得 | 2016-11-30 | 3233 | 宋 - 元 | 鎏金铜罗汉坐像 | H86.4cm | HKD 5,000,000-8,000,000 | HKD 34,140,000 |
| 10 | 北京匡时 | 2016-06-07 | 3756 | 15 世纪 | 铜鎏金无量寿佛 | H50cm | RMB 16,000,000-20,000,000 | RMB 28,175,000 |

## 2016中国唐卡拍卖十大天价排行榜 2016 Chinese Art Auction TOP10

| 排行 | 拍卖公司 | 日期 | Lot号 | 年代 | 名称 | 尺寸 | 估价 | 成交价 |
|---|---|---|---|---|---|---|---|---|
| 1 | 中国艺海 | 2016-01-21 | 3185 | 年代不详 | 大白伞盖佛母唐卡 | 67.3 × 52cm | HKD 3,660,000-7,320,000 | HKD 4,026,000 |
| 2 | 北京东正 | 2016-11-11 | 1383 | 清 | 阎罗寿主铁蝎唐卡 | 83 × 51cm | RMB 1,500,000-1,800,000 | RMB 2,300,000 |
| 3 | 北京保利 | 2016-12-05 | 5073 | 康熙 | 金刚鬘九会三十七尊坛城唐卡 | L74cm;W55cm | RMB 1,800,000-2,600,000 | RMB 2,127,500 |
| 4 | 北京保利 | 2016-12-06 | 5739 | 15-16 世纪 | 伐那婆斯尊者唐卡 | 109 × 65.5cm | RMB 1,500,000-2,000,000 | RMB 1,725,000 |
| 5 | 苏富比 | 2016-03-16 | 733 | 约 1500 年 | 唐卡 | 54.6 × 44.5cm | USD 60,000-90,000 | USD 237,500 |
| 6 | 北京匡时 | 2016-06-07 | 13409 | 18-19 世纪 | 药师佛唐卡 | 85.5 × 55.5cm | RMB 800,000-1,000,000 | RMB 1,265,000 |
| 7 | 北京东正 | 2016-05-14 | 263 | 18 世纪 | 胜乐金刚唐卡 | 125 × 68cm | RMB 250,000-350,000 | RMB 1,150,000 |
| 8 | 北京东正 | 2016-05-14 | 274 | 18 世纪 | 大成就者萨惹哈唐卡 | 115 × 62cm | RMB 400,000-500,000 | RMB 1,035,000 |
| 9 | 北京翰海 | 2016-06-04 | 2192 | 18 世纪 | 第七世达赖喇嘛加持开光三十五佛唐卡 | L46cm;W33cm | RMB 880,000-1,080,000 | RMB 1,012,000 |
| 10 | 北京东正 | 2016-05-14 | 273 | 18 世纪 | 释迦牟尼佛和十八罗汉唐卡 | 169 × 92cm | RMB 350,000-450,000 | RMB 977,500 |

## 2016中国竹木牙角雕拍卖十大天价排行榜 2016 Chinese Art Auction TOP10

| 排行 | 拍卖公司 | 日期 | Lot号 | 年代 | 名称 | 尺寸 | 估价 | 成交价 |
|---|---|---|---|---|---|---|---|---|
| 1 | 苏富比 | 2016-04-06 | 3101 | 康熙 | 康熙帝御宝<br>檀香木异兽钮方玺 | 11×10.2×10.2cm | 咨询价 | HKD 92,600,000 |
| 2 | 中贸圣佳 | 2016-11-15 | 1408 | 康熙 | 无我款紫檀笔筒 | 15.5×18.51cm | RMB 1,800,000-2,500,000 | RMB 10,005,000 |
| 3 | 苏富比 | 2016-10-05 | 40 | 17世纪 | 张希黄制<br>竹雕留青山水楼阁图笔筒 | 10.6cm | HKD 1,000,000-1,500,000 | HKD 4,880,000 |
| 4 | 佳士得 | 2016-11-30 | 3227 | 乾隆，1750年 | 周颢刻<br>“携琴访友图”竹笔筒 | H15cm | HKD 2,000,000-3,000,000 | HKD 4,620,000 |
| 5 | 苏富比 | 2016-10-05 | 3668 | 17世纪 | 盛辅功制<br>犀角雕山水人物诗意图杯 | 16.5cm | HKD 600,000-800,000 | HKD 2,960,000 |
| 6 | 苏富比 | 2016-04-05 | 2851 | 更新世晚期 | 西伯利亚猛犸象颅骨连象牙 | L270cm;H90cm | HKD 650,000-750,000 | HKD 2,480,000 |
| 7 | 中贸圣佳 | 2016-05-16 | 1163 | 明末清初 | 天成款<br>沉香雕山水人物图笔筒 | H11.2cm | RMB 1,700,000-2,000,000 | RMB 1,955,000 |
| 8 | 保利香港 | 2016-10-04 | 3164 | 乾隆 | 犀角雕人物故事纹杯 | H14cm;D18cm | HKD 1,800,000-2,500,000 | HKD 2,124,000 |
| 9 | 北京东正 | 2016-05-14 | 419 | 乾隆 | 黄杨雕灵芝形如意 | L32.5cm | RMB 1,000,000-1,500,000 | RMB 1,725,000 |
| 10 | 中贸圣佳 | 2016-05-16 | 1164 | 清 | 沉香木雕山水笔筒 | H19.8cm;D19.2cm | RMB 1,300,000-1,800,000 | RMB 1,610,000 |

## 2016中国四大国石拍卖十大天价排行榜 2016 Chinese Art Auction TOP10

| 排行 | 拍卖公司 | 日期 | Lot号 | 年代 | 名称 | 尺寸 | 估价 | 成交价 |
|---|---|---|---|---|---|---|---|---|
| 1 | 苏富比 | 2016-04-06 | 3102 | 康熙 | 康熙帝御宝<br>寿山石瑞兽钮方玺 | 6.9×5.9×5.9cm | 咨询价 | HKD 48,920,000 |
| 2 | 北京荣宝 | 2016-06-05 | 1240 | 年代不详 | 郭懋介（石卿）雕<br>田黄石摆件“牧归” | H7.4cm;L10.5cm | RMB 28,000,000-32,000,000 | RMB 31,360,000 |
| 3 | 北京翰海 | 2016-12-04 | 2821 | 清早期 | 田黄各式章（五方） | H1.8-5cm | RMB 4,000,000-6,000,000 | RMB 5,750,000 |
| 4 | 中国艺海 | 2016-01-21 | 3151 | 年代不详 | 田黄薄意松下高士随形章 | H4.8cm | HKD 4,800,000-9,600,000 | HKD 5,280,000 |
| 5 | 中国嘉德 | 2016-11-12 | 4206 | 年代不详 | 黄寿山石兽钮方章 | 2.9×2.8×6.7cm | RMB 50,000-80,000 | RMB 4,140,000 |
| 6 | 北京匡时 | 2016-06-07 | 3745 | 清中期 | 田黄石六面平素方章 | 2.5×2.5×4.8cm;<br>W69.03g | RMB 2,000,000-2,200,000 | RMB 4,140,000 |
| 7 | 北京匡时 | 2016-12-05 | 4247 | 年代不详 | 郭懋介 寿山乌鸦皮田黄石<br>“竹林七贤”薄意摆件 | H7cm | RMB 2,500,000-3,000,000 | RMB 4,025,000 |
| 8 | 北京匡时 | 2016-12-05 | 4406 | 1895年 | 吴昌硕为刘泽源 刻<br>寿山黄金黄田黄石素方章 | 2.7×2.7×6.4cm | RMB 3,000,000-5,000,000 | RMB 4,025,000 |
| 9 | 北京保利 | 2016-12-05 | 5167 | 康熙 | 明坑橘皮黄田黄冻五螭龙文镇 | H7cm | RMB 2,000,000-3,000,000 | RMB 3,680,000 |
| 10 | 佳士得 | 2016-11-30 | 3347 | 清 | 田黄薄意云纹长方章 | H4.2cm | HKD 1,800,000-2,600,000 | HKD 4,260,000 |

## 2016中国紫砂器拍卖十大天价排行榜 2016 Chinese Art Auction TOP10

| 排行 | 拍卖公司 | 日期 | Lot号 | 年代 | 名称 | 尺寸 | 估价 | 成交价 |
|---|---|---|---|---|---|---|---|---|
| 1 | 中国嘉德 | 2016-05-15 | 3002 | 康熙 | 陈鸣远制南瓜壶 | W17.8cm | 咨询价 | RMB 32,200,000 |
| 2 | 北京翰海 | 2016-06-03 | 1166 | 年代不详 | 顾景舟 芝灵 | H10.3cm;W20cm | RMB 3,000,000-5,000,000 | RMB 9,200,000 |
| 3 | 北京保利 | 2016-06-05 | 6235 | 年代不详 | 顾景舟 三足云肩如意壶 | L17.3cm | RMB 6,000,000-7,000,000 | RMB 6,900,000 |
| 4 | 北京保利 | 2016-12-04 | 3083 | 近现代 | 顾景舟 仿古如意壶 | L17cm | RMB 3,000,000-5,000,000 | RMB 6,325,000 |
| 5 | 北京匡时 | 2016-12-06 | 4614 | 近现代 | 顾景舟 高墙矮僧帽 | 260ml | RMB 5,500,000-6,500,000 | RMB 6,325,000 |
| 6 | 北京翰海 | 2016-06-03 | 1165 | 年代不详 | 顾景舟 掇球 | H11cm;W17cm | RMB 3,000,000-3,500,000 | RMB 5,750,000 |
| 7 | 北京保利 | 2016-06-05 | 6234 | 年代不详 | 顾景舟 汉铎壶 | L15.5cm | RMB 5,000,000-6,000,000 | RMB 5,750,000 |
| 8 | 北京翰海 | 2016-12-02 | 1172 | 近现代 | 顾景舟 掇只 | H11cm;W17cm | RMB 4,000,000-4,500,000 | RMB 5,175,000 |
| 9 | 北京匡时 | 2016-12-06 | 4613 | 近现代 | 顾景舟 三足提梁壶 | 550ml | RMB 4,500,000-5,500,000 | RMB 5,175,000 |
| 10 | 佳士得 | 2016-06-01 | 3374 | 乾隆 | 杨季初作宜兴紫泥彩绘山水人物图笔筒 | D15.3cm | HKD 2,800,000-3,500,000 | HKD 5,800,000 |

## 2016中国鼻烟壶拍卖十大天价排行榜 2016 Chinese Art Auction TOP10

| 排行 | 拍卖公司 | 日期 | Lot号 | 年代 | 名称 | 尺寸 | 估价 | 成交价 |
|---|---|---|---|---|---|---|---|---|
| 1 | 保利厦门 | 2016-05-08 | 859 | 乾隆 | 金胎画珐琅西洋母子图鼻烟壶 | H5.5cm | RMB 350,000-650,000 | RMB 460,000 |
| 2 | 佳士得 | 2016-03-16 | 582 | 乾隆 | 御制铜胎画珐琅西洋人物鼻烟壶 | H4.8cm | USD 22,000-32,000 | USD 52,500 |
| 3 | 佳士得 | 2016-04-05 | 179 | 年代不详 | 内画鼻烟壶及琥珀鼻烟壶（三十件） | 尺寸不详 | HKD 40,000-60,000 | HKD 350,000 |
| 4 | 苏富比 | 2016-09-13 | 226 | 乾隆 | 涅白地套蓝料花蝶牡丹图鼻烟壶 | 尺寸不详 | USD 8,000-12,000 | USD 40,000 |
| 5 | 佳士得 | 2016-09-14 | 537 | 1780-1850年 | 蓝地玻璃嵌珍珠母贝喜上眉梢图鼻烟壶 | H6.7cm | USD 12,000-18,000 | USD 35,000 |
| 6 | 佳士得 | 2016-09-14 | 577 | 1767-1799年 | 吴玉川款白地玻璃画珐琅寿石图鼻烟壶 | H7.2cm | USD 12,000-18,000 | USD 30,000 |
| 7 | 苏富比 | 2016-09-17 | 1066 | 清，19世纪 | 黄料鼻烟壶（两件） | 尺寸不详 | USD 800-1,200 | USD 30,000 |
| 8 | 中贸圣佳 | 2016-05-16 | 1132 | 清 | 苏作玛瑙烟壶 | H6.1cm | RMB 170,000-250,000 | RMB 195,500 |
| 9 | 北京古天一 | 2016-12-07 | 1051 | 清 | 粉碧玺三羊开泰鼻烟壶 | H7.5cm | RMB 150,000-180,000 | RMB 172,500 |
| 10 | 中贸圣佳 | 2016-11-15 | 1420 | 清 | 玛瑙巧雕烟壶 | H8cm | RMB 160,000-200,000 | RMB 172,500 |

## 2016中国古典家具拍卖十大天价排行榜 2016 Chinese Art Auction TOP10 中国艺术拍卖十大天价

| 排行 | 拍卖公司 | 日期 | Lot号 | 年代 | 名称 | 尺寸 | 估价 | 成交价 |
|---|---|---|---|---|---|---|---|---|
| 1 | 北京保利 | 2016-12-05 | 5182 | 乾隆 | 紫檀雕福寿八吉祥嵌百宝十二扇屏风 | L425cm;H209cm | RMB 8,000,000-12,000,000 | RMB 24,380,000 |
| 2 | 北京保利 | 2016-06-06 | 7415 | 雍正 - 乾隆 | 紫檀列屏式有束腰宝座 | W109cm; D86.5cm;H102cm | RMB 6,000,000-10,000,000 | RMB 19,550,000 |
| 3 | 中贸圣佳 | 2016-11-15 | 1656 | 乾隆 | 紫檀嵌掐丝珐琅西番莲画案 | L167.5cm; W60.5cm;H89.5cm | RMB 9,000,000-12,000,000 | RMB 13,800,000 |
| 4 | 中国嘉德 | 2016-11-13 | 4527 | 清早期 | 黄花梨透棂书格 | 120.5×42×178cm | 咨询价 | RMB 12,650,000 |
| 5 | 苏富比 | 2016-04-06 | 109 | 明晚期 | 黄花梨攒接卍字纹围子罗汉床 | 78.6×206.5×90cm | HKD 9,800,000-15,000,000 | HKD 11,840,000 |
| 6 | 苏富比 | 2016-03-16 | 226 | 清，18 世纪 | 黄花梨条桌 | 尺寸不详 | USD 80,000-120,000 | USD 1,450,000 |
| 7 | 北京东正 | 2016-05-14 | 378 | 清 | 黄花梨打洼攒牙头条桌 | 210.5×76.5×84cm | RMB 5,000,000-8,000,000 | RMB 9,200,000 |
| 8 | 中国嘉德 | 2016-05-14 | 4821 | 明晚期 | 黄花梨四出头龙纹官帽椅成对 | W58.8cm; De45.5cm;H110cm | 咨询价 | RMB 9,200,000 |
| 9 | 邦瀚斯 | 2016-09-12 | 6020 | 明晚期 | 黄花梨架子床 | 204×209×146cm | USD 250,000-400,000 | USD 1,385,000 |
| 10 | 北京传是 | 2016-06-04 | 379 | 近代 | 黄花梨对开独板大顶箱柜（一对） | 134×68×288cm×2 | RMB 5,000,000-7,500,000 | RMB 8,625,000 |

# 2016年拍场汇率表

## EXCHANGE RATES OF 2016 AUCTIONS

| 币种 汇率 拍卖日期 | USD/RMB 美元 | EUR/RMB 欧元 | HKD/RMB 港币 | GBP/RMB 英镑 |
|---|---|---|---|---|
| 2016-01-06 | 653.14 | 701.30 | 84.26 | 957.70 |
| 2016-01-12 | 656.28 | 714.54 | 84.57 | 957.90 |
| 2016-01-15 | 656.37 | 713.97 | 84.40 | 948.62 |
| 2016-01-18 | 655.90 | 717.02 | 84.10 | 937.03 |
| 2016-01-21 | 655.85 | 713.86 | 83.92 | 932.47 |
| 2016-01-22 | 655.72 | 712.16 | 83.96 | 933.52 |
| 2016-01-29 | 655.16 | 717.00 | 84.09 | 942.09 |
| 2016-02-04 | 654.19 | 727.55 | 83.98 | 956.41 |
| 2016-02-18 | 651.52 | 725.78 | 83.68 | 931.84 |
| 2016-02-23 | 652.73 | 718.80 | 84.11 | 921.77 |
| 2016-02-25 | 653.18 | 719.24 | 84.09 | 909.73 |
| 2016-02-29 | 654.52 | 715.33 | 84.19 | 907.77 |
| 2016-03-04 | 652.84 | 714.94 | 84.03 | 925.04 |
| 2016-03-09 | 651.06 | 716.12 | 83.83 | 924.97 |
| 2016-03-14 | 649.13 | 724.57 | 83.65 | 933.52 |
| 2016-03-15 | 650.79 | 721.72 | 83.87 | 928.90 |
| 2016-03-16 | 651.72 | 723.31 | 83.99 | 921.81 |
| 2016-03-17 | 649.61 | 728.88 | 83.74 | 926.70 |
| 2016-03-18 | 646.28 | 732.53 | 83.33 | 936.96 |
| 2016-03-21 | 648.24 | 730.72 | 83.59 | 937.18 |
| 2016-03-22 | 649.71 | 729.55 | 83.79 | 933.31 |
| 2016-03-25 | 652.23 | 727.85 | 84.05 | 921.75 |
| 2016-03-28 | 652.32 | 727.50 | 84.08 | 921.15 |
| 2016-03-29 | 650.60 | 728.77 | 83.87 | 927.32 |
| 2016-04-01 | 645.85 | 734.93 | 83.28 | 927.74 |
| 2016-04-05 | 646.63 | 736.65 | 83.39 | 922.56 |
| 2016-04-06 | 647.54 | 736.70 | 83.49 | 916.44 |
| 2016-04-07 | 647.07 | 738.03 | 83.44 | 914.18 |
| 2016-04-11 | 646.49 | 736.96 | 83.33 | 912.79 |
| 2016-04-15 | 649.08 | 730.56 | 83.68 | 917.83 |
| 2016-04-18 | 647.87 | 731.97 | 83.54 | 918.34 |
| 2016-04-21 | 648.03 | 731.75 | 83.55 | 928.64 |

| 币种 汇率 拍卖日期 | USD/RMB 美元 | EUR/RMB 欧元 | HKD/RMB 港币 | GBP/RMB 英镑 |
|---|---|---|---|---|
| 2016-04-22 | 648.98 | 732.59 | 83.65 | 929.78 |
| 2016-04-27 | 648.37 | 732.72 | 83.60 | 945.32 |
| 2016-04-28 | 649.54 | 735.00 | 83.74 | 944.15 |
| 2016-04-29 | 645.89 | 734.39 | 83.26 | 944.03 |
| 2016-05-06 | 652.02 | 742.89 | 84.01 | 944.15 |
| 2016-05-09 | 651.05 | 741.46 | 83.90 | 939.01 |
| 2016-05-10 | 652.33 | 742.20 | 84.03 | 939.92 |
| 2016-05-11 | 652.09 | 741.59 | 84.02 | 942.41 |
| 2016-05-12 | 649.59 | 742.89 | 83.71 | 938.05 |
| 2016-05-13 | 652.46 | 741.44 | 84.07 | 942.25 |
| 2016-05-16 | 653.43 | 738.76 | 84.16 | 937.66 |
| 2016-05-17 | 652.00 | 738.23 | 83.99 | 941.75 |
| 2016-05-18 | 652.16 | 737.78 | 84.01 | 942.48 |
| 2016-05-19 | 655.31 | 735.08 | 84.37 | 956.49 |
| 2016-05-20 | 655.10 | 733.77 | 84.35 | 956.22 |
| 2016-05-23 | 654.55 | 734.71 | 84.27 | 948.75 |
| 2016-05-26 | 655.52 | 731.80 | 84.43 | 963.68 |
| 2016-05-27 | 654.90 | 733.34 | 84.33 | 960.59 |
| 2016-05-30 | 657.84 | 730.15 | 84.70 | 961.56 |
| 2016-05-31 | 657.90 | 733.18 | 84.69 | 963.26 |
| 2016-06-01 | 658.89 | 733.08 | 84.79 | 953.69 |
| 2016-06-02 | 656.88 | 735.50 | 84.55 | 947.06 |
| 2016-06-03 | 657.93 | 733.47 | 84.68 | 948.30 |
| 2016-06-06 | 654.97 | 743.77 | 84.32 | 942.81 |
| 2016-06-07 | 656.18 | 744.99 | 84.48 | 948.73 |
| 2016-06-08 | 655.93 | 745.03 | 84.46 | 953.66 |
| 2016-06-13 | 658.05 | 740.48 | 84.77 | 936.02 |
| 2016-06-17 | 657.95 | 740.38 | 84.80 | 937.32 |
| 2016-06-20 | 657.08 | 745.63 | 84.68 | 954.79 |
| 2016-06-22 | 659.35 | 740.87 | 84.98 | 966.75 |
| 2016-06-24 | 657.76 | 744.34 | 84.79 | 958.99 |
| 2016-06-27 | 663.75 | 731.84 | 85.52 | 891.94 |

| 币种 / 汇率 / 拍卖日期 | USD/RMB 美元 | EUR/RMB 欧元 | HKD/RMB 港币 | GBP/RMB 英镑 |
|---|---|---|---|---|
| 2016-06-28 | 665.28 | 732.38 | 85.74 | 879.92 |
| 2016-06-29 | 663.24 | 734.82 | 85.48 | 885.06 |
| 2016-06-30 | 663.12 | 737.50 | 85.47 | 892.12 |
| 2016-07-05 | 665.94 | 741.61 | 85.84 | 884.08 |
| 2016-07-07 | 668.20 | 741.18 | 86.13 | 862.48 |
| 2016-07-12 | 669.50 | 740.28 | 86.30 | 869.77 |
| 2016-07-15 | 668.05 | 742.26 | 86.16 | 892.58 |
| 2016-07-22 | 666.69 | 735.79 | 85.96 | 879.01 |
| 2016-07-25 | 668.60 | 732.73 | 86.19 | 877.95 |
| 2016-07-27 | 666.71 | 732.83 | 85.95 | 876.69 |
| 2016-07-29 | 665.11 | 737.24 | 85.75 | 875.13 |
| 2016-08-02 | 664.51 | 741.77 | 85.63 | 876.14 |
| 2016-08-05 | 664.06 | 739.21 | 85.62 | 871.47 |
| 2016-08-10 | 665.30 | 740.33 | 85.77 | 866.83 |
| 2016-08-15 | 664.30 | 741.47 | 85.65 | 857.45 |
| 2016-08-22 | 666.52 | 752.04 | 85.96 | 870.43 |
| 2016-08-26 | 664.88 | 750.79 | 85.74 | 877.44 |
| 2016-08-31 | 669.08 | 746.02 | 86.25 | 875.78 |
| 2016-09-05 | 668.73 | 745.95 | 86.23 | 889.05 |
| 2016-09-12 | 669.08 | 751.61 | 86.26 | 887.87 |
| 2016-09-13 | 667.26 | 750.01 | 86.01 | 889.73 |
| 2016-09-14 | 668.95 | 750.59 | 86.22 | 883.23 |
| 2016-09-19 | 667.86 | 745.51 | 86.08 | 869.14 |
| 2016-09-20 | 665.95 | 744.84 | 85.84 | 868.55 |
| 2016-09-23 | 666.70 | 746.98 | 85.96 | 872.00 |
| 2016-09-26 | 667.44 | 749.86 | 86.05 | 866.28 |
| 2016-09-29 | 667.00 | 748.54 | 86.02 | 869.91 |
| 2016-09-30 | 667.78 | 748.80 | 86.10 | 865.46 |
| 2016-10-10 | 670.08 | 748.94 | 86.37 | 832.01 |
| 2016-10-13 | 672.96 | 741.08 | 86.75 | 820.36 |
| 2016-10-18 | 673.03 | 740.95 | 86.75 | 821.55 |

| 币种 / 汇率 / 拍卖日期 | USD/RMB 美元 | EUR/RMB 欧元 | HKD/RMB 港币 | GBP/RMB 英镑 |
|---|---|---|---|---|
| 2016-10-20 | 673.11 | 738.66 | 86.76 | 827.03 |
| 2016-10-26 | 677.05 | 737.07 | 87.29 | 824.72 |
| 2016-10-28 | 678.58 | 739.58 | 87.51 | 825.95 |
| 2016-10-31 | 676.41 | 742.94 | 87.23 | 825.01 |
| 2016-11-04 | 675.14 | 749.44 | 87.06 | 841.93 |
| 2016-11-07 | 677.25 | 750.99 | 87.32 | 844.82 |
| 2016-11-08 | 678.17 | 748.93 | 87.44 | 840.83 |
| 2016-11-09 | 678.32 | 747.42 | 87.47 | 839.77 |
| 2016-11-10 | 678.85 | 741.65 | 87.54 | 843.68 |
| 2016-11-11 | 681.15 | 740.71 | 87.82 | 854.11 |
| 2016-11-14 | 682.91 | 738.08 | 88.02 | 858.06 |
| 2016-11-15 | 684.95 | 736.76 | 88.30 | 858.11 |
| 2016-11-16 | 685.92 | 735.92 | 88.43 | 854.12 |
| 2016-11-21 | 689.85 | 730.80 | 88.93 | 851.61 |
| 2016-11-25 | 691.68 | 730.17 | 89.18 | 861.31 |
| 2016-11-28 | 690.42 | 732.92 | 89.02 | 861.41 |
| 2016-11-29 | 688.89 | 731.69 | 88.82 | 855.33 |
| 2016-11-30 | 688.65 | 733.86 | 88.79 | 860.85 |
| 2016-12-01 | 689.58 | 731.11 | 88.91 | 864.29 |
| 2016-12-02 | 687.94 | 733.78 | 88.70 | 866.10 |
| 2016-12-05 | 688.70 | 727.09 | 88.80 | 872.44 |
| 2016-12-06 | 685.75 | 738.80 | 88.43 | 873.60 |
| 2016-12-07 | 688.08 | 737.38 | 88.72 | 872.56 |
| 2016-12-08 | 687.31 | 739.53 | 88.61 | 868.62 |
| 2016-12-09 | 689.72 | 731.71 | 88.92 | 867.52 |
| 2016-12-12 | 690.86 | 728.42 | 89.03 | 870.14 |
| 2016-12-15 | 692.89 | 726.94 | 89.32 | 867.83 |
| 2016-12-19 | 693.12 | 726.55 | 89.26 | 868.33 |
| 2016-12-23 | 694.63 | 725.20 | 89.50 | 853.76 |
| 2016-12-28 | 694.95 | 727.10 | 89.56 | 853.17 |
| 2016-12-30 | 693.70 | 730.68 | 89.45 | 850.94 |

# 拍卖公司中英名称及本书缩称索引

## AUCTION COMPANIES INDEX

| 中文名称 | 英文名称 | 本书缩称 |
|---|---|---|
| 邦瀚斯 | BONHAMS | BO |
| 保利厦门 | POLY XIAMEN | PLXM |
| 保利香港 | POLY HONGKONG | PLHK |
| 北京保利 | BEIJING POLY | BP |
| 北京诚轩 | BEIJING CHENGXUAN | BC |
| 北京传是 | BEIJING TRANTHY | TH |
| 北京东正 | BEIJING DONGZHENG | BD |
| 北京古天一 | BEIJING SEEKS AUTIQUE | BSA |
| 北京翰海 | BEIJING HANHAI | BH |
| 北京华辰 | HUACHEN AUCTIONS | HC |
| 北京匡时 | COUNCIL | KS |
| 北京荣宝 | ROMBON | RB |
| 北京中汉 | JOHAN AUCTION | Z |
| 朵云轩 | DUO YUN XUAN | D |
| 福建东南 | SOUTHEAST | SE |
| 广州崇正 | CANTON TREASURE AUCTION | CZ |
| 华艺国际 | HOLLY INTERNATIONAL AUCTIONS | HY |
| 佳士得 | CHRISTIE'S | C |
| 荣宝斋 | RONG BAO ZHAI | RBZ |
| 上海道明 | DOWMIN AUCTION | DM |
| 上海嘉禾 | JIAHE | JH |
| 苏富比 | SOTHEBY'S | S |
| 西泠印社 | XILING YINSHE ACADEMY | XLA |
| 中国嘉德 | CHINA GUARDIAN | GD |
| 中国艺海 | ARTSEA | AS |
| 中贸圣佳 | SUNGARI INTERNATIONAL AUCTION | SUN |

**感谢：**邦瀚斯、保利厦门、保利香港、北京保利、北京诚轩、北京传是、北京东正、北京古天一、北京翰海、北京华辰、北京匡时、北京荣宝、北京中汉、朵云轩、福建东南、广州崇正、华艺国际、佳士得、南京经典、荣宝斋、上海道明、上海嘉禾、上海明轩、苏富比、西泠印社、中国嘉德、中国艺海、中贸圣佳提供资料。

# *PART 1*

# 铜器
# Bronze

# 青铜器
# Bronze Wares

青铜环耳圆鼎
春秋 S.&A. PLHK 保利香港
2016-04-05 Lot3089 H39.5cm;W36cm
估价：HKD 600,000-800,000
成交价：HKD 708,000

青铜夔龙涡纹鼎
商晚期－西周早期，前12-前11世纪 Late Shang-Early W.Zhou,12th Century B.C.-11th Century B.C. S 苏富比
2016-03-16 Lot236 尺寸不详
估价：USD 60,000-80,000
成交价：USD 93,750

青铜兽面纹鼎
商 Shang PLHK 保利香港
2016-10-04 Lot3308 H21.3cm;W17.5cm
估价：HKD 800,000-1,000,000
成交价：HKD 2,714,000

青铜饕餮纹鼎
商 Shang PLHK 保利香港
2016-10-04 Lot3143 H20cm;W14.7cm
估价：HKD 60,000-90,000
成交价：HKD 70,800

青铜夔纹盖鼎
战国 Warring S 苏富比
2016-03-16 Lot232 尺寸不详
估价：USD 20,000-30,000
成交价：USD 162,500

青铜夔龙纹冲天耳三足鼎
西周 W.Zhou BO 邦瀚斯
2016-09-12 Lot8013 W19.8cm
估价：USD 50,000-80,000
成交价：USD 31,250

青铜 [x] 父乙方鼎
商晚期 - 西周早期 Late Shang-Early W.Zhou BO 邦瀚斯
2016-11-29 Lot27 H22.8cm
估价：HKD 1,400,000-1,800,000
成交价：RMB 3,275,620

青铜小臣害方鼎
商晚期 Late Shang PLHK 保利香港
2016-10-04 Lot3313 22.5 × 17.7 × 13.5cm
估价：HKD 6,000,000-8,000,000
成交价：HKD 7,080,000

错金银盖鼎
明 Ming BH 北京翰海
2016-06-04 Lot2374 D20cm
估价：RMB 250,000-300,000
成交价：RMB 322,000

青铜镀金银嵌孔雀石鼎
17 世纪 17th Century C 佳士得
2016-05-11 Lot189 H23.2cm
估价：GBP 3,000-6,000
成交价：GBP 16,250

青铜夔纹簋
西周早期 Early W.Zhou S 苏富比
2016-03-16 Lot231 尺寸不详
估价：USD 30,000-40,000
成交价：USD 60,000

青铜夔龙纹牲耳簋
西周早期 Early W.Zhou BO 邦瀚斯
2016-11-10 Lot2 W26cm
估价：GBP 6,000-8,000
成交价：GBP 11,250

青铜簋
西周晚期 Late W.Zhou S 苏富比
2016-09-13 Lot11 尺寸不详
估价：USD 30,000-40,000
成交价：USD 56,250

青铜兽面纹方彝
商晚期 Late Shang PLHK 保利香港
2016-04-05 Lot3092 H27.5cm
估价：HKD 12,000,000-15,000,000
成交价：HKD 14,750,000

2016 Chinese Art Auction TOP10 中国铜器拍卖十大天价排行榜 Top 2

青铜乙戈簋
商晚期 Late Shang PLHK 保利香港
2016-04-05 Lot3096 H15.5cm;W28.6cm
估价：HKD 1,200,000-1,500,000
成交价：HKD 1,534,000

铜错金银嵌绿松石甪端香熏
宋 - 明 Song-Ming C 佳士得
2016-10-04 Lot36 H10cm
估价：HKD 150,000-200,000
成交价：HKD 300,000

铜错金银牺形香熏
明末清初 Late Ming-Early Qing C 佳士得
2016-10-04 Lot41 H18cm
估价：HKD 60,000-80,000
成交价：HKD 81,250

错金银鼎式炉
明 Ming BH 北京翰海
2016-06-04 Lot2359 D14.2 × 12.4cm
估价：RMB 200,000-250,000
成交价：RMB 276,000

铜博山炉
汉 Han C 佳士得
2016-03-17 Lot1157 H18.1cm
估价：USD 6,000-8,000
成交价：USD 47,500

狻猊耳错银熏炉
乾隆 Qianlong BH 北京翰海
2016-06-04 Lot2457 D11.3 × 9.2cm
估价：RMB 80,000-120,000
成交价：RMB 218,500

铜错金银饕餮纹簋式炉
明 Ming BD 北京东正
2016-05-14 Lot3094 H19cm;D15.5cm
估价：RMB 280,000-350,000
成交价：RMB 483,000

铜熏炉
辽 Liao PLHK 保利香港
2016-10-04 Lot3320 H16.1cm
估价：HKD 100,000-150,000
成交价：HKD 118,000

青铜龙纹香炉带盖
17-18 世纪 17th-18th Century C 佳士得
2016-05-11 Lot194 H14cm
估价：GBP 2,000-4,000
成交价：GBP 5,250

铜错金银蝴蝶杂宝纹簋式炉
万历 Wanli BP 北京保利
2016-06-07 Lot8546 W17cm
估价：RMB 250,000-350,000
成交价：RMB 287,500

青铜云龙赶珠纹冲耳盖炉（一对）
乾隆 Qianlong C 佳士得
2016-09-16 Lot1227 H39.4cm
估价：USD 400,000-600,000
成交价：USD 797,000

## 铜长柄行炉

唐 Tang S 苏富比
2016-09-13 Lot14 尺寸不详
估价：USD 3,000-4,000
成交价：USD 31,250

## 青铜饕餮纹觚

商晚期，前 13- 前 12 世纪 Late Shang,13th Century B.C.-12th Century B.C. S 苏富比
2016-03-16 Lot234 尺寸不详
估价：USD 20,000-30,000
成交价：USD 18,750

## 青铜饕餮纹觯

商 Shang S 苏富比
2016-09-13 Lot10 尺寸不详
估价：USD 20,000-30,000
成交价：USD 68,750

## 青铜莲花行炉

辽 Liao PLHK 保利香港
2016-04-05 Lot3115 L34cm
估价：HKD 50,000-100,000
成交价：HKD 259,600

## 铜错金银牺尊香熏

明 Ming SUN 中贸圣佳
2016-05-16 Lot945 H9.8cm
估价：RMB 270,000-320,000
成交价：RMB 310,500

## 青铜饕餮纹出戟觚

商晚期，前 13- 前 11 世纪 Late Shang,13th Century B.C.-11th Century B.C. BO 邦瀚斯
2016-09-12 Lot8012 H17.4cm
估价：USD 40,000-60,000
成交价：USD 143,000

青铜错金仿古纹觚
康熙 Kangxi C 佳士得
2016-05-10 Lot13 H40.5cm
估价：GBP 15,000-20,000
成交价：GBP 17,500

错金银龙耳尊
明 Ming BH 北京翰海
2016-06-04 Lot2441 D15.2cm;H41.5cm
估价：RMB 350,000-450,000
成交价：RMB 575,000

错金银铺首尊
明 Ming BH 北京翰海
2016-06-04 Lot2332 D14.5cm;H43.5cm
估价：RMB 180,000-220,000
成交价：RMB 253,000

错银天鸡尊
明 Ming BH 北京翰海
2016-06-04 Lot2364 H27cm
估价：RMB 150,000-180,000
成交价：RMB 184,000

铜错金银天鸡尊
明 Ming KS 北京匡时
2016-06-07 Lot3443 H23.3cm
估价：RMB 270,000-300,000
成交价：RMB 310,500

铜错金银天鸡尊
明 Ming SUN 中贸圣佳
2016-05-16 Lot943 H7.6cm
估价：RMB 160,000-200,000
成交价：RMB 207,000

青铜饕餮纹尊
商晚期 - 西周早期 Late Shang-Early W.Zhou S 苏富比
2016-09-13 Lot12 尺寸不详
估价：USD 200,000-300,000
成交价：USD 310,000

青铜兽面纹齿受尊
商 Shang PLHK 保利香港
2016-04-05 Lot3088 W19.5cm;H26.5cm
估价：HKD 1,800,000-3,000,000
成交价：HKD 2,537,000

仲夷尊
年代不详 Unknown AS 中国艺海
2016-01-21 Lot3125 H21cm
估价：HKD 3,000,000-6,000,000
成交价：HKD 3,300,000

仿古青铜爵杯
年代不详 Unknown AS 中国艺海
2016-01-21 Lot3235 H23cm
估价：HKD 1,000,000-2,000,000
成交价：HKD 1,100,000

青铜牛首鋬爵杯（一对）
商 Shang PLHK 保利香港
2016-10-04 Lot3307 H21.5cm;W16cm
估价：HKD 680,000-800,000
成交价：HKD 802,400

青铜天黾觥
商晚期 Late Shang PLHK 保利香港
2016-10-04 Lot3310 H21.8cm;L23.3cm
估价：HKD 12,000,000-18,000,000
成交价：HKD 13,570,000

2016 Chinese Art Auction TOP10 中国铜器拍卖十大天价排行榜 Top 3

错金银凤耳赏瓶
乾隆 Qianlong BH 北京翰海
2016-06-04 Lot2350 D17.9 × 15.6cm;H46cm
估价：RMB 220,000-250,000
成交价：RMB 276,000

铜错银缠枝莲纹长颈荸荠瓶
清，18 世纪初 Qing,Early 18th Century S 苏富比
2016-04-06 Lot3665 47.7cm
估价：HKD 600,000-800,000
成交价：HKD 750,000

铜锦花夔凤纹贯耳瓶
宋 - 元 Song-Yuan S 苏富比
2016-03-19 Lot1358 尺寸不详
估价：USD 2,000-3,000
成交价：USD 6,250

兽面纹提梁卣
西周早期 Early W.Zhou PLHK 保利香港
2016-04-05 Lot3091 H27.3cm
估价：HKD 1,800,000-2,500,000
成交价：HKD 2,124,000

父丁卣
商晚期 Late Shang C 佳士得
2016-03-17 Lot1391 H23.5cm
估价：USD 80,000-120,000
成交价：USD 87,500

铜英雄双联瓶
宋 - 明 Song-Ming S 苏富比
2016-10-05 Lot32 12.5cm
估价：HKD 60,000-80,000
成交价：HKD 75,000

铜错金银饕餮纹壶
17 世纪 17th Century S 苏富比
2016-03-16 Lot337 尺寸不详
估价：USD 15,000-20,000
成交价：USD 15,000

青铜女母卣
商晚期 Late Shang C 佳士得
2016-03-17 Lot1389 H28.8cm
估价：USD 80,000-120,000
成交价：USD 389,000

错金银提梁卣
明 Ming BH 北京翰海
2016-06-04 Lot2396 H27.5cm
估价：RMB 180,000-220,000
成交价：RMB 218,500

鸟纹提梁卣
年代不详 Unknown PLXM 保利厦门
2016-05-08 Lot865 H21cm
估价：RMB 2,500,000-3,500,000
成交价：RMB 2,875,000

铜错金银仿古饕餮纹盖盉
宋 - 明 Song-Ming S 苏富比
2016-04-06 Lot3014 31.3cm
估价：HKD 600,000-800,000
成交价：HKD 1,000,000

青铜提梁卣（附日本著录）
年代不详 Unknown SUN 中贸圣佳
2016-11-15 Lot1526 H18.2cm
估价：RMB 4,500,000-5,500,000
成交价：RMB 6,670,000

铜错金银夔龙纹盉壶
明 Ming SUN 中贸圣佳
2016-05-16 Lot949 L30.5cm;H25.4cm
估价：RMB 120,000-150,000
成交价：RMB 184,000

青铜双兽耳棱形盖壶
西周 W.Zhou PLHK 保利香港
2016-10-04 Lot3314 H49.5cm
估价：HKD 2,200,000-3,000,000
成交价：HKD 2,596,000

青铜鸮卣
商 Shang S 苏富比
2016-09-13 Lot13 尺寸不详
估价：USD 400,000-600,000
成交价：USD 730,000

青铜弦纹觯
西周早期 Early W.Zhou S 苏富比
2016-04-05 Lot2925 16cm
估价：HKD 150,000-200,000
成交价：HKD 225,000

铜错银英雄合卺杯
明 Ming SUN 中贸圣佳
2016-05-16 Lot944 H14cm
估价：RMB 270,000-320,000
成交价：RMB 310,500

青铜兽面图觚
商晚期 Late Shang PLHK 保利香港
2016-04-05 Lot3097 H26cm;D16cm
估价：HKD 500,000-800,000
成交价：HKD 590,000

凤鸟纹觯
西周 W.Zhou PLHK 保利香港
2016-04-05 Lot3090 H13.6cm
估价：HKD 600,000-800,000
成交价：HKD 826,000

错金银文玩彝杯
明 Ming BH 北京翰海
2016-06-04 Lot2328 D11.9 × 6.2cm;L15cm;H7.6cm
估价：RMB 120,000-150,000
成交价：RMB 253,000

子媚爵
商 Shang BP 北京保利
2016-06-06 Lot7401 H18cm
估价：RMB 500,000-800,000
成交价：RMB 2,760,000

蟠虺纹甬钟
春秋晚期 Late S.&A. C 佳士得
2016-03-17 Lot1400 H28.5cm
估价：USD 10,000-15,000
成交价：USD 30,000

青铜编钟
年代不详 Unknown PLXM 保利厦门
2016-05-08 Lot864 尺寸不一
估价：RMB 450,000-750,000
成交价：RMB 977,500

抨式铜鼓
年代不详 Unknown S 苏富比
2016-03-19 Lot1522 尺寸不详
估价：USD 5,000-7,000
成交价：USD 6,250

青铜编钟（一套）
战国 Warring PLHK 保利香港
2016-04-05 Lot3098 H17cm;H10.5cm
估价：HKD 700,000-1,000,000
成交价：HKD 1,416,000

抨式铜鼓
年代不详 Unknown S 苏富比
2016-03-19 Lot1544 尺寸不详
估价：USD 3,000-5,000
成交价：USD 5,625

铜圈足敦
12-14 世纪 12th-14th Century S 苏富比
2016-03-16 Lot338 尺寸不详
估价：USD 6,000-8,000
成交价：USD 5,625

青铜盆配敦盖
战国 Warring S 苏富比
2016-03-16 Lot340 尺寸不详
估价：USD 3,000-5,000
成交价：USD 8,125

铜局部鎏金错银螭龙寿团纹印泥盖盒
16-17 世纪 16th-17th Century S 苏富比
2016-03-16 Lot334 尺寸不详
估价：USD 6,000-8,000
成交价：USD 32,500

青铜万字纹盖
乾隆 Qianlong C 佳士得
2016-09-16 Lot1224 D16cm
估价：USD 2,000-3,000
成交价：USD 11,875

铜错金银夔龙纹盉
明 Ming GD 中国嘉德
2016-11-13 Lot4333 H25.5cm
估价：RMB 1,100,000-2,100,000
成交价：RMB 1,725,000

铜错金银模印兽面纹匜
明 Ming Z 北京中汉
2016-11-13 Lot130 L10.5cm
估价：RMB 100,000-150,000
成交价：RMB 115,000

青铜重环纹盖
乾隆 Qianlong C 佳士得
2016-09-16 Lot1225 D16.2cm
估价：USD 2,000-3,000
成交价：USD 10,625

内府铸青铜“周般匜”
乾隆 Qianlong Z 北京中汉
2016-11-13 Lot128 L23cm
估价：RMB 200,000-300,000
成交价：RMB 655,500

铜错银鎏金云龙纹笔筒
清早期 Early Qing GD 中国嘉德
2016-11-13 Lot4391 D11cm;H12.2cm
估价：RMB 110,000-150,000
成交价：RMB 126,500

铜鎏金熊形镇
汉 Han PLHK 保利香港
2016-10-04 Lot3127 H5.5cm;W4.7cm
估价：HKD 180,000-250,000
成交价：HKD 212,400

青铜翼翅坐龙
元 Yuan BP 北京保利
2016-06-07 Lot8398 H17cm
估价：RMB 520,000-820,000
成交价：RMB 598,000

铜错银兽形小镇纸
明或更早 Ming or Before C 佳士得
2016-10-04 Lot32 L4.9cm
估价：HKD 30,000-50,000
成交价：HKD 68,750

铜错金银凤鸟形水滴
明，17世纪 Ming,17th Century S 苏富比
2016-09-13 Lot392 尺寸不详
估价：USD 4,000-6,000
成交价：USD 13,750

铜鎏金瑞兽形镇
西汉 W.Han S 苏富比
2016-09-13 Lot15 尺寸不详
估价：USD 60,000-80,000
成交价：USD 106,250

铜错金银饕餮纹小水滴
清中期 Mid Qing C 佳士得
2016-10-04 Lot43 H7cm
估价：HKD 100,000-150,000
成交价：HKD 162,500

青铜嵌银丝关帝坐像
天启 Tianqi S 苏富比
2016-06-02 Lot777 35cm
估价：HKD 800,000-1,000,000
成交价：HKD 1,562,500

**铜鎏金熊**
汉 Han PLHK 保利香港
2016-04-05 Lot3104 H5.7cm
估价：HKD 180,000-300,000
成交价：HKD 212,400

**铜错金银龙首带钩**
战国 Warring PLHK 保利香港
2016-04-05 Lot3099 L13.2cm
估价：HKD 300,000-500,000
成交价：HKD 354,000

**青铜五峰笔山**
明 Ming S 苏富比
2016-04-05 Lot2872 29.5cm
估价：HKD 80,000-120,000
成交价：HKD 175,000

**铜错金银带钩**
战国 Warring PLHK 保利香港
2016-04-05 Lot3100 L15.8cm
估价：HKD 180,000-250,000
成交价：HKD 212,400

**铜鎏金错银嵌松石龙纹带钩**
年代不详 Unknown C 佳士得
2016-10-04 Lot34 L16.4cm
估价：HKD 150,000-250,000
成交价：HKD 112,500

**铁错金嵌宝鱼形钩**
战国 Warring S 苏富比
2016-09-13 Lot16 尺寸不详
估价：USD 8,000-12,000
成交价：USD 25,000

**青铜麒麟摆件**
明晚期 Late Ming C 佳士得
2016-05-11 Lot202 D15cm
估价：GBP 1,500-2,500
成交价：GBP 5,625

**青铜编钟（一套十件）**
战国 - 汉 Warring-Han PLHK 保利香港
2016-10-04 Lot3315 H17.5cm;H10cm
估价：HKD 1,000,000-1,500,000
成交价：HKD 1,180,000

**铜嵌宝石后嵌漆盘托座**
汉 Han PLHK 保利香港
2016-10-04 Lot3316 H10cm;D44cm
估价：HKD 500,000-800,000
成交价：HKD 413,000

**鎏金铜龟钮套印（一组两件）**
汉或以后 Han or After C 佳士得
2016-03-17 Lot1401 W4.7cm
估价：USD 3,000-5,000
成交价. USD 30,000

## 铜镜
## Bronze Mirror

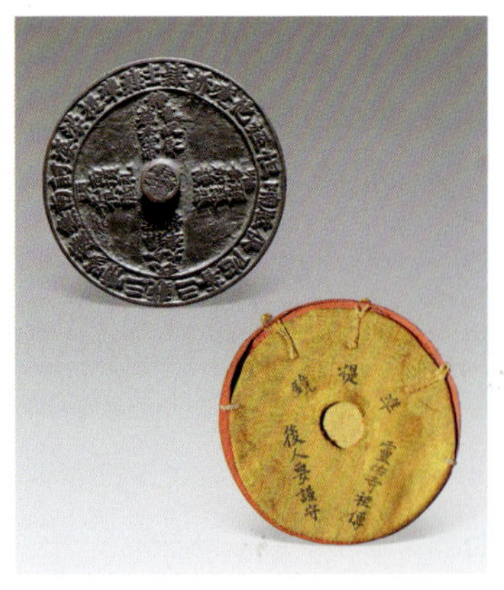

**灵佑寺准提镜**
年代不详 Unknown BP 北京保利
2016-06-08 Lot9743 11cm
估价：RMB 150,000-200,000
成交价：RMB 172,500

青铜博局纹镜
汉 Han C 佳士得
2016-09-16 Lot1222 D19.1cm
估价：USD 8,000-10,000
成交价：USD 10,000

青铜神兽纹镜
隋 Sui C 佳士得
2016-09-16 Lot1220 D19.3cm
估价：USD 8,000-10,000
成交价：USD 10,625

青铜乳钉神兽纹镜
汉 Han C 佳士得
2016-09-16 Lot1221 D19cm
估价：USD 8,000-10,000
成交价：USD 10,000

青铜龙纹镜
辽 Liao PLHK 保利香港
2016-04-05 Lot3110 D29cm
估价：HKD 100,000-150,000
成交价：HKD 212,400

四鸟镂空镜
年代不详 Unknown BP 北京保利
2016-06-08 Lot9682 DL7.7cm
估价：RMB 150,000-300,000
成交价：RMB 172,500

神兽四乳铜镜
汉 Han XLA 西泠印社
2016-09-29 Lot227 D16.7cm
估价：RMB 28,000-40,000
成交价：RMB 32,200

贴金狮子葡萄鸟纹八方铜镜
唐 Tang C 佳士得
2016-03-17 Lot1402 W6cm
估价：USD 6,000-8,000
成交价：USD 20,000

"角王巨虚"中圈铭文七乳镜
年代不详 Unknown BP 北京保利
2016-06-08 Lot9683 D21cm
估价：RMB 80,000-300,000
成交价：RMB 460,000

八卦纹镜
乾隆 Qianlong C 佳士得
2016-03-17 Lot1434 D18.4cm
估价：USD 40,000-60,000
成交价：USD 52,500

四叶羽状纹镜
年代不详 Unknown BP 北京保利
2016-06-08 Lot9681 D12.6cm
估价：RMB 150,000-250,000
成交价：RMB 172,500

铜犀牛纹镜
唐 Tang S 苏富比
2016-09-13 Lot153 尺寸不详
估价：USD 15,000-25,000
成交价：USD 6,250

铜胎掐丝珐琅镜
明，16-17 世纪 Ming,16th-17th Century C 佳士得
2016-11-08 Lot119 D34.5cm
估价：GBP 30,000-50,000
成交价：GBP 68,750

葵口花鸟铜镜
唐 Tang XLA 西泠印社
2016-09-29 Lot211 D10.7cm
估价：RMB 28,000-30,000
成交价：RMB 32,200

八瓣菱花形四鸟绕枝铜镜
唐 Tang XLA 西泠印社
2016-09-29 Lot224 D10.5cm
估价：RMB 28,000-40,000
成交价：RMB 32,200

十砚斋藏夔凤位至三公铜镜
汉 Han XLA 西泠印社
2016-09-29 Lot215 D10.7cm
估价：RMB 28,000-40,000
成交价：RMB 32,200

## 金银器
## Gold & Silver Bronze

纯银高浮雕托盘（十六件套）
法国，约 1885 年 France,Circa 1885 PLXM 保利厦门
2016-11-06 Lot1227 19 × 1.6cm;24.5 × 2.2cm
估价：RMB 88,000-120,000
成交价：RMB 101,200

纯银鎏金高浮雕酒神巴克斯及小天使大型三足托盘 / 装饰盘
英国，1849 年 UK,1849 PLXM 保利厦门
2016-11-06 Lot1231 46.8 × 6.5cm
估价：RMB 66,000-100,000
成交价：RMB 75,900

银质桌面中央装饰盛盘
墨西哥，约 1950 年 Mexico,Circa 1950 PLXM 保利厦门
2016-11-06 Lot1240 54 × 39 × 22cm
估价：RMB 38,000-45,000
成交价：RMB 43,700

银质局部鎏金仿汉福禄耳杯（一对）
明 Ming GD 中国嘉德
2016-11-15 Lot5030 W16cm
估价：RMB 100,000-150,000
成交价：RMB 138,000

金质如意耳花卉纹酒杯（一对）
明 Ming GD 中国嘉德
2016-05-17 Lot5244 H3.53cm
估价：RMB 55,000-100,000
成交价：RMB 138,000

金质錾刻花卉纹玉壶春
明 Ming GD 中国嘉德
2016-11-15 Lot5033 H17.5cm
估价：RMB 300,000-500,000
成交价：RMB 345,000

银质局部烧蓝夔龙纹赏瓶（一对）
清 Qing GD 中国嘉德
2016-11-15 Lot5014 H28.2cm
估价：RMB 100,000-200,000
成交价：RMB 115,000

双龙耳银碗
约 1900 年 Circa 1900 C 佳士得
2016-05-11 Lot147 H35cm
估价：GBP 2,000-4,000
成交价：GBP 6,000

金银镶嵌铜双鲤鱼瓶
17 世纪 17th Century C 佳士得
2016-05-11 Lot173 H20.4cm
估价：GBP 1,500-2,500
成交价：GBP 11,875

金质天堂鸟香水瓶
19 世纪 19th Century GD 中国嘉德
2016-11-15 Lot5058 H6cm
估价：RMB 60,000-100,000
成交价：RMB 86,250

金质累丝嵌宝烧蓝香熏瓶
清 Qing GD 中国嘉德
2016-11-15 Lot5077 H6cm
估价：RMB 150,000-200,000
成交价：RMB 172,500

银质局部鎏金花鸟纹狮钮熏炉
清 Qing GD 中国嘉德
2016-11-15 Lot5040 H28.5cm
估价：RMB 180,000-300,000
成交价：RMB 402,500

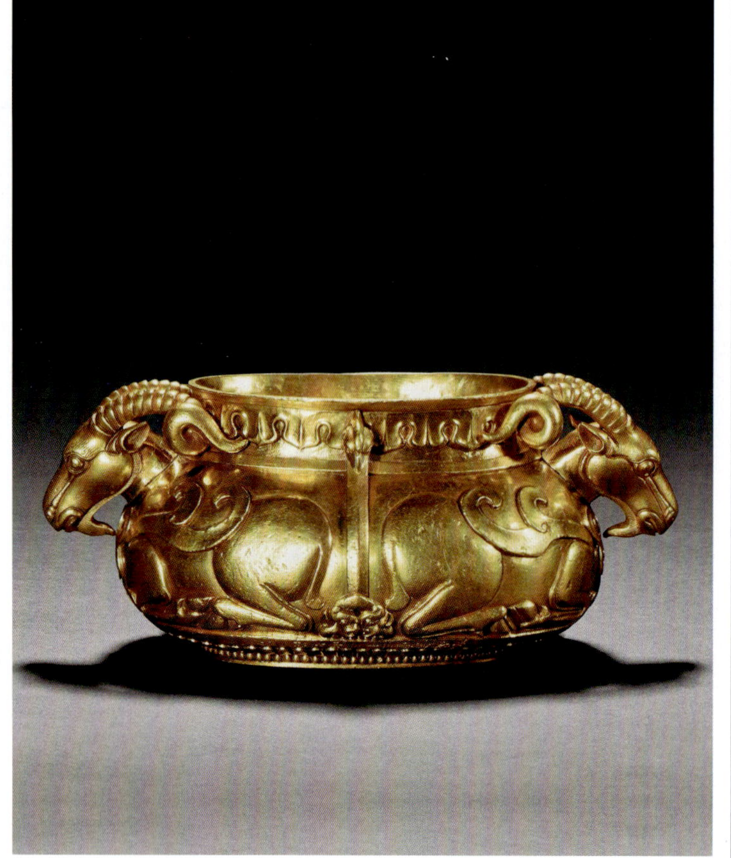

金质“大清乾隆年制 须弥福寿之庙”高浮雕双卧羊耳尊
乾隆 Qianlong GD 中国嘉德
2016-05-17 Lot5233 L19cm;H7.5cm
估价：RMB 1,200,000-2,400,000
成交价：RMB 10,522,500

2016 Chinese Art Auction TOP10 中国铜器拍卖十大天价排行榜 Top 5

银多穆壶
乾隆 Qianlong KS 北京匡时
2016-06-07 Lot3389 H37.5cm
估价：RMB 1,000,000-1,200,000
成交价：RMB 1,150,000

银质崇兴寺二龙戏珠纹熏炉
同治 Tongzhi GD 中国嘉德
2016-05-17 Lot5210 H46cm;D59cm
估价：RMB 600,000-2,000,000
成交价：RMB 690,000

海水纹金罐
19 世纪 19th Century C 佳士得
2016-11-08 Lot139 W7.3cm
估价：GBP 15,000-20,000
成交价：GBP 106,250

金质立体圆雕嵌宝石雄鸡“嘉庆年制”香熏摆件
嘉庆 Jiaqing GD 中国嘉德
2016-11-15 Lot5045 H36cm
估价：RMB 3,300,000-8,000,000
成交价：RMB 5,865,000

金嵌宝莲托梵文瓜棱盖罐
宣德 Xuande GD 中国嘉德
2016-11-12 Lot2647 H20.5cm;W1455g
估价：RMB 20,000,000-30,000,000
成交价：RMB 34,500,000

2016 Chinese Art Auction TOP10 中国文玩杂项拍卖十大天价排行榜 Top 10

2016 Chinese Art Auction TOP10 中国铜器拍卖十大天价排行榜 Top 1

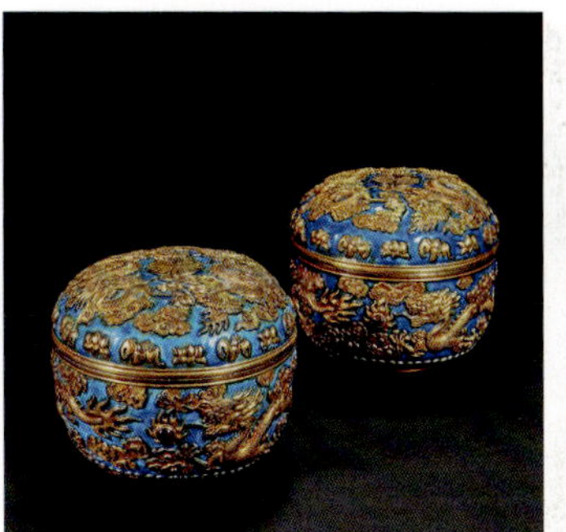

银质鎏金烧蓝龙纹围棋罐（一对）
清 Qing GD 中国嘉德
2016-05-17 Lot5232 H11cm
估价：RMB 80,000-160,000
成交价：RMB 97,750

银质局部鎏金夔龙纹花盆
清 Qing GD 中国嘉德
2016-11-15 Lot5072 H25cm
估价：RMB 60,000-100,000
成交价：RMB 69,000

银鎏金龙凤纹盖盒
辽 Liao C 佳士得
2016-09-16 Lot1223 D12.7cm
估价：USD 15,000-20,000
成交价：USD 11,250

金质百宝嵌蝴蝶盖盒
清 Qing GD 中国嘉德
2016-05-17 Lot5243 L9cm
估价：RMB 35,000-80,000
成交价：RMB 57,500

金质寿字沉香龙凤纹手镯（一对）
清 Qing GD 中国嘉德
2016-05-17 Lot5213 D8cm
估价：RMB 100,000-200,000
成交价：RMB 115,000

银质刀马人物故事圆盒
清 Qing GD 中国嘉德
2016-05-17 Lot5231 D15.5cm
估价：RMB 20,000-40,000
成交价：RMB 40,250

金浮雕西厢记暗八仙手镯（一对）
清 Qing GD 中国嘉德
2016-11-12 Lot2972 W7cm;W7.7cm
估价：RMB 250,000-350,000
成交价：RMB 287,500

金质福寿纹手镯（一对）
清 Qing GD 中国嘉德
2016-05-17 Lot5246 D0.69cm
估价：RMB 110,000-200,000
成交价：RMB 126,500

银累丝凤穿莲葵花式盖盒
清，18 世纪 Qing,18th Century S 苏富比
2016-10-05 Lot53 14.7cm
估价：HKD 80,000-120,000
成交价：HKD 1,062,500

金錾花卉粉盒
年代不详 Unknown AS 中国艺海
2016-01-21 Lot3066 D6cm
估价：HKD 1,220,000-2,440,000
成交价：HKD 1,342,000

金质高浮雕龙头响镯（一对）
清 Qing GD 中国嘉德
2016-11-15 Lot5078 D6.5cm
估价：RMB 68,000-100,000
成交价：RMB 172,500

金质花丝百宝嵌卡口手镯
民国 Republic Period GD 中国嘉德
2016-05-17 Lot5212 D8.42cm
估价：RMB 31,000-60,000
成交价：RMB 43,700

金质高浮雕松鼠吃葡萄手镯（一对）
清 Qing GD 中国嘉德
2016-11-15 Lot5005 D5.6cm
估价：RMB 55,000-100,000
成交价：RMB 63,250

金质莲花观音耳环（一对）
宋 - 元 Song-Yuan BC 北京诚轩
2016-11-14 Lot1873 H3.9cm;4cm
估价：RMB 18,000-25,000
成交价：RMB 48,300

金质镂空诗经皇家扳指（一套八只）
清 Qing GD 中国嘉德
2016-11-15 Lot5025 尺寸不一
估价：RMB 1,500,000-3,000,000
成交价：RMB 1,725,000

并头花筒金钗（一件）
宋 Song BC 北京诚轩
2016-11-14 Lot1875 L19.4cm,19.1cm
估价：RMB 50,000-70,000
成交价：RMB 97,750

金质龙首发簪
明 Ming GD 中国嘉德
2016-05-17 Lot5201 L12.5cm
估价：RMB 3,800-8,000
成交价：RMB 43,700

金质雕花卉扁发簪（一对）
明 Ming BC 北京诚轩
2016-11-14 Lot1876 L16.3cm,16.5cm
估价：RMB 35,000-45,000
成交价：RMB 55,200

金质累丝嵌宝头面首饰（十九件）
明 - 清 Ming-Qing GD 中国嘉德
2016-05-17 Lot5228 尺寸不一
估价：RMB 150,000-300,000
成交价：RMB 172,500

金镶嵌宝石头饰（一组）
明 Ming TH 北京传是
2016-06-04 Lot154 尺寸不一
估价：RMB 1,800,000-2,200,000
成交价：RMB 2,185,000

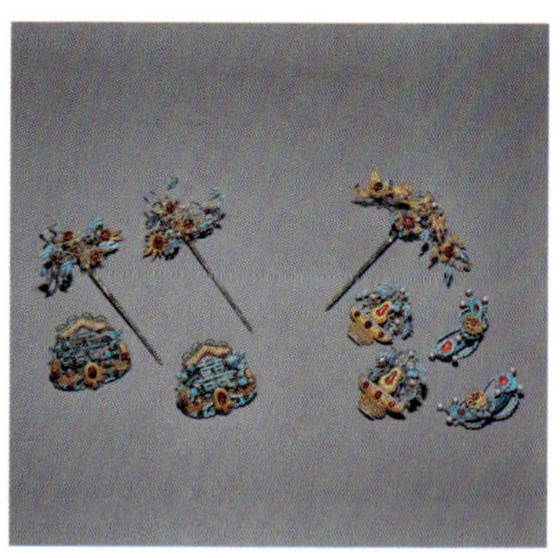

银鎏金点翠嵌宝石头面首饰（一组九件）
清 Qing GD 中国嘉德
2016-11-15 Lot5062 尺寸不一
估价：RMB 42,000-80,000
成交价：RMB 59,800

金质累丝双凤捧寿头饰（一对）
清 Qing GD 中国嘉德
2016-11-15 Lot5079 D7.8cm
估价：RMB 60,000-100,000
成交价：RMB 69,000

银质鎏金点翠头面首饰（三十三件）
清 Qing GD 中国嘉德
2016-11-15 Lot5057 尺寸不一
估价：RMB 150,000-200,000
成交价：RMB 195,500

金质女人像宝石项链
19 世纪 19th Century GD 中国嘉德
2016-05-17 Lot5209 L14.5cm
估价：RMB 31,000-60,000
成交价：RMB 59,800

银质福寿纹餐具（一组七十件）
民国早期 Early Republic Period GD 中国嘉德
2016-11-15 Lot5056 尺寸不一
估价：RMB 35,000-80,000
成交价：RMB 78,200

银质鎏金累丝点翠头面首饰（一组十九件）
清 Qing GD 中国嘉德
2016-05-17 Lot5207 尺寸不一
估价：RMB 90,000-180,000
成交价：RMB 103,500

金质嵌宝石葫芦形耳坠（一对）
明 Ming GD 中国嘉德
2016-11-15 Lot5035 H5.6cm
估价：RMB 50,000-100,000
成交价：RMB 161,000

银质二龙戏珠火锅
清末民初 Late Qing-Early Republic Period GD 中国嘉德
2016-11-15 Lot5009 H29cm
估价：RMB 65,000-120,000
成交价：RMB 78,200

银质鎏金点翠头面首饰（五十三件）
清 Qing GD 中国嘉德
2016-05-17 Lot5245 尺寸不一
估价：RMB 150,000-200,000
成交价：RMB 368,000

银餐具
19 世纪 19th Century C 佳士得
2016-05-11 Lot151 D31cm
估价：GBP 1,500-2,500
成交价：GBP 15,000

银制龙纹八件套茶具
清 Qing BP 北京保利
2016-10-31 Lot1197 尺寸不一
估价：RMB 10,000-20,000
成交价：RMB 40,250

金兽纹饰板
战国 Warring BO 邦瀚斯
2016-09-12 Lot6003 2×7×8cm
估价：USD 30,000-50,000
成交价：USD 56,250

银仙鹤烛台（一对）
同治 Tongzhi C 佳士得
2016-06-01 Lot3235 H61cm×2
估价：HKD 800,000-1,500,000
成交价：HKD 3,160,000

金质“金玉满堂”戏曲人物如意锁
清 Qing GD 中国嘉德
2016-05-17 Lot5225 L8.69cm
估价：RMB 55,000-120,000
成交价：RMB 74,750

银质晋造狮子锁 铃铛（一组五件）
清 Qing GD 中国嘉德
2016-11-15 Lot5012 尺寸不一
估价：RMB 10,000-20,000
成交价：RMB 33,350

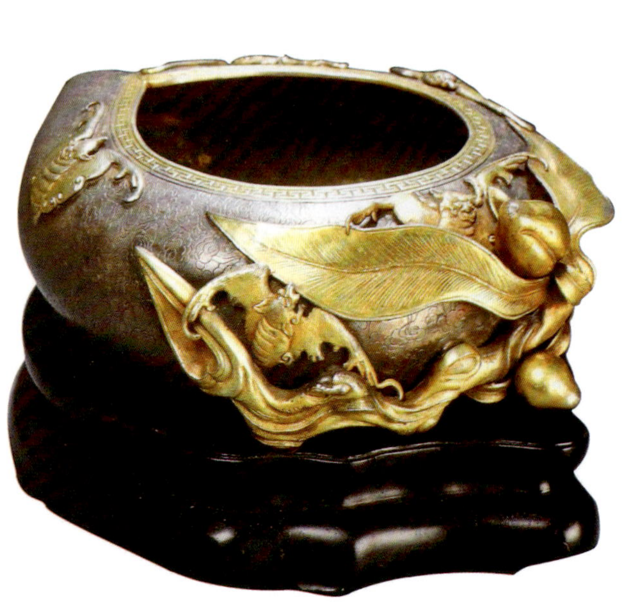

银鎏金五蝠捧寿桃形洗
年代不详 Unknown AS 中国艺海
2016-01-21 Lot3244 L19.4cm
估价：HKD 1,500,000-3,000,000
成交价：HKD 3,080,000

金质双龙戏珠寿字如意
清 Qing GD 中国嘉德
2016-11-15 Lot5063 L29.3cm
估价：RMB 70,000-150,000
成交价：RMB 80,500

银质错金铺首
明 Ming GD 中国嘉德
2016-11-15 Lot5094 H6.3cm
估价：RMB 30,000-50,000
成交价：RMB 34,500

银质骏马摆件
19 世纪 19th Century GD 中国嘉德
2016-05-17 Lot5235 H33cm
估价：RMB 30,000-60,000
成交价：RMB 57,500

普雷耶“王子”23K 鎏金彩绘三角钢琴
法国，1915 年 France,1915 PLXM 保利厦门
2016-11-06 Lot1258 175cm
估价：RMB 1,400,000-2,800,000
成交价：RMB 1,610,000

18K 白金“都彭”打火机
现代 Morden GD 中国嘉德
2016-05-17 Lot5249 H5.55cm
估价：RMB 30,000-50,000
成交价：RMB 34,500

金质高浮雕北洋海军成军纪念纪念杯、纪念牌（一套）
光绪 Guangxu GD 中国嘉德
2016-05-17 Lot5220 尺寸不一
估价：RMB 2,000,000-4,000,000
成交价：RMB 5,865,000

金质莲花化生挑心（一件）
明 Ming BC 北京诚轩
2016-11-14 Lot1877 L16.8cm
估价：RMB 35,000-45,000
成交价：RMB 48,300

金累丝点翠嵌宝凤凰牡丹银胎盆景（一对）
光绪 Guangxu BP 北京保利
2016-06-06 Lot7535 H34.5cm
估价：RMB 1,000,000-1,500,000
成交价：RMB 1,955,000

# 明清铜器
# Ming & Qing Bronze

铜垂叶纹三足鼎及铜饕餮纹四足方鼎
明或 18-19 世纪 Ming,or 18th-19th Century BO 邦瀚斯
2016-09-12 Lot8008 14cm
估价：USD 2,000-3,000
成交价：USD 4,750

铜饕餮纹簋
明 Ming BH 北京翰海
2016-06-05 Lot2999 H25.8cm
估价：RMB 700,000-1,000,000
成交价：RMB 1,115,500

海兽龙纹香熏
乾隆 Qianlong BH 北京翰海
2016-06-04 Lot2403 W1540g
估价：RMB 60,000-80,000
成交价：RMB 161,000

铜鎏金瑞兽香熏
明 Ming BD 北京东正
2016-05-14 Lot3062 H26.5cm
估价：RMB 120,000-180,000
成交价：RMB 218,500

铜鎏金甪端香熏
清 Qing SUN 中贸圣佳
2016-05-16 Lot980 H45.8cm
估价：RMB 600,000-800,000
成交价：RMB 632,500

局部鎏金铜甪端香熏
明，16 世纪 Ming,16th Century C 佳士得
2016-10-04 Lot37 16.5cm
估价：HKD 200,000-300,000
成交价：HKD 325,000

铜鎏金甪端
明 Ming HY 华艺国际
2016-05-26 Lot1224 H28.5cm
估价：RMB 280,000-380,000
成交价：RMB 460,000

铜鎏金寿星麒麟香熏
明 Ming KS 北京匡时
2016-06-07 Lot3378 H56cm
估价：RMB 160,000-180,000
成交价：RMB 184,000

铜仙鹤香薰（一对）
清早期 Early Qing GD 中国嘉德
2016-05-14 Lot4658 H41.7cm
估价：RMB 180,000-280,000
成交价：RMB 207,000

铜加官进爵香熏
明末清初 Late Ming-Early Qing BC 北京诚轩
2016-11-12 Lot899 11.9 × 7.8cm
估价：RMB 10,000-20,000
成交价：RMB 59,800

铜兽香熏
明 Ming BD 北京东正
2016-05-14 Lot2071 H17.5cm
估价：RMB 200,000-300,000
成交价：RMB 345,000

铜鎏金鼎式炉
明 Ming BH 北京翰海
2016-06-04 Lot2454 D7.3 × 10.5cm;H11cm
估价：RMB 60,000-80,000
成交价：RMB 115,000

天鸡耳鼎炉
清早期 Early Qing BH 北京翰海
2016-06-04 Lot2387 D15.8cm
估价：RMB 100,000-120,000
成交价：RMB 161,000

铜兽面纹出戟鼎式炉
清 Qing XLA 西泠印社
2016-09-29 Lot103 H30cm;H33.5cm
估价：RMB 45,000-60,000
成交价：RMB 51,750

蚰耳簋式炉
明晚期 Late Ming BP 北京保利
2016-06-06 Lot7327 D13.3cm;H7cm
估价：RMB 400,000-500,000
成交价：RMB 690,000

铜朝冠耳鼎式香炉
清 Qing BD 北京东正
2016-05-14 Lot2069 H21.3cm
估价：RMB 100,000-120,000
成交价：RMB 172,500

洒金铜龙纹簋式炉
清早期 Early Qing C 佳士得
2016-10-04 Lot50 W29cm
估价：HKD 150,000-250,000
成交价：HKD 212,500

蚰耳簋式炉
明中期 Mid Ming BP 北京保利
2016-06-06 Lot7326 D13.6cm;H8.3cm
估价：RMB 200,000-300,000
成交价：RMB 448,500

铜出戟花卉兽钮鼎式熏炉
明 Ming BH 北京翰海
2016-06-05 Lot2997 H35.5cm
估价：RMB 200,000-300,000
成交价：RMB 333,500

铜洒金仿古夔凤纹小簋炉
17-18 世纪 17th-18th Century BO 邦瀚斯
2016-11-10 Lot92 W9.6cm
估价：GBP 6,000-8,000
成交价：GBP 6,250

蚰耳簋式炉连座
雍正 Yongzheng BP 北京保利
2016-06-06 Lot7340 D14.1cm;H8.8cm
估价：RMB 800,000-1,000,000
成交价：RMB 1,265,000

蚰耳簋式炉连座
康熙 Kangxi BP 北京保利
2016-06-06 Lot7341 D27.5cm;H13.5cm
估价：RMB 1,000,000-1,500,000
成交价：RMB 2,702,500

螭龙纹兽钮台几式方熏炉
康熙 - 雍正 Kangxi-Yongzheng SUN 中贸圣佳
2016-11-15 Lot1506 H23cm
估价：RMB 2,000,000-2,500,000
成交价：RMB 3,335,000

铜鎏金双耳三足熏炉
乾隆 Qianlong PLXM 保利厦门
2016-11-06 Lot780 H23cm
估价：RMB 300,000-350,000
成交价：RMB 345,000

铜海八怪兽耳熏炉
18 世纪 18th Century PLXM 保利厦门
2016-11-06 Lot779 H45.5cm
估价：RMB 160,000-200,000
成交价：RMB 218,500

铜麒麟熏炉
明，16 世纪 Ming,16th Century C 佳士得
2016-04-05 Lot160 L6.3cm
估价：HKD 30,000-50,000
成交价：HKD 37,500

铜镀金龙纹鼓式香炉
17-18 世纪 17th-18th Century C 佳士得
2016-05-11 Lot208 H9.5cm
估价：GBP 1,000-2,000
成交价：GBP 8,125

鎏金铜甪端形香炉
明，17 世纪 Ming,16th Century C 佳士得
2016-11-09 Lot303 H22cm
估价：GBP 1,500-2,500
成交价：GBP 32,500

铜鎏金狮钮香炉
清 Qing BP 北京保利
2016-10-31 Lot247 H21cm
估价：无底价
成交价：RMB 46,000

铜三足冲耳香炉
18 世纪 18th Century BO 邦瀚斯
2016-11-10 Lot91 W20.2cm
估价：GBP 4,000-6,000
成交价：GBP 5,250

铜香炉
17-18 世纪 17th-18th Century BO 邦瀚斯
2016-09-12 Lot8002 14cm
估价：USD 5,000-7,000
成交价：USD 13,750

铜制鬲式炉
清早期 Early Qing SE 福建东南
2016-10-30 Lot25 H8.5cm;D13.6cm
估价：RMB 240,000-250,000
成交价：RMB 276,000

铜筒式炉
清早期 Early Qing PLHK 保利香港
2016-10-04 Lot3138 H7.5cm;D13cm
估价：HKD 180,000-250,000
成交价：HKD 413,000

铜双耳鬲式炉连座
17-18 世纪 17th-18th Century C 佳士得
2016-09-16 Lot1237 W17.2cm
估价：USD 20,000-30,000
成交价：USD 22,500

“光风霁月并置”铜筒式炉
明 Ming GD 中国嘉德
2016-11-13 Lot4356 D10.2cm;H8.5cm
估价：RMB 1,100,000-2,100,000
成交价：RMB 1,265,000

## 铜鬲式炉
清早期 Early Qing BP 北京保利
2016-11-10 Lot4762 D13.5cm
估价：RMB 80,000-120,000
成交价：RMB 92,000

## 铜铺首钵式炉
清早期 Early Qing GD 中国嘉德
2016-09-25 Lot5193 D15.7cm
估价：RMB 100,000-200,000
成交价：RMB 115,000

## 鬲式炉
明 Ming BH 北京翰海
2016-06-04 Lot2446 D18.7cm
估价：RMB 180,000-220,000
成交价：RMB 506,000

## 鬲式炉
清早期 Early Qing BP 北京保利
2016-06-06 Lot7331 D21cm;H12cm
估价：RMB 500,000-600,000
成交价：RMB 575,000

## 鬲式炉
明末清初 Late Ming-Early Qing BP 北京保利
2016-06-06 Lot7330 D22.2cm;H9.9cm
估价：RMB 6,500,000-8,500,000
成交价：RMB 9,430,000

2016 Chinese Art Auction TOP10 中国铜器拍卖十大天价排行榜 Top 6

## 铜洒金鬲式炉
明末清初 Late Ming-Early Qing BD 北京东正
2016-11-11 Lot133 D25cm
估价：RMB 5,000,000-6,000,000
成交价：RMB 5,750,000

铜鬲式炉

清早期 Early Qing GD 中国嘉德

2016-05-14 Lot4668 D22.5cm;H10.7cm

估价：RMB 600,000-900,000

成交价：RMB 690,000

“玉堂清玩”款鬲式炉

明 Ming HY 华艺国际

2016-05-26 Lot1222 H6cm;D11.5cm

估价：RMB 100,000-180,000

成交价：RMB 264,500

胡文明制铜鎏金缠枝花卉纹钵式炉

明 Ming TH 北京传是

2016-06-04 Lot143 D10cm;H6.5cm

估价：RMB 220,000-300,000

成交价：RMB 322,000

阿拉伯文鬲式炉

正德 Zhengde BP 北京保利

2016-06-06 Lot7337 D13.3cm;H9.3cm

估价：RMB 1,600,000-2,000,000

成交价：RMB 3,220,000

铜带盖原座钵式炉

乾隆 Qianlong KS 北京匡时

2016-06-07 Lot3749 H28cm

估价：RMB 8,000,000-10,000,000

成交价：RMB 11,155,000

2016 Chinese Art Auction TOP10 中国铜器拍卖十大天价排行榜 Top 4

万寿无疆钵式炉
康熙 Kangxi BH 北京翰海
2016-06-04 Lot2456 D6.6cm;H8.5cm
估价：RMB 350,000-450,000
成交价：RMB 632,500

铜钵式炉
清 Qing PLHK 保利香港
2016-10-04 Lot3128 7 × 15.5 × 9.5cm
估价：HKD 80,000-120,000
成交价：HKD 94,400

铜双凤耳莲花盖炉
乾隆 Qianlong PLXM 保利厦门
2016-11-06 Lot775 H12.5cm
估价：RMB 60,000-80,000
成交价：RMB 161,000

铜如意耳筒式炉
乾隆 Qianlong BH 北京翰海
2016-06-05 Lot2969 H6cm
估价：RMB 230,000-300,000
成交价：RMB 287,500

洗式炉
清早期 Early Qing BH 北京翰海
2016-06-04 Lot2416 D26cm
估价：RMB 60,000-80,000
成交价：RMB 195,500

"闲云阁"款洒金筒式炉
明 Ming HY 华艺国际
2016-05-26 Lot1238 H11cm;D10cm
估价：RMB 800,000-1,200,000
成交价：RMB 1,138,500

铜饕餮纹盖炉连座
明 Ming C 佳士得
2016-10-04 Lot52 H35cm
估价：HKD 60,000-100,000
成交价：HKD 68,750

铜"紫微正照"盖炉
清，19 世纪 Qing,19th Century S 苏富比
2016-09-17 Lot955 尺寸不详
估价：USD 8,000-12,000
成交价：USD 10,000

铜寿桃式盖炉连座
清，19 世纪 Qing,19th Century S 苏富比
2016-03-19 Lot1357 尺寸不详
估价：USD 6,000-8,000
成交价：USD 7,500

冲天耳炉
清早期 Early Qing KS 北京匡时
2016-06-07 Lot3373 D26.5cm;H17.5cm
估价：RMB 700,000-800,000
成交价：RMB 805,000

冲天耳炉
明 Ming BH 北京翰海
2016-06-04 Lot2320 D14.8cm;H8.2cm
估价：RMB 250,000-300,000
成交价：RMB 517,500

铜鎏金花鸟纹三足盖炉
清，19 世纪 Qing,19th Century S 苏富比
2016-03-19 Lot1366 尺寸不详
估价：USD 6,000-8,000
成交价：USD 7,500

冲天耳炉
崇祯 Chongzhen BH 北京翰海
2016-06-04 Lot2391 D12cm
估价：RMB 200,000-250,000
成交价：RMB 402,500

冲天耳炉
清早期 Early Qing BH 北京翰海
2016-06-04 Lot2436 D15.2cm;H8.8cm
估价：RMB 100,000-120,000
成交价：RMB 172,500

冲耳炉
明末清初 Late Ming-Early Qing BP 北京保利
2016-06-06 Lot7343 D10.4cm;H7.5cm
估价：RMB 450,000-550,000
成交价：RMB 632,500

冲天耳炉
明 Ming BH 北京翰海
2016-06-04 Lot2354 D13.5cm
估价：RMB 350,000-380,000
成交价：RMB 966,000

冲天耳三足炉
乾隆 Qianlong SUN 中贸圣佳
2016-05-16 Lot966 D11cm;H6.3cm
估价：RMB 1,200,000-1,500,000
成交价：RMB 1,380,000

冲耳花式三足炉
明晚期 Late Ming BP 北京保利
2016-06-06 Lot7322 D10.8cm;H5.5cm
估价：RMB 60,000-80,000
成交价：RMB 138,000

冲耳如意三足炉
明晚期 Late Ming BP 北京保利
2016-06-06 Lot7323 D7.9cm;H7.8cm
估价：RMB 60,000-80,000
成交价：RMB 149,500

"玉堂清玩"款冲天耳三足炉
清 Qing SUN 中贸圣佳
2016-05-16 Lot960 D9.1cm;H6.6cm
估价：RMB 160,000-200,000
成交价：RMB 184,000

"大明宣德年制"冲天耳三足炉
年代不详 Unknown BD 北京东正
2016-11-11 Lot1506 D14cm;H7.2cm
估价：RMB 5,500,000-6,500,000
成交价：RMB 7,475,000

2016 Chinese Art Auction TOP10 中国铜器拍卖十大天价排行榜 Top 9

"奕世流芳"冲天耳三足炉
年代不详 Unknown BD 北京东正
2016-11-11 Lot1507 D13.2cm;H6.8cm
估价：RMB 5,500,000-6,500,000
成交价：RMB 6,900,000

冲耳橘囊三足炉
明晚期 Late Ming BP 北京保利
2016-06-06 Lot7321 D12.7cm;H5.4cm
估价：RMB 60,000-80,000
成交价：RMB 149,500

铜双耳三足炉
乾隆 Qianlong BH 北京翰海
2016-06-05 Lot2965 H12.5cm
估价：RMB 100,000-150,000
成交价：RMB 172,500

铜双耳三足炉
乾隆 Qianlong BH 北京翰海
2016-06-05 Lot2977 H10cm
估价：RMB 100,000-150,000
成交价：RMB 172,500

铜双耳炉
康熙 Kangxi BH 北京翰海
2016-06-05 Lot2966 H6.2cm
估价：RMB 230,000-280,000
成交价：RMB 276,000

铜双耳三足炉
清，17-18 世纪 Qing,17th-18th Century S 苏富比
2016-05-11 Lot239 28cm
估价：GBP 10,000-15,000
成交价：GBP 12,500

铜洒金双戟耳三足炉
明 Ming TH 北京传是
2016-06-04 Lot153 L15cm;H11.5cm
估价：RMB 1,000,000-2,000,000
成交价：RMB 1,380,000

铜双戟耳深腹三足炉
清中期 Mid Qing BP 北京保利
2016-04-27 Lot492 W18cm
估价：无底价
成交价：RMB 149,500

戟耳三足炉
清早期 Early Qing KS 北京匡时
2016-06-07 Lot3362 D11cm;H13cm
估价：RMB 300,000-350,000
成交价：RMB 345,000

铜回纹二足炉
正德 Zhengde BH 北京翰海
2016-06-05 Lot2967 H10.3cm
估价：RMB 360,000-460,000
成交价：RMB 448,500

洒金铜双龙耳三足炉
康熙 Kangxi S 苏富比
2016-04-06 Lot3677 33.5cm
估价：HKD 100,000-150,000
成交价：HKD 300,000

铜回纹双耳三足炉
正德 Zhengde BH 北京翰海
2016-06-05 Lot2973 H11.3cm
估价：RMB 80,000-120,000
成交价：RMB 115,000

铜弦纹三足炉
乾隆 Qianlong BH 北京翰海
2016-06-05 Lot2994 H7.1cm
估价：RMB 30,000-40,000
成交价：RMB 172,500

洒金铜三足炉
清，18 世纪 Qing,18th Century S 苏富比
2016-04-06 Lot3671 16.1cm
估价：HKD 200,000-300,000
成交价：HKD 812,500

铜乳钉贯耳三足炉
清 Qing KS 北京匡时
2016-06-07 Lot3361 D10cm;H8.7cm
估价：RMB 60,000-80,000
成交价：RMB 345,000

铜鎏金花卉三足炉
明 Ming BP 北京保利
2016-04-27 Lot121 D9.5cm
估价：无底价
成交价：RMB 120,750

铜筒式三足炉
乾隆 Qianlong BH 北京翰海
2016-06-05 Lot2968 H8.3cm
估价：RMB 160,000-200,000
成交价：RMB 207,000

铜龙形双耳三足炉
清，18 世纪 Qing,18th Century C 佳士得
2016-11-09 Lot475 W35.6cm
估价：GBP 5,000-10,000
成交价：GBP 5,625

洒金铜桃形四足炉
明末清初 Late Ming-Early Qing C 佳士得
2016-10-04 Lot39 W14cm
估价：HKD 100,000-150,000
成交价：HKD 187,500

局部鎏金铜开光寿字螭龙纹三足炉
17 世纪 17th Century C 佳士得
2016-11-09 Lot479 D8cm
估价：GBP 2,500-3,500
成交价：GBP 11,875

洒金铜冲耳三足炉
明末清初 Late Ming-Early Qing S 苏富比
2016-10-05 Lot29 15.3cm
估价：HKD 200,000-300,000
成交价：HKD 250,000

铜点金双龙耳熏炉
清早期 Early Qing KS 北京匡时
2016-06-07 Lot3368 H18cm
估价：RMB 100,000-150,000
成交价：RMB 115,000

铜阿拉伯文三足冲耳炉
明，16-17 世纪 Ming,16th-17th Century C 佳士得
2016-10-04 Lot51 W14.5cm
估价：HKD 100,000-150,000
成交价：HKD 200,000

铜鎏金冲天耳象首三足炉
17 世纪 17th Century BO 邦瀚斯
2016-09-12 Lot8003 H15.8cm
估价：USD 7,000-9,000
成交价：USD 6,250

铜双蚰耳炉
清中期 Mid Qing BH 北京翰海
2016-06-05 Lot2970 H7cm
估价：RMB 80,000-120,000
成交价：RMB 112,700

**蚰龙耳炉**
清早期 Early Qing BH 北京翰海
2016-06-04 Lot2347 D15.8cm;H8cm
估价：RMB 150,000-180,000
成交价：RMB 207,000

**原座蚰龙耳炉**
清早期 Early Qing BH 北京翰海
2016-06-04 Lot2392 D12.8cm
估价：RMB 80,000-120,000
成交价：RMB 126,500

**铜螭龙耳炉**
明末清初 Late Ming-Early Qing S 苏富比
2016-04-06 Lot3666 27cm
估价：HKD 80,000-120,000
成交价：HKD 162,500

**蚰龙耳炉**
清早期 Early Qing BH 北京翰海
2016-06-04 Lot2422 H14cm
估价：RMB 800,000-1,200,000
成交价：RMB 1,138,500

**双蚰耳铜炉**
明晚期 Late Ming KS 北京匡时
2016-06-07 Lot3364 D12.7cm;H5.5cm
估价：RMB 220,000-250,000
成交价：RMB 253,000

**铜鎏金錾花人物故事双耳炉**
乾隆 Qianlong KS 北京匡时
2016-12-05 Lot2511 D11.5cm
估价：RMB 2,000,000-3,000,000
成交价：RMB 3,335,000

铜鎏金螭龙耳炉
明末清初 Late Ming-Early Qing BD 北京东正
2016-05-14 Lot2064 L25.5cm
估价：RMB 600,000-800,000
成交价：RMB 1,840,000

铜洒金螭耳象足炉
明 Ming SUN 中贸圣佳
2016-05-16 Lot976 H12.3cm
估价：RMB 300,000-350,000
成交价：RMB 345,000

铜鎏金螭龙耳瑞兽纹四足熏炉
嘉靖 - 万历 Jiajing-Wanli KS 北京匡时
2016-06-07 Lot3750 H25cm
估价：RMB 1,200,000-1,500,000
成交价：RMB 1,667,500

铜灑金双耳炉
年代不详 Unknown AS 中国艺海
2016-01-21 Lot3059 D20.5cm
估价：HKD 4,000,000-8,000,000
成交价：HKD 4,400,000

铜雕瑞兽鹿鹤同春双飞龙耳大熏炉
明，16 世纪 Ming,16th Century BP 北京保利
2016-06-07 Lot8547 W47cm
估价：RMB 1,300,000-2,300,000
成交价：RMB 1,897,500

莲花镂雕龙纹兽耳熏炉
清 Qing SUN 中贸圣佳
2016-05-16 Lot961 D17.3cm;H9.8cm
估价：RMB 400,000-500,000
成交价：RMB 460,000

原座赤龙耳炉
清早期 Early Qing BH 北京翰海
2016-06-04 Lot2309 D10.8cm;H13.6cm
估价：RMB 180,000-220,000
成交价：RMB 230,000

胡文明制铜鎏金海怪纹双耳炉
明晚期 Late Ming PLHK 保利香港
2016-10-04 Lot3140 H9.9cm;W24cm
估价：HKD 200,000-280,000
成交价：HKD 295,000

嵌宝石象耳象足熏炉
康熙 Kangxi BP 北京保利
2016-06-06 Lot7346 H20.3cm
估价：RMB 1,000,000-1,500,000
成交价：RMB 2,070,000

深腹乳足赤龙耳炉
清早期 Early Qing BH 北京翰海
2016-06-04 Lot2376 D11.8cm;H13.5cm
估价：RMB 180,000-220,000
成交价：RMB 253,000

铜洒金双狮耳炉
乾隆 Qianlong KS 北京匡时
2016-06-07 Lot3751 H15cm
估价：RMB 1,600,000-1,800,000
成交价：RMB 1,840,000

锦边天鸡耳大炉
清早期 Early Qing BH 北京翰海
2016-06-04 Lot2342 D25cm
估价：RMB 120,000-150,000
成交价：RMB 172,500

狮耳炉
清中期 Mid Qing HY 华艺国际
2016-01-23 Lot1182 D8.6cm
估价：RMB 30,000-50,000
成交价：RMB 161,000

铜錾云龙纹兽耳炉
明 Ming S 苏富比
2016-10-05 Lot11 19.1cm
估价：HKD 200,000-300,000
成交价：HKD 1,000,000

崇祯款冲耳炉
明 Ming PLHK 保利香港
2016-04-05 Lot3126 H5.6cm;D9cm
估价：HKD 120,000-200,000
成交价：HKD 141,600

铜蚰耳大炉
清早期 Early Qing GD 中国嘉德
2016-09-25 Lot4941 L24.5cm
估价：RMB 35,000-55,000
成交价：RMB 74,750

铜朝天耳炉
清中期 Mid Qing GD 中国嘉德
2016-09-25 Lot4873 D12.1cm
估价：RMB 45,000-65,000
成交价：RMB 51,750

铜冲天耳炉
明 Ming BD 北京东正
2016-05-14 Lot2063 D12.9cm
估价：RMB 200,000-250,000
成交价：RMB 276,000

铜辛已制冲耳炉
崇祯 Chongzhen BD 北京东正
2016-05-14 Lot327 D13cm
估价：RMB 1,800,000-2,200,000
成交价：RMB 2,185,000

“桂宇家藏”款冲天耳炉
明 Ming HY 华艺国际
2016-05-26 Lot1221 D11.5cm;H6.5cm
估价：RMB 500,000-650,000
成交价：RMB 713,000

铜冲天耳炉
清早期 Early Qing BP 北京保利
2016-10-31 Lot363 D25.5cm
估价：无底价
成交价：RMB 71,300

天鸡耳炉
明 Ming BH 北京翰海
2016-06-04 Lot2410 D8.1cm
估价：RMB 200,000-250,000
成交价：RMB 609,500

胡文明冲天耳炉
明晚期 Late Ming BH 北京翰海
2016-06-04 Lot2419 D9cm;H5cm
估价：RMB 50,000-80,000
成交价：RMB 166,750

铜桥耳炉
明末清初 Late Ming-Early Qing BC 北京诚轩
2016-11-12 Lot894 19×7.5cm
估价：RMB 150,000-200,000
成交价：RMB 195,500

桥耳炉
明末清初 Late Ming-Early Qing BP 北京保利
2016-06-06 Lot7332 D15.8cm;H6.5cm
估价：RMB 150,000-200,000
成交价：RMB 172,500

直筒吉耳炉
明 Ming KS 北京匡时
2016-06-07 Lot3375 D9.1cm
估价：RMB 800,000-1,000,000
成交价：RMB 920,000

铜桥耳大炉
明末清初 Late Ming-Early Qing BP 北京保利
2016-06-06 Lot7482 W42.5cm
估价：RMB 1,000,000-1,500,000
成交价：RMB 1,150,000

竹石款桥耳铜炉
明 Ming BD 北京东正
2016-05-14 Lot3041 H5.4cm;D6.8cm
估价：RMB 120,000-150,000
成交价：RMB 195,500

戟耳炉
明 Ming BH 北京翰海
2016-06-04 Lot2421 D12.4cm
估价：RMB 250,000-300,000
成交价：RMB 805,000

阿文戟耳炉
明 Ming SUN 中贸圣佳
2016-05-16 Lot952 D11cm;D7cm;H8cm
估价：RMB 600,000-800,000
成交价：RMB 782,000

酒金"恕园"款戟耳炉
雍正 Yongzheng BD 北京东正
2016-11-11 Lot1505 D12.6cm;H7.8cm
估价：RMB 3,500,000-5,000,000
成交价：RMB 6,900,000

2016 Chinese Art Auction TOP10 中国铜器拍卖十大天价排行榜 Top 10

铜洒金团龙纹索耳炉
清早期 Early Qing GD 中国嘉德
2016-11-13 Lot4334 D20.5cm;H18.5cm
估价：RMB 380,000-580,000
成交价：RMB 460,000

胡人戏狮熏炉
明早中期 Early-Mid Ming BP 北京保利
2016-06-06 Lot7347 L48cm;W22.5cm;H46.1cm
估价：RMB 1,500,000-2,000,000
成交价：RMB 2,185,000

"献贤氏藏"款戟耳炉
清早期 Early Qing HY 华艺国际
2016-05-26 Lot1223 H6.2cm;D8.9cm
估价：RMB 5,000,000-8,000,000
成交价：RMB 8,050,000

2016 Chinese Art Auction TOP10 中国铜器拍卖十大天价排行榜 Top 8

铜洒金竹节耳熏炉
雍正 Yongzheng KS 北京匡时
2016-06-07 Lot3371 H8.5cm
估价：RMB 350,000-400,000
成交价：RMB 437,000

如意耳法盏炉
明晚期 Late Ming BH 北京翰海
2016-06-04 Lot2447 D17.4cm;H14.3cm
估价：RMB 80,000-120,000
成交价：RMB 276,000

铜鎏金饕餮纹香炉
明 Ming BD 北京东正
2016-05-14 Lot2066 L22cm
估价：RMB 100,000-120,000
成交价：RMB 253,000

铜洒金兽头香炉
明 Ming BD 北京东正
2016-05-14 Lot2060 L16.8cm
估价：RMB 150,000-200,000
成交价：RMB 276,000

局部鎏金铜拐子龙纹香炉
乾隆 Qianlong C 佳士得
2016-06-01 Lot3406 W7.9cm
估价：HKD 150,000-250,000
成交价：HKD 225,000

铜鎏金龙凤海水瑞兽香炉
清早期 Early Qing BP 北京保利
2016-06-06 Lot7485 H26cm
估价：RMB 600,000-800,000
成交价：RMB 897,000

阿拉伯文铜香炉
正德 Zhengde BD 北京东正
2016-05-14 Lot2067 D11cm
估价：RMB 600,000-800,000
成交价：RMB 1,265,000

铜海棠形香炉
明 Ming BD 北京东正
2016-05-14 Lot2062 L15cm
估价：RMB 150,000-200,000
成交价：RMB 184,000

压经炉
明晚期 Late Ming BP 北京保利
2016-06-06 Lot7328 D12.4cm;H6.1cm
估价：RMB 450,000-550,000
成交价：RMB 517,500

连环压经炉
清早期 Early Qing BP 北京保利
2016-06-06 Lot7329 D9.7cm;H5.5cm
估价：RMB 500,000-600,000
成交价：RMB 805,000

铜压经炉
清早期 Early Qing KS 北京匡时
2016-06-07 Lot3363 D13.3cm;H7.5cm
估价：RMB 100,000-120,000
成交价：RMB 115,000

压经炉连座
康熙 - 雍正 Kangxi-Yongzheng BP 北京保利
2016-06-06 Lot7338 D13.6cm;H6.5cm
估价：RMB 200,000-300,000
成交价：RMB 299,000

铜制板耳三足压经炉
康熙 Kangxi SE 福建东南
2016-05-22 Lot629 H7.2cm;D14.4cm
估价：RMB 200,000-220,000
成交价：RMB 230,000

铜压经炉
清中期 Mid Qing GD 中国嘉德
2016-05-14 Lot4690 D26cm;H9.5cm
估价：RMB 60,000-90,000
成交价：RMB 149,500

带座压经铜炉
清早期 Early Qing BC 北京诚轩
2016-05-15 Lot892 17.2 × 8.6cm
估价：RMB 60,000-80,000
成交价：RMB 184,000

铜圆座压经香炉
清早期 Early Qing BD 北京东正
2016-05-14 Lot2065 D12.9cm
估价：RMB 200,000-220,000
成交价：RMB 345,000

马槽炉
明 Ming BH 北京翰海
2016-06-04 Lot2460 D10.8 × 7.9cm
估价：RMB 250,000-300,000
成交价：RMB 920,000

三槐堂款马槽炉
清 Qing XLA 西泠印社
2016-09-29 Lot98 5 × 9.4 × 7.2cm
估价：RMB 28,000-40,000
成交价：RMB 32,200

铜局部鎏金博古纹炉
清，19 世纪 Qing,19th Century S 苏富比
2016-03-19 Lot1362 尺寸不详
估价：USD 3,000-5,000
成交价：USD 10,000

马槽炉
康熙 Kangxi BD 北京东正
2016-05-14 Lot202 L16.2cm
估价：RMB 12,000-30,000
成交价：RMB 138,000

铜法盏炉
乾隆 Qianlong BC 北京诚轩
2016-11-12 Lot896 10.8 × 8.2cm
估价：RMB 50,000-70,000
成交价：RMB 57,500

铜制台几炉
明末清初 Late Ming-Early Qing SE 福建东南
2016-10-30 Lot24 10.5 × 17.3 × 9.9cm
估价：RMB 80,000-100,000
成交价：RMB 207,000

“玉堂清玩”款马槽炉
清早期 Early Qing HY 华艺国际
2016-05-26 Lot1214 6.8 × 9 × 8.9cm
估价：RMB 280,000-380,000
成交价：RMB 437,000

铜浮雕云龙如意足大炉
明中期 Mid Ming PLXM 保利厦门
2016-11-06 Lot941 63 × 48 × 29cm
估价：RMB 800,000-1,200,000
成交价：RMB 1,150,000

铜高士观瀑图题诗手炉
16-17 世纪 16th-17th Century BO 邦瀚斯
2016-11-10 Lot90 D12.7cm
估价：GBP 4,000-5,000
成交价：GBP 13,750

铜云龙纹炉
明末清初 Late Ming-Early Qing S 苏富比
2016-04-06 Lot3664 30.5cm
估价：HKD 200,000-300,000
成交价：HKD 2,480,000

手炉
明晚期 Late Ming BH 北京翰海
2016-06-04 Lot2319 D8.3cm;H7.5cm
估价：RMB 20,000-30,000
成交价：RMB 115,000

螭龙耳洒金炉
乾隆 Qianlong BH 北京翰海
2016-06-04 Lot2437 D14.6 × 17.9cm;H34.5cm
估价：RMB 150,000-180,000
成交价：RMB 195,500

八宝狮耳鼓钉炉
清早期 Early Qing BH 北京翰海
2016-06-04 Lot2463 D27.8cm
估价：RMB 180,000-220,000
成交价：RMB 345,000

手炉
清 Qing BH 北京翰海
2016-06-04 Lot2428 D7.8 × 7.8cm
估价：RMB 50,000-60,000
成交价：RMB 161,000

“胡文明制”花卉纹鎏金炉
明 Ming SUN 中贸圣佳
2016-05-16 Lot973 D11.5cm;D10.8cm;H9cm
估价：RMB 220,000-280,000
成交价：RMB 253,000

方耳深腹乳炉
清早期 Early Qing BH 北京翰海
2016-06-04 Lot2331 D10.2cm;H13.2cm
估价：RMB 160,000-180,000
成交价：RMB 230,000

海棠炉
清早期 Early Qing BH 北京翰海
2016-06-04 Lot2423 D12.8 × 10.8cm
估价：RMB 250,000-280,000
成交价：RMB 402,500

## 台机炉

清早期 Early Qing BH 北京翰海
2016-06-04 Lot2336 D11.4×8cm
估价：RMB 250,000-350,000
成交价：RMB 494,500

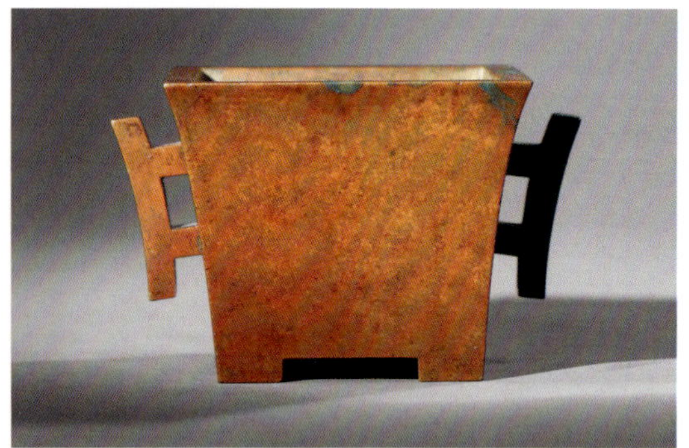

## 戟耳方斗炉

雍正 Yongzheng BP 北京保利
2016-12-05 Lot5009 D11.7×11.7cm;H9.2cm
估价：RMB 1,500,000-2,000,000
成交价：RMB 4,025,000

## 造办处乌铜走金炉瓶盒三式（一组）

乾隆 Qianlong PLXM 保利厦门
2016-11-06 Lot782 尺寸不一
估价：RMB 280,000-350,000
成交价：RMB 322,000

## 铜炉

清 Qing BH 北京翰海
2016-04-17 Lot1739 D13cm
估价：RMB 8,000-8,000
成交价：RMB 189,750

## 铜龙首盖炉

清，19 世纪 Qing,19th Century S 苏富比
2016-03-19 Lot1359 尺寸不详
估价：USD 6,000-8,000
成交价：USD 43,750

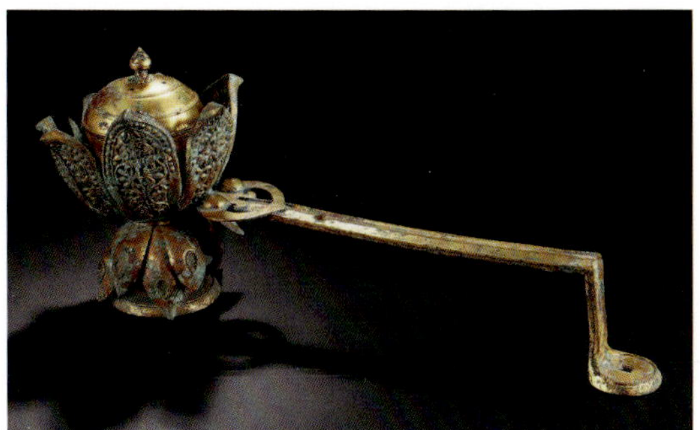

铜鎏金莲花形唐草纹行炉
元 Yuan BP 北京保利
2016-06-07 Lot8397 L 37cm
估价：RMB 2,000,000-3,000,000
成交价：RMB 2,990,000

银鎏金螭龙纹炉、瓶、盒
乾隆 Qianlong GD 中国嘉德
2016-05-14 Lot4716 D15.7cm; H10.2cm; D9.1cm;H4.4cm;H13.3cm
估价：RMB 800,000-1,200,000
成交价：RMB 1,437,500

鎏金铜盖炉 长方盖盒及小瓶（一套三件）
清，19 世纪 Qing,19th Century C 佳士得
2016-11-09 Lot485 W12cm
估价：GBP 5,000-8,000
成交价：GBP 5,250

胡文明炉瓶三式
清早期 Early Qing BH 北京翰海
2016-06-04 Lot2409 D7.5 × 11.5 × 4.3cm
估价：RMB 250,000-280,000
成交价：RMB 299,000

铜阿拉伯文炉、瓶、盒三事（一套）
正德 Zhengde BP 北京保利
2016-12-05 Lot5156 W15.7cm;H17cm;D12.6cm
估价：RMB 4,600,000-6,600,000
成交价：RMB 5,980,000

琮式瓶
清早期 Early Qing BH 北京翰海
2016-06-04 Lot2317 D5cm;H15.3cm
估价：RMB 50,000-60,000
成交价：RMB 126,500

如意耳阿文瓶
正德 Zhengde BH 北京翰海
2016-06-04 Lot2434 H21cm
估价：RMB 250,000-350,000
成交价：RMB 494,500

铜阿拉伯文香瓶
正德 Zhengde BD 北京东正
2016-05-14 Lot328 H22.2cm
估价：RMB 600,000-800,000
成交价：RMB 966,000

铜洒金浮雕四蟠龙方瓶
清 Qing PLHK 保利香港
2016-04-05 Lot3135 H51cm
估价：HKD 480,000-680,000
成交价：HKD 566,400

铜阿拉伯文双耳瓶
清早期 Early Qing KS 北京匡时
2016-06-07 Lot3265 H14.3cm
估价：RMB 100,000-120,000
成交价：RMB 115,000

铜鎏金狮耳香瓶
宣德 Xuande BD 北京东正
2016-05-14 Lot217 H15.7cm
估价：RMB 250,000-500,000
成交价：RMB 287,500

双龙耳山水人物纹大瓶（一对）
年代不详 Unknown BP 北京保利
2016-06-08 Lot9782 H61.5cm
估价：RMB 250,000-350,000
成交价：RMB 460,000

御制局部洒金铜仿古龙凤纹双联瓶
乾隆 Qianlong S 苏富比
2016-04-06 Lot3676 13.7cm
估价：HKD 200,000-300,000
成交价：HKD 1,000,000

洒金铜狻猊獬豸纹双耳海棠式瓶
清，18 世纪初 Qing,Early 18th Century S 苏富比
2016-04-06 Lot3672 40.9cm
估价：HKD 600,000-800,000
成交价：HKD 750,000

铜洒金弦纹双摩羯耳瓶
雍正 - 乾隆 Yongzheng-Qianlong BP 北京保利
2016-06-07 Lot8441 H16.3cm
估价：RMB 300,000-500,000
成交价：RMB 345,000

缠枝纹铜香瓶
清 Qing BD 北京东正
2016-05-14 Lot3090 H15.5cm
估价：RMB 60,000-80,000
成交价：RMB 126,500

海水螺燕纹瓶
乾隆 Qianlong SUN 中贸圣佳
2016-05-16 Lot965 D6.9cm;D6.2cm;H21.3cm
估价：RMB 500,000-600,000
成交价：RMB 575,000

胡文明制局部鎏金螭龙灵芝纹小瓶
明末清初 Late Ming-Early Qing BP 北京保利
2016-06-06 Lot7174 H6cm
估价：RMB 150,000-180,000
成交价：RMB 172,500

洒金铜錾仿古夔龙纹撇口瓶
乾隆 Qianlong S 苏富比
2016-10-05 Lot63 12.9cm
估价：HKD 100,000-150,000
成交价：HKD 200,000

铜刻缠枝莲纹螭龙耳瓶
17 世纪 17th Century S 苏富比
2016-03-16 Lot341 尺寸不详
估价：USD 15,000-20,000
成交价：USD 15,000

蓝地镀金团花纹天球瓶
年代不详 Unknown C 佳士得
2016-05-13 Lot737 H39.5cm
估价：GBP 8,000-12,000
成交价：GBP 11,875

铜夔龙纹螭龙耳瓶
17 世纪 17th Century S 苏富比
2016-03-16 Lot336 尺寸不详
估价：USD 15,000-20,000
成交价：USD 15,000

铜点金象耳瓶
雍正 Yongzheng BC 北京诚轩
2016-11-12 Lot897 8.4 × 11.8cm
估价：RMB 50,000-70,000
成交价：RMB 109,250

铜嵌混合金属耕图瓶
日本，明治 Japan,Meiji S 苏富比
2016-03-19 Lot1574 尺寸不详
估价：USD 4,000-5,000
成交价：USD 6,875

局部鎏金铜杂宝纹香瓶
万历 Wanli C 佳士得
2016-10-04 Lot38 H10.6cm
估价：HKD 80,000-150,000
成交价：HKD 212,500

铜鎏金象尊
清中期 Mid Qing BP 北京保利
2016-06-08 Lot9538 L20cm
估价：RMB 150,000-200,000
成交价：RMB 172,500

铜鎏金开光四季花鸟图葫芦瓶
乾隆 Qianlong BC 北京诚轩
2016-11-12 Lot900 H25cm
估价：RMB 150,000-200,000
成交价：RMB 172,500

铜局部鎏金仿古饕餮纹觚
明，17 世纪 Ming,17th Century S 苏富比
2016-03-16 Lot335 尺寸不详
估价：USD 30,000-50,000
成交价：USD 35,000

铜洒金瑞兽尊
康熙 Kangxi SUN 中贸圣佳
2016-05-16 Lot977 D14.7cm;D12.8cm;H27cm
估价：RMB 1,100,000-1,500,000
成交价：RMB 1,265,000

铜嵌金银仿古鸟尊
明 Ming BP 北京保利
2016-06-06 Lot7484 H26.8cm
估价：RMB 1,000,000-1,500,000
成交价：RMB 1,725,000

铜仿古饕餮纹壶
17-18 世纪 17th-18th Century S 苏富比
2016-03-16 Lot343 尺寸不详
估价：USD 8,000-12,000
成交价：USD 10,000

铜鎏金饕餮纹花觚
乾隆 Qianlong BD 北京东正
2016-05-14 Lot218 H12.6cm
估价：RMB 200,000-300,000
成交价：RMB 276,000

铜质局部鎏金天鸡尊
清 Qing GD 中国嘉德
2016-05-17 Lot5259 H33.8cm
估价：RMB 80,000-160,000
成交价：RMB 92,000

铜兽面纹觥
明 Ming BD 北京东正
2016-05-14 Lot2072 H27cm
估价：RMB 800,000-1,000,000
成交价：RMB 1,150,000

铜鎏金花觚
明 Ming BH 北京翰海
2016-06-04 Lot2413 D10.9cm;H18.9cm
估价：RMB 180,000-220,000
成交价：RMB 368,000

铜饕餮纹提梁卣
明 Ming BP 北京保利
2016-06-06 Lot7167 H47cm
估价：RMB 80,000-120,000
成交价：RMB 126,500

铜洒金仿古斝（一对）
清，17-18 世纪 Qing,17th-18th Century C 佳士得
2016-06-01 Lot3409 H23cm
估价：HKD 400,000-600,000
成交价：HKD 500,000

葵口鎏金双鹦鹉银盘
年代不详 Unknown BP 北京保利
2016-06-08 Lot9737 W17.7cm
估价：RMB 200,000-300,000
成交价：RMB 230,000

铜饕餮纹铺首活环耳壶
明 - 清 Ming-Qing XLA 西泠印社
2016-09-29 Lot99 H31cm
估价：RMB 10,000-20,000
成交价：RMB 57,500

银鎏金錾刻花卉葵口碗
8 世纪 8th Century BP 北京保利
2016-06-06 Lot7404 D24.2cm
估价：RMB 3,800,000-5,800,000
成交价：RMB 5,520,000

鎏金刻花葵口碗
年代不详 Unknown BP 北京保利
2016-06-08 Lot9734 9.4cm;L8.6cm
估价：RMB 150,000-200,000
成交价：RMB 172,500

铜鎏金兽面纹瑞兽钮钟
乾隆 Qianlong HC 北京华辰
2016-05-13 Lot1000 H23.5cm
估价：RMB 750,000-850,000
成交价：RMB 920,000

铜鎏金嵌宝石壁瓶钟
乾隆 Qianlong BP 北京保利
2016-06-06 Lot7515 H21cm
估价：RMB 250,000-350,000
成交价：RMB 517,500

彩漆铜鎏金座钟（二套钟）
乾隆 Qianlong BP 北京保利
2016-06-06 Lot7517 H68cm;W45.5cm
估价：RMB 1,000,000-1,500,000
成交价：RMB 1,380,000

铜鎏金转水法音乐自鸣钟
18 世纪 18th Century BP 北京保利
2016-06-06 Lot7516 35 × 27 × 61cm
估价：RMB 300,000-500,000
成交价：RMB 345,000

铜鎏金八宝纹时辰醒钟
乾隆 Qianlong PLXM 保利厦门
2016-05-08 Lot697 D11.5cm
估价：RMB 100,000-120,000
成交价：RMB 115,000

铜鎏金造办处酒壶
乾隆 Qianlong BH 北京翰海
2016-06-04 Lot2314 H26.5cm
估价：RMB 80,000-100,000
成交价：RMB 172,500

铜鎏金錾狮子戏球寿字长方盒
乾隆 Qianlong BH 北京翰海
2016-06-05 Lot2949 L12.4cm
估价：RMB 180,000-220,000
成交价：RMB 224,250

铜鎏金转经桶
乾隆 Qianlong GD 中国嘉德
2016-05-15 Lot3060 H40.5cm
估价：RMB 80,000-120,000
成交价：RMB 598,000

造办处鎏金酒壶
乾隆 Qianlong BH 北京翰海
2016-06-04 Lot2400 H17cm
估价：RMB 80,000-100,000
成交价：RMB 166,750

局部鎏金铜海水异兽纹长方盖盒
明晚期，17 世纪 Late Ming,17th Century S 苏富比
2016-04-06 Lot3667 13.8cm
估价：HKD 200,000-300,000
成交价：HKD 1,162,500

浮雕螭龙纹投壶
清 Qing SUN 中贸圣佳
2016-05-16 Lot981 H57.3cm
估价：RMB 180,000-220,000
成交价：RMB 207,000

铜鎏金香盒
乾隆 Qianlong BH 北京翰海
2016-06-04 Lot2382 D7.4 × 5.3cm;H3.2cm
估价：RMB 120,000-150,000
成交价：RMB 253,000

铜嵌牙拐子龙盖盒
18 世纪 18th Century C 佳士得
2016-11-08 Lot136 W8.3cm
估价：GBP 15,000-20,000
成交价：GBP 18,750

铜鎏金嵌玛瑙手饰盒
清 Qing BD 北京东正
2016-06-05 Lot69 L11.7cm
估价：无底价
成交价：RMB 48,300

铜“刑部广东清吏司印”方印
乾隆，1749 年 Qianlong，1749 C 佳士得
2016-11-11 Lot844 H10.8cm
估价：GBP 1,500-3,000
成交价：GBP 4,625

铜狮钮印
19 世纪 19th Century BO 邦瀚斯
2016-11-07 Lot461 H10cm
估价：GBP 3,000-5,000
成交价：GBP 3,750

金属鎏金羣仙祝寿图桃形盖盒一对
清，19 世纪 Qing,19th Century S 苏富比
2016-03-19 Lot1365 尺寸不详
估价：USD 4,000-6,000
成交价：USD 10,000

铜质鎏金内画婴戏图方盒
清 Qing GD 中国嘉德
2016-11-15 Lot5006 W11.5cm
估价：RMB 35,000-80,000
成交价：RMB 40,250

铜阿拉伯文香盒
正德 Zhengde BP 北京保利
2016-06-07 Lot8545 D14.5cm
估价：RMB 1,200,000-2,200,000
成交价：RMB 1,955,000

铜一路连科三峰笔搁
元 - 明 Yuan-Ming S 苏富比
2016-04-06 Lot3684 19cm
估价：HKD 500,000-700,000
成交价：HKD 650,000

铜鎏金瑞兽纸镇
清 Qing SUN 中贸圣佳
2016-05-16 Lot941 L7cm
估价：RMB 160,000-200,000
成交价：RMB 195,500

鎏金铜甪端纸镇
明 Ming C 佳士得
2016-10-04 Lot40 L11.5cm
估价：HKD 80,000-150,000
成交价：HKD 93,750

铜耄耋长寿镇纸
明晚期 Late Ming S 苏富比
2016-04-06 Lot3681 6.4cm
估价：HKD 120,000-150,000
成交价：HKD 250,000

局部鎏金铜嵌银丝螭龙纹镇纸
17 世纪 17th Century C 佳士得
2016-11-09 Lot486 L24.8cm
估价：GBP 2,500-3,500
成交价：GBP 20,000

烙银铜狮形镇纸
明，16-17 世纪 Ming,16th-17th Century C 佳士得
2016-10-04 Lot33 L7.5cm
估价：HKD 50,000-80,000
成交价：HKD 68,750

铜人物叶形镇纸
清 Qing TH 北京传是
2016-06-04 Lot112 L11cm
估价：RMB 80,000-120,000
成交价：RMB 126,500

萧悉刻铜镇尺（一对）
民国 Republic Period BH 北京翰海
2016-06-04 Lot2424 L24.9cm;W4.3cm
估价：RMB 20,000-30,000
成交价：RMB 218,500

铜质鎏金卧虎席镇
明 Ming GD 中国嘉德
2016-05-17 Lot5257 W6.76cm
估价：RMB 100,000-200,000
成交价：RMB 230,000

铜彩漆卧犬形纸镇
清，18 世纪 Qing,18th Century S 苏富比
2016-09-13 Lot395 尺寸不详
估价：USD 1,200-1,500
成交价：USD 4,750

铜鎏金瑞兽砚滴
明 Ming BD 北京东正
2016-05-14 Lot3057 L9.5cm;H8.5cm
估价：RMB 80,000-120,000
成交价：RMB 161,000

铜笔洗
乾隆 Qianlong BH 北京翰海
2016-06-05 Lot2976 H5.3cm
估价：RMB 80,000-120,000
成交价：RMB 115,000

铜局部鎏金卧牛形纸镇
明晚期 Late Ming S 苏富比
2016-09-13 Lot389 尺寸不详
估价：USD 2,500-3,500
成交价：USD 6,875

铜鎏金高士山水水盂
乾隆 Qianlong BP 北京保利
2016-06-07 Lot7771 W7.5cm
估价：RMB 150,000-180,000
成交价：RMB 172,500

铜鎏金龙纹铺首耳双联水呈
乾隆 Qianlong BH 北京翰海
2016-06-05 Lot3000 L12.7cm
估价：RMB 600,000-800,000
成交价：RMB 897,000

铜椭圆形双龙耳四足洗
乾隆 Qianlong BH 北京翰海
2016-06-05 Lot2998 H16.5cm
估价：RMB 800,000-1,200,000
成交价：RMB 1,115,500

铜鎏金龟形水滴
宋 - 明 Song-Ming C 佳士得
2016-03-17 Lot1156 W11.4cm
估价：USD 5,000-7,000
成交价：USD 56,250

局部鎏金铜龙凤花卉纹如意
明晚期 Late Ming C 佳士得
2016-06-01 Lot3407 L49.3cm
估价：HKD 800,000-1,000,000
成交价：HKD 1,000,000

铜鎏金八吉祥纹镶玉如意
清，18 世纪末 -19 世纪初 Qing,Late 18th Century-Early 19th Century S 苏富比
2016-03-16 Lot332 尺寸不详
估价：USD 60,000-80,000
成交价：USD 162,500

局部鎏金铜瑞芝福寿如意
道光 Daoguang S 苏富比
2016-10-05 Lot43 35.7cm
估价：HKD 300,000-400,000
成交价：HKD 437,500

鎏金铜嵌宝蟠桃福寿如意
清，19 世纪 Qing,19th Century S 苏富比
2016-06-02 Lot787 39cm
估价：HKD 60,000-80,000
成交价：HKD 250,000

铜鎏金嵌白玉雕镂空龙纹带板
明 Ming BD 北京东正
2016-06-05 Lot233 L9cm
估价：RMB 45,000-55,000
成交价：RMB 51,750

鎏金铜童子抱鸡吉祥如意立件
清，18 世纪 Qing,18th Century S 苏富比
2016-10-05 Lot93 11.8cm
估价：HKD 60,000-80,000
成交价：HKD 300,000

铜鎏金圣旨合牌
年代不详 Unknown GD 中国嘉德
2016-09-26 Lot5693 L12cm
估价：无底价
成交价：RMB 36,800

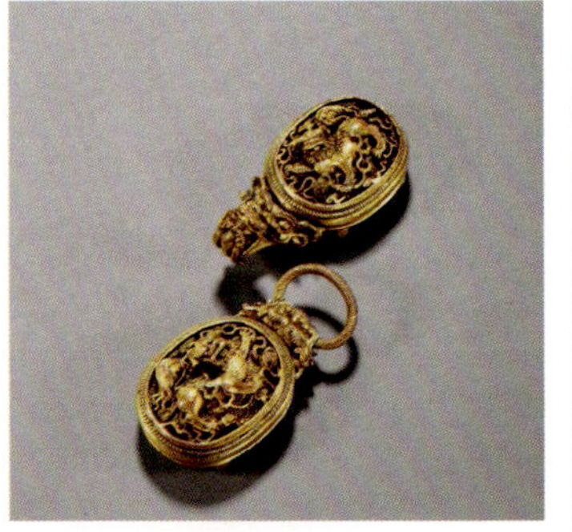

铜质鎏金双狮滚绣球带扣（一对）
清早期 Early Qing GD 中国嘉德
2016-11-15 Lot5048 L15cm
估价：RMB 50,000-80,000
成交价：RMB 57,500

铜鎏金压花迦楼罗纹半月形牌
约 15 世纪 Circa 15th Century S 苏富比
2016-03-19 Lot1327 尺寸不详
估价：USD 1,200-1,800
成交价：USD 8,125

铜鹿形座
明，15世纪-清，18世纪 Ming,15th Century-Qing,18th Century C 佳士得
2016-03-17 Lot1428 L79cm
估价：USD 10,000-15,000
成交价：USD 17,500

西洋式铜鎏金嵌料宫灯（一对）
乾隆 Qianlong S 苏富比
2016-03-15 Lot115 尺寸不详
估价：USD 500,000-800,000
成交价：USD 670,000

铜鎏金卧狮摆件
明 Ming GD 中国嘉德
2016-05-14 Lot4719 L12cm
估价：RMB 80,000-120,000
成交价：RMB 115,000

铜鎏金箱饰（一套）
清 Qing BP 北京保利
2016-04-27 Lot627 尺寸不一
估价：无底价
成交价：RMB 138,000

局部鎏金铜金刚铃
乾隆 Qianlong S 苏富比
2016-06-02 Lot796 20.5cm
估价：HKD 40,000-60,000
成交价：HKD 200,000

铜鎏金云龙纹圣旨合符（一对）
乾隆 Qianlong PLXM 保利厦门
2016-05-08 Lot610 L7.5cm × 2
估价：无底价
成交价：RMB 172,500

铜犀牛望月镜座
明 Ming S 苏富比
2016-04-06 Lot3670 19.3cm
估价：HKD 50,000-70,000
成交价：HKD 162,500

铜鎏金天马构件
乾隆 Qianlong BP 北京保利
2016-06-05 Lot3703 28 × 22 × 11cm
估价：RMB 200,000-400,000
成交价：RMB 230,000

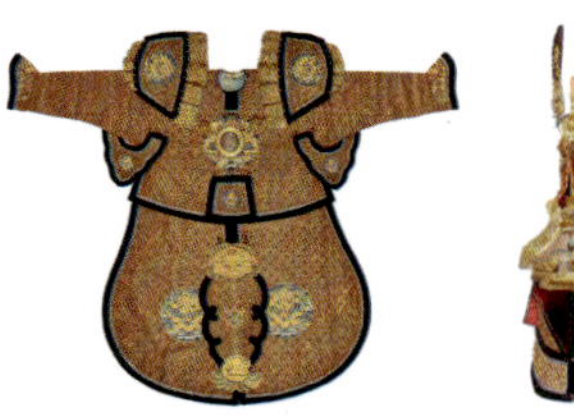

黄色二色绸云龙纹缀铜钉甲胄（一套）
清 Qing BP 北京保利
2016-06-07 Lot8273A 203 × 160cm
估价：RMB 1,200,000-1,400,000
成交价：RMB 1,380,000

**铜洒金饕餮瑞兽纹淨水盆连座**
清，18-19 世纪 Qing,18th-19th Century S 苏富比
2016-09-17 Lot1142 尺寸不详
估价：USD 12,000-15,000
成交价：USD 11,250

**铜锦地兽耳铏（一对）**
乾隆 Qianlong PLHK 保利香港
2016-10-04 Lot3126 17 × 16.3 × 22cm
估价：HKD 150,000-200,000
成交价：HKD 177,000

**铜鎏金雪狮**
17 世纪 17th Century GD 中国嘉德
2016-11-12 Lot3048 H9cm
估价：无底价
成交价：RMB 92,000

**铜加农炮摆件**
道光 Daoguang C 佳士得
2016-05-11 Lot150 L64cm
估价：GBP 3,000-5,000
成交价：GBP 11,875

**铜狮子摆件**
明 Ming C 佳士得
2016-10-04 Lot45 L12.5cm
估价：HKD 200,000-300,000
成交价：HKD 375,000

**铜交龙钮大钟**
乾隆 Qianlong S 苏富比
2016-09-13 Lot376 尺寸不详
估价：USD 80,000-100,000
成交价：USD 322,000

## 铜胡人献宝烛台（一对）

明，16-17 世纪 Ming,16th-17th Century S 苏富比
2016-09-17 Lot1141 尺寸不详
估价：USD 6,000-8,000
成交价：USD 5,250

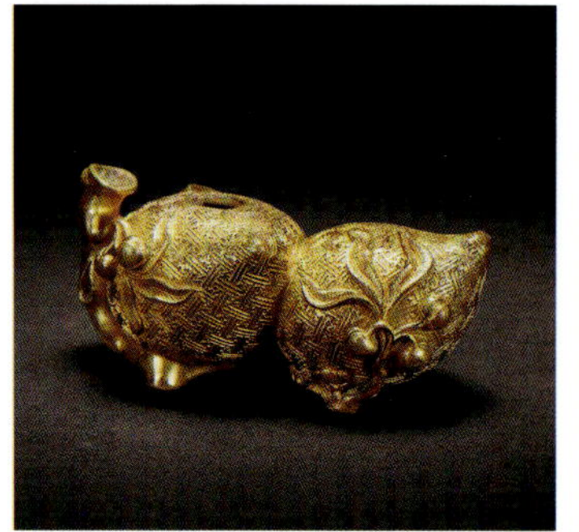

## 铜鎏金双桃形水注

乾隆 Qianlong PLXM 保利厦门
2016-11-06 Lot785 L8.5cm
估价：RMB 100,000-150,000
成交价：RMB 115,000

## 铜制胡人献宝香炉配硬木底座

清早期 Early Qing PLXM 保利厦门
2016-11-06 Lot776 H20cm
估价：RMB 60,000-80,000
成交价：RMB 218,500

## 鎏金铜莲纹烛台

永乐 Yongle C 佳士得
2016-11-09 Lot478 H12.5cm
估价：GBP 6,000-8,000
成交价：GBP 7,500

## 铜鎏金嵌杂宝凤形烛台

乾隆 Qianlong BO 邦瀚斯
2016-09-12 Lot8074 H16.5cm
估价：USD 60,000-90,000
成交价：USD 100,000

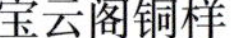

## 宝云阁铜样

乾隆 Qianlong KS 北京匡时
2016-12-06 Lot3085 47.5 × 46.7 × 71.5cm
估价：RMB 3,000,000-3,500,000
成交价：RMB 4,025,000

天体仪
清早期 Early Qing BD 北京东正
2016-11-11 Lot313 D32cm
估价：RMB 3,000,000-3,500,000
成交价：RMB 4,025,000

掐丝珐琅饕餮纹方鼎
乾隆 Qianlong C 佳士得
2016-06-01 Lot3232 H38cm
估价：HKD 150,000-250,000
成交价：HKD 325,000

铜胎珐琅方鼎
清 Qing SUN 中贸圣佳
2016-05-16 Lot1142 L37.4cm;W27cm;H64cm
估价：RMB 170,000-220,000
成交价：RMB 195,500

# 珐琅 Enamel

## 掐丝珐琅 Cloisonne Enamel

掐丝珐琅饕餮纹文王鼎
乾隆 Qianlong C 佳士得
2016-06-01 Lot3229 H77.5cm
估价：HKD 4,000,000-6,000,000
成交价：HKD 4,840,000

铜鎏金掐丝珐琅花熏
清早期 Early Qing TH 北京传是
2016-06-04 Lot152 H63cm
估价：RMB 250,000-300,000
成交价：RMB 322,000

铜胎掐丝珐琅胡人献宝狮钮大熏炉（一对）
清中期 Mid Qing BP 北京保利
2016-12-06 Lot5934 L119 × 75 × 49.5cm
估价：RMB 3,500,000-5,500,000
成交价：RMB 6,900,000

铜胎掐丝珐琅缠枝莲纹朝冠耳鼎式炉
宣德 Xuande KS 北京匡时
2016-06-07 Lot3383 D11.5cm;H11.5cm
估价：RMB 900,000-1,000,000
成交价：RMB 1,150,000

掐丝珐琅饕餮纹鼎式炉
清早期 Early Qing BD 北京东正
2016-05-14 Lot3095 H38cm
估价：RMB 120,000-180,000
成交价：RMB 356,500

掐丝珐琅莲花纹鼎式炉
明，16-17 世纪 Ming,16th-17th Century C 佳士得
2016-11-08 Lot120 W11cm
估价：GBP 8,000-12,000
成交价：GBP 10,000

铜胎掐丝珐琅双螭龙耳熏炉
乾隆 Qianlong KS 北京匡时
2016-06-07 Lot3766 H30cm
估价：RMB 500,000-600,000
成交价：RMB 575,000

铜胎掐丝珐琅暗八仙纹香炉
清 Qing BD 北京东正
2016-06-05 Lot111 L12.5cm
估价：RMB 200,000-250,000
成交价：RMB 230,000

掐丝珐琅缠枝莲纹盖炉
乾隆 Qianlong C 佳士得
2016-09-16 Lot1257 H15.1cm
估价：USD 12,000-18,000
成交价：USD 12,500

铜胎掐丝珐琅缠枝莲纹象耳象足熏炉
乾隆 Qianlong BD 北京东正
2016-05-14 Lot338 H48cm
估价：RMB 350,000-400,000
成交价：RMB 517,500

掐丝珐琅花鸟图香炉带盖
1736-1795 年 1736-1795 C 佳士得
2016-11-08 Lot125 L18.1cm
估价：GBP 20,000-30,000
成交价：GBP 52,500

铜胎掐丝珐琅云龙万寿三足盖炉
清早期 Early Qing BP 北京保利
2016-06-06 Lot7489 H47cm
估价：RMB 800,000-1,200,000
成交价：RMB 1,092,500

铜胎掐丝珐琅莲塘鸳鸯图鹤寿三足盖炉
乾隆 Qianlong BO 邦瀚斯
2016-11-10 Lot96 H86.4cm
估价：GBP 60,000-80,000
成交价：GBP 149,000

铜胎掐丝珐琅云龙纹三足炉
明，16 世纪 Ming,16th Century S 苏富比
2016-05-11 Lot81 13.2cm
估价：GBP 10,000-15,000
成交价：GBP 25,000

掐丝珐琅缠枝莲纹冲天耳三足炉
乾隆 Qianlong C 佳士得
2016-06-01 Lot3405 W11cm
估价：HKD 300,000-500,000
成交价：HKD 350,000

铜胎掐丝珐琅百花狮子钮三足炉
乾隆 Qianlong KS 北京匡时
2016-06-07 Lot3765 H39cm
估价：RMB 2,000,000-2,200,000
成交价：RMB 2,530,000

铜胎掐丝珐琅缠枝莲纹三足炉
乾隆 Qianlong KS 北京匡时
2016-06-07 Lot3380 H7.6cm
估价：RMB 300,000-400,000
成交价：RMB 402,500

铜胎掐丝珐琅葡萄纹三足炉
明，16 世纪 Ming,16th Century S 苏富比
2016-05-11 Lot83 14cm
估价：GBP 15,000-20,000
成交价：GBP 22,500

铜胎掐丝珐琅缠枝莲纹象耳三足盖炉
清，19 世纪 Qing,19th Century S 苏富比
2016-03-19 Lot1368 尺寸不详
估价：USD 3,000-5,000
成交价：USD 6,000

掐丝珐琅象耳三足炉
乾隆 Qianlong HC 北京华辰
2016-05-13 Lot1013 H60cm
估价：RMB 500,000-600,000
成交价：RMB 575,000

掐丝珐琅葡萄纹三足炉
明 Ming PLHK 保利香港
2016-04-05 Lot3119 H13cm;H19.3cm;W15cm
估价：HKD 150,000-200,000
成交价：HKD 295,000

铜胎掐丝珐琅三足炉
清，18-19 世纪 Qing,18th-19th Century S 苏富比
2016-06-02 Lot901 37cm
估价：HKD 40,000-60,000
成交价：HKD 162,500

铜胎掐丝珐琅几何纹筒式三足炉
乾隆 Qianlong BD 北京东正
2016-06-05 Lot112 H9.3cm
估价：RMB 200,000-250,000
成交价：RMB 230,000

铜胎掐丝珐琅花卉纹炉
乾隆 Qianlong C 佳士得
2016-05-10 Lot2 H31.5cm
估价：GBP 15,000-20,000
成交价：GBP 25,000

掐丝珐琅缠枝福寿纹冲天耳炉
年代不详 Unknown AS 中国艺海
2016-01-21 Lot3044 W23.5cm
估价：HKD 3,650,000-7,300,000
成交价：HKD 4,015,000

铜胎掐丝珐琅缠枝莲纹蚰耳炉
明晚期 Late Ming PLHK 保利香港
2016-04-05 Lot3125 H15.2cm;W27.6cm
估价：HKD 180,000-250,000
成交价：HKD 212,400

铜胎掐丝珐琅缠枝莲炉
清早期 Early Qing BP 北京保利
2016-06-06 Lot7518 W23.5cm
估价：RMB 420,000-620,000
成交价：RMB 862,500

掐丝珐琅炉
16 世纪 16th Century C 佳士得
2016-11-08 Lot151 W9.6cm
估价：GBP 10,000-15,000
成交价：GBP 50,000

铜胎掐丝珐琅香薰
1736-1795 年 1736-1795 C 佳士得
2016-11-08 Lot128 H23.8cm
估价：GBP 15,000-25,000
成交价：GBP 18,750

掐丝珐琅莲纹奁炉
明，15-16 世纪 Ming,15th-16th Century C 佳士得
2016-10-04 Lot46 D10.8cm
估价：HKD 150,000-250,000
成交价：HKD 275,000

铜胎掐丝珐琅缠枝莲纹洗式炉
永乐 Yongle BD 北京东正
2016-05-14 Lot224 D28.3cm
估价：RMB 2,800,000-3,800,000
成交价：RMB 4,025,000

掐丝珐琅缠枝莲纹梅瓶
雍正 Yongzheng KS 北京匡时
2016-06-07 Lot3764 H20.8cm
估价：RMB 2,500,000-2,800,000
成交价：RMB 2,875,000

铜胎掐丝珐琅花蝶纹梅瓶
清早期 Early Qing BP 北京保利
2016-06-06 Lot7488 H31cm
估价：RMB 400,000-600,000
成交价：RMB 460,000

掐丝珐琅粉地开光朵莲纹长颈瓶
乾隆 Qianlong S 苏富比
2016-10-05 Lot48 9.7cm
估价：HKD 180,000-250,000
成交价：HKD 325,000

掐丝斑乡龙纹天球瓶
清，18 世纪初 Qing,Early 18th Century S 苏富比
2016-10-05 Lot9 24cm
估价：HKD 500,000-700,000
成交价：HKD 2,240,000

铜胎掐丝珐琅花蝶纹梅瓶
明晚期 Late Ming S 苏富比
2016-03-15 Lot182 尺寸不详
估价：USD 2,000-3,000
成交价：USD 20,000

铜胎掐丝珐琅太极缠枝莲纹小抱月瓶
明，16 世纪 Ming,16th Century S 苏富比
2016-03-16 Lot329 尺寸不详
估价：USD 12,000-15,000
成交价：USD 15,000

铜胎掐丝珐琅花蝶纹天球瓶
乾隆 Qianlong BP 北京保利
2016-06-06 Lot7487 H51cm
估价：RMB 1,000,000-1,500,000
成交价：RMB 1,150,000

掐丝珐琅缠枝花卉纹梅瓶式壁瓶
乾隆 Qianlong C 佳士得
2016-06-01 Lot3404 H20.4cm
估价：HKD 150,000-250,000
成交价：HKD 375,000

铜胎掐丝珐琅壁瓶
乾隆 Qianlong HY 华艺国际
2016-05-26 Lot1243 H39.5cm
估价：RMB 300,000-500,000
成交价：RMB 345,000

铜胎掐丝珐琅开光花卉纹龙耳瓶
清，19 世纪 Qing,19th Century S 苏富比
2016-03-19 Lot1367 尺寸不详
估价：USD 20,000-30,000
成交价：USD 18,750

掐丝珐琅仿古夔龙纹壁瓶（一对）
清，18 世纪 Qing,18th Century C 佳士得
2016-11-11 Lot691 H17.8cm
估价：GBP 4,000-6,000
成交价：GBP 10,000

掐丝珐琅亭台楼阁方瓶（二件）
乾隆 Qianlong BH 北京翰海
2016-06-05 Lot3151 H32cm
估价：RMB 300,000-400,000
成交价：RMB 345,000

掐丝珐琅凤耳大瓶
清，18 世纪 Qing,18th Century C 佳士得
2016-09-16 Lot1256 H66cm
估价：USD 30,000-50,000
成交价：USD 32,500

掐丝珐琅花卉纹瓶
1736-1795 年 1736-1795 C 佳士得
2016-11-08 Lot123 H31.1cm
估价：GBP 30,000-50,000
成交价：GBP 37,500

掐丝珐琅桃花纹瓶
1736-1795 年 1736-1795 C 佳士得
2016-11-08 Lot121 H20.7cm
估价：GBP 8,000-12,000
成交价：GBP 10,000

掐丝珐琅拐子纹觚式瓶（一对）
清，18 世纪 Qing,18th Century C 佳士得
2016-03-17 Lot1452 H43cm
估价：USD 15,000-20,000
成交价：USD 35,000

铜胎掐丝珐琅缠枝莲纹螭龙耳花觚
明 Ming BD 北京东正
2016-05-14 Lot337 H70cm
估价：RMB 800,000-1,000,000
成交价：RMB 1,322,500

掐丝珐琅龙耳壶、掐丝珐琅花果纹方瓶各一
明，15 世纪末 -16 世纪 Ming,Late 15th Century-16th Century C 佳士得
2016-10-04 Lot48 H22.5cm
估价：HKD 100,000-150,000
成交价：HKD 300,000

掐丝珐琅福寿吉祥花觚
乾隆 Qianlong C 佳士得
2016-06-01 Lot3402 H44cm
估价：HKD 600,000-800,000
成交价：HKD 1,840,000

掐丝玻乡饕餮纹双凤活环耳尊
乾隆 Qianlong S 苏富比
2016-10-05 Lot31 25cm
估价：HKD 200,000-300,000
成交价：HKD 562,500

铜胎掐丝珐琅饕餮纹铺首尊
明晚期 Late Ming BD 北京东正
2016-09-23 Lot290 H35.5cm
估价：RMB 60,000-80,000
成交价：RMB 172,500

掐丝珐琅瑞兽尊
年代不详 Unknown GD 中国嘉德
2016-09-26 Lot5663 H36.3cm
估价：无底价
成交价：RMB 36,800

铜胎掐丝珐琅饕餮纹觚
清，18 世纪 Qing,18th Century S 苏富比
2016-09-13 Lot177 尺寸不详
估价：USD 6,000-8,000
成交价：USD 6,250

掐丝珐琅凫首曲项壶
乾隆 Qianlong C 佳士得
2016-03-17 Lot1444 H28cm
估价：USD 40,000-60,000
成交价：USD 60,000

铜胎掐丝珐琅缠枝莲纹仿汉铺首衔环壶
康熙 Kangxi KS 北京匡时
2016-06-07 Lot3382 H21.5cm
估价：RMB 500,000-600,000
成交价：RMB 598,000

掐丝珐琅龙凤呈祥纹铺首环耳方壶
万历 Wanli C 佳士得
2016-10-04 Lot47 H39cm
估价：HKD 80,000-120,000
成交价：HKD 93,750

掐丝珐琅仿古夔龙纹提梁盖卣
乾隆 Qianlong S 苏富比
2016-10-05 Lot19 17.4cm
估价：HKD 400,000-600,000
成交价：HKD 875,000

### 掐丝珐琅勾莲寿字纹梅花式供盘

乾隆 Qianlong C 佳士得
2016-06-01 Lot3401 W14cm
估价：HKD 250,000-300,000
成交价：HKD 1,000,000

### 铜胎掐丝珐琅狮纹碗

明中期 Mid Ming BD 北京东正
2016-05-14 Lot336 D22.6cm
估价：RMB 180,000-220,000
成交价：RMB 345,000

### 掐丝珐琅万寿无疆碗

乾隆 Qianlong S 苏富比
2016-10-05 Lot42 15.3cm
估价：HKD 200,000-300,000
成交价：HKD 875,000

### 铜胎掐丝珐琅缠枝花卉纹三足大盘

明，16-17 世纪 Ming,16th-17th Century S 苏富比
2016-03-15 Lot130 尺寸不详
估价：USD 30,000-50,000
成交价：USD 22,500

### 掐丝珐琅缠莲八吉祥碗（一对）

乾隆 Qianlong S 苏富比
2016-10-05 Lot23 9.4cm
估价：HKD 200,000-300,000
成交价：HKD 525,000

### 铜胎掐丝珐琅花卉纹三足香盘

明末清初 Late Ming-Early Qing BD 北京东正
2016-05-14 Lot205 D16.8cm
估价：RMB 68,000-90,000
成交价：RMB 184,000

### 掐丝珐琅螭龙纹碗（四只）

年代不详 Unknown GD 中国嘉德
2016-09-26 Lot5644 D8.2cm
估价：无底价
成交价：RMB 43,700

铜胎掐丝珐琅鸳鸯八吉祥莲纹碗
明中期 Mid Ming BP 北京保利
2016-06-06 Lot7486 D24cm
估价：RMB 400,000-600,000
成交价：RMB 517,500

铜胎掐丝珐琅番莲纹带盖棋罐
明晚期 Late Ming BO 邦瀚斯
2016-11-07 Lot73 H9.3cm
估价：GBP 3,000-5,000
成交价：GBP 3,750

掐丝珐琅太极花卉纹圆盒
明 Ming C 佳士得
2016-11-11 Lot693 D5.4cm
估价：GBP 4,000-6,000
成交价：GBP 6,000

铜胎掐丝珐琅开光折枝花卉纹碗
乾隆 Qianlong BD 北京东正
2016-05-14 Lot334 D16.5cm
估价：RMB 350,000-450,000
成交价：RMB 402,500

铜胎掐丝珐琅嵌玉杂宝纹盖盒
清，18-19 世纪初 Qing,18th Century-Early 19th Century S 苏富比
2016-09-13 Lot178 尺寸不详
估价：USD 8,000-12,000
成交价：USD 10,000

铜胎掐丝珐琅山水纹圆盖盒
乾隆 Qianlong S 苏富比
2016-05-11 Lot91 30cm
估价：GBP 50,000-70,000
成交价：GBP 62,500

铜胎掐丝珐琅群仙祝寿纹笔筒
嘉靖 Jiajing BD 北京东正
2016-05-14 Lot206 H15.5cm
估价：RMB 68,000-90,000
成交价：RMB 230,000

掐丝珐琅阿文小盖盒
乾隆 Qianlong C 佳士得
2016-09-16 Lot1254 D6.3cm
估价：USD 15,000-20,000
成交价：USD 10,625

铜胎掐丝珐琅山水人物纹圆盖盒
明，15-16 世纪 Ming,15th-16th Century S 苏富比
2016-05-11 Lot85 15.8cm
估价：GBP 50,000-80,000
成交价：GBP 65,000

掐丝珐琅嵌白玉松鹤延年盖盒
乾隆 Qianlong BP 北京保利
2016-06-06 Lot7491 L26.5cm
估价：RMB 300,000-500,000
成交价：RMB 345,000

掐丝珐琅福寿纹如意
乾隆 Qianlong BC 北京诚轩
2016-05-15 Lot894 L31.6cm
估价：RMB 360,000-450,000
成交价：RMB 414,000

铜胎掐丝珐琅缠枝莲纹渣斗
明，16 世纪 Ming,16th Century S 苏富比
2016-03-15 Lot129 尺寸不详
估价：USD 20,000-30,000
成交价：USD 47,500

铜胎掐丝珐琅莲花纹圆盖盒
明，16 世纪 Ming,16th Century S 苏富比
2016-03-15 Lot171 尺寸不详
估价：USD 15,000-25,000
成交价：USD 20,000

掐丝珐琅花卉纸镇（四件）
乾隆 Qianlong BH 北京翰海
2016-06-05 Lot2952 L8cm
估价：RMB 100,000-150,000
成交价：RMB 132,250

铜胎掐丝珐琅水呈
乾隆 Qianlong BD 北京东正
2016-05-14 Lot3052 H4.2cm
估价：RMB 80,000-120,000
成交价：RMB 195,500

掐丝珐琅六方盖盒
乾隆 Qianlong BD 北京东正
2016-05-14 Lot2100 L9.5cm
估价：RMB 80,000-100,000
成交价：RMB 126,500

铜胎掐丝珐琅缠枝莲纹五供
乾隆 Qianlong S 苏富比
2016-03-15 Lot128 尺寸不详
估价：USD 300,000-500,000
成交价：USD 550,000

铜胎掐丝珐琅缠枝莲纹桶式花盆（一对）
清 Qing PLHK 保利香港
2016-04-05 Lot3118 H20cm
估价：HKD 250,000-350,000
成交价：HKD 295,000

掐丝珐琅皮球花花口折沿盆
清，18 世纪 Qing,18th Century S 苏富比
2016-10-05 Lot85 42.2cm
估价：HKD 200,000-300,000
成交价：HKD 250,000

掐丝珐琅缠枝建纹钵
清，18 世纪初 Qing,Early 18th Century S 苏富比
2016-10-05 Lot4 11.7cm
估价：HKD 100,000-150,000
成交价：HKD 375,000

铜胎掐丝珐琅香草龙纹火盆
明晚期 Late Ming S 苏富比
2016-09-13 Lot180 尺寸不详
估价：USD 6,000-8,000
成交价：USD 7,500

掐丝珐琅八寶葡萄架盆景（一对）
清，18-19 世纪 Qing,18th-19th Century C 佳士得
2016-09-16 Lot1259 H44.5cm
估价：USD 20,000-30,000
成交价：USD 20,000

掐丝珐琅宫灯（一对）
清，18 世纪 Qing,18th Century C 佳士得
2016-03-17 Lot1447 H35.6cm
估价：USD 12,000-18,000
成交价：USD 25,000

铜胎掐丝珐琅海马纹火盆
17 世纪 17th Century S 苏富比
2016-03-19 Lot1550 尺寸不详
估价：USD 1,000-1,500
成交价：USD 11,250

铜胎掐丝珐琅折枝花卉纹六棱洗
乾隆 Qianlong BD 北京东正
2016-06-05 Lot114 L20.5cm
估价：RMB 40,000-50,000
成交价：RMB 57,500

铜胎掐丝珐琅海晏河清烛台
乾隆 Qianlong KS 北京匡时
2016-06-07 Lot3381 H20.5cm
估价：RMB 150,000-200,000
成交价：RMB 195,500

**掐丝珐琅缠枝莲托寿字纹烛台**
乾隆 Qianlong BD 北京东正
2016-05-14 Lot2101 H32.5cm
估价：RMB 150,000-200,000
成交价：RMB 483,000

**掐丝珐琅烛台**
1796-1820 年 1796-1820 C 佳士得
2016-11-08 Lot122 H39cm
估价：GBP 10,000-15,000
成交价：GBP 13,750

**铜胎掐丝珐琅花卉纹三式座**
清中期 Mid Qing BD 北京东正
2016-06-05 Lot113 L42.5cm
估价：RMB 50,000-70,000
成交价：RMB 57,500

**铜胎掐丝珐琅番莲纹四方出戟烛台**
乾隆 Qianlong S 苏富比
2016-09-13 Lot181 尺寸不详
估价：USD 7,000-10,000
成交价：USD 7,500

**掐丝珐琅缠枝莲纹五供**
清晚期 Late Qing GD 中国嘉德
2016-09-25 Lot5142 H55cm;44.5cm;37.4cm
估价：RMB 50,000-80,000
成交价：RMB 57,500

**铜胎掐丝珐琅兽面纹五供（一组）**
乾隆 Qianlong BD 北京东正
2016-06-05 Lot110 H40cm;38.5cm;33cm
估价：RMB 250,000-300,000
成交价：RMB 287,500

铜鎏金掐丝珐琅人物花卉瓷座钟花瓶（三件套）
法国，约 1860-1880 年 France,Circa 1860-1880 PLXM 保利厦门
2016-11-06 Lot1212 39 × 24 × 16cm;28 × 13 × 11cm × 2
估价：RMB 120,000-200,000
成交价：RMB 138,000

掐丝珐琅天官像（三件）
乾隆 Qianlong GD 中国嘉德
2016-03-26 Lot4724 H21cm;H20.5cm;H20.3cm
估价：RMB 90,000-150,000
成交价：RMB 184,000

铜胎掐丝珐琅太平有象摆件（一对）
清中期 Mid Qing KS 北京匡时
2016-06-07 Lot3384 H18cm × 2
估价：RMB 160,000-180,000
成交价：RMB 184,000

铜胎掐丝珐琅太平有象供器（一对）
清，18-19 世纪 Qing,18th-19th Century S 苏富比
2016-03-15 Lot112 尺寸不详
估价：USD 10,000-15,000
成交价：USD 27,500

铜胎掐丝珐琅孔雀
乾隆 Qianlong C 佳士得
2016-05-10 Lot3 H30.5cm
估价：GBP 60,000-80,000
成交价：GBP 74,500

铜胎掐丝珐琅双象
1736-1820 年 1736-1820 C 佳士得
2016-11-08 Lot127 H42.5cm
估价：GBP 60,000-80,000
成交价：GBP 185,000

铜胎掐丝珐琅仙鹤（一对）
20 世纪 20th Century HC 北京华辰
2016-05-13 Lot1041 H175cm
估价：RMB 150,000-180,000
成交价：RMB 172,500

铜胎掐丝珐琅公鸡（一对）
乾隆 Qianlong PLXM 保利厦门
2016-05-08 Lot695 H32.5cm × 2
估价：RMB 1,000,000-1,600,000
成交价：RMB 1,150,000

掐丝珐琅缠枝莲纹帽架
18 世纪 18th Century BO 邦瀚斯
2016-09-12 Lot8071 H34.2cm
估价：USD 6,000-8,000
成交价：USD 6,250

掐丝珐琅百宝盆景（一对）
清中期 Mid Qing BP 北京保利
2016-06-08 Lot9402 H28cm
估价：RMB 180,000-250,000
成交价：RMB 287,500

铜胎掐丝珐琅喜鹊（一对）
乾隆 Qianlong PLXM 保利厦门
2016-05-08 Lot860 234.2cm
估价：RMB 280,000-480,000
成交价：RMB 563,500

铜鎏金银珐琅琮式香熏
乾隆 Qianlong BP 北京保利
2016-12-05 Lot5174 H19.5cm;W18.7cm
估价：RMB 3,000,000-5,000,000
成交价：RMB 3,910,000

## 画珐琅 Painted Enamel

铜胎画珐琅苍龙教子纹狮耳小炉
雍正 Yongzheng BP 北京保利
2016-06-06 Lot7519 W6.2cm
估价：RMB 600,000-900,000
成交价：RMB 943,000

**铜胎画珐琅福寿双全图小长颈瓶（一对）**
乾隆 Qianlong S 苏富比
2016-03-15 Lot143 尺寸不详
估价：USD 250,000-350,000
成交价：USD 274,000

**广东铜胎画珐琅开光仕女对弈图提梁壶连温座**
清，18 世纪末 -19 世纪初 Qing,Late 18th Century-Early 19th Century S 苏富比
2016-09-17 Lot967 尺寸不详
估价：USD 4,000-6,000
成交价：USD 11,875

**铜胎画珐琅开光西洋人物花卉图錾团寿纹瓶**
乾隆 Qianlong S 苏富比
2016-09-17 Lot968 尺寸不详
估价：USD 6,000-8,000
成交价：USD 100,000

**铜胎广东画珐琅黄地开光山水图贯耳方盖壶**
乾隆 Qianlong S 苏富比
2016-06-02 Lot884 23.2cm
估价：HKD 150,000-200,000
成交价：HKD 500,000

**铜胎画珐琅彩人物提梁茶壶**
乾隆 Qianlong HC 北京华辰
2016-05-13 Lot995 H32cm
估价：RMB 80,000-120,000
成交价：RMB 149,500

铜胎画珐琅西厢记图盘（一对）
18 世纪 18th Century BO 邦瀚斯
2016-11-07 Lot60 D15.8cm
估价：GBP 4,000-6,000
成交价：GBP 4,375

铜胎朱红地画珐琅缠枝莲纹碗
乾隆 Qianlong BO 邦瀚斯
2016-11-10 Lot98 D15.1cm
估价：GBP 4,000-6,000
成交价：GBP 9,375

铜胎画珐琅海屋添筹图盘
清，18 世纪 Qing,18th Century C 佳士得
2016-09-16 Lot1264 D40cm
估价：USD 8,000-12,000
成交价：USD 18,750

铜胎画珐琅蓝地描金缠枝莲纹碗
乾隆 Qianlong C 佳士得
2016-11-11 Lot684 D15.8cm
估价：GBP 1,500-3,000
成交价：GBP 4,375

铜胎画珐琅柠檬黄地缠枝莲托盘盖碗（一对）
乾隆 Qianlong BD 北京东正
2016-05-14 Lot339 D15.6cm;D11.6cm
估价：RMB 700,000-800,000
成交价：RMB 1,012,000

铜胎画珐琅花蝶图盘
雍正 Yongzheng BP 北京保利
2016-10-31 Lot537 D16cm
估价：RMB 40,000-60,000
成交价：RMB 46,000

铜胎画珐琅万寿无疆八吉祥纹碗
乾隆 Qianlong C 佳士得
2016-09-16 Lot1263 D18.4cm
估价：USD 7,000-9,000
成交价：USD 17,500

铜胎画珐琅穿花游龙纹两层盖盒
乾隆 Qianlong S 苏富比
2016-05-11 Lot298 14cm
估价：GBP 6,000-8,000
成交价：GBP 25,000

铜胎墨地画珐琅开光牡丹图小盖盒
乾隆 Qianlong BO 邦瀚斯
2016-11-10 Lot99 D5.7cm
估价：GBP 3,000-5,000
成交价：GBP 8,125

硬木嵌铜胎画珐琅花鸟图长方盖盒
清，18 世纪 Qing,18th Century C 佳士得
2016-11-09 Lot452 17.8 × 30.5 × 21.8cm
估价：GBP 3,000-6,000
成交价：GBP 7,250

铜胎画珐琅荷塘鸳鸯图菱花口洗
清，18 世纪 Qing,18th Century C 佳士得
2016-03-17 Lot1458 D46cm
估价：USD 7,000-9,000
成交价：USD 20,000

铜胎画珐琅折枝牡丹纹茶壶 小暖炉及托架
乾隆 Qianlong BO 邦瀚斯
2016-11-07 Lot58 H30cm
估价：GBP 2,000-3,000
成交价：GBP 5,000

铜胎画珐琅人物图屏
清，18 世纪 Qing,18th Century C 佳士得
2016-11-11 Lot687 43.8 × 33.5cm
估价：GBP 5,000-8,000
成交价：GBP 10,625

铜胎画珐琅洞石菊艳诗文洗
乾隆 Qianlong Z 北京中汉
2016-11-13 Lot126 L20.3cm
估价：RMB 80,000-100,000
成交价：RMB 92,000

## 錾胎珐琅
## Chisel Fetal Enamel

錾胎珐琅番建纹棱式花觚
清，18 世纪 Qing,18th Century S 苏富比
2016-10-05 Lot59 34.3cm
估价：HKD 80,000-120,000
成交价：HKD 200,000

铜錾胎珐琅镶硬石透雕缠枝番莲纹香亭
清及更晚 Qing or After S 苏富比
2016-09-17 Lot961 尺寸不详
估价：USD 8,000-12,000
成交价：USD 8,750

铜鎏金嵌玻璃版珐琅蝙蝠缠枝纹灯
18-19 世纪 18th-19th Century BO 邦瀚斯
2016-09-12 Lot8072 H27cm
估价：USD 3,000-5,000
成交价：USD 8,125

铜鎏金珐琅饰八宝碗
乾隆 Qianlong BO 邦瀚斯
2016-09-12 Lot8070 10cm
估价：USD 10,000-15,000
成交价：USD 12,500

錾胎珐琅缠枝莲纹盖罐
清，19 世纪 Qing,19th Century C 佳士得
2016-11-11 Lot0700A D9.2cm
估价：GBP 1,200-1,800
成交价：GBP 3,500

碧玉嵌錾胎珐琅太平有象摆件连座
清，18-19 世纪 Qing,18th-19th Century C 佳士得
2016-10-04 Lot49 H40.5cm
估价：HKD 200,000-300,000
成交价：HKD 250,000

嵌胎珐琅供器（一组）
清，18-19 世纪 Qing,18th-19th Century C 佳士得
2016-03-17 Lot1445 H32cm
估价：USD 15,000-25,000
成交价：USD 40,000

铜錾胎珐琅缠枝番莲纹烛台
乾隆 Qianlong S 苏富比
2016-03-15 Lot114 尺寸不详
估价：USD 10,000-15,000
成交价：USD 20,000

铜鎏金嵌珐琅花鸟纹板五联桌屏
清末民初 Late Qing-Early Republic Period BO 邦瀚斯
2016-09-12 Lot8073 H57cm
估价：USD 30,000-50,000
成交价：USD 27,500

## 刀剑
## Swords-Knives

青铜镶银嵌绿松石剑
战国 Warring C 佳士得
2016-05-11 Lot206 L31.5cm
估价：GBP 4,000-6,000
成交价：GBP 5,000

钺刀
15 世纪初 Early 15th Century BP 北京保利
2016-06-06 Lot7375 L18cm
估价：RMB 800,000-1,000,000
成交价：RMB 1,667,500

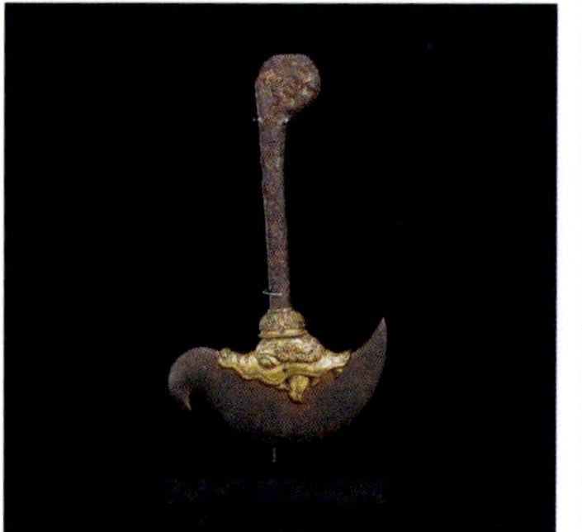

局部鎏金铜钺刀配铁柄
15 世纪或更晚 15th Century or After S 苏富比
2016-03-19 Lot1338 尺寸不详
估价：USD 10,000-12,000
成交价：USD 12,500

铁鎏金摩羯鱼金刚钺刀
16 世纪 16th Century PLHK 保利香港
2016-04-05 Lot3311 L18.2cm;W13.7cm
估价：HKD 350,000-450,000
成交价：HKD 472,000

鲨鱼皮鞘铜鎏金饰件嵌宝石腰刀
乾隆 Qianlong GD 中国嘉德
2016-11-13 Lot4336 L91cm;L86.5cm
估价：RMB 8,000,000-12,000,000
成交价：RMB 9,200,000

2016 Chinese Art Auction TOP10 中国铜器拍卖十大天价排行榜 Top 7

铜鎏金银净水壶一套及佩刀
19 世纪 19th Century GD 中国嘉德
2016-11-12 Lot3109 尺寸不一
估价：无底价
成交价：RMB 34,500

青铜曲内岐冠式戈
商晚期 Late Shang S 苏富比
2016-04-05 Lot2816 27.2cm
估价：HKD 200,000-300,000
成交价：HKD 250,000

# *PART 2*

# 佛教文物
# Buddhism Arts

# 雕像 Sculpture

## 佛像 uddhahood

释迦牟尼
明或以前 Ming or Before PLXM 保利厦门
2016-05-08 Lot906 H12.5cm
估价：RMB 100,000-200,000
成交价：RMB 172,500

释迦牟尼
13世纪 13th Century BP 北京保利
2016-06-07 Lot8078 H18cm
估价：无底价
成交价：RMB 149,500

释迦牟尼
12-13世纪 12th-13th Century BP 北京保利
2016-06-07 Lot8140 H18.5cm
估价：RMB 650,000-900,000
成交价：RMB 862,500

释迦牟尼
13世纪 13th Century PLXM 保利厦门
2016-05-08 Lot886 H12cm
估价：RMB 80,000-120,000
成交价：RMB 189,750

释迦牟尼
6世纪 6th Century BP 北京保利
2016-06-07 Lot8128 H15.6cm
估价：RMB 350,000-550,000
成交价：RMB 402,500

释迦牟尼
6-7世纪 6th-7th Century BP 北京保利
2016-06-06 Lot7377 H18cm
估价：RMB 600,000-900,000
成交价：RMB 920,000

**释迦牟尼**
14 世纪 14th Century BP 北京保利
2016-06-07 Lot8142 H21.5cm
估价：RMB 400,000-600,000
成交价：RMB 598,000

**释迦牟尼**
15 世纪 15th Century BP 北京保利
2016-06-07 Lot8100 H28cm
估价：RMB 550,000-850,000
成交价：RMB 862,500

**释迦牟尼**
15 世纪 15th Century BP 北京保利
2016-06-07 Lot8086 H34.5cm
估价：无底价
成交价：RMB 2,875,000

**释迦牟尼**
13 世纪 13th Century BP 北京保利
2016-06-06 Lot7390 H19cm
估价：RMB 800,000-1,200,000
成交价：RMB 1,495,000

**释迦牟尼**
15 世纪 15th Century PLXM 保利厦门
2016-05-08 Lot923 H21.5cm
估价：RMB 400,000-500,000
成交价：RMB 586,500

**释迦牟尼**
18 世纪 18th Century PLXM 保利厦门
2016-05-08 Lot897 H34cm
估价：RMB 180,000-280,000
成交价：RMB 207,000

**释迦牟尼**

17世纪 17th Century BP 北京保利
2016-06-07 Lot8107 H41cm
估价：RMB 3,800,000-5,800,000
成交价：RMB 4,600,000

**释迦牟尼**

17世纪 17th Century BP 北京保利
2016-06-07 Lot8106 H46.5cm
估价：RMB 1,800,000-2,800,000
成交价：RMB 5,290,000

**释迦牟尼**

13-14世纪 13th-14th Century PLXM 保利厦门
2016-11-06 Lot736 H14cm
估价：RMB 100,000-150,000
成交价：RMB 149,500

**释迦牟尼**

15-16世纪 15th-16th Century PLXM 保利厦门
2016-11-06 Lot751 H25.5cm
估价：RMB 200,000-300,000
成交价：RMB 230,000

**释迦牟尼**

14 世纪 14th Century BP 北京保利
2016-12-05 Lot5062 H60cm
估价：RMB 6,200,000-8,200,000
成交价：RMB 7,130,000

**铜释迦说法像**

乾隆 Qianlong GD 中国嘉德
2016-09-25 Lot5018 H15cm
估价：无底价
成交价：RMB 80,500

**释迦牟尼**

13 世纪 13th Century PLXM 保利厦门
2016-11-06 Lot746 H41cm
估价：RMB 150,000-180,000
成交价：RMB 241,500

**释迦牟尼**

元 Yuan PLXM 保利厦门
2016-11-06 Lot931 H20cm
估价：RMB 200,000-300,000
成交价：RMB 667,000

**释迦牟尼像**

13-14 世纪 13th-14th Century BD 北京东正
2016-09-23 Lot275 H19.5cm
估价：RMB 100,000-130,000
成交价：RMB 115,000

## 释迦牟尼佛

明晚期 Late Ming PLXM 保利厦门
2016-11-06 Lot939 H153cm
估价：RMB 4,800,000-6,800,000
成交价：RMB 6,325,000

## 释迦牟尼佛

明 Ming KS 北京匡时
2016-06-07 Lot13432 H44cm
估价：RMB 550,000-650,000
成交价：RMB 701,500

## 释迦牟尼佛

永乐 Yongle KS 北京匡时
2016-12-06 Lot3166 H15.5cm
估价：RMB 4,500,000-4,800,000
成交价：RMB 5,175,000

## 释迦牟尼佛

17-18 世纪 17th-18th Century KS 北京匡时
2016-06-07 Lot13357 H31cm
估价：RMB 700,000-800,000
成交价：RMB 805,000

铜宝冠释迦牟尼
14 世纪 14th Century HY 华艺国际
2016-05-26 Lot1108 H14cm
估价：RMB 140,000-200,000
成交价：RMB 218,500

双色铜释迦牟尼
12-13 世纪 12th-13th Century HY 华艺国际
2016-05-26 Lot1182 H12.5cm
估价：RMB 550,000-650,000
成交价：RMB 1,495,000

释迦牟尼佛像
14 世纪 14th Century BD 北京东正
2016-05-14 Lot266 H20cm
估价：RMB 150,000-200,000
成交价：RMB 172,500

释迦牟尼佛像
14-15 世纪 14th-15th Century BD 北京东正
2016-05-14 Lot270 H24cm
估价：RMB 550,000-650,000
成交价：RMB 943,000

**铜释迦牟尼（错银错红铜）**
7-8世纪 7th-8th Century HY 华艺国际
2016-11-26 Lot1033 H19.5cm
估价：咨询价
成交价：RMB 36,800,000

2016 Chinese Art Auction TOP10 中国文玩杂项拍卖十大天价排行榜 Top 8
2016 Chinese Art Auction TOP10 中国佛珠造像拍卖十大天价排行榜 Top 6

**铜释迦牟尼佛像**
581-618年 581-618 C 佳士得
2016-11-08 Lot194 H17.5cm
估价：GBP 100,000-150,000
成交价：GBP 112,500

**铜释迦牟尼佛像**
年代不详 Unknown C 佳士得
2016-03-15 Lot44 H13.4cm
估价：USD 40,000-60,000
成交价：USD 173,000

**铜宝冠释迦牟尼**
明早期 Early Ming HY 华艺国际
2016-05-26 Lot1113 H33cm
估价：RMB 320,000-480,000
成交价：RMB 437,000

铜鎏金宝冠释迦牟尼
13-14 世纪 13th-14th Century HY 华艺国际
2016-11-26 Lot1060 H23.7cm
估价：RMB 2,600,000-3,500,000
成交价：RMB 3,680,000

铜鎏金宝冠释迦牟尼
14-15 世纪 14th-15th Century PLHK 保利香港
2016-04-05 Lot3285 H20.2cm
估价：HKD 580,000-800,000
成交价：HKD 684,400

铜镀金释迦牟尼佛像
17-18 世纪 Mongolia,17th-18th Century C 佳士得
2016-03-15 Lot243 H21.59cm
估价：USD 60,000-80,000
成交价：USD 161,000

铜镀金释迦牟尼佛坐像
17 世纪 17th Century C 佳士得
2016-05-11 Lot370 H34cm
估价：GBP 6,000-10,000
成交价：GBP 6,000

铜镀金释迦牟尼佛像
15 世纪 15th Century C 佳士得
2016-03-15 Lot255 H26cm
估价：USD 60,000-80,000
成交价：USD 75,000

宝冠释迦牟尼
14世纪 14th Century BH 北京翰海
2016-12-03 Lot2360 H75.5cm
估价：RMB 6,000,000-9,000,000
成交价：RMB 9,200,000

铜鎏金宝冠释迦牟尼
明早期 Early Ming PLHK 保利香港
2016-10-04 Lot3225 H12.5cm
估价：HKD 300,000-480,000
成交价：HKD 354,000

铜鎏金宝冠释迦牟尼佛
14世纪 14th Century GD 中国嘉德
2016-11-12 Lot3054 H15cm
估价：无底价
成交价：RMB 460,000

铜合金嵌银铜释迦牟尼佛
11-12世纪 11th-12th Century BSA 北京古天一
2016-11-11 Lot2090 H10.8cm
估价：无底价
成交价：RMB 3,565,000

铜鎏金宝冠释迦牟尼
14-15世纪 14th-15th Century HY 华艺国际
2016-05-26 Lot1137 H25cm
估价：RMB 1,300,000-1,800,000
成交价：RMB 1,840,000

铜鎏金释迦诞生像
明 Ming GD 中国嘉德
2016-05-15 Lot3024 H23cm
估价：RMB 50,000-80,000
成交价：RMB 172,500

铜鎏金释迦摩牟佛
清 Qing SUN 中贸圣佳
2016-05-16 Lot1103 H33.7cm
估价：RMB 110,000-150,000
成交价：RMB 333,500

铜鎏金释迦牟尼
14 世纪 14th Century HY 华艺国际
2016-05-26 Lot1112 H13.5cm
估价：RMB 160,000-240,000
成交价：RMB 218,500

铜鎏金释迦像
明 Ming GD 中国嘉德
2016-09-25 Lot5035 H13cm
估价：无底价
成交价：RMB 80,500

铜鎏金释迦牟尼
清中期 Mid Qing BH 北京翰海
2016-06-05 Lot3006 H12.2cm
估价：RMB 30,000-50,000
成交价：RMB 345,000

铜鎏金释迦牟尼
15 世纪 15th Century PLHK 保利香港
2016-04-05 Lot3286 H17.3cm
估价：HKD 180,000-250,000
成交价：HKD 259,600

铜鎏金释迦牟尼
元 Yuan PLHK 保利香港
2016-04-05 Lot3251 H17.8cm
估价：HKD 500,000-800,000
成交价：HKD 767,000

铜鎏金释迦牟尼
14世纪 14th Century HY 华艺国际
2016-05-26 Lot1132 H20.5cm
估价：RMB 140,000-220,000
成交价：RMB 184,000

铜鎏金释迦牟尼
18世纪 18th Century HY 华艺国际
2016-01-23 Lot1159 H28cm
估价：RMB 200,000-300,000
成交价：RMB 161,000

铜鎏金释迦牟尼
清早期 Early Qing BH 北京翰海
2016-06-05 Lot3005 H19cm
估价：RMB 200,000-300,000
成交价：RMB 575,000

铜鎏金释迦牟尼
17-18世纪 17th-18th Century HY 华艺国际
2016-05-26 Lot1116 H23cm
估价：RMB 300,000-400,000
成交价：RMB 552,000

铜鎏金释迦牟尼佛
15世纪 15th Century GD 中国嘉德
2016-11-12 Lot3039 H16.5cm
估价：无底价
成交价：RMB 517,500

铜鎏金释迦牟尼佛
尼泊尔，16-17 世纪 Nepal,16th-17th Century GD 中国嘉德
2016-11-12 Lot3085 H20cm
估价：无底价
成交价：RMB 115,000

铜鎏金释迦牟尼佛
尼泊尔，13-14 世纪 Nepal,13th-14th Century GD 中国嘉德
2016-11-12 Lot3077 H13.6cm
估价：RMB 800,000-1,200,000
成交价：RMB 920,000

铜鎏金释迦牟尼佛
15 世纪 15th Century KS 北京匡时
2016-06-07 Lot3752 H41cm
估价：RMB 15,000,000-18,000,000
成交价：RMB 21,275,000

铜鎏金释迦牟尼
明中期 Mid Ming HY 华艺国际
2016-05-26 Lot1225 H31cm
估价：RMB 1,000,000-1,200,000
成交价：RMB 1,150,000

铜鎏金释迦牟尼佛像
15 世纪 15th Century S 苏富比
2016-03-16 Lot723 H27.6cm
估价：USD 80,000-120,000
成交价：USD 100,000

铜鎏金释迦牟尼佛
13 世纪 13th Century GD 中国嘉德
2016-05-15 Lot3017 H19.8cm
估价：RMB 350,000-550,000
成交价：RMB 1,012,000

铜鎏金释迦牟尼佛
16 世纪 16th Century GD 中国嘉德
2016-05-15 Lot3067 H21.6cm
估价：RMB 80,000-120,000
成交价：RMB 230,000

铜鎏金释迦牟尼佛像
15 世纪 15th Century S 苏富比
2016-03-16 Lot709 H17.5cm
估价：USD 8,000-12,000
成交价：USD 23,750

铜鎏金释迦牟尼佛像
17-18 世纪 17th-18th Century C 佳士得
2016-11-08 Lot115 H33.6cm
估价：GBP 10,000-15,000
成交价：GBP 37,500

铜鎏金释迦牟尼
明早期 Early Ming PLHK 保利香港
2016-10-04 Lot3224 H32.5cm
估价：HKD 1,000,000-1,800,000
成交价：HKD 1,711,000

铜鎏金释迦牟尼佛
15 世纪 15th Century GD 中国嘉德
2016-05-15 Lot3031 H20.8cm
估价：RMB 150,000-200,000
成交价：RMB 253,000

铜鎏金释迦牟尼佛
清，17 世纪 Qing,17th Century BC 北京诚轩
2016-05-15 Lot876 H32.7cm
估价：RMB 600,000-800,000
成交价：RMB 690,000

托宝钵释迦牟尼
11-12 世纪 11th-12th Century BP 北京保利
2016-12-05 Lot5060 42.5cm
估价：RMB 12,000,000-18,000,000
成交价：RMB 21,850,000

铜鎏金释迦牟尼佛立像
明 Ming BP 北京保利
2016-06-07 Lot8394 H18cm
估价：RMB 3,600,000-5,600,000
成交价：RMB 5,117,500

铜鎏金释迦牟尼佛像
13-14世纪 13th-14th Century BD 北京东正
2016-05-15 Lot522 H15.6cm
估价：RMB 250,000-350,000
成交价：RMB 402,500

铜鎏金释迦牟尼佛坐像
北齐或隋 N.Qi or Sui PLHK 保利香港
2016-04-05 Lot3217 H20cm
估价：HKD 800,000-1,200,000
成交价：HKD 944,000

铜鎏金释迦牟尼佛坐像
明晚期-清早期，17世纪 Late Ming-Late Qing,17th Century HC 北京华辰
2016-05-13 Lot1011 H40cm
估价：RMB 2,800,000-3,800,000
成交价：RMB 5,750,000

铜鎏金释迦牟尼佛坐像
15世纪 15th Century S 苏富比
2016-05-11 Lot64 12.8cm
估价：GBP 2,000-3,000
成交价：GBP 18,125

铜鎏金释迦牟尼佛坐像
元末明初 Late Yuan-Early Ming BC 北京诚轩
2016-11-12 Lot885 H12.2cm
估价：RMB 20,000-30,000
成交价：RMB 74,750

铜鎏金释迦牟尼佛坐像
清早期 Early Qing BC 北京诚轩
2016-11-12 Lot884 H8.4cm
估价：RMB 20,000-30,000
成交价：RMB 46,000

铜鎏金释迦牟尼佛坐像
17-18 世纪 17th-18th Century BO 邦瀚斯
2016-11-10 Lot109 H10.9cm
估价：GBP 1,500-2,000
成交价：GBP 3,750

铜鎏金释迦牟尼说法像
乾隆 Qianlong GD 中国嘉德
2016-05-15 Lot3034 H33.6cm
估价：RMB 1,000,000-1,800,000
成交价：RMB 1,150,000

铜鎏金释迦牟尼像
明 Ming SUN 中贸圣佳
2016-05-16 Lot1108 H16cm
估价：RMB 110,000-150,000
成交价：RMB 126,500

铜鎏金释迦牟尼佛坐像
清，18 世纪 Qing,18th Century S 苏富比
2016-09-13 Lot164 尺寸不详
估价：USD 30,000-50,000
成交价：USD 30,000

鎏金铜释迦牟尼佛坐像
4-5 世纪初 4th Century-Early 5th Century S 苏富比
2016-10-05 Lot3202 7.7cm
估价：HKD 40,000-60,000
成交价：HKD 137,500

鎏金铜释迦牟尼佛坐像
4-5 世纪初 4th Century-Early 5th Century S 苏富比
2016-10-05 Lot3201 7.9cm
估价：HKD 60,000-80,000
成交价：HKD 225,000

铜漆金释迦牟尼坐像
明中期 Mid Ming BP 北京保利
2016-06-07 Lot8502 H36cm
估价：RMB 300,000-500,000
成交价：RMB 345,000

铜释迦牟尼
元 Yuan HY 华艺国际
2016-05-26 Lot1138 H18.5cm
估价：RMB 140,000-220,000
成交价：RMB 161,000

铜释迦牟尼（错银错红铜）
13-14 世纪 13th-14th Century HY 华艺国际
2016-05-26 Lot1163 H21.5cm
估价：RMB 320,000-480,000
成交价：RMB 402,500

至稀至珍双色铜合铸释迦牟尼成道像
帕拉，11 世纪 Pala,11th Century GD 中国嘉德
2016-05-15 Lot3096 H14.3cm
估价：咨询价
成交价：RMB 25,300,000

铜释迦多宝二佛并坐像
北魏 N.Wei S 苏富比
2016-10-05 Lot3206 15.3cm
估价：HKD 30,000-40,000
成交价：HKD 2,360,000

鎏金铜释迦多宝二佛并坐像
北魏 N.Wei S 苏富比
2016-10-05 Lot3209 12cm
估价：HKD 80,000-120,000
成交价：HKD 1,750,000

银嵌松石释迦牟尼

尼泊尔，14 世纪 Nepal,14th Century PLHK 保利香港
2016-10-04 Lot3093 H12.4m
估价：HKD 150,000-200,000
成交价：HKD 200,600

合金铜释迦牟尼佛

12-13 世纪 12th-13th Century GD 中国嘉德
2016-11-12 Lot3045 H23cm
估价：无底价
成交价：RMB 1,265,000

西藏鎏金铜释迦牟尼佛坐像

14-15 世纪 14th-15th Century S 苏富比
2016-06-02 Lot731 14cm
估价：HKD 50,000-70,000
成交价：HKD 175,000

合金铜释迦牟尼佛

13 世纪 13th Century GD 中国嘉德
2016-11-12 Lot3129 H18.5cm
估价：RMB 50,000-80,000
成交价：RMB 57,500

西藏鎏金铜释迦牟尼佛坐像

15 世纪 15th Century S 苏富比
2016-06-02 Lot728 11.5cm
估价：HKD 50,000-70,000
成交价：HKD 137,500

合金铜嵌红铜释迦牟尼佛像

12 世纪 12th Century BD 北京东正
2016-05-15 Lot517 H15.5cm
估价：RMB 400,000-500,000
成交价：RMB 1,035,000

合金铜释迦牟尼成道像
12 世纪 12th Century GD 中国嘉德
2016-05-15 Lot3054 H30.4cm
估价：RMB 2,200,000-3,200,000
成交价：RMB 2,530,000

黄铜嵌红铜白银释迦牟尼佛像
14 世纪 14th Century BD 北京东正
2016-05-15 Lot506 H11.6cm
估价：RMB 100,000-120,000
成交价：RMB 138,000

克什米尔铜嵌银嵌红铜释迦牟尼
9 世纪 9th Century PLHK 保利香港
2016-04-05 Lot3265 H17.6cm
估价：HKD 1,200,000-1,800,000
成交价：HKD 1,416,000

尼泊尔 鎏金铜释迦牟尼佛坐像
14 世纪 14th Century C 佳士得
2016-06-01 Lot3303 H47cm
估价：HKD 20,000,000-30,000,000
成交价：HKD 23,640,000

尼泊尔马拉王朝释迦牟尼像
13 世纪 13th Century BD 北京东正
2016-11-11 Lot116 H23.5cm
估价：RMB 5,000,000-6,000,000
成交价：RMB 5,750,000

尼泊尔铜鎏金宝冠释迦牟尼
13 世纪 13th Century PLHK 保利香港
2016-04-05 Lot3282 H30.2cm
估价：HKD 3,000,000-3,800,000
成交价：HKD 4,130,000

木胎金漆释迦苦修坐像
元 - 明早期 Yuan-Early Ming HC 北京华辰
2016-05-13 Lot1006 H63.5cm
估价：RMB 1,800,000-2,800,000
成交价：RMB 4,830,000

青铜释迦牟尼佛坐像
北魏 N.Wei S 苏富比
2016-04-05 Lot2932 20cm
估价：HKD 300,000-400,000
成交价：HKD 375,000

仿铜鎏金释迦牟尼
19 世纪或更早 19th Century or Before PLHK 保利香港
2016-10-04 Lot3117 H13cm
估价：HKD 30,000-50,000
成交价：HKD 35,400

青铜镀金释迦牟尼像
18 世纪 18th Century C 佳士得
2016-05-11 Lot382 H11cm
估价：GBP 3,000-5,000
成交价：GBP 3,750

木漆金释迦牟尼
明 Ming PLHK 保利香港
2016-10-04 Lot3121 H55.4cm
估价：HKD 600,000-800,000
成交价：HKD 708,000

木雕贴金释迦牟尼造像
清早期 Early Qing BP 北京保利
2016-06-05 Lot3712 H30cm
估价：RMB 130,000-230,000
成交价：RMB 184,000

沉积石释迦牟尼佛像
印度，约 12 世纪 India,Circa 12th Century S 苏富比
2016-03-16 Lot701 H7cm
估价：USD 15,000-20,000
成交价：USD 52,500

三世佛
乾隆 Qianlong KS 北京匡时
2016-09-23 Lot221 H16cm × 3
估价：RMB 200,000-250,000
成交价：RMB 552,000

铜鎏金毗卢遮那佛小坐像
辽 Liao C 佳士得
2016-03-17 Lot1408 H8.9cm
估价：USD 20,000-30,000
成交价：USD 81,250

铜漆金毗卢遮那佛坐像
明，16 世纪 Ming,16th Century C 佳士得
2016-03-17 Lot1415 H27.3cm
估价：USD 15,000-25,000
成交价：USD 17,500

阿弥陀佛像
明 Ming BD 北京东正
2016-05-14 Lot278 H23.5cm
估价：RMB 120,000-150,000
成交价：RMB 276,000

片岩雕释迦牟尼佛半身像
印度，2-3 世纪 India,2th-3th Century S 苏富比
2016-03-19 Lot1301 尺寸不详
估价：USD 4,000-6,000
成交价：USD 9,375

阿弥陀佛
17 世纪 17th Century BP 北京保利
2016-06-07 Lot8084 H19cm
估价：无底价
成交价：RMB 345,000

阿弥陀佛
17 世纪 17th Century PLXM 保利厦门
2016-05-08 Lot901 H73cm
估价：RMB 300,000-400,000
成交价：RMB 517,500

**阿弥陀佛**
17 世纪 17th Century PLXM 保利厦门
2016-05-08 Lot933 H43cm
估价：RMB 1,600,000-2,600,000
成交价：RMB 2,990,000

**铜阿弥陀佛**
明 Ming PLHK 保利香港
2016-10-04 Lot3231 H39.5cm
估价：HKD 720,000-1,200,000
成交价：HKD 944,000

**铜鎏金阿弥陀佛像**
明 Ming GD 中国嘉德
2016-09-25 Lot5023 H28.7cm
估价：RMB 50,000-80,000
成交价：RMB 690,000

**阿弥陀佛像**
明中期 Mid Ming PLXM 保利厦门
2016-11-06 Lot936 H39cm
估价：RMB 680,000-880,000
成交价：RMB 782,000

**铜漆金阿弥陀佛像**
12-13 世纪 12th-13th Century GD 中国嘉德
2016-11-12 Lot3127 H15cm
估价：无底价
成交价：RMB 149,500

**铜镀金阿弥陀佛像**
尼泊尔，14 世纪 Nepal,14th Century C 佳士得
2016-03-15 Lot242 H13cm
估价：USD 18,000-24,000
成交价：USD 32,500

铜鎏金阿弥陀佛
明 Ming GD 中国嘉德
2016-05-15 Lot3088 33.8cm
估价：RMB 500,000-800,000
成交价：RMB 575,000

阎锡山赠五台山　朱砂制华严三圣像（一组三件套）
年代不详 Unknown SE 福建东南
2016-05-22 Lot655 尺寸不一
估价：RMB 550,000-600,000
成交价：RMB 632,500

大日如来
辽 Liao BP 北京保利
2016-06-06 Lot7378 H18cm
估价：RMB 600,000-800,000
成交价：RMB 1,840,000

铜鎏金阿弥陀佛
康熙 Kangxi GD 中国嘉德
2016-05-15 Lot3006 H15.6cm
估价：RMB 120,000-180,000
成交价：RMB 437,000

大日如来
11-12 世纪 11th-12th Century BP 北京保利
2016-06-06 Lot7381 H28cm
估价：RMB 5,000,000-7,000,000
成交价：RMB 7,245,000

铜鎏金大日如来
乾隆 Qianlong GD 中国嘉德
2016-11-12 Lot3064 H10.4cm
估价：无底价
成交价：RMB 115,000

铜鎏金大日如来像
清 Qing XLA 西泠印社
2016-04-09 Lot172 H53.5cm
估价：RMB 150,000-220,000
成交价：RMB 184,000

鎏金铜大日如来坐像
明 Ming C 佳士得
2016-09-16 Lot1230 H41.3cm
估价：USD 40,000-60,000
成交价：USD 43,750

铜大日如来坐像
明 Ming C 佳士得
2016-09-16 Lot1229 H34.3cm
估价：USD 20,000-30,000
成交价：USD 8,125

铜大日如来佛坐像
明 Ming S 苏富比
2016-03-16 Lot368 尺寸不详
估价：USD 60,000-80,000
成交价：USD 237,500

木雕漆金如来坐像
明 Ming XLA 西泠印社
2016-09-29 Lot132 H28cm
估价：RMB 30,000-40,000
成交价：RMB 36,800

铜五方如来佛坐像
北魏 N.Wei S 苏富比
2016-10-05 Lot3208 10.3cm
估价：HKD 30,000-40,000
成交价：HKD 400,000

铜鎏金无量光佛
14 世纪 14th Century GD 中国嘉德
2016-11-12 Lot3057 H16.5cm
估价：无底价
成交价：RMB 598,000

无量寿佛
17-18 世纪 17th-18th Century BH 北京翰海
2016-06-04 Lot2160 H16.5cm
估价：RMB 150,000-180,000
成交价：RMB 172,500

木漆金大日如来坐像
明末清初 Late Ming-Early Qing S 苏富比
2016-09-17 Lot1136 尺寸不详
估价：USD 20,000-30,000
成交价：USD 12,500

无量寿佛
乾隆 Qianlong KS 北京匡时
2016-12-06 Lot3084 H48.5cm
估价：RMB 4,500,000-4,800,000
成交价：RMB 5,175,000

**无量寿佛**
18 世纪 18th Century KS 北京匡时
2016-06-07 Lot13427 H17.8cm
估价：RMB 20,000-30,000
成交价：RMB 126,500

**无量寿佛**
康熙 Kangxi BP 北京保利
2016-06-06 Lot7387 H45cm
估价：RMB 5,200,000-7,200,000
成交价：RMB 5,980,000

**无量寿佛**
17-18 世纪 17th-18th Century KS 北京匡时
2016-06-07 Lot13405 H21.5cm
估价：RMB 100,000-120,000
成交价：RMB 184,000

**无量寿佛**
康熙 Kangxi PLXM 保利厦门
2016-05-08 Lot917 H42cm
估价：RMB 6,000,000-8,000,000
成交价：RMB 7,475,000

无量寿佛
15世纪 15th Century BP 北京保利
2016-06-07 Lot8122 H24.5cm
估价：RMB 750,000-1,200,000
成交价：RMB 862,500

无量寿佛
康熙 Kangxi BP 北京保利
2016-12-06 Lot5762 H41.5cm
估价：RMB 4,600,000-5,600,000
成交价：RMB 9,200,000

无量寿佛像
乾隆 Qianlong BD 北京东正
2016-05-14 Lot259 H14cm
估价：RMB 150,000-200,000
成交价：RMB 425,500

无量寿佛像
清 Qing BD 北京东正
2016-05-14 Lot269 H14cm
估价：RMB 80,000-120,000
成交价：RMB 126,500

铜鎏金无量寿佛
17-18世纪 17th-18th Century GD 中国嘉德
2016-05-15 Lot3072 H21cm
估价：RMB 80,000-120,000
成交价：RMB 287,500

无量寿佛
11 世纪 11th Century BH 北京翰海
2016-12-03 Lot2371 H59cm
估价：咨询价
成交价：RMB 34,500,000

2016 Chinese Art Auction TOP10 中国文玩杂项拍卖十大天价排行榜 Top 9
2016 Chinese Art Auction TOP10 中国佛珠造像拍卖十大天价排行榜 Top 7

铜鎏金无量寿佛
乾隆 Qianlong GD 中国嘉德
2016-05-15 Lot3094 H24cm
估价：RMB 900,000-1,800,000
成交价：RMB 1,610,000

铜鎏金无量寿佛像
16 世纪 16th Century BD 北京东正
2016-05-15 Lot509 H13cm
估价：RMB 150,000-180,000
成交价：RMB 460,000

铜镀金无量寿佛像
17-18 世纪 17th-18th Century C 佳士得
2016-11-08 Lot148 H21.2cm
估价：GBP 15,000-20,000
成交价：GBP 35,000

合金铜无量寿佛
17 世纪 17th Century GD 中国嘉德
2016-11-12 Lot3125 H24.4cm
估价：无底价
成交价：RMB 184,000

铜鎏金无量寿佛
15世纪 15th Century KS 北京匡时
2016-06-07 Lot3756 H50cm
估价：RMB 16,000,000-20,000,000
成交价：RMB 28,175,000

2016 Chinese Art Auction TOP10 中国佛珠造像拍卖十大天价排行榜 Top 10

铜鎏金无量寿佛像
约15世纪 Circa 15th Century S 苏富比
2016-03-16 Lot713 H11.5cm
估价：USD 7,000-9,000
成交价：USD 8,750

铜鎏金无量寿佛
乾隆 Qianlong GD 中国嘉德
2016-11-12 Lot3066 H21cm
估价：无底价
成交价：RMB 103,500

铜鎏金无量寿佛
乾隆，1770年 Qianlong,1770 BC 北京诚轩
2016-11-12 Lot886 H21cm
估价：RMB 10,000-20,000
成交价：RMB 59,800

铜鎏金无量寿佛像
14-15世纪 14th-15th Century S 苏富比
2016-03-16 Lot715 H19.1cm
估价：USD 8,000-12,000
成交价：USD 35,000

铜鎏金无量寿佛
乾隆 Qianlong GD 中国嘉德
2016-11-12 Lot3049 H17cm
估价：无底价
成交价：RMB 322,000

铜鎏金无量寿佛像
年代不详 Unknown GD 中国嘉德
2016-09-26 Lot5878 H39.5cm
估价：无底价
成交价：RMB 40,250

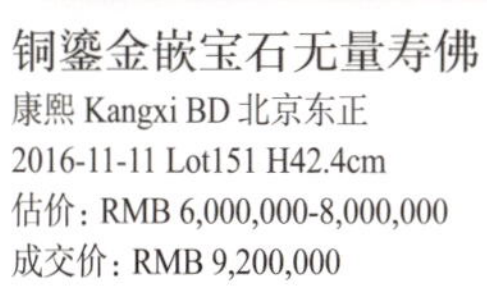

铜鎏金嵌宝石无量寿佛
康熙 Kangxi BD 北京东正
2016-11-11 Lot151 H42.4cm
估价：RMB 6,000,000-8,000,000
成交价：RMB 9,200,000

铜鎏金无量寿佛像
清 Qing GD 中国嘉德
2016-09-25 Lot5025 H11.7cm
估价：无底价
成交价：RMB 71,300

铜鎏金无量寿佛像
清 Qing C 佳士得
2016-11-08 Lot110 H21cm
估价：GBP 7,000-9,000
成交价：GBP 17,500

铜鎏金无量寿佛像
乾隆 Qianlong GD 中国嘉德
2016-09-25 Lot5056 H11.7cm
估价：无底价
成交价：RMB 36,800

铜鎏金无量寿佛像
清中期 Mid Qing GD 中国嘉德
2016-09-25 Lot5064 H17cm
估价：无底价
成交价：RMB 40,250

铜鎏金铜胎掐丝珐琅无量寿佛
乾隆 Qianlong BD 北京东正
2016-11-11 Lot152 H31cm
估价：RMB 8,000,000-10,000,000
成交价：RMB 13,570,000

铜鎏金无量寿佛坐像
清，17-18 世纪 Qing,17th-18th Century S 苏富比
2016-03-16 Lot374 尺寸不详
估价：USD 20,000-30,000
成交价：USD 25,000

铜鎏金无量寿佛像
15 世纪 15th Century GD 中国嘉德
2016-11-12 Lot3067 H15.5cm
估价：无底价
成交价：RMB 184,000

鎏金铜无量寿佛坐像
清，18 世纪 Qing,18th Century C 佳士得
2016-11-09 Lot370 H17.2cm
估价：GBP 3,000-6,000
成交价：GBP 6,250

楠木楼阁式三连供龛连鎏金铜无量寿佛坐像三尊
乾隆 Qianlong S 苏富比
2016-06-02 Lot758 30cm;95x90x40cm
估价：HKD 3,000,000-4,000,000
成交价：HKD 3,680,000

镀金银嵌松石珊瑚无量寿佛
19 世纪末 Late 19th Century C 佳士得
2016-05-11 Lot371 H29.5cm
估价：GBP 800-1,200
成交价：GBP 4,000

鎏金铜无量寿佛坐像（一对）
清，18 世纪 Qing,18th Century C 佳士得
2016-11-09 Lot305 H20cm
估价：GBP 2,000-4,000
成交价：GBP 8,750

帕拉式铜错金银无量寿佛坐像
乾隆 Qianlong S 苏富比
2016-04-06 Lot3658 34.1cm
估价：HKD 800,000-1,200,000
成交价：HKD 1,250,000

药师佛
康熙 Kangxi KS 北京匡时
2016-06-07 Lot13363 H16cm
估价：RMB 200,000-250,000
成交价：RMB 402,500

铜鎏金无量寿佛坐像
宣德 Xuande BP 北京保利
2016-06-07 Lot8500 H34.7cm
估价：RMB 1,500,000-2,500,000
成交价：RMB 4,025,000

漆金无量寿佛
康熙 Kangxi KS 北京匡时
2016-09-23 Lot220 H23.5cm
估价：RMB 150,000-180,000
成交价：RMB 402,500

药师佛
15 世纪 15th Century BP 北京保利
2016-06-07 Lot8041 H32cm
估价：RMB 700,000-1,000,000
成交价：RMB 805,000

**药师佛像**
明 Ming BD 北京东正
2016-05-14 Lot279 H24cm
估价：RMB 50,000-80,000
成交价：RMB 126,500

**药师佛**
17-18 世纪初 17th Century-Early 18th Century BP 北京保利
2016-12-05 Lot5071 H29.5cm
估价：咨询价
成交价：RMB 13,800,000

**铜药师佛**
13 世纪 13th Century PLHK 保利香港
2016-04-05 Lot3260 H12.6cm
估价：HKD 120,000-180,000
成交价：HKD 141,600

**铜药师佛**
清早期 Early Qing GD 中国嘉德
2016-05-14 Lot4610 H21.5cm
估价：RMB 80,000-120,000
成交价：RMB 437,000

**铜鎏金药师佛**
康熙 Kangxi GD 中国嘉德
2016-11-12 Lot3069 H16.8cm
估价：无底价
成交价：RMB 253,000

铜鎏金药师佛
清 Qing XLA 西泠印社
2016-09-29 Lot137 H13cm
估价：RMB 38,000-45,000
成交价：RMB 43,700

铜鎏金药师佛
明中期 Mid Ming PLHK 保利香港
2016-10-04 Lot3228 H39cm
估价：HKD 2,500,000-3,500,000
成交价：HKD 3,304,000

铜镀金药师佛像
15 世纪 15th Century C 佳士得
2016-03-15 Lot254 H17.7cm
估价：USD 30,000-50,000
成交价：USD 32,500

铜鎏金药师佛像
明 Ming BD 北京东正
2016-11-11 Lot1361 H52cm
估价：RMB 4,500,000-5,500,000
成交价：RMB 5,750,000

鎏金铜药师佛坐像
清，18 世纪 Qing,18th Century C 佳士得
2016-04-05 Lot56 H26.7cm
估价：HKD 150,000-200,000
成交价：HKD 325,000

铜鎏金弥勒菩萨坐像
康熙 Kangxi BO 邦瀚斯
2016-11-29 Lot32 H51cm
估价：HKD 5,500,000-6,500,000
成交价：RMB 5,423,568

西藏中部风格 铜鎏金弥勒菩萨像
13-14 世纪 13th-14th Century BD 北京东正
2016-11-11 Lot130 H22cm
估价：RMB 4,000,000-5,000,000
成交价：RMB 5,980,000

弥勒佛
18 世纪 18th Century KS 北京匡时
2016-06-07 Lot13428 H16cm
估价：RMB 20,000-30,000
成交价：RMB 115,000

弥勒佛
16 世纪 16th Century BP 北京保利
2016-06-07 Lot8087 H30cm
估价：无底价
成交价：RMB 287,500

弥勒佛
康熙 Kangxi PLXM 保利厦门
2016-05-08 Lot903 H75cm
估价：RMB 1,500,000-2,500,000
成交价：RMB 1,495,000

弥勒佛像
16 世纪 16th Century BD 北京东正
2016-05-14 Lot253 H16.3cm
估价：RMB 350,000-450,000
成交价：RMB 667,000

铜弥勒菩萨像
13 世纪 13th Century GD 中国嘉德
2016-11-12 Lot3123 H24.7cm
估价：无底价
成交价：RMB 207,000

铜弥勒佛像
年代不详 Unknown C 佳士得
2016-03-15 Lot47 H19.3cm
估价：USD 250,000-350,000
成交价：USD 269,000

铜弥勒菩萨像
明 Ming GD 中国嘉德
2016-09-25 Lot5033 H20cm
估价：无底价
成交价：RMB 36,800

铜弥勒佛坐像
16 世纪 16th Century S 苏富比
2016-03-19 Lot1341 尺寸不详
估价：USD 4,000-6,000
成交价：USD 6,875

铜鎏金弥勒佛
清早期 Early Qing PLHK 保利香港
2016-10-04 Lot3204 H18cm
估价：HKD 1,000,000-1,500,000
成交价：HKD 1,298,000

铜鎏金弥勒佛坐像
隋 Sui PLHK 保利香港
2016-04-05 Lot3218 H29cm
估价：HKD 2,800,000-3,800,000
成交价：HKD 3,245,000

铜鎏金弥勒菩萨结跏趺坐像
17 世纪 17th Century BO 邦瀚斯
2016-11-10 Lot107 H47cm
估价：GBP 25,000-35,000
成交价：GBP 155,000

铜鎏金弥勒佛像
明 Ming GD 中国嘉德
2016-09-25 Lot5027 H15.7cm
估价：RMB 100,000-200,000
成交价：RMB 115,000

铜鎏金弥勒菩萨
年代不详 Unknown AS 中国艺海
2016-01-21 Lot3158 H20cm
估价：HKD 2,150,000-4,300,000
成交价：HKD 3,080,000

弥勒菩萨
15 世纪 15th Century KS 北京匡时
2016-06-07 Lot13394 H17.5cm
估价：RMB 180,000-250,000
成交价：RMB 345,000

弥勒菩萨
17 世纪 17th Century KS 北京匡时
2016-06-07 Lot13362 H31cm
估价：RMB 300,000-380,000
成交价：RMB 368,000

弥勒菩萨及侍从
11 世纪 11th Century BP 北京保利
2016-06-07 Lot8129 H16.7cm
估价：RMB 450,000-700,000
成交价：RMB 517,500

铜鎏金布袋弥勒坐像
明，16 世纪 Ming,16th Century BP 北京保利
2016-06-07 Lot8503 H53cm
估价：RMB 5,000,000-7,000,000
成交价：RMB 6,095,000

铜鎏金弥勒菩萨（扎什伦布寺风格）
17 世纪 17th Century HY 华艺国际
2016-05-26 Lot1121 H17.5cm
估价：RMB 600,000-800,000
成交价：RMB 920,000

弥勒菩萨
元 Yuan PLXM 保利厦门
2016-05-08 Lot935 H33cm
估价：RMB 2,800,000-4,800,000
成交价：RMB 7,475,000

铜鎏金弥勒菩萨（扎什伦布寺风格）
17世纪 17th Century HY 华艺国际
2016-05-26 Lot1120 H20.5cm
估价：RMB 160,000-280,000
成交价：RMB 253,000

克什米尔风格铜鎏金弥勒菩萨
9-10世纪 9th-10th Century BP 北京保利
2016-06-08 Lot9378 H9.8cm
估价：RMB 20,000-50,000
成交价：RMB 126,500

石叟塑铜嵌银丝弥勒佛
明晚期 Late Ming BD 北京东正
2016-05-14 Lot223 H7cm
估价：RMB 680,000-880,000
成交价：RMB 805,000

鎏金铸铜锤鍱弥勒菩萨立像
乾隆 Qianlong C 佳士得
2016-03-17 Lot1424 H68.6cm
估价：USD 60,000-80,000
成交价：USD 60,000

铜泥金弥勒菩萨
乾隆 Qianlong BH 北京翰海
2016-06-05 Lot3002 H38cm
估价：RMB 2,600,000-6,000,000
成交价：RMB 9,832,500

铜嵌银弥勒佛像
年代不详 Unknown C 佳士得
2016-03-15 Lot59 H12cm
估价：USD 250,000-350,000
成交价：USD 341,000

木彩绘弥勒佛像
年代不详 Unknown C 佳士得
2016-03-15 Lot68 H68cm
估价：USD 70,000-90,000
成交价：USD 62,500

宝生佛像
12-13 世纪 12th-13th Century BD 北京东正
2016-05-14 Lot244 H11.8cm
估价：RMB 20,000-30,000
成交价：RMB 195,500

青铜弥勒菩萨像
15 世纪 15th Century S 苏富比
2016-03-16 Lot727 H17.8cm
估价：USD 20,000-30,000
成交价：USD 35,000

宝生佛
16 世纪 16th Century BP 北京保利
2016-06-07 Lot8119 H18.6cm
估价：RMB 120,000-180,000
成交价：RMB 575,000

宝生佛
13 世纪 13th Century BP 北京保利
2016-06-07 Lot8080 H22.5cm
估价：无底价
成交价：RMB 253,000

铜宝生佛坐像
辽 Liao S 苏富比
2016-10-05 Lot3221 19.6cm
估价：HKD 20,000-30,000
成交价：HKD 650,000

阿閦佛像
年代不详 Unknown C 佳士得
2016-03-15 Lot69 H36cm
估价：USD 250,000-350,000
成交价：USD 341,000

铜鎏金阿閦佛
11-12 世纪 11th-12th Century HY 华艺国际
2016-05-26 Lot1156 H15.4cm
估价：RMB 500,000-700,000
成交价：RMB 632,500

铜鎏金阿閦佛
13-14 世纪 13th-14th Century GD 中国嘉德
2016-05-15 Lot3003 H19.2cm
估价：RMB 200,000-300,000
成交价：RMB 1,150,000

铜鎏金阿閦佛
15-16 世纪 15th-16th Century GD 中国嘉德
2016-05-15 Lot3070 H23cm
估价：RMB 100,000-150,000
成交价：RMB 287,500

**铜鎏金阿閦佛坐像带座背光**

18-19 世纪 18th-19th Century S 苏富比
2016-03-19 Lot1346 尺寸不详
估价：USD 6,000-8,000
成交价：USD 20,000

**铜鎏金善名称功德佛坐像**

清，18 世纪 Qing,18th Century S 苏富比
2016-03-19 Lot1353 尺寸不详
估价：USD 3,000-5,000
成交价：USD 12,500

**铜鎏金不空成就佛**

15 世纪 15th Century GD 中国嘉德
2016-11-12 Lot3058 H26.2cm;45.5cm
估价：无底价
成交价：RMB 1,610,000

**铜鎏金燃灯佛像**

明 Ming GD 中国嘉德
2016-09-25 Lot5026 H16.2cm
估价：无底价
成交价：RMB 74,750

**接引佛**
洪武 Hongwu BP 北京保利
2016-06-06 Lot7383 H23.3cm
估价：RMB 2,600,000-3,600,000
成交价：RMB 2,990,000

**西藏仿帕拉鎏金铜佛坐像**
17-18 世纪 17th-18th Century S 苏富比
2016-06-02 Lot732 14.7cm
估价：HKD 40,000-60,000
成交价：HKD 2,360,000

**铜鎏金佛坐像**
元 Yuan BP 北京保利
2016-06-07 Lot8396 H24.5cm
估价：RMB 2,000,000-3,000,000
成交价：RMB 3,105,000

**铜佛坐像**
明 Ming S 苏富比
2016-03-16 Lot367 尺寸不详
估价：USD 5,000-7,000
成交价：USD 5,000

铜佛坐像
北魏 N.Wei S 苏富比
2016-10-05 Lot3207 12.5cm
估价：HKD 60,000-80,000
成交价：HKD 375,000

铜佛坐像
北魏 N.Wei S 苏富比
2016-10-05 Lot3204 13.6cm
估价：HKD 20,000-30,000
成交价：HKD 300,000

铜佛坐像
北魏 N.Wei S 苏富比
2016-10-05 Lot3205 13.5cm
估价：HKD 30,000-40,000
成交价：HKD 475,000

铜镀金佛像
18 世纪 18th Century C 佳士得
2016-03-15 Lot261 H17.2cm
估价：USD 20,000-30,000
成交价：USD 30,000

铜镀金佛像
14 世纪 14th Century C 佳士得
2016-03-15 Lot263 H14.5cm
估价：USD 50,000-70,000
成交价：USD 62,500

铜镀金佛像
16 世纪 16th Century C 佳士得
2016-03-15 Lot265 H34.5cm
估价：USD 60,000-80,000
成交价：USD 62,500

**铜鎏金佛像**
15 世纪 15th Century S 苏富比
2016-03-16 Lot722 H20.3cm
估价：USD 60,000-90,000
成交价：USD 68,750

**铜鎏金佛像**
14-15 世纪 14th-15th Century S 苏富比
2016-03-16 Lot706 H11.4cm
估价：USD 5,000-7,000
成交价：USD 9,375

**铜鎏金佛像**
15-16 世纪 15th-16th Century S 苏富比
2016-03-16 Lot719 H10.2cm
估价：USD 4,000-6,000
成交价：USD 6,875

**铜鎏金佛像**
18-19 世纪 18th-19th Century C 佳士得
2016-11-08 Lot108 H36.8cm
估价：GBP 12,000-18,000
成交价：GBP 13,750

**铜鎏金佛像**
约 15 世纪 Circa 15th Century S 苏富比
2016-03-16 Lot714 H14.5cm
估价：USD 7,000-9,000
成交价：USD 35,000

**铜鎏金佛像**
约 14 世纪 Circa 14th Century S 苏富比
2016-03-16 Lot708 H24.1cm
估价：USD 6,000-9,000
成交价：USD 27,500

**铜鎏金佛像**
14 世纪 14th Century S 苏富比
2016-03-16 Lot710 H16.5cm
估价：USD 25,000-35,000
成交价：USD 43,750

**铜鎏金佛像**
14-15 世纪 14th-15th Century S 苏富比
2016-03-16 Lot707 H14cm
估价：USD 6,000-8,000
成交价：USD 12,500

**铜鎏金佛像**
18 世纪 18th Century S 苏富比
2016-03-16 Lot744 H24.4cm
估价：USD 30,000-50,000
成交价：USD 137,500

铜鎏金佛像
17-18 世纪 17th-18th Century C 佳士得
2016-11-08 Lot147 H22.6cm
估价：GBP 20,000-30,000
成交价：GBP 30,000

铜鎏金佛像
18 世纪 18th Century C 佳士得
2016-05-10 Lot21 H19.7cm
估价：GBP 10,000-15,000
成交价：GBP 20,000

铜鎏金佛像
乾隆 Qianlong C 佳士得
2016-05-10 Lot15 H31cm
估价：GBP 20,000-40,000
成交价：GBP 25,000

铜鎏金佛像
18 世纪 18th Century C 佳士得
2016-05-10 Lot22 H16cm
估价：GBP 10,000-15,000
成交价：GBP 13,750

铜鎏金佛像
康熙 Kangxi C 佳士得
2016-05-10 Lot19 H17.2cm
估价：GBP 15,000-20,000
成交价：GBP 12,500

铜鎏金佛像
17 世纪 17th Century C 佳士得
2016-05-10 Lot16 H53.5cm
估价：GBP 40,000-60,000
成交价：GBP 266,500

铜鎏金佛柱
明 Ming GD 中国嘉德
2016-09-25 Lot5041 H29.7cm
估价：RMB 60,000-90,000
成交价：RMB 80,500

铜鎏金佛坐像
明 Ming S 苏富比
2016-03-16 Lot369 尺寸不详
估价：USD 100,000-150,000
成交价：USD 250,000

铜鎏金佛坐像
明，16 世纪 Ming,16th Century S 苏富比
2016-09-13 Lot159 尺寸不详
估价：USD 6,000-8,000
成交价：USD 13,750

## 鎏金铜佛坐像

北魏 N.Wei S 苏富比
2016-10-05 Lot3210 20cm
估价：HKD 800,000-1,200,000
成交价：HKD 4,040,000

## 青铜佛像

约 16 世纪 Circa 16th Century S 苏富比
2016-03-16 Lot766 H34cm
估价：USD 5,000-7,000
成交价：USD 22,500

## 青铜嵌铜银佛像

年代不详 Unknown S 苏富比
2016-03-16 Lot764 H28.5cm
估价：USD 8,000-12,000
成交价：USD 10,625

## 青铜佛像

13-14 世纪 13th-14th Century S 苏富比
2016-03-16 Lot705 H31.8cm
估价：USD 100,000-120,000
成交价：USD 175,000

## 青铜镀金佛像

18-19 世纪 18th-19th Century C 佳士得
2016-05-11 Lot378 H4.3cm
估价：GBP 1,500-2,500
成交价：GBP 15,000

铜鎏金不空成就佛
17 世纪 17th Century GD 中国嘉德
2016-05-15 Lot3032 H22cm
估价：RMB 40,000-60,000
成交价：RMB 161,000

铜鎏金双身佛像
18 世纪 18th Century BO 邦瀚斯
2016-09-12 Lot8064 H16.5cm
估价：USD 4,000-6,000
成交价：USD 9,375

铜泥金精进军佛
乾隆 Qianlong GD 中国嘉德
2016-11-12 Lot3071 H19.5cm
估价：RMB 600,000-900,000
成交价：RMB 828,000

铜鎏金长寿佛
16 世纪 16th Century GD 中国嘉德
2016-05-15 Lot3040 H22.5cm
估价：RMB 30,000-50,000
成交价：RMB 184,000

铜鎏金压花坚得佛坐像
18-19 世纪 18th-19th Century S 苏富比
2016-03-19 Lot1347 尺寸不详
估价：USD 5,000-7,000
成交价：USD 6,250

铜鎏金旃檀佛
康熙 Kangxi PLHK 保利香港
2016-10-04 Lot3235 H35cm
估价：HKD 650,000-950,000
成交价：HKD 944,000

铜鎏金舍利佛
乾隆 Qianlong GD 中国嘉德
2016-11-12 Lot3073 H22.5cm
估价：无底价
成交价：RMB 149,500

铜鎏金双身上乐王佛
乾隆 Qianlong GD 中国嘉德
2016-11-12 Lot3050 H23.4cm
估价：无底价
成交价：RMB 1,725,000

**铜双修佛**
15-16 世纪 15th-16th Century S 苏富比
2016-03-16 Lot752 H4.8cm
估价：USD 2,000-3,000
成交价：USD 11,250

**三十五佛 坚步**
19 世纪 19th Century BD 北京东正
2016-09-23 Lot255 H18cm
估价：RMB 20,000-40,000
成交价：RMB 32,200

**铜鎏金二佛并坐像**
北魏 N.Wei PLHK 保利香港
2016-04-05 Lot3216 H9.7cm
估价：HKD 300,000-380,000
成交价：HKD 354,000

**铜镀金佛骑驴像**
18 世纪 18th Century C 佳士得
2016-03-15 Lot257 H10.8cm
估价：USD 5,000-7,000
成交价：USD 6,250

**鎏金佛像**
14 世纪 14th Century SUN 中贸圣佳
2016-05-16 Lot1099 H19.4cm
估价：RMB 350,000-450,000
成交价：RMB 402,500

**铜鎏金忏悔佛像**
约 17 世纪 Circa 17th Century S 苏富比
2016-03-16 Lot726 H24.7cm
估价：USD 60,000-80,000
成交价：USD 75,000

**铜鎏金彩绘佛坐像**
明 Ming C 佳士得
2016-03-17 Lot1420 H46.4cm
估价：USD 15,000-25,000
成交价：USD 18,750

**佛立像**
辽 Liao BP 北京保利
2016-06-06 Lot7379 H19cm
估价：RMB 3,600,000-5,600,000
成交价：RMB 5,520,000

各式铜鎏金佛一组十二件、铜炉一件
乾隆 Qianlong BP 北京保利
2016-04-27 Lot424 尺寸不一
估价：RMB 300,000-500,000
成交价：RMB 908,500

木雕佛坐像
17 世纪 17th Century C 佳士得
2016-05-13 Lot644 H27.2cm
估价：GBP 6,000-8,000
成交价：GBP 6,000

蓝玛瑙雕佛坐像配白玉雕莲花座
19-20 世纪初 19th Century-Early 20th Century S 苏富比
2016-03-15 Lot138 尺寸不一
估价：USD 8,000-12,000
成交价：USD 60,000

斯瓦特佛像
7 世纪 7th Century BD 北京东正
2016-05-15 Lot515 H12cm
估价：RMB 150,000-200,000
成交价：RMB 172,500

石灰岩雕佛坐像
唐 Tang S 苏富比
2016-03-16 Lot359 尺寸不详
估价：USD 100,000-120,000
成交价：USD 118,750

木彩绘佛像
明，15 世纪 Ming,15th Century C 佳士得
2016-05-10 Lot27 H91.5cm
估价：GBP 40,000-60,000
成交价：GBP 50,000

木彩绘佛像
明早期，14-15 世纪 Early Ming,14-15 Century C 佳士得
2016-05-10 Lot25 H59.7cm
估价：GBP 10,000-15,000
成交价：GBP 116,500

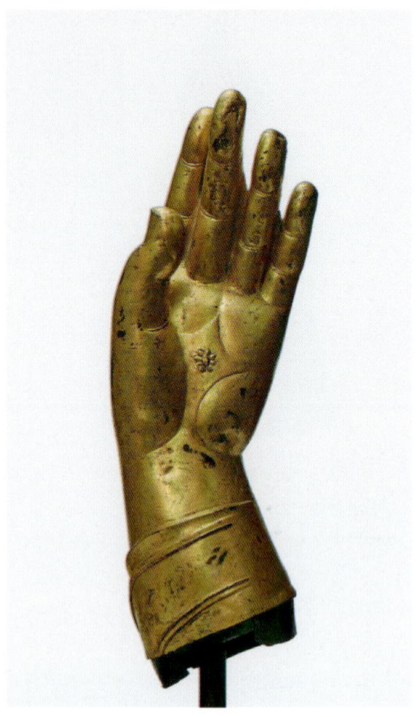

铜鎏金佛手
14世纪 14th Century BD 北京东正
2016-05-14 Lot221 H70cm
估价：RMB 800,000-1,200,000
成交价：RMB 1,150,000

铜佛首像
泰国 Thailand S 苏富比
2016-03-19 Lot1324 尺寸不详
估价：USD 4,000-6,000
成交价：USD 5,000

砂岩雕佛首像
年代不详 Unknown S 苏富比
2016-09-17 Lot1133 尺寸不详
估价：USD 10,000-15,000
成交价：USD 6,875

黄铜嵌银嵌红铜嵌金佛首
13世纪 13th Century PLHK 保利香港
2016-04-05 Lot3237 H20cm
估价：HKD 50,000-80,000
成交价：HKD 153,400

砂岩雕佛首像
北魏 N.Wei S 苏富比
2016-03-16 Lot356 尺寸不详
估价：USD 300,000-400,000
成交价：USD 334,000

砂岩佛残件
10-11世纪 10th-11th Century S 苏富比
2016-03-16 Lot762 H83.8cm
估价：USD 100,000-150,000
成交价：USD 125,000

石雕佛像
年代不详 Unknown C 佳士得
2016-03-15 Lot65 H29cm
估价：USD 80,000-120,000
成交价：USD 75,000

砂岩石雕云冈式佛头像
北魏 N.Wei S 苏富比
2016-04-05 Lot2814 43cm
估价：HKD 500,000-600,000
成交价：HKD 625,000

## 菩萨像 Bodhisattva

四臂观音
16 世纪 16th Century BH 北京翰海
2016-06-04 Lot2167 H17.5cm
估价：RMB 150,000-180,000
成交价：RMB 184,000

石佛像
年代不详 Unknown S 苏富比
2016-03-16 Lot763 H46.4cm
估价：USD 20,000-30,000
成交价：USD 670,000

铜鎏金舍利弗
乾隆 Qianlong GD 中国嘉德
2016-05-15 Lot3033 H25.6cm
估价：RMB 120,000-180,000
成交价：RMB 149,500

四臂观音像
14 世纪 14th Century BD 北京东正
2016-05-14 Lot272 H26cm
估价：RMB 200,000-300,000
成交价：RMB 529,000

**四臂观音**
康熙 Kangxi PLXM 保利厦门
2016-11-06 Lot748 H36cm
估价：RMB 800,000-1,000,000
成交价：RMB 920,000

**四臂观音像**
15 世纪 15th Century BD 北京东正
2016-05-14 Lot257 H27cm
估价：RMB 600,000-800,000
成交价：RMB 690,000

**四臂观音**
15 世纪 15th Century BD 北京东正
2016-09-23 Lot277 H17cm
估价：RMB 130,000-150,000
成交价：RMB 149,500

**合金铜四臂观音像**
17 世纪 17th Century GD 中国嘉德
2016-11-12 Lot3078 H13cm
估价：无底价
成交价：RMB 34,500

**铜鎏金四臂观音**
康熙 Kangxi GD 中国嘉德
2016-11-12 Lot3044 H9.8cm
估价：无底价
成交价：RMB 460,000

**铜鎏金四臂观音**
康熙 Kangxi PLHK 保利香港
2016-10-04 Lot3210 H35.8cm
估价：HKD 2,500,000-3,500,000
成交价：HKD 3,304,000

铜鎏金四臂观音像
14-15 世纪 14th-15th Century BD 北京东正
2016-05-15 Lot535 H18.5cm
估价：RMB 1,500,000-2,500,000
成交价：RMB 2,070,000

铜鎏金四臂观音像
永乐 Yongle BD 北京东正
2016-05-14 Lot311 H20.5cm
估价：RMB 8,000,000-10,000,000
成交价：RMB 15,525,000

铜鎏金四臂观音
乾隆 Qianlong BH 北京翰海
2016-06-05 Lot3001 H79.5cm
估价：RMB 2,200,000-2,400,000
成交价：RMB 2,645,000

铜四臂观音像（错银）
8-9 世纪 8th-9th Century HY 华艺国际
2016-05-26 Lot1144 H9.7cm
估价：RMB 650,000-1,000,000
成交价：RMB 2,070,000

黄铜嵌红铜白银四臂观音像
13 世纪 13th Century BD 北京东正
2016-05-15 Lot512 H38cm
估价：RMB 800,000-1,200,000
成交价：RMB 2,185,000

铜四臂观音像
13 世纪 13th Century BD 北京东正
2016-05-15 Lot520 H32cm
估价：RMB 80,000-100,000
成交价：RMB 138,000

铜鎏金四臂观音
乾隆 Qianlong SUN 中贸圣佳
2016-05-16 Lot1116 H17cm
估价：RMB 140,000-180,000
成交价：RMB 172,500

十一面观音
17-18 世纪初 17th Century-Early 18th Century BP 北京保利
2016-12-05 Lot5070 H39.3cm
估价：RMB 6,000,000-8,000,000
成交价：RMB 6,900,000

铜鎏金十一面观音像
18 世纪 18th Century BD 北京东正
2016-05-15 Lot547 H24.8cm
估价：RMB 120,000-150,000
成交价：RMB 322,000

铜鎏金十一面观音像
乾隆 Qianlong GD 中国嘉德
2016-03-26 Lot4723 H26cm
估价：RMB 25,000-35,000
成交价：RMB 230,000

鎏金铸铜锤鍱十一面观音立像
乾隆 Qianlong C 佳士得
2016-03-17 Lot1425 H87cm
估价：USD 100,000-150,000
成交价：USD 2,853,000

铜鎏金十一面观音立像
18 世纪 18th Century BO 邦瀚斯
2016-11-10 Lot112 H31.5cm
估价：GBP 8,000-12,000
成交价：GBP 22,500

铜鎏金十一面观音像
清中期 Mid Qing GD 中国嘉德
2016-03-26 Lot4722 H33.8cm
估价：RMB 20,000-30,000
成交价：RMB 115,000

铜鎏金十一面观音
乾隆 Qianlong PLHK 保利香港
2016-10-04 Lot3238 H19.5cm
估价：HKD 80,000-120,000
成交价：HKD 94,400

鎏金铜十一面观音立像
清，18 世纪 Qing,18th Century C 佳士得
2016-11-09 Lot359 H11.4cm
估价：GBP 800-1,200
成交价：GBP 6,000

铜鎏金锤迭十一面观音像
18 世纪 18th Century BO 邦瀚斯
2016-09-12 Lot8066 H38cm
估价：USD 15,000-20,000
成交价：USD 25,000

鎏金铜十一面观世音菩萨立像
唐 Tang S 苏富比
2016-10-05 Lot3218 18.4cm
估价：HKD 400,000-600,000
成交价：HKD 7,880,000

铜鎏金十一面观音像
乾隆 Qianlong GD 中国嘉德
2016-11-12 Lot3082 H25cm
估价：无底价
成交价：RMB 207,000

铜漆金千手观音坐像
明，16-17 世纪 Ming,16th-17th Century C 佳士得
2016-03-17 Lot1416 H67.9cm
估价：USD 15,000-20,000
成交价：USD 30,000

铜千手观音菩萨坐像
宣德 Xuande BC 北京诚轩
2016-05-15 Lot877 H44cm
估价：RMB 2,000,000-2,600,000
成交价：RMB 2,300,000

铜鎏金千手观音坐像
17-18 世纪 17th-18th Century S 苏富比
2016-03-16 Lot361 尺寸不详
估价：USD 30,000-50,000
成交价：USD 40,000

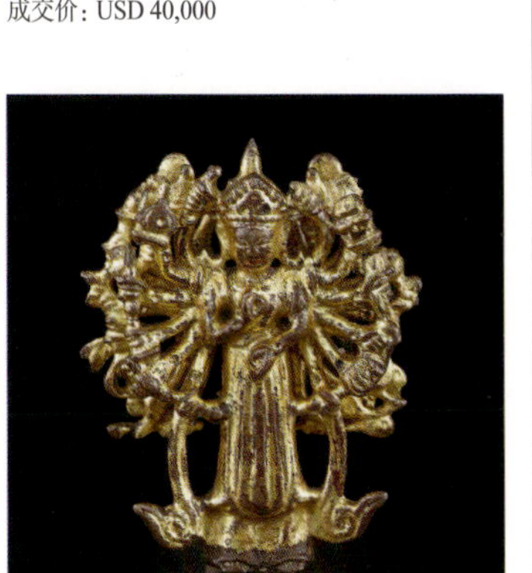

铜鎏金千手观音站像
唐 - 辽 Tang-Liao BO 邦瀚斯
2016-09-12 Lot8059 H5.7cm
估价：USD 3,000-5,000
成交价：USD 8,750

莲花手观音
13 世纪 13th Century KS 北京匡时
2016-06-07 Lot13393 H12.5cm
估价：RMB 380,000-450,000
成交价：RMB 437,000

莲花手观音
18 世纪 18th Century BP 北京保利
2016-06-07 Lot8112 H34.5cm
估价：RMB 650,000-900,000
成交价：RMB 1,380,000

莲花手观音
12 世纪 12th Century BP 北京保利
2016-06-07 Lot8137 H16cm
估价：RMB 80,000-120,000
成交价：RMB 230,000

铜莲花观音
年代不详 Unknown SUN 中贸圣佳
2016-05-16 Lot1096 H7.5cm
估价：RMB 180,000-250,000
成交价：RMB 207,000

铜莲花手观音（帕拉）
11-12 世纪 11th-12th Century HY 华艺国际
2016-05-26 Lot1143 H13cm
估价：RMB 150,000-190,000
成交价：RMB 218,500

自在观音
17 世纪 17th Century KS 北京匡时
2016-06-07 Lot13381 H10cm
估价：RMB 500,000-600,000
成交价：RMB 632,500

自在观音
17-18 世纪 17th-18th Century KS 北京匡时
2016-06-07 Lot13406 H11.5cm
估价：RMB 120,000-150,000
成交价：RMB 230,000

观音
明 Ming BH 北京翰海
2016-12-03 Lot2337 H52cm
估价：RMB 4,000,000-4,800,000
成交价：RMB 4,600,000

莲花手观音
14 世纪 14th Century SUN 中贸圣佳
2016-11-14 Lot1155 H35cm
估价：RMB 3,000,000-3,500,000
成交价：RMB 5,520,000

自在观音
17 世纪 17th Century BP 北京保利
2016-06-07 Lot8079 H13.8cm
估价：无底价
成交价：RMB 126,500

观音菩萨
永乐 Yongle BP 北京保利
2016-12-06 Lot5759 H20.5cm
估价：RMB 5,500,000-6,500,000
成交价：RMB 8,625,000

## 观音

元 Yuan BP 北京保利
2016-12-05 Lot5076 H142cm
估价：RMB 6,800,000-9,800,000
成交价：RMB 7,820,000

## 合金铜自在观音像

印度，11 世纪 India,11th Century GD 中国嘉德
2016-11-12 Lot3094 12.3cm;H23cm
估价：RMB 4,000,000-6,000,000
成交价：RMB 4,945,000

## 铜自在观音菩萨

明中期 Mid Ming BC 北京诚轩
2016-05-15 Lot879 H27.2cm
估价：RMB 300,000-380,000
成交价：RMB 345,000

## 铜鎏金自在观音

康熙 Kangxi GD 中国嘉德
2016-11-12 Lot3059 H24.5cm
估价：无底价
成交价：RMB 1,012,000

## 铜鎏金自在男相观音

明中期 Mid Ming PLHK 保利香港
2016-04-05 Lot3228 H40.3cm
估价：HKD 2,500,000-3,500,000
成交价：HKD 2,950,000

木雕自在观音像
明 Ming BP 北京保利
2016-06-07 Lot7745 H54.5cm
估价：RMB 150,000-200,000
成交价：RMB 253,000

鎏金铜送子观音像
元末明初 Late Yuan-Early Ming C 佳士得
2016-09-16 Lot1228 H30cm
估价：USD 80,000-120,000
成交价：USD 93,750

铜莲花手观音像
年代不详 Unknown C 佳士得
2016-03-15 Lot46 H11.7cm
估价：USD 40,000-60,000
成交价：USD 56,250

鎏金铜莲华手观音立像
东魏 E.Wei S 苏富比
2016-10-05 Lot3212 16.8cm
估价：HKD 200,000-300,000
成交价：HKD 5,120,000

云南大理国铜鎏金阿嵯耶观音立像
12 世纪 12th Century KS 北京匡时
2016-12-06 Lot3165 H46cm
估价：RMB 10,000,000-18,000,000
成交价：RMB 17,250,000

铜鎏金不空羂索观音
尼泊尔，14 世纪 Nepal,14th Century PLHK 保利香港
2016-10-04 Lot3092 H18.5cm
估价：HKD 200,000-250,000
成交价：HKD 236,000

净瓶观音
明或以前 Ming or Before PLXM 保利厦门
2016-05-08 Lot907 H18.2cm
估价：RMB 1,300,000-2,300,000
成交价：RMB 1,495,000

铜鎏金送子观音像
明 Ming GD 中国嘉德
2016-11-12 Lot3068 H19.5cm
估价：无底价
成交价：RMB 80,500

铜净水观音
15 世纪 15th Century GD 中国嘉德
2016-05-15 Lot3089 H30.2cm
估价：RMB 100,000-150,000
成交价：RMB 322,000

铜鎏金杨枝观音
清早期 Early Qing HY 华艺国际
2016-05-26 Lot1162 H21cm
估价：RMB 150,000-260,000
成交价：RMB 218,500

准提观音
明 Ming KS 北京匡时
2016-06-07 Lot13433 H39cm
估价：RMB 600,000-800,000
成交价：RMB 1,288,000

铜漆金准提观音
明 Ming PLHK 保利香港
2016-04-05 Lot3229 H81cm;W88cm
估价：HKD 1,000,000-1,500,000
成交价：HKD 1,180,000

狮吼观音
明 Ming KS 北京匡时
2016-06-07 Lot13430 H36cm
估价：RMB 280,000-350,000
成交价：RMB 322,000

合金铜骑吼观音
明 Ming GD 中国嘉德
2016-05-15 Lot3087 H65.8cm
估价：RMB 600,000-900,000
成交价：RMB 690,000

观音菩萨
清 Qing KS 北京匡时
2016-06-07 Lot13382 19.5cm
估价：RMB 180,000-220,000
成交价：RMB 276,000

观音菩萨
元 Yuan BP 北京保利
2016-06-06 Lot7382 H25.6cm
估价：RMB 500,000-800,000
成交价：RMB 1,207,500

杨柳观音
9-12 世纪 9th-12th Century BP 北京保利
2016-06-06 Lot7380 H53cm
估价：RMB 1,300,000-2,300,000
成交价：RMB 2,185,000

观世音菩萨
宣德 Xuande BP 北京保利
2016-06-06 Lot7384 H74cm
估价：咨询价
成交价：RMB 48,300,000

2016 Chinese Art Auction TOP10 中国文玩杂项拍卖十大天价排行榜 Top 4

2016 Chinese Art Auction TOP10 中国佛珠造像拍卖十大天价排行榜 Top 3

铜观音菩萨
元 Yuan HY 华艺国际
2016-05-26 Lot1141 H33.5cm
估价：RMB 180,000-250,000
成交价：RMB 368,000

铜局部鎏金观音坐像
17 世纪 17th Century S 苏富比
2016-05-11 Lot63 30.5cm
估价：GBP 6,000-8,000
成交价：GBP 17,500

铜鎏金观音
唐 Tang PLHK 保利香港
2016-04-05 Lot3220 H20.8cm
估价：HKD 120,000-180,000
成交价：HKD 141,600

男相观音
明 Ming BP 北京保利
2016-06-07 Lot8123 H31cm
估价：RMB 250,000-350,000
成交价：RMB 287,500

漆金铜观音立像
明末清初 Late Ming-Early Qing C 佳士得
2016-06-01 Lot3307 H88cm
估价：HKD 700,000-900,000
成交价：HKD 875,000

铜鎏金观音立像
唐 Tang C 佳士得
2016-03-17 Lot1407 H18.4cm
估价：USD 20,000-30,000
成交价：USD 81,250

铜观音立像
明 Ming KS 北京匡时
2016-06-07 Lot3441 H20.5cm
估价：RMB 110,000-120,000
成交价：RMB 126,500

铜鎏金宝冠观音立像
元 Yuan BP 北京保利
2016-06-07 Lot8406 H15cm
估价：RMB 1,000,000-2,000,000
成交价：RMB 1,897,500

大明永乐年款铜鎏金观音立像
明 Ming GD 中国嘉德
2016-05-15 Lot2925 H35.5cm
估价：RMB 280,000-300,000
成交价：RMB 460,000

紫檀木漆金观音像
清 Qing XLA 西泠印社
2016-09-29 Lot126 H15.2cm
估价：RMB 30,000-50,000
成交价：RMB 36,800

铜鎏金观音
宋 - 元 Song-Yuan PLHK 保利香港
2016-10-04 Lot3301 H32cm
估价：HKD 800,000-1,500,000
成交价：HKD 2,124,000

铜鎏金观音像
17世纪 17th Century C 佳士得
2016-11-08 Lot114 58.8cm
估价：GBP 80,000-120,000
成交价：GBP 269,000

铜鎏金观音像
乾隆 Qianlong GD 中国嘉德
2016-11-13 Lot4323 H11cm
估价：RMB 35,000-55,000
成交价：RMB 40,250

铜观音坐像
明，16世纪 Ming,16th Century S 苏富比
2016-09-13 Lot170 尺寸不详
估价：USD 10,000-15,000
成交价：USD 8,125

铜鎏金观音坐像
明 Ming S 苏富比
2016-09-13 Lot166 尺寸不详
估价：USD 8,000-12,000
成交价：USD 21,250

铜鎏金观音坐像
明，16-17世纪 Ming,16th-17th Century S 苏富比
2016-09-13 Lot167 尺寸不详
估价：USD 8,000-12,000
成交价：USD 11,875

木胎金髹作观音坐像
乾隆 Qianlong HC 北京华辰
2016-05-13 Lot1009 H120cm
估价：RMB 300,000-500,000
成交价：RMB 575,000

观音立像
开皇 Kaihuang BP 北京保利
2016-06-06 Lot7376 尺寸不一
估价：RMB 500,000-800,000
成交价：RMB 667,000

檀香木雕观音菩萨立像残件
明晚期 Late Ming S 苏富比
2016-04-05 Lot2846 25.6cm
估价：HKD 300,000-400,000
成交价：HKD 375,000

铸铁观音半身像
元 - 明早期 Yuan-Early Ming C 佳士得
2016-03-17 Lot1412 H55.9cm
估价：USD 30,000-50,000
成交价：USD 32,500

铜鎏金观音半跏坐像
清，18 世纪 Qing,18th Century S 苏富比
2016-03-16 Lot375 尺寸不详
估价：USD 20,000-30,000
成交价：USD 25,000

铜鎏金观音菩萨半跏像
明 Ming S 苏富比
2016-03-16 Lot363 尺寸不详
估价：USD 10,000-15,000
成交价：USD 25,000

铜鎏金观音菩萨像
14 世纪 14th Century S 苏富比
2016-03-16 Lot716 H26cm
估价：USD 80,000-120,000
成交价：USD 162,500

铜鎏金观音菩萨像
明 Ming GD 中国嘉德
2016-09-25 Lot5017 H11.7cm
估价：无底价
成交价：RMB 32,200

铜观音立像
清早期 Early Qing PLHK 保利香港
2016-10-04 Lot3123 H49.3cm
估价：HKD 80,000-150,000
成交价：HKD 224,200

铜镀金观音菩萨像
15-16 世纪 15th-16th Century C 佳士得
2016-03-15 Lot250 H31.75cm
估价：USD 300,000-500,000
成交价：USD 341,000

铜镀金观音菩萨像
尼泊尔，16-17 世纪 Nepal,16th-17th Century C 佳士得
2016-03-15 Lot266 H31.75cm
估价：USD 20,000-30,000
成交价：USD 52,500

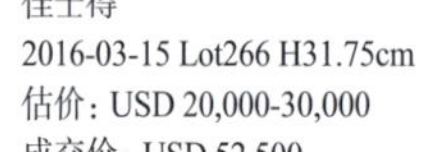

铜鎏金观音菩萨坐像
明 Ming GD 中国嘉德
2016-11-12 Lot3107 H62cm
估价：无底价
成交价：RMB 2,990,000

鎏金铜观世音菩萨立像
唐 Tang S 苏富比
2016-10-05 Lot3219 13.3cm
估价：HKD 100,000-150,000
成交价：HKD 937,500

鎏金铜观世音菩萨立像
隋 - 唐初 Sui-Early Tang S 苏富比
2016-10-05 Lot3217 15.4cm
估价：HKD 100,000-150,000
成交价：HKD 750,000

鎏金铜观世音菩萨立像
北齐 N.Qi S 苏富比
2016-10-05 Lot3215 20.8cm
估价：HKD 2,000,000-3,000,000
成交价：HKD 5,120,000

鎏金铜观世音菩萨立像
西魏 W.Wei S 苏富比
2016-10-05 Lot3214 13.7cm
估价：HKD 100,000-150,000
成交价：HKD 1,125,000

鎏金铜观世音菩萨立像
北魏 N.Wei S 苏富比
2016-10-05 Lot3211 19.4cm
估价：HKD 400,000-600,000
成交价：HKD 3,080,000

铜漆金观音坐像
明，16-17 世纪 Ming,16th-17th Century C 佳士得
2016-11-09 Lot306 H25cm
估价：GBP 4,000-6,000
成交价：GBP 18,750

铜漆金观音坐像
明晚期 Late Ming BO 邦瀚斯
2016-11-10 Lot105 H33cm
估价：GBP 4,000-6,000
成交价：GBP 5,000

石叟制铜错银丝观音坐像
明 Ming PLXM 保利厦门
2016-11-06 Lot933 H14cm
估价：RMB 500,000-800,000
成交价：RMB 1,552,500

石叟制铜错银丝观音坐像
明 Ming PLXM 保利厦门
2016-11-06 Lot932 H18.5cm
估价：RMB 400,000-600,000
成交价：RMB 1,207,500

净瓶观音
年代不详 Unknown PLXM 保利厦门
2016-11-06 Lot754 H15cm
估价：RMB 250,000-350,000
成交价：RMB 184,000

龙门石窟石灰岩观音头像
北魏 N.Wei BO 邦瀚斯
2016-09-12 Lot8057 H15.8cm
估价：USD 10,000-15,000
成交价：USD 23,750

彩绘木雕观音立像
明 Ming C 佳士得
2016-09-16 Lot1234 H126.4cm
估价：USD 10,000-15,000
成交价：USD 8,750

木雕观音首像
宋 Song S 苏富比
2016-09-13 Lot156 尺寸不详
估价：USD 6,000-8,000
成交价：USD 40,000

**木雕彩绘观音坐像**

元 Yuan C 佳士得
2016-05-13 Lot635 H27.7cm
估价：GBP 2,000-3,000
成交价：GBP 35,000

**木雕彩绘观音坐像**

明 Ming C 佳士得
2016-05-13 Lot642 H30cm
估价：GBP 6,000-8,000
成交价：GBP 68,500

**石漆金观音像**

明 Ming C 佳士得
2016-05-13 Lot638 H22.5cm
估价：GBP 6,000-10,000
成交价：GBP 6,000

**木漆金观音坐像**

清，17-18 世纪 Qing,17th-18th Century S 苏富比
2016-09-13 Lot169 尺寸不详
估价：USD 40,000-60,000
成交价：USD 286,000

**石雕观音菩萨半身像**

年代不详 Unknown S 苏富比
2016-03-19 Lot1370 尺寸不详
估价：USD 4,000-6,000
成交价：USD 37,500

**文殊菩萨**

11 世纪 11th Century SUN 中贸圣佳
2016-11-14 Lot1128 H14.8cm
估价：RMB 1,800,000-2,200,000
成交价：RMB 4,600,000

文殊菩萨
11-12 世纪 11th-12th Century BP 北京保利
2016-12-06 Lot5789 H9cm
估价：RMB 4,500,000-6,500,000
成交价：RMB 8,050,000

文殊菩萨
18 世纪 18th Century BP 北京保利
2016-06-07 Lot8033 H16cm
估价：RMB 30,000-50,000
成交价：RMB 115,000

文殊金刚
11 世纪 11th Century BH 北京翰海
2016-06-04 Lot2203 H14.5cm
估价：RMB 1,500,000-1,800,000
成交价：RMB 3,910,000

文殊菩萨
14-15 世纪 14th-15th Century BH 北京翰海
2016-06-04 Lot2176 H22.5cm
估价：RMB 220,000-260,000
成交价：RMB 253,000

文殊菩萨
15 世纪 15th Century KS 北京匡时
2016-06-07 Lot13352 H13cm
估价：RMB 60,000-80,000
成交价：RMB 126,500

文殊菩萨
17-18 世纪 17th-18th Century KS 北京匡时
2016-06-07 Lot13407 H36cm
估价：RMB 2,200,000-2,800,000
成交价：RMB 2,875,000

铜鎏金文殊
15 世纪 15th Century HY 华艺国际
2016-05-26 Lot1133 H18.5cm
估价：RMB 130,000-160,000
成交价：RMB 149,500

铜鎏金文殊菩萨
16 世纪 16th Century BP 北京保利
2016-06-08 Lot9367 H14.5cm
估价：RMB 120,000-180,000
成交价：RMB 138,000

铜文殊菩萨
明 Ming SUN 中贸圣佳
2016-05-16 Lot1101 H36cm
估价：RMB 180,000-200,000
成交价：RMB 287,500

铜鎏金文殊菩萨像
永乐 Yongle BD 北京东正
2016-11-11 Lot1348 H25.5cm
估价：RMB 4,500,000-5,500,000
成交价：RMB 6,325,000

铜文殊菩萨（错银错红铜）
11-12 世纪 11th-12th Century HY 华艺国际
2016-05-26 Lot1115 H9.8cm
估价：RMB 650,000-1,100,000
成交价：RMB 4,657,500

铜文殊菩萨
17世纪 17th Century PLHK 保利香港
2016-04-05 Lot3273 H18cm
估价：HKD 120,000-180,000
成交价：HKD 212,400

铜文殊菩萨像
17世纪 17th Century BD 北京东正
2016-05-15 Lot543 H40.5cm
估价：RMB 300,000-350,000
成交价：RMB 575,000

合金铜文殊菩萨
12-13世纪 12th-13th Century GD 中国嘉德
2016-05-15 Lot3090 H13cm
估价：RMB 200,000-300,000
成交价：RMB 1,035,000

铜鎏金文殊菩萨
清中期 Mid Qing BP 北京保利
2016-10-31 Lot254 H17cm
估价：无底价
成交价：RMB 36,800

铜鎏金文殊菩萨坐像
18世纪 18th Century S 苏富比
2016-03-19 Lot1342 尺寸不详
估价：USD 6,000-9,000
成交价：USD 13,750

铜镀金文殊菩萨像
蒙古，18世纪 Mongolia,18th Century C 佳士得
2016-03-15 Lot251 H19.7cm
估价：USD 40,000-60,000
成交价：USD 50,000

铜与铜嵌银文殊菩萨像
10世纪初 Early 10th Century S 苏富比
2016-03-16 Lot728 H10.8cm
估价：USD 30,000-50,000
成交价：USD 60,000

铜铸文殊菩萨坐像
明 Ming BO 邦瀚斯
2016-09-12 Lot8061 H23.5cm
估价：USD 8,000-12,000
成交价：USD 21,250

铜鎏金秘密文殊菩萨像
清 Qing GD 中国嘉德
2016-09-25 Lot5010 H17.1cm
估价：无底价
成交价：RMB 101,200

鎏金铜文殊菩萨坐像
正统 Zhengtong S 苏富比
2016-04-06 Lot3696 14.6cm
估价：HKD 600,000-800,000
成交价：HKD 687,500

铜文殊菩萨坐狮像
明晚期 Late Ming BO 邦瀚斯
2016-11-10 Lot106 H38.5cm
估价：GBP 5,000-8,000
成交价：GBP 6,250

银文殊菩萨像
清 Qing GD 中国嘉德
2016-09-25 Lot5071 H11.8cm
估价：RMB 140,000-240,000
成交价：RMB 161,000

克什米尔银铜合金文殊菩萨
11 世纪 11th Century PLHK 保利香港
2016-04-05 Lot3266 H16cm
估价：HKD 1,500,000-2,500,000
成交价：HKD 1,770,000

鎏金铜菩萨坐像
乾隆 Qianlong C 佳士得
2016-09-16 Lot1231 H37.1cm
估价：USD 20,000-30,000
成交价：USD 35,000

尼泊尔铜鎏金文殊组像
17-18 世纪 17th-18th Century BD 北京东正
2016-05-14 Lot268 H29.5cm
估价：RMB 500,000-600,000
成交价：RMB 1,495,000

同侍从狮吼文殊菩萨
12 世纪 12th Century PLXM 保利厦门
2016-05-08 Lot945 H13cm
估价：RMB 800,000-1,200,000
成交价：RMB 1,495,000

骑象普贤菩萨
18 世纪 18th Century PLXM 保利厦门
2016-05-08 Lot882 H12.5cm
估价：RMB 60,000-80,000
成交价：RMB 126,500

木雕彩绘文殊、普贤坐像
16-17 世纪 16th-17th Century C 佳士得
2016-05-13 Lot639 H38.5cm
估价：GBP 1,500-2,500
成交价：GBP 21,250

木雕彩绘普贤骑象坐像
宋 - 元 Song-Yuan C 佳士得
2016-05-13 Lot633 H49.6cm
估价：GBP 1,500-2,500
成交价：GBP 10,000

鎏金铜莲华手菩萨立像
尼泊尔，约 14 世纪 Nepal,Circa 14th Century S 苏富比
2016-10-05 Lot38 16.8cm
估价：HKD 60,000-80,000
成交价：HKD 162,500

木雕金漆普贤菩萨像
乾隆 Qianlong BD 北京东正
2016-05-14 Lot325 H120cm
估价：RMB 2,800,000-3,500,000
成交价：RMB 5,290,000

鎏金铜普贤菩萨骑象像
宋 Song S 苏富比
2016-10-05 Lot3222 16.9cm
估价：HKD 100,000-150,000
成交价：HKD 2,480,000

帕拉莲花手菩萨
9 世纪 9th Century PLHK 保利香港
2016-04-05 Lot3267 H12.6cm
估价：HKD 250,000-350,000
成交价：HKD 354,000

铜鎏金莲花手菩萨
15 世纪 15th Century BP 北京保利
2016-10-31 Lot1414 H18cm
估价：RMB 30,000-50,000
成交价：RMB 115,000

铜金刚手
15 世纪 15th Century PLHK 保利香港
2016-10-04 Lot3106 H17.2cm
估价：HKD 50,000-80,000
成交价：HKD 59,000

鎏金铜莲华手菩萨立像
北魏 N.Wei S 苏富比
2016-10-05 Lot3203 27.7cm
估价：HKD 3,000,000-4,000,000
成交价：HKD 11,480,000

铜鎏金金刚手像
清 Qing GD 中国嘉德
2016-09-25 Lot5012 H12.4cm
估价：无底价
成交价：RMB 66,700

铜鎏金金刚手像
乾隆 Qianlong GD 中国嘉德
2016-09-25 Lot5021 H16cm
估价：无底价
成交价：RMB 92,000

金刚手
17-18 世纪初 17th Century-Early 18th Century BP 北京保利
2016-12-05 Lot5072 H28.7cm
估价：RMB 6,500,000-8,500,000
成交价：RMB 7,475,000

合金铜金刚手菩萨
13-14 世纪 13th-14th Century GD 中国嘉德
2016-11-12 Lot3043 H10cm
估价：无底价
成交价：RMB 368,000

铜金刚手菩萨
13 世纪 13th Century HY 华艺国际
2016-05-26 Lot1154 H17.3cm
估价：RMB 50,000-80,000
成交价：RMB 143,750

铜鎏金金刚手菩萨
乾隆 Qianlong GD 中国嘉德
2016-11-12 Lot3120 H11.2cm
估价：无底价
成交价：RMB 80,500

金刚手菩萨与大成就者
14-15 世纪 14th-15th Century BP 北京保利
2016-06-07 Lot8045 H28cm
估价：RMB 650,000-950,000
成交价：RMB 1,207,500

铜鎏金金刚手菩萨
17 世纪 17th Century HY 华艺国际
2016-05-26 Lot1131 H16.5cm
估价：RMB 350,000-450,000
成交价：RMB 517,500

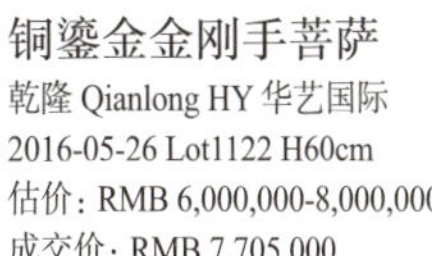

铜鎏金金刚手菩萨
乾隆 Qianlong HY 华艺国际
2016-05-26 Lot1122 H60cm
估价：RMB 6,000,000-8,000,000
成交价：RMB 7,705,000

铜鎏金金刚手菩萨
天启 Tianqi BD 北京东正
2016-11-11 Lot114 H28.5cm
估价：RMB 3,000,000-4,000,000
成交价：RMB 3,910,000

铜鎏金供养菩萨（一对）
唐 Tang PLHK 保利香港
2016-04-05 Lot3211 H5.4cm;H5.6cm
估价：HKD 200,000-280,000
成交价：HKD 519,200

紫檀雕漆金彩绘金刚手菩萨像
18 世纪 18th Century BD 北京东正
2016-05-14 Lot222 H16.8cm
估价：RMB 60,000-80,000
成交价：RMB 230,000

铜鎏金供养菩萨立像
唐 Tang PLHK 保利香港
2016-04-05 Lot3221 H27.8cm;H30.6cm
估价：HKD 150,000-250,000
成交价：HKD 1,298,000

**鎏金铜供养菩萨立像**
隋 Sui S 苏富比
2016-10-05 Lot3216 18.9cm
估价：HKD 150,000-200,000
成交价：HKD 937,500

**铜镀金六臂菩萨像**
18世纪 18th Century C 佳士得
2016-03-15 Lot259 H16.25cm
估价：USD 6,000-8,000
成交价：USD 10,000

**铜漆金菩萨骑狮坐像 一对**
16世纪 16th Century BO 邦瀚斯
2016-11-10 Lot103 H33.1cm
估价：GBP 30,000-50,000
成交价：GBP 43,750

**铜局部漆金日光偏照菩萨坐像**
乾隆 Qianlong S 苏富比
2016-03-16 Lot371 尺寸不详
估价：USD 60,000-80,000
成交价：USD 137,500

**彩塑漆金菩萨立像两尊**
明 Ming S 苏富比
2016-03-16 Lot360 尺寸不详
估价：USD 30,000-50,000
成交价：USD 31,250

**菩萨**
乾隆 Qianlong BP 北京保利
2016-12-05 Lot5067 H97cm
估价：RMB 3,800,000-5,800,000
成交价：RMB 6,555,000

菩萨
元 Yuan BP 北京保利
2016-12-05 Lot5055 H30.5cm
估价：RMB 2,800,000-3,800,000
成交价：RMB 4,370,000

铜鎏金菩萨坐像
康熙 Kangxi KS 北京匡时
2016-06-07 Lot3753 H22.5cm
估价：RMB 6,000,000-8,000,000
成交价：RMB 10,350,000

菩萨
10 世纪 10th Century BP 北京保利
2016-06-07 Lot8076 H11.3cm
估价：无底价
成交价：RMB 575,000

菩萨
9 世纪 9th Century BP 北京保利
2016-06-07 Lot8138 H9cm
估价：RMB 150,000-250,000
成交价：RMB 230,000

手持金刚菩萨（六品佛楼）
乾隆 Qianlong BP 北京保利
2016-06-06 Lot7388 H16.5cm
估价：RMB 1,300,000-1,500,000
成交价：RMB 1,840,000

铜烧古错红铜莲花手菩萨
17世纪 17th Century PLHK 保利香港
2016-04-05 Lot3274 H12.6cm
估价：HKD 120,000-150,000
成交价：HKD 212,400

铜泥金慈氏菩萨
乾隆 Qianlong GD 中国嘉德
2016-05-15 Lot3093 H17cm
估价：RMB 600,000-1,200,000
成交价：RMB 690,000

铜鎏金菩萨站相
乾隆 Qianlong GD 中国嘉德
2016-05-15 Lot3041 H27.8cm
估价：RMB 50,000-80,000
成交价：RMB 115,000

木彩漆菩萨立像
宋-元 Song-Yuan C 佳士得
2016-05-13 Lot632 H48cm
估价：GBP 3,000-5,000
成交价：GBP 56,250

木雕菩萨立像
宋-元 Song-Yuan C 佳士得
2016-05-13 Lot634 H47.5cm
估价：GBP 2,000-3,000
成交价：GBP 17,500

木漆金菩萨坐像
17世纪 17th Century S 苏富比
2016-03-16 Lot366 尺寸不详
估价：USD 3,000-5,000
成交价：USD 10,625

木漆金菩萨坐像
元-明早期 Yuan-Early Ming C 佳士得
2016-03-17 Lot1411 H33.7cm
估价：USD 5,000-7,000
成交价：USD 21,250

木雕菩萨坐像
宋 Song S 苏富比
2016-04-05 Lot2865 56.5cm
估价：HKD 5,000,000-7,000,000
成交价：HKD 6,680,000

砂岩浮雕菩萨首像
北魏 N.Wei S 苏富比
2016-03-16 Lot357 尺寸不详
估价：USD 15,000-20,000
成交价：USD 32,500

大理石雕双菩萨立像
隋 Sui S 苏富比
2016-04-05 Lot2911 31cm
估价：HKD 350,000-450,000
成交价：HKD 437,500

## 罗汉像 Arhat

铜罗汉坐像
明晚期 Late Ming S 苏富比
2016-09-13 Lot393 尺寸不详
估价：USD 4,000-6,000
成交价：USD 6,250

铜错银丝提鞋罗汉坐像
19-20 世纪 19th-20th Century S 苏富比
2016-03-19 Lot1369 尺寸不详
估价：USD 4,000-8,000
成交价：USD 11,250

木雕加彩罗汉坐像
宋 - 元 Song-Yuan S 苏富比
2016-09-13 Lot157 尺寸不详
估价：USD 30,000-50,000
成交价：USD 37,500

寿山石雕笑狮罗汉卧像
清早期 Early Qing S 苏富比
2016-09-13 Lot209 尺寸不详
估价：USD 30,000-50,000
成交价：USD 37,500

寿山石嵌宝罗汉坐像
清，17-18 世纪 Qing,17th-18th Century S 苏富比
2016-10-05 Lot1 7.4cm
估价：HKD 80,000-120,000
成交价：HKD 175,000

跋陀罗尊者
17 世纪 17th Century KS 北京匡时
2016-06-07 Lot13374 H16.5cm
估价：RMB 180,000-220,000
成交价：RMB 218,500

铜鎏金巴沽拉尊者
乾隆 Qianlong GD 中国嘉德
2016-11-12 Lot3079 H9.7cm
估价：无底价
成交价：RMB 46,000

鎏金铜罗汉坐像
宋 - 元 Song-Yuan C 佳士得
2016-11-30 Lot3233 H86.4cm
估价：HKD 5,000,000-8,000,000
成交价：HKD 34,140,000

2016 Chinese Art Auction TOP10 中国佛珠造像拍卖十大天价排行榜 Top 9

铜鎏金压花尊者坐像
16 世纪 16th Century S 苏富比
2016-03-19 Lot1340 尺寸不详
估价：USD 5,000-7,000
成交价：USD 7,500

铜鎏金压花尊者坐像
19 世纪 19th Century S 苏富比
2016-03-19 Lot1348 尺寸不详
估价：USD 4,000-6,000
成交价：USD 5,000

铜鎏金巴沽拉尊者
康熙 Kangxi GD 中国嘉德
2016-05-15 Lot3021 H23.3cm
估价：RMB 250,000-350,000
成交价：RMB 690,000

铜鎏金伐阇罗佛多尊者
17 世纪 17th Century GD 中国嘉德
2016-05-15 Lot3038 H18cm
估价：RMB 100,000-150,000
成交价：RMB 402,500

铜合金因竭陀尊者像
15-16 世纪 15th-16th Century GD 中国嘉德
2016-11-12 Lot3104 H19cm
估价：RMB 400,000-600,000
成交价：RMB 632,500

铜鎏金大威德金刚
乾隆 Qianlong GD 中国嘉德
2016-05-15 Lot3016 H17.8cm
估价：RMB 100,000-150,000
成交价：RMB 287,500

因竭陀尊者
16 世纪 16th Century KS 北京匡时
2016-06-07 Lot13375 H10cm
估价：RMB 100,000-150,000
成交价：RMB 115,000

## 金刚像 Vajradhara

大威德金刚
18 世纪 18th Century KS 北京匡时
2016-06-07 Lot13359 12.3cm
估价：RMB 100,000-120,000
成交价：RMB 207,000

铜鎏金大威德金刚
清中期 Mid Qing BP 北京保利
2016-06-08 Lot9349 H23cm
估价：RMB 80,000-120,000
成交价：RMB 575,000

木雕漆金须菩提尊者像
18 世纪 18th Century GD 中国嘉德
2016-11-12 Lot3081 H14.7cm
估价：无底价
成交价：RMB 57,500

大威德金刚
18 世纪 18th Century BP 北京保利
2016-06-07 Lot8113 H6.8cm
估价：RMB 350,000-550,000
成交价：RMB 460,000

铜鎏金大威德金刚
康熙 Kangxi GD 中国嘉德
2016-05-15 Lot3007 H13cm
估价：RMB 50,000-80,000
成交价：RMB 345,000

铜大威德金刚像
20 世纪 20th Century C 佳士得
2016-03-15 Lot246 H5.1cm
估价：USD 6,000-8,000
成交价：USD 25,000

铜鎏金大威德金刚立像
清，18 世纪 Qing,18th Century S 苏富比
2016-05-11 Lot69 17.8cm
估价：GBP 20,000-30,000
成交价：GBP 52,500

铜局部泥金不动明王像
12 世纪 12th Century GD 中国嘉德
2016-09-25 Lot5089 H14cm
估价：RMB 150,000-250,000
成交价：RMB 172,500

铜鎏金大威德
乾隆 Qianlong SUN 中贸圣佳
2016-05-16 Lot1112 H16.5cm
估价：RMB 500,000-600,000
成交价：RMB 690,000

铜鎏金大威德金刚
乾隆 Qianlong GD 中国嘉德
2016-11-12 Lot3092 H17.5cm
估价：无底价
成交价：RMB 368,000

铜鎏金不动明王像
尼泊尔，17 世纪 Nepal,17th Century GD 中国嘉德
2016-11-12 Lot3086 H12cm
估价：无底价
成交价：RMB 92,000

铜鎏金大威德像
乾隆 Qianlong SUN 中贸圣佳
2016-05-16 Lot1113 H26cm
估价：RMB 160,000-220,000
成交价：RMB 230,000

四臂不动明王
13 世纪 13th Century BP 北京保利
2016-06-07 Lot8141 H12.5cm
估价：RMB 400,000-600,000
成交价：RMB 460,000

马头明王
17 世纪 17th Century PLXM 保利厦门
2016-05-08 Lot884 H11.5cm
估价：RMB 120,000-160,000
成交价：RMB 138,000

铜鎏金双身马头明王
18 世纪 18th Century HY 华艺国际
2016-05-26 Lot1104 H16.5cm
估价：RMB 120,000-200,000
成交价：RMB 207,000

铜鎏金马头金刚
乾隆 Qianlong GD 中国嘉德
2016-05-15 Lot3011 H19.5cm
估价：RMB 50,000-80,000
成交价：RMB 253,000

铜鎏金马头金刚
乾隆 Qianlong GD 中国嘉德
2016-05-15 Lot3073 15.8cm
估价：RMB 50,000-80,000
成交价：RMB 161,000

铜鎏金金刚持
14 世纪 14th Century BD 北京东正
2016-11-11 Lot1415 H34cm
估价：RMB 2,200,000-2,600,000
成交价：RMB 3,335,000

六臂金刚文殊
12 世纪 12th Century BP 北京保利
2016-12-06 Lot5788 H11.5cm
估价：RMB 1,200,000-2,200,000
成交价：RMB 3,450,000

鎏金铜威罗瓦金刚立像
明早期 Early Ming C 佳士得
2016-11-30 Lot3234 H98.8cm
估价：HKD 30,000,000-50,000,000
成交价：HKD 36,380,000

铜鎏金上乐金刚像
乾隆 Qianlong GD 中国嘉德
2016-03-26 Lot4721 H17cm
估价：RMB 20,000-30,000
成交价：RMB 195,500

胜乐金刚像
18 世纪 18th Century BD 北京东正
2016-05-14 Lot265 H19cm
估价：RMB 80,000-100,000
成交价：RMB 149,500

铜鎏金喜金刚
明，15 世纪 Ming,15th Century PLHK 保利香港
2016-04-05 Lot3257 H11.4cm
估价：HKD 300,000-380,000
成交价：HKD 413,000

胜乐金刚
14 世纪 14th Century KS 北京匡时
2016-06-07 Lot13396 H32cm
估价：RMB 1,800,000-2,800,000
成交价：RMB 2,645,000

双身十二臂胜乐金刚
14-15 世纪 14th-15th Century PLXM 保利厦门
2016-05-08 Lot888 H10cm
估价：RMB 100,000-150,000
成交价：RMB 161,000

铜鎏金喜金刚立像
明，15 世纪 Ming,15th Century S 苏富比
2016-05-11 Lot65 23cm
估价：GBP 150,000-200,000
成交价：GBP 185,000

上乐金刚
13-14 世纪 13th-14th Century BP 北京保利
2016-06-07 Lot8077 H14cm
估价：无底价
成交价：RMB 195,500

铜鎏金双身金刚像
15 世纪 15th Century GD 中国嘉德
2016-05-15 Lot3014 H8.6cm
估价：RMB 100,000-150,000
成交价：RMB 402,500

秽迹金刚
13 世纪 13th Century BP 北京保利
2016-06-07 Lot8049 H6.2cm
估价：RMB 80,000-120,000
成交价：RMB 230,000

铜双身密集金刚像
13-14 世纪 13th-14th Century GD 中国嘉德
2016-05-15 Lot3055 31cm
估价：咨询价
成交价：RMB 14,950,000

铜鎏金金刚持
15 世纪 15th Century GD 中国嘉德
2016-05-15 Lot3018 H16.7cm
估价：RMB 40,000-60,000
成交价：RMB 149,500

毒严金刚
乾隆 Qianlong BP 北京保利
2016-06-06 Lot7372 H10.5cm
估价：RMB 2,000,000-3,000,000
成交价：RMB 2,990,000

金刚总持
18 世纪 18th Century BP 北京保利
2016-06-07 Lot8039 H23.3cm
估价：RMB 160,000-260,000
成交价：RMB 184,000

铜鎏金金刚总持
15 世纪 15th Century GD 中国嘉德
2016-05-15 Lot3005 H12.7cm
估价：RMB 50,000-80,000
成交价：RMB 322,000

铜鎏金双身金刚持像
乾隆 Qianlong GD 中国嘉德
2016-11-12 Lot3070 H17.8cm
估价：无底价
成交价：RMB 184,000

密集金刚
18 世纪 18th Century BP 北京保利
2016-06-07 Lot8110 H16.5cm
估价：RMB 180,000-250,000
成交价：RMB 207,000

铜鎏金金刚总持
15-16 世纪 15th-16th Century GD 中国嘉德
2016-05-15 Lot3009 H14.8cm
估价：RMB 30,000-50,000
成交价：RMB 230,000

铜鎏金双身十二臂上乐金刚
明中期 Mid Ming BC 北京诚轩
2016-11-12 Lot888 H16.4cm
估价：RMB 200,000-280,000
成交价：RMB 230,000

密集金刚
15 世纪 15th Century KS 北京匡时
2016-06-07 Lot13395 H14cm
估价：RMB 380,000-420,000
成交价：RMB 563,500

双身密集金刚
15 世纪 15th Century PLXM 保利厦门
2016-05-08 Lot916 H22cm
估价：RMB 280,000-380,000
成交价：RMB 230,000

喜金刚
16 世纪 16th Century BD 北京东正
2016-09-23 Lot280 H23.5cm
估价：RMB 220,000-260,000
成交价：RMB 253,000

丹萨替寺金刚手
14 世纪 14th Century KS 北京匡时
2016-06-07 Lot3754 H29cm
估价：RMB 2,000,000-2,500,000
成交价：RMB 2,875,000

密集金刚像
16 世纪 16th Century BD 北京东正
2016-05-14 Lot277 H22.5cm
估价：RMB 150,000-180,000
成交价：RMB 172,500

铜鎏金大轮金刚手
乾隆 Qianlong GD 中国嘉德
2016-05-15 Lot3099 H32cm
估价：RMB 4,000,000-6,000,000
成交价：RMB 4,600,000

金刚亥母
17世纪 17th Century BP 北京保利
2016-06-07 Lot8081 H22cm
估价：无底价
成交价：RMB 207,000

金刚亥母
13世纪 13th Century BP 北京保利
2016-06-07 Lot8135 H8.3cm
估价：RMB 100,000-200,000
成交价：RMB 264,500

金刚萨埵
12世纪 12th Century BP 北京保利
2016-06-07 Lot8139 H25.6cm
估价：RMB 600,000-800,000
成交价：RMB 1,058,000

金刚亥母
12-13世纪 12th-13th Century KS 北京匡时
2016-06-07 Lot13390 H12cm
估价：RMB 150,000-200,000
成交价：RMB 494,500

铜鎏金金刚萨埵
尼泊尔，13世纪 Nepal,13th Century PLHK 保利香港
2016-10-04 Lot3220 H41.3cm
估价：HKD 12,000,000-18,000,000
成交价：HKD 21,122,000

## 金刚萨埵

清 Qing PLXM 保利厦门
2016-11-06 Lot752 H28.5cm
估价：无底价
成交价：RMB 63,250

## 铜鎏金金刚总持坐像

16 世纪 16th Century BO 邦瀚斯
2016-11-10 Lot102 H13.5cm
估价：GBP 7,000-9,000
成交价：GBP 23,750

## 内蒙古 铜鎏金金刚亥母像

18 世纪 18th Century GD 中国嘉德
2016-11-12 Lot3072 H40.5cm
估价：无底价
成交价：RMB 92,000

## 喀尔喀铜鎏金金刚持

17 世纪 17th Century PLHK 保利香港
2016-10-04 Lot3215 H20.1cm
估价：HKD 420,000-580,000
成交价：HKD 495,600

## 铜鎏金嵌宝金刚总持坐像

14 世纪 14th Century S 苏富比
2016-09-13 Lot158 尺寸不详
估价：USD 5,000-7,000
成交价：USD 6,875

铜镀金漆护法金刚像
明 Ming C 佳士得
2016-05-11 Lot178 H51.5cm
估价：GBP 2,000-3,000
成交价：GBP 13,750

铜彩绘双休明王像
17世纪 17th Century C 佳士得
2016-05-13 Lot667 H44cm
估价：GBP 5,000-6,000
成交价：GBP 9,375

铜明王像
16世纪 16th Century C 佳士得
2016-03-15 Lot245 H16.5cm
估价：USD 40,000-60,000
成交价：USD 100,000

铜鎏金白哈尔及金刚持
乾隆 Qianlong GD 中国嘉德
2016-11-12 Lot3102 H18cm;11.2cm
估价：无底价
成交价：RMB 149,500

铜镀金六臂明王像
16世纪 16th Century C 佳士得
2016-03-15 Lot256 H28.5cm
估价：USD 150,000-250,000
成交价：USD 389,000

大欲明王
17-18世纪 17th-18th Century BP 北京保利
2016-06-07 Lot8105 H12.5cm
估价：RMB 250,000-350,000
成交价：RMB 356,500

铜鎏金金刚钩明王像
15世纪 15th Century GD 中国嘉德
2016-11-12 Lot3041 H8.6cm
估价：无底价
成交价：RMB 172,500

铜降三世明王立像
爪哇，9-10世纪 Java,9th-10th Century S 苏富比
2016-03-19 Lot1323 尺寸不详
估价：USD 6,000-8,000
成交价：USD 7,500

泥塑彩绘明王像
18世纪 18th Century C 佳士得
2016-03-15 Lot241 H36.2cm
估价：USD 8,000-12,000
成交价：USD 7,500

欲帝明王和胜友护法
乾隆 Qianlong KS 北京匡时
2016-06-07 Lot3755 H37cm × 2
估价：RMB 3,600,000-4,000,000
成交价：RMB 4,140,000

## 佛母像 Dakini

局部鎏金铜尊胜佛母坐像
乾隆 Qianlong S 苏富比
2016-04-06 Lot3657 38.5cm
估价：HKD 1,000,000-1,500,000
成交价：HKD 1,250,000

尊胜佛母
明 Ming PLXM 保利厦门
2016-11-06 Lot729 H9.5cm
估价：RMB 100,000-150,000
成交价：RMB 161,000

尊胜佛母
18 世纪 18th Century KS 北京匡时
2016-06-07 Lot13426 H18cm
估价：RMB 20,000-30,000
成交价：RMB 161,000

铜鎏金金尊胜佛母
乾隆 Qianlong PLHK 保利香港
2016-04-05 Lot3255 H23cm
估价：HKD 450,000-550,000
成交价：HKD 531,000

大白伞盖佛母
17 世纪 17th Century KS 北京匡时
2016-06-07 Lot13404 H12cm
估价：RMB 180,000-220,000
成交价：RMB 218,500

大白伞盖佛母
乾隆 Qianlong KS 北京匡时
2016-06-07 Lot13364 H38.5cm
估价：RMB 1,200,000-1,800,000
成交价：RMB 1,610,000

银质大随求佛母
17 世纪 17th Century GD 中国嘉德
2016-05-15 Lot3039 H23.7cm
估价：RMB 150,000-250,000
成交价：RMB 437,000

般若佛母
11-12 世纪 11th-12th Century BP 北京保利
2016-06-07 Lot8074 H13.3cm
估价：无底价
成交价：RMB 155,250

六臂般若佛母
12-13世纪 12th-13th Century BP 北京保利
2016-06-07 Lot8151 H19cm
估价：咨询价
成交价：RMB 10,925,000

鎏金铜般若佛母坐像
约15世纪 Circa 15th Century S 苏富比
2016-10-05 Lot7 12.9cm
估价：HKD 60,000-80,000
成交价：HKD 375,000

铜鎏金财续佛母
乾隆 Qianlong GD 中国嘉德
2016-11-12 Lot3121 H17.3cm
估价：无底价
成交价：RMB 253,000

铜般若佛母（配座）
10-11世纪 10th-11th Century HY 华艺国际
2016-05-26 Lot1155 H9cm
估价：RMB 150,000-220,000
成交价：RMB 172,500

铜鎏金般若佛母像
16世纪 16th Century BD 北京东正
2016-05-15 Lot510 H15.8cm
估价：RMB 100,000-120,000
成交价：RMB 138,000

合金铜妙音佛母像
清 Qing GD 中国嘉德
2016-09-25 Lot5019 H12.1cm
估价：无底价
成交价：RMB 46,000

铜鎏金财续佛母一尊
永乐 Yongle BD 北京东正
2016-11-11 Lot1431 H19.5cm
估价：RMB 6,000,000-8,000,000
成交价：RMB 16,100,000

财续佛母
18 世纪 18th Century BP 北京保利
2016-06-07 Lot8043 H26cm
估价：RMB 180,000-290,000
成交价：RMB 264,500

摩利支佛母
乾隆 Qianlong PLXM 保利厦门
2016-05-08 Lot918 H33cm
估价：RMB 1,800,000-3,800,000
成交价：RMB 2,300,000

铜鎏金财续佛母
15-16 世纪 15th-16th Century BP 北京保利
2016-06-08 Lot9371 H14.3cm
估价：RMB 380,000-450,000
成交价：RMB 437,000

铜鎏金除毒佛母像
乾隆 Qianlong GD 中国嘉德
2016-05-15 Lot2924 H21cm
估价：RMB 80,000-100,000
成交价：RMB 667,000

铜鎏金叶衣佛母
乾隆 Qianlong GD 中国嘉德
2016-05-15 Lot3012 H12.3cm
估价：RMB 40,000-60,000
成交价：RMB 115,000

铜狮面佛母像
清中期 Mid Qing GD 中国嘉德
2016-09-25 Lot5079 H22.2cm
估价：RMB 160,000-260,000
成交价：RMB 184,000

铜鎏金嵌银嵌松石伯答哩佛母
15 世纪 15th Century PLHK 保利香港
2016-04-05 Lot3284 H13.3cm
估价：HKD 220,000-280,000
成交价：HKD 259,600

铜鎏金叶衣佛母像
乾隆 Qianlong GD 中国嘉德
2016-11-12 Lot3093 H16.5cm
估价：无底价
成交价：RMB 575,000

绿度母
14 世纪 14th Century KS 北京匡时
2016-06-07 Lot13403 H13cm
估价：RMB 450,000-550,000
成交价：RMB 575,000

铜鎏金狮面佛母
18 世纪 18th Century HY 华艺国际
2016-05-26 Lot1130 H35cm
估价：RMB 60,000-80,000
成交价：RMB 126,500

六面佛母
18 世纪 18th Century BD 北京东正
2016-09-23 Lot274 H13cm
估价：RMB 90,000-120,000
成交价：RMB 126,500

绿度母
15 世纪 15th Century BH 北京翰海
2016-06-04 Lot2174 H16cm
估价：RMB 130,000-180,000
成交价：RMB 161,000

绿度母

17 世纪 17th Century BH 北京翰海
2016-06-04 Lot2157 H16cm
估价：RMB 100,000-150,000
成交价：RMB 184,000

绿度母

15 世纪 15th Century BP 北京保利
2016-06-07 Lot8117 H20cm
估价：RMB 900,000-1,500,000
成交价：RMB 1,495,000

绿度母

17-18 世纪 17th-18th Century BH 北京翰海
2016-12-03 Lot2326 H102cm
估价：RMB 18,000,000-25,000,000
成交价：RMB 37,950,000

2016 Chinese Art Auction TOP10 中国文玩杂项拍卖十大天价排行榜 Top 6

2016 Chinese Art Auction TOP10 中国佛珠造像拍卖十大天价排行榜 Top 4

绿度母

14 世纪 14th Century KS 北京匡时
2016-06-07 Lot13392 H17.5cm
估价：RMB 200,000-300,000
成交价：RMB 253,000

绿度母

18 世纪 18th Century KS 北京匡时
2016-06-07 Lot13402 H28cm
估价：RMB 100,000-150,000
成交价：RMB 195,500

## 绿度母像

永乐 Yongle BD 北京东正
2016-05-14 Lot260 H17.5cm
估价：RMB 2,800,000-3,500,000
成交价：RMB 5,980,000

## 绿度母

康熙 Kangxi BP 北京保利
2016-06-06 Lot7385 H35cm
估价：RMB 1,000,000-1,500,000
成交价：RMB 1,840,000

## 绿度母

雍正 Yongzheng BP 北京保利
2016-06-06 Lot7386 H98cm
估价：RMB 22,000,000-32,000,000
成交价：RMB 37,950,000

2016 Chinese Art Auction TOP10 中国文玩杂项拍卖十大天价排行榜 Top 7

2016 Chinese Art Auction TOP10 中国佛珠造像拍卖十大天价排行榜 Top 5

## 铜绿度母

15世纪 15th Century HY 华艺国际
2016-05-26 Lot1161 H12.7cm
估价：RMB 100,000-150,000
成交价：RMB 207,000

## 铜绿度母（错银错红铜）

14世纪 14th Century HY 华艺国际
2016-05-26 Lot1158 H14.5cm
估价：RMB 130,000-160,000
成交价：RMB 149,500

铜鎏金绿度母像

15-16 世纪 15th-16th Century BD 北京东正
2016-05-15 Lot540 H20.3cm
估价：RMB 500,000-600,000
成交价：RMB 897,000

铜鎏金绿度母

元末明初 Late Yuan-Early Ming HY 华艺国际
2016-05-26 Lot1174 H21.5cm
估价：RMB 550,000-700,000
成交价：RMB 1,150,000

铜鎏金绿度母

13-14 世纪 13th-14th Century HY 华艺国际
2016-05-26 Lot1136 H14cm
估价：RMB 180,000-250,000
成交价：RMB 207,000

铜鎏金绿度母

15 世纪 15th Century GD 中国嘉德
2016-11-12 Lot3040 H16.5cm
估价：无底价
成交价：RMB 460,000

铜鎏金绿度母

18 世纪 18th Century HY 华艺国际
2016-05-26 Lot1145 H17cm
估价：RMB 30,000-50,000
成交价：RMB 112,700

嵌红铜松石绿度母

14-15 世纪 14th-15th Century SUN 中贸圣佳
2016-05-16 Lot1106 H13cm
估价：RMB 180,000-250,000
成交价：RMB 207,000

铜鎏金绿度母像

15 世纪 15th Century GD 中国嘉德
2016-11-12 Lot3119 H11.5cm
估价：无底价
成交价：RMB 34,500

漆金木绿度母坐像
康熙 Kangxi C 佳士得
2016-11-30 Lot3235 H99.5cm
估价：HKD 1,800,000-2,600,000
成交价：HKD 5,460,000

白度母
17-18 世纪 17th-18th Century KS 北京匡时
2016-06-07 Lot13401 H13cm
估价：RMB 250,000-300,000
成交价：RMB 333,500

白度母
18 世纪 18th Century KS 北京匡时
2016-06-07 Lot13354 H17cm
估价：RMB 20,000-30,000
成交价：RMB 115,000

白度母像
雍正 Yongzheng PLXM 保利厦门
2016-11-06 Lot938 H35cm
估价：RMB 2,600,000-3,600,000
成交价：RMB 2,990,000

白度母
17 世纪 17th Century BP 北京保利
2016-06-07 Lot8103 H12.5cm
估价：RMB 400,000-600,000
成交价：RMB 747,500

白度母
18 世纪 18th Century BP 北京保利
2016-06-07 Lot8114 H18cm
估价：RMB 120,000-180,000
成交价：RMB 322,000

雍正 白度母
清 Qing KS 北京匡时
2016-06-07 Lot13360 11.5cm
估价：RMB 80,000-100,000
成交价：RMB 115,000

铜鎏金白度母
康熙 Kangxi PLHK 保利香港
2016-04-05 Lot3253 H16.4cm
估价：HKD 300,000-600,000
成交价：HKD 354,000

铜嵌红铜嵌银眼白度母
16 世纪 16th Century PLHK 保利香港
2016-04-05 Lot3239 H17cm
估价：HKD 120,000-180,000
成交价：HKD 177,000

铜白度母像
明 Ming GD 中国嘉德
2016-09-25 Lot5048 H14cm
估价：无底价
成交价：RMB 46,000

铜鎏金白度母（扎什伦布寺风格）
17 世纪 17th Century HY 华艺国际
2016-05-26 Lot1147 H21cm
估价：RMB 200,000-300,000
成交价：RMB 598,000

铜鎏金白度母
乾隆 Qianlong GD 中国嘉德
2016-11-12 Lot3083 H23.7cm
估价：无底价
成交价：RMB 103,500

铜鎏金白度母
清中期 Mid Qing BP 北京保利
2016-10-31 Lot258 H17cm
估价：无底价
成交价：RMB 40,250

铜鎏金白度母
乾隆 Qianlong SUN 中贸圣佳
2016-05-16 Lot1115 H23.5cm
估价：RMB 250,000-300,000
成交价：RMB 287,500

紫檀雕白度母
乾隆 Qianlong BC 北京诚轩
2016-05-15 Lot878 H22.8cm
估价：RMB 10,000-18,000
成交价：RMB 149,500

铜鎏金了空行母像
16-17 世纪 16th-17th Century S 苏富比
2016-03-16 Lot721 H19.7cm
估价：USD 250,000-350,000
成交价：USD 274,000

那若卡居空行母
15-16 世纪 15th-16th Century KS 北京匡时
2016-06-07 Lot13391 H20cm
估价：RMB 150,000-200,000
成交价：RMB 287,500

合金铜度母站像
印度，11-12 世纪 India,11th-12th Century GD 中国嘉德
2016-11-12 Lot3055 H25.7cm
估价：无底价
成交价：RMB 1,035,000

合金铜如意度母
11-12 世纪 11th-12th Century GD 中国嘉德
2016-05-15 Lot3079 H5.9cm
估价：RMB 20,000-30,000
成交价：RMB 138,000

那若居卡空行母
17 世纪 17th Century BP 北京保利
2016-06-07 Lot8046 H16.8cm
估价：RMB 400,000-600,000
成交价：RMB 632,500

能食空行母
16 世纪 16th Century BP 北京保利
2016-06-07 Lot8091 H17.6cm
估价：无底价
成交价：RMB 161,000

铜鎏金狮面空行母立像
16-17 世纪 16th-17th Century BO 邦瀚斯
2016-11-10 Lot101 H11cm
估价：GBP 2,000-3,000
成交价：GBP 5,000

吉祥天母
18 世纪 18th Century BP 北京保利
2016-06-07 Lot8104 H11cm
估价：RMB 50,000-80,000
成交价：RMB 230,000

狮面空行母
17 世纪 17th Century BP 北京保利
2016-06-07 Lot8108 H29cm
估价：RMB 1,200,000-1,500,000
成交价：RMB 1,380,000

铜鎏金兽面空行母（一对）
清 Qing BP 北京保利
2016-10-31 Lot253 H20cm
估价：无底价
成交价：RMB 34,500

鎏金铜吉祥天母坐像
清，18 世纪 Qing,18th Century C 佳士得
2016-11-09 Lot365 H18cm
估价：GBP 5,000-10,000
成交价：GBP 6,875

那若卡居空行母
16-17 世纪 16th-17th Century KS 北京匡时
2016-06-07 Lot13422 H38cm
估价：RMB 80,000-120,000
成交价：RMB 172,500

铜鎏金吉祥天母
17 世纪 17th Century HY 华艺国际
2016-05-26 Lot1110 H17cm
估价：RMB 50,000-80,000
成交价：RMB 115,000

铜鎏金金刚瑜伽母
14-15 世纪 14th-15th Century GD 中国嘉德
2016-11-12 Lot3038 H13cm
估价：无底价
成交价：RMB 690,000

## 护法像 Dharmapala

财宝天王
乾隆 Qianlong BP 北京保利
2016-06-06 Lot7371 H10cm
估价：RMB 2,000,000-3,000,000
成交价：RMB 3,450,000

财宝天王
18 世纪 18th Century BP 北京保利
2016-06-07 Lot8097 H10cm
估价：RMB 180,000-250,000
成交价：RMB 264,500

财宝天王
17 世纪 17th Century KS 北京匡时
2016-06-07 Lot13361 H13cm
估价：RMB 220,000-280,000
成交价：RMB 253,000

财宝天王像
乾隆 Qianlong BD 北京东正
2016-05-14 Lot247 H10.5cm
估价：RMB 120,000-140,000
成交价：RMB 345,000

财宝天王像
18-19 世纪 18th-19th Century BD 北京东正
2016-09-23 Lot273 H16.5cm
估价：RMB 80,000-120,000
成交价：RMB 207,000

财宝天王
18 世纪 18th Century KS 北京匡时
2016-06-07 Lot13356 H20cm
估价：RMB 220,000-300,000
成交价：RMB 253,000

财宝天王像
18 世纪 18th Century BD 北京东正
2016-05-14 Lot246 H10cm
估价：RMB 80,000-120,000
成交价：RMB 115,000

财宝天王
17-18 世纪 17th-18th Century PLXM 保利厦门
2016-05-08 Lot927 H17.5cm
估价：RMB 400,000-500,000
成交价：RMB 460,000

**毗沙门财宝天王**
18 世纪 18th Century KS 北京匡时
2016-06-07 Lot13379 H16.5cm
估价：RMB 200,000-250,000
成交价：RMB 253,000

**铜鎏金财宝天王骑狮像**
清，19 世纪 Qing,19th Century S 苏富比
2016-03-19 Lot1350 尺寸不详
估价：USD 3,000-5,000
成交价：USD 27,500

**铜雕多闻天王立像**
明 Ming BP 北京保利
2016-06-07 Lot8504 H53cm
估价：RMB 500,000-800,000
成交价：RMB 713,000

**铜鎏金财宝天王**
乾隆 Qianlong HY 华艺国际
2016-05-26 Lot1107 H18cm
估价：RMB 250,000-320,000
成交价：RMB 414,000

**铜鎏金南方增长天王**
乾隆 Qianlong GD 中国嘉德
2016-11-12 Lot3099 H21.2cm
估价：无底价
成交价：RMB 46,000

**西方广目天王**
明 Ming KS 北京匡时
2016-06-07 Lot13431 H39cm
估价：RMB 300,000-380,000
成交价：RMB 345,000

**铜鎏金财宝天王坐像**
18 世纪 18th Century S 苏富比
2016-03-19 Lot1344 尺寸不详
估价：USD 3,000-5,000
成交价：USD 8,750

**南方增长天王**
18 世纪 18th Century KS 北京匡时
2016-06-07 Lot13380 H16.5cm
估价：RMB 200,000-250,000
成交价：RMB 230,000

**铜鎏金骑马天王像**
18 世纪 18th Century C 佳士得
2016-11-08 Lot143 H16.9cm
估价：GBP 15,000-20,000
成交价：GBP 20,000

**铜漆金护法天王立像**
明 Ming S 苏富比
2016-03-16 Lot362 尺寸不详
估价：USD 8,000-12,000
成交价：USD 21,250

**铜鎏金双身大黑天像**
乾隆 Qianlong GD 中国嘉德
2016-11-12 Lot3091 H18.5cm
估价：无底价
成交价：RMB 184,000

**铜鎏金大黑天像**
18 世纪 18th Century BO 邦瀚斯
2016-11-07 Lot435 H16cm
估价：GBP 3,000-5,000
成交价：GBP 8,750

**铜鎏金二臂大黑天**
宣德 Xuande BD 北京东正
2016-11-11 Lot1349 H24cm
估价：RMB 2,800,000-3,200,000
成交价：RMB 3,450,000

**铜鎏金二臂大黑天（扎什伦布寺风格）**
17 世纪 17th Century HY 华艺国际
2016-05-26 Lot1169 H22cm
估价：RMB 1,200,000-1,500,000
成交价：RMB 1,955,000

**铜鎏金摩利支天**
乾隆 Qianlong GD 中国嘉德
2016-05-15 Lot3074 H28.5cm
估价：RMB 100,000-150,000
成交价：RMB 368,000

**大自在天像**
16-17 世纪 16th-17th Century BD 北京东正
2016-05-14 Lot267 H13.5cm
估价：RMB 150,000-200,000
成交价：RMB 287,500

**铜鎏金具大福禄王**
乾隆 Qianlong GD 中国嘉德
2016-05-15 Lot3008 H10.8cm
估价：RMB 30,000-50,000
成交价：RMB 149,500

**铜鎏金六臂大黑天**
明 Ming BP 北京保利
2016-04-27 Lot449 H17cm
估价：RMB 250,000-350,000
成交价：RMB 414,000

**铜鎏金六臂大黑天**
乾隆 Qianlong GD 中国嘉德
2016-05-15 Lot3097 H33.4cm
估价：RMB 1,800,000-2,600,000
成交价：RMB 2,070,000

**铜罗刹天像**
乾隆 Qianlong BD 北京东正
2016-05-15 Lot546 H11.5cm
估价：RMB 250,000-350,000
成交价：RMB 287,500

**毗湿奴**
永乐 Yongle BP 北京保利
2016-06-07 Lot8099 H26cm
估价：RMB 5,500,000-6,500,000
成交价：RMB 12,880,000

**铜鎏金外修阎魔敌**
乾隆 Qianlong GD 中国嘉德
2016-11-12 Lot3056 H15.6cm
估价：无底价
成交价：RMB 322,000

**铜泥金火天**
乾隆 Qianlong GD 中国嘉德
2016-05-15 Lot3095 H16.5cm
估价：RMB 900,000-1,800,000
成交价：RMB 1,725,000

**铜湿婆像**
年代不详 Unknown C 佳士得
2016-03-15 Lot60 H42cm
估价：USD 250,000-350,000
成交价：USD 185,000

**铜鎏金梵天湿婆像**
12世纪 12th Century S 苏富比
2016-03-16 Lot749 H44.4cm
估价：USD 150,000-200,000
成交价：USD 187,500

铜鎏金大红司命主像
清 Qing GD 中国嘉德
2016-09-25 Lot5057 H39cm
估价：无底价
成交价：RMB 36,800

铜大红司命主立像
清 Qing S 苏富比
2016-03-19 Lot1351 尺寸不详
估价：USD 2,000-3,000
成交价：USD 25,000

铜（铸）鎏金大鹏鸟
16-17 世纪 16th-17th Century GD 中国嘉德
2016-11-12 Lot3036 H27.3cm
估价：无底价
成交价：RMB 598,000

毗湿奴
11-12 世纪 11th-12th Century BP 北京保利
2016-06-07 Lot8075 H21cm
估价：无底价
成交价：RMB 310,500

韦陀护法
明 Ming PLXM 保利厦门
2016-05-08 Lot922 H104cm
估价：RMB 1,500,000-2,500,000
成交价：RMB 1,725,000

铜制韦陀立像
明 Ming BP 北京保利
2016-06-07 Lot8412 H73cm
估价：RMB 330,000-530,000
成交价：RMB 598,000

铜鎏金韦陀立像
明 Ming S 苏富比
2016-09-13 Lot171 尺寸不详
估价：USD 15,000-25,000
成交价：USD 187,500

铜鎏金韦陀立像
明晚期 Late Ming S 苏富比
2016-09-17 Lot1137 尺寸不详
估价：USD 6,000-8,000
成交价：USD 50,000

铜漆金韦陀及紧那罗王立像两尊
明 Ming S 苏富比
2016-03-16 Lot372 尺寸不详
估价：USD 5,000-7,000
成交价：USD 6,250

铜泥金外修双身阎魔敌
乾隆 Qianlong GD 中国嘉德
2016-05-15 Lot3020 H19.8cm
估价：RMB 50,000-80,000
成交价：RMB 218,500

蒙古六臂玛哈嘎拉
17 世纪 17th Century SUN 中贸圣佳
2016-05-16 Lot1109 H12.4cm
估价：RMB 110,000-150,000
成交价：RMB 253,000

铜镀金寂静尊像
18 世纪 18th Century C 佳士得
2016-05-11 Lot374 H19cm
估价：GBP 4,000-6,000
成交价：GBP 5,000

四臂玛哈嘎拉
14-15 世纪 14th-15th Century BP 北京保利
2016-06-07 Lot8133 H11.5cm
估价：无底价
成交价：RMB 218,500

地狱主
17-18 世纪 17th-18th Century PLXM 保利厦门
2016-05-08 Lot889 H21.5cm
估价：RMB 120,000-150,000
成交价：RMB 138,000

铜鎏金财神护法像（一组）
17 世纪 17th Century GD 中国嘉德
2016-05-15 Lot3022 H15.5cm × 4
估价：咨询价
成交价：RMB 23,000,000

铜鎏金忿怒相护法神
清早期，18 世纪 Early Qing,18th Century BC 北京诚轩
2016-11-12 Lot887 W17.7cm
估价：RMB 10,000-20,000
成交价：RMB 115,000

铜鎏金护法神像
18 世纪 18th Century BO 邦瀚斯
2016-09-12 Lot8063 H17.8cm
估价：USD 7,000-10,000
成交价：USD 10,000

阎魔天
乾隆 Qianlong BP 北京保利
2016-06-06 Lot7373 H12.2cm
估价：RMB 2,000,000-3,000,000
成交价：RMB 3,105,000

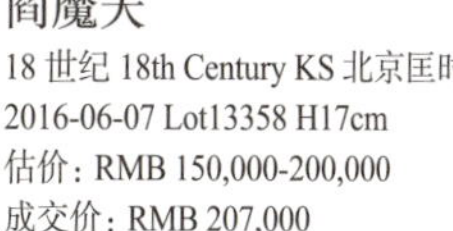

阎魔天
18 世纪 18th Century KS 北京匡时
2016-06-07 Lot13358 H17cm
估价：RMB 150,000-200,000
成交价：RMB 207,000

### 木雕彩绘护法立像
17 世纪 17th Century C 佳士得
2016-05-13 Lot645 H33.5cm
估价：GBP 4,000-6,000
成交价：GBP 7,500

### 黄财神
16 世纪 16th Century BD 北京东正
2016-05-14 Lot241 H18cm
估价：RMB 50,000-80,000
成交价：RMB 161,000

### 黄财神
13 世纪 13th Century BP 北京保利
2016-06-07 Lot8145 H24cm
估价：RMB 700,000-900,000
成交价：RMB 1,667,500

### 黄财神
17 世纪 17th Century PLXM 保利厦门
2016-05-08 Lot887 H12cm
估价：RMB 100,000-150,000
成交价：RMB 230,000

### 黄财神像
13-14 世纪 13th-14th Century BD 北京东正
2016-05-14 Lot255 H8cm
估价：RMB 80,000-120,000
成交价：RMB 299,000

### 黄财神
18 世纪 18th Century BP 北京保利
2016-06-07 Lot8092 H15.5cm
估价：无底价
成交价：RMB 126,500

### 铜黄财神
12 世纪 12th Century HY 华艺国际
2016-05-26 Lot1168 H9.3cm
估价：RMB 220,000-300,000
成交价：RMB 368,000

黄财神
18 世纪 18th Century PLXM 保利厦门
2016-11-06 Lot725 H10cm
估价：RMB 10,000-20,000
成交价：RMB 34,500

铜鎏金黑财神
乾隆 Qianlong SUN 中贸圣佳
2016-05-16 Lot1114 H17cm
估价：RMB 130,000-160,000
成交价：RMB 287,500

合金铜黄财神
13 世纪 13th Century GD 中国嘉德
2016-05-15 Lot3091 H18cm
估价：RMB 150,000-200,000
成交价：RMB 230,000

铜鎏金黄财神
乾隆 Qianlong GD 中国嘉德
2016-11-12 Lot3065 H17cm
估价：无底价
成交价：RMB 345,000

铜鎏金黄财神
康熙 Kangxi HY 华艺国际
2016-05-26 Lot1109 H12.5cm
估价：RMB 320,000-500,000
成交价：RMB 724,500

铜鎏金黄财神像
12 世纪 12th Century BD 北京东正
2016-05-15 Lot518 H11.3cm
估价：RMB 250,000-350,000
成交价：RMB 517,500

铜鎏金黄财神像
清中期 Mid Qing GD 中国嘉德
2016-03-26 Lot4752 H16cm
估价：RMB 150,000-250,000
成交价：RMB 172,500

铜鎏金白财神
乾隆 Qianlong GD 中国嘉德
2016-05-15 Lot3026 H17.5cm
估价：RMB 250,000-350,000
成交价：RMB 460,000

宫廷紫檀描金黑财神
乾隆 Qianlong SUN 中贸圣佳
2016-05-16 Lot1105 H17.4cm
估价：RMB 250,000-350,000
成交价：RMB 287,500

合金铜黑财神
12 世纪 12th Century GD 中国嘉德
2016-11-12 Lot3042 H8cm
估价：无底价
成交价：RMB 115,000

白石黑财神像
15 世纪 15th Century GD 中国嘉德
2016-11-12 Lot3116 H3.8cm
估价：无底价
成交价：RMB 80,500

铜鎏金骏马财神像
乾隆 Qianlong GD 中国嘉德
2016-11-12 Lot3101 H15.8cm
估价：无底价
成交价：RMB 57,500

财神（一组五尊）
18 世纪 18th Century HY 华艺国际
2016-05-26 Lot1102 H6.7cm-10.8cm
估价：RMB 60,000-80,000
成交价：RMB 149,500

铜鎏金骏马财神像
清 Qing GD 中国嘉德
2016-09-25 Lot5009 H19.9cm
估价：无底价
成交价：RMB 48,300

水财神
18 世纪 18th Century BD 北京东正
2016-09-23 Lot271 H11cm
估价：RMB 70,000-100,000
成交价：RMB 80,500

## 上师像 Guru

**阿底峡**
16 世纪 16th Century BP 北京保利
2016-06-07 Lot8052 H19.5cm
估价：RMB 120,000-200,000
成交价：RMB 138,000

**莲花生**
16 世纪 16th Century BP 北京保利
2016-06-07 Lot8055 H12cm
估价：RMB 120,000-200,000
成交价：RMB 207,000

**铜鎏金莲花生大师**
15 世纪 15th Century GD 中国嘉德
2016-05-15 Lot3051 H18cm
估价：RMB 30,000-50,000
成交价：RMB 115,000

**莲花生大士**
17-18 世纪初 17th Century-Early 18th Century BP 北京保利
2016-12-05 Lot5069 H20.2cm
估价：RMB 5,000,000-8,000,000
成交价：RMB 11,500,000

**铜鎏金莲花生**
15 世纪 15th Century HY 华艺国际
2016-05-26 Lot1125 H24.5cm
估价：RMB 180,000-300,000
成交价：RMB 287,500

**铜鎏金莲花生**
15 世纪 15th Century PLHK 保利香港
2016-04-05 Lot3290 H22.2cm
估价：HKD 2,500,000-3,500,000
成交价：HKD 2,950,000

铜鎏金莲花生大师
16 世纪 16th Century GD 中国嘉德
2016-11-12 Lot3124 H24.8cm
估价：无底价
成交价：RMB 230,000

合金铜二世噶玛巴 噶玛拔希
15 世纪 15th Century GD 中国嘉德
2016-05-15 Lot3010 H16.3cm
估价：RMB 80,000-120,000
成交价：RMB 460,000

铜鎏金压花莲花生祖师坐像
19 世纪 19th Century S 苏富比
2016-03-19 Lot1349 尺寸不详
估价：USD 6,000-9,000
成交价：USD 7,500

铜鎏金莲花生大师
16 世纪 16th Century GD 中国嘉德
2016-11-12 Lot3074 H25cm
估价：无底价
成交价：RMB 230,000

宗喀巴
15 世纪 15th Century BP 北京保利
2016-06-07 Lot8088 H15cm
估价：无底价
成交价：RMB 149,500

铜鎏金莲花生佛像
18-19 世纪 18th-19th Century S 苏富比
2016-03-16 Lot724 H48.3cm
估价：USD 8,000-12,000
成交价：USD 16,250

合金铜莲花生大师
15 世纪 15th Century GD 中国嘉德
2016-05-15 Lot3037 H16cm
估价：RMB 50,000-80,000
成交价：RMB 218,500

铜宗喀巴像
15 世纪 15th Century BD 北京东正
2016-05-15 Lot528 H14.3cm
估价：RMB 80,000-100,000
成交价：RMB 230,000

铜鎏金宗喀巴像
康熙 Kangxi BD 北京东正
2016-11-11 Lot135 H32cm
估价：RMB 2,800,000-3,500,000
成交价：RMB 5,750,000

宗喀巴像
18-19 世纪 18th-19th Century BD 北京东正
2016-09-23 Lot259 H16.5cm
估价：RMB 40,000-60,000
成交价：RMB 46,000

铜宗喀巴（错金）
乾隆 Qianlong HY 华艺国际
2016-11-26 Lot1013 H20cm
估价：RMB 1,500,000-2,800,000
成交价：RMB 4,600,000

铜宗喀巴像
清 Qing GD 中国嘉德
2016-09-25 Lot5014 H16.5cm
估价：无底价
成交价：RMB 34,500

铜鎏金宗喀巴
清中期 Mid Qing BP 北京保利
2016-10-31 Lot257 H16.5cm
估价：无底价
成交价：RMB 40,250

三世达赖
16世纪 16th Century BP 北京保利
2016-06-07 Lot8051 H42.5cm
估价：RMB 1,200,000-1,800,000
成交价：RMB 11,500,000

五世达赖
17世纪 17th Century PLXM 保利厦门
2016-05-08 Lot961 H14.5cm
估价：RMB 220,000-260,000
成交价：RMB 299,000

五世达赖
17世纪 17th Century BP 北京保利
2016-06-07 Lot8066 H10.5cm
估价：RMB 280,000-350,000
成交价：RMB 345,000

藏传铜鎏金第五世达赖喇嘛阿旺罗桑嘉措坐像
18世纪 18th Century S 苏富比
2016-09-13 Lot161 尺寸不详
估价：USD 80,000-100,000
成交价：USD 1,510,000

铜鎏金七世达赖喇嘛坐像
18 世纪 18th Century BO 邦瀚斯
2016-11-10 Lot113 H21.5cm
估价：GBP 40,000-60,000
成交价：GBP 87,500

铜鎏金第三班禅喇嘛像
乾隆 Qianlong S 苏富比
2016-03-16 Lot742 H20.5cm
估价：USD 20,000-30,000
成交价：USD 37,500

铜鎏金四世班禅
17 世纪 17th Century GD 中国嘉德
2016-11-12 Lot3080 H11.7cm
估价：无底价
成交价：RMB 138,000

三世章嘉
乾隆 Qianlong PLXM 保利厦门
2016-11-06 Lot728 H11cm
估价：RMB 40,000-60,000
成交价：RMB 46,000

合金铜桑吉坚赞像
14-15 世纪 14th-15th Century GD 中国嘉德
2016-11-12 Lot3118 H6cm
估价：无底价
成交价：RMB 115,000

铜鎏金哲布尊丹巴像·扎那巴扎尔
蒙古，17 世纪 Mongolia,17th Century GD 中国嘉德
2016-11-12 Lot3060 H52cm;W37cm
估价：咨询价
成交价：RMB 73,025,000

2016 Chinese Art Auction TOP10 中国文玩杂项拍卖十大天价排行榜 Top 3

2016 Chinese Art Auction TOP10 中国佛珠造像拍卖十大天价排行榜 Top 2

萨迦班智达
16 世纪 16th Century BP 北京保利
2016-06-07 Lot8063 H14.2cm
估价：RMB 300,000-500,000
成交价：RMB 575,000

合金铜萨迦派祖师像
明 Ming GD 中国嘉德
2016-09-25 Lot5034 H15.3cm
估价：RMB 100,000-200,000
成交价：RMB 138,000

噶举派上师像
15 世纪 15th Century BD 北京东正
2016-05-14 Lot245 H13.5cm
估价：RMB 150,000-180,000
成交价：RMB 345,000

铜鎏金三世章嘉
乾隆 Qianlong GD 中国嘉德
2016-05-15 Lot3100 H35.2cm
估价：RMB 700,000-1,200,000
成交价：RMB 1,667,500

萨迦班智达
15-16 世纪 15th-16th Century PLXM 保利厦门
2016-11-06 Lot744 H14.5cm
估价：RMB 80,000-120,000
成交价：RMB 109,250

萨迦派上师
15-16 世纪 15th-16th Century BH 北京翰海
2016-06-04 Lot2196 H17.2cm
估价：RMB 320,000-420,000
成交价：RMB 529,000

合金铜向蔡巴上师像
14-15 世纪 14th-15th Century GD 中国嘉德
2016-11-12 Lot3046 H11.3cm
估价：无底价
成交价：RMB 195,500

噶举派上师像
14-15 世纪 14th-15th Century BD 北京东正
2016-05-14 Lot256 H14cm
估价：RMB 100,000-150,000
成交价：RMB 276,000

铜鎏金噶举派上师
15 世纪 15th Century GD 中国嘉德
2016-11-12 Lot3075 H13.1cm
估价：无底价
成交价：RMB 138,000

铜鎏金噶举派上师
16 世纪 16th Century GD 中国嘉德
2016-11-12 Lot3106 H41.3cm
估价：无底价
成交价：RMB 575,000

铜噶当派上师（错银错红铜）
12-13 世纪 12th-13th Century HY 华艺国际
2016-05-26 Lot1151 H18cm
估价：RMB 600,000-800,000
成交价：RMB 2,185,000

铜鎏金爱慧上师像
17 世纪 17th Century BD 北京东正
2016-05-15 Lot524 H11cm
估价：RMB 150,000-180,000
成交价：RMB 172,500

铜鎏金上师像
14 世纪 14th Century PLHK 保利香港
2016-04-05 Lot3295 H10.6cm
估价：HKD 150,000-250,000
成交价：HKD 177,000

上师
15 世纪 15th Century BP 北京保利
2016-06-07 Lot8057 H17.8cm
估价：RMB 250,000-350,000
成交价：RMB 345,000

合金铜嵌银嵌红铜上师
15 世纪 15th Century GD 中国嘉德
2016-05-15 Lot3052 H10.8cm
估价：RMB 80,000-120,000
成交价：RMB 483,000

上师
16 世纪 16th Century BP 北京保利
2016-06-07 Lot8089 H18.5cm
估价：无底价
成交价：RMB 126,500

上师
13 世纪 13th Century BP 北京保利
2016-06-07 Lot8053 H11.5cm
估价：RMB 350,000-450,000
成交价：RMB 402,500

上师
16世纪 16th Century PLXM 保利厦门
2016-05-08 Lot891 H21.5cm
估价：RMB 300,000-400,000
成交价：RMB 345,000

铜鎏金上师像
清 Qing BD 北京东正
2016-09-23 Lot282 H9.6cm
估价：RMB 100,000-200,000
成交价：RMB 32,200

合金铜上师
14世纪 14th Century GD 中国嘉德
2016-11-12 Lot3053 H7.8cm
估价：无底价
成交价：RMB 126,500

合金铜上师像
16世纪 16th Century GD 中国嘉德
2016-11-12 Lot3089 H12.5cm
估价：无底价
成交价：RMB 138,000

合金铜上师像
16世纪 16th Century GD 中国嘉德
2016-11-12 Lot3098 H18.8cm
估价：无底价
成交价：RMB 126,500

紫檀上师
16世纪 16th Century GD 中国嘉德
2016-05-15 Lot3062 H25.6cm
估价：RMB 120,000-160,000
成交价：RMB 230,000

合金铜上师像
14-15世纪 14th-15th Century GD 中国嘉德
2016-11-12 Lot3087 H8cm
估价：无底价
成交价：RMB 149,500

铜鎏金萨迦派高僧绒敦 玛威僧格上师
15世纪 15th Century GD 中国嘉德
2016-05-15 Lot3013 H11.6cm
估价：RMB 40,000-60,000
成交价：RMB 287,500

合金铜唐东杰布
15世纪 15th Century GD 中国嘉德
2016-05-15 Lot3004 H11cm
估价：RMB 80,000-120,000
成交价：RMB 345,000

黄铜嵌红铜白银桑杰雅钧像
16 世纪 16th Century BD 北京东正
2016-05-15 Lot507 H11cm
估价：RMB 120,000-150,000
成交价：RMB 178,250

铜藏宁赫鲁迦像
17 世纪 17th Century HY 华艺国际
2016-05-26 Lot1106 H10.8cm
估价：RMB 180,000-260,000
成交价：RMB 287,500

铜鎏金大成就者像
16-17 世纪 16th-17th Century GD 中国嘉德
2016-11-12 Lot3047 H12cm
估价：无底价
成交价：RMB 368,000

南巴杰瓦
15-16 世纪 15th-16th Century KS 北京匡时
2016-06-07 Lot13372 13cm
估价：RMB 200,000-250,000
成交价：RMB 253,000

铜藏宁赫鲁迦像
16 世纪 16th Century BD 北京东正
2016-05-15 Lot527 H11.9cm
估价：RMB 150,000-250,000
成交价：RMB 230,000

紫檀大成就者
16-17 世纪 16th-17th Century GD 中国嘉德
2016-11-12 Lot3105 H28.3cm
估价：无底价
成交价：RMB 218,500

桑吉坚赞
15 世纪 15th Century BP 北京保利
2016-06-07 Lot8060 H18.5cm
估价：RMB 250,000-350,000
成交价：RMB 483,000

铜大成就者毗瓦巴
13-14 世纪 13th-14th Century HY 华艺国际
2016-05-26 Lot1127 H16.5cm
估价：RMB 360,000-550,000
成交价：RMB 805,000

铜鎏金事业王像
乾隆 Qianlong BC 北京诚轩
2016-11-12 Lot889 H11cm
估价：RMB 60,000-80,000
成交价：RMB 97,750

铜鎏金揭路荼像
15 世纪 15th Century S 苏富比
2016-03-16 Lot717 H24.1cm
估价：USD 8,000-12,000
成交价：USD 37,500

铜鎏金陀罗像
17 世纪 17th Century S 苏富比
2016-03-16 Lot751 H19.5cm
估价：USD 4,000-6,000
成交价：USD 18,750

铜索南伦珠像（错银错红铜）
15 世纪 15th Century HY 华艺国际
2016-05-26 Lot1128 H18.5cm
估价：RMB 300,000-500,000
成交价：RMB 690,000

铜鎏金帕木竹巴像
15 世纪 15th Century HY 华艺国际
2016-05-26 Lot1152 H18cm
估价：RMB 500,000-700,000
成交价：RMB 575,000

铜扎巴坚赞像
15 世纪 15th Century HY 华艺国际
2016-05-26 Lot1114 H11.5cm
估价：RMB 180,000-250,000
成交价：RMB 287,500

铜嵌银帕木竹巴像
16 世纪 16th Century BD 北京东正
2016-05-15 Lot537 H5.5cm
估价：RMB 50,000-60,000
成交价：RMB 172,500

向蔡巴
13-14 世纪 13th-14th Century BH 北京翰海
2016-06-04 Lot2195 H11.5cm
估价：RMB 170,000-220,000
成交价：RMB 195,500

向贡却贝
15-16 世纪 15th-16th Century BP 北京保利
2016-06-07 Lot8065 H20.8cm
估价：RMB 650,000-900,000
成交价：RMB 977,500

铜鎏金仁钦贝像
16 世纪 16th Century BD 北京东正
2016-05-15 Lot508 H12.3cm
估价：RMB 120,000-150,000
成交价：RMB 178,250

毗卢巴
永乐 Yongle BH 北京翰海
2016-12-03 Lot2341 H23cm
估价：RMB 12,000,000-18,000,000
成交价：RMB 14,950,000

扎巴坚赞
16 世纪 16th Century BP 北京保利
2016-06-07 Lot8064 H11.5cm
估价：RMB 350,000-500,000
成交价：RMB 460,000

铜合金扎巴坚赞像
16 世纪 16th Century GD 中国嘉德
2016-11-12 Lot3076 H13.5cm
估价：无底价
成交价：RMB 57,500

止贡巴
14 世纪 14th Century BP 北京保利
2016-06-07 Lot8056 H35.5cm
估价：RMB 5,500,000-6,500,000
成交价：RMB 16,675,000

铜鎏金萨拉哈巴及背光
17 世纪 17th Century GD 中国嘉德
2016-11-12 Lot3088 8cm;H11.4cm
估价：无底价
成交价：RMB 115,000

白石迦楼罗
15 世纪 15th Century HY 华艺国际
2016-05-26 Lot1195 H35.5cm
估价：RMB 60,000-80,000
成交价：RMB 115,000

苯教双身像
15 世纪 15th Century BH 北京翰海
2016-06-04 Lot2173 H20cm
估价：RMB 150,000-180,000
成交价：RMB 172,500

藏宁赫鲁迦
16 世纪 16th Century BP 北京保利
2016-06-07 Lot8058 H15.3cm
估价：RMB 600,000-1,000,000
成交价：RMB 862,500

鎏金铜喇嘛坐像
16-17 世纪 16th-17th Century S 苏富比
2016-10-05 Lot68 14.2cm
估价：HKD 150,000-200,000
成交价：HKD 625,000

铜漆金临济义玄禅师
明 Ming BC 北京诚轩
2016-05-15 Lot874 H16cm
估价：RMB 250,000-300,000
成交价：RMB 287,500

铜鎏金喇嘛像
19 世纪 19th Century S 苏富比
2016-03-16 Lot725 H45.1cm
估价：USD 5,000-7,000
成交价：USD 11,250

大鹏金持鸟
18 世纪 18th Century KS 北京匡时
2016-06-07 Lot13417 L48cm
估价：RMB 150,000-200,000
成交价：RMB 287,500

铸铁达摩半身像
明 Ming C 佳士得
2016-03-17 Lot1410 H38.4cm
估价：USD 7,000-9,000
成交价：USD 17,500

铜鎏金喇嘛坐像
清，18 世纪 Qing,18th Century S 苏富比
2016-09-13 Lot163 尺寸不详
估价：USD 6,000-8,000
成交价：USD 9,375

铜鎏金锤鍱雪山狮
17 世纪 17th Century PLHK 保利香港
2016-10-04 Lot3116 H40cm
估价：HKD 50,000-100,000
成交价：HKD 59,000

虚云禅师
年代不详 Unknown BP 北京保利
2016-06-08 Lot9853 H37cm
估价：RMB 700,000-900,000
成交价：RMB 1,265,000

## 其他造像
## Other Sculpture

铜鎏金真武大帝
明 Ming HY 华艺国际
2016-11-26 Lot1072 H51cm
估价：RMB 4,800,000-6,800,000
成交价：RMB 5,980,000

真武大帝坐像
明 Ming KS 北京匡时
2016-09-23 Lot219 H43cm
估价：RMB 50,000-70,000
成交价：RMB 105,800

铜鎏金玉帝神像
清中期 Mid Qing PLHK 保利香港
2016-04-05 Lot3225 H18cm
估价：HKD 120,000-180,000
成交价：HKD 153,400

真武大帝
明 Ming KS 北京匡时
2016-06-07 Lot13438 H29cm
估价：RMB 150,000-180,000
成交价：RMB 172,500

铜漆金玄天上帝真武坐像
明 Ming S 苏富比
2016-09-13 Lot165 尺寸不详
估价：USD 80,000-120,000
成交价：USD 100,000

太乙救苦天尊
17-18 世纪 17th-18th Century PLXM 保利厦门
2016-05-08 Lot928 H16cm
估价：RMB 180,000-220,000
成交价：RMB 207,000

碧霞元君
17-18 世纪 17th-18th Century BH 北京翰海
2016-06-04 Lot2162 H37cm
估价：RMB 680,000-880,000
成交价：RMB 782,000

关公
明 Ming KS 北京匡时
2016-06-07 Lot13435 H40cm
估价：RMB 100,000-150,000
成交价：RMB 230,000

伽蓝菩萨
明 Ming BH 北京翰海
2016-12-03 Lot2338 H72cm
估价：RMB 18,000,000-30,000,000
成交价：RMB 20,700,000

关公
明 Ming KS 北京匡时
2016-06-07 Lot13436 H50cm
估价：RMB 250,000-300,000
成交价：RMB 287,500

铜鎏金关公像
乾隆 Qianlong BD 北京东正
2016-05-15 Lot545 H17.5cm
估价：RMB 450,000-550,000
成交价：RMB 690,000

铜鎏金关公立像
明 Ming BC 北京诚轩
2016-05-15 Lot890 H71cm
估价：RMB 2,000,000-2,600,000
成交价：RMB 2,645,000

铜鎏金关帝坐像
明，16-17世纪 Ming,16th-17th Century C 佳士得
2016-03-17 Lot1423 H23.2cm
估价：USD 20,000-30,000
成交价：USD 149,000

铜鎏金关公
乾隆 Qianlong GD 中国嘉德
2016-05-15 Lot3025 H16.5cm
估价：RMB 100,000-150,000
成交价：RMB 195,500

铜关公
明 Ming HY 华艺国际
2016-05-26 Lot1192 H33cm
估价：RMB 300,000-380,000
成交价：RMB 345,000

铜掐丝珐琅关公坐像
乾隆 Qianlong GD 中国嘉德
2016-11-12 Lot3090 H16cm
估价：无底价
成交价：RMB 46,000

王世襄旧藏青铜张仙像
明 Ming GD 中国嘉德
2016-05-14 Lot4718 H48cm
估价：RMB 1,800,000-2,200,000
成交价：RMB 2,645,000

铜镀金道教水将像
明 Ming BD 北京东正
2016-05-14 Lot312 H216cm
估价：咨询价
成交价：RMB 89,700,000

2016 Chinese Art Auction TOP10 中国文玩杂项拍卖十大天价排行榜 Top 1
2016 Chinese Art Auction TOP10 中国佛珠造像拍卖十大天价排行榜 Top 1

铜鎏金关圣帝君坐九龙椅造像
17-18 世纪 17th-18th Century BO 邦瀚斯
2016-11-10 Lot110 H23.2cm
估价：GBP 12,000-15,000
成交价：GBP 371,000

铜漆金吕洞宾度柳树精
明 Ming HY 华艺国际
2016-05-26 Lot1175 H22.5cm
估价：RMB 170,000-230,000
成交价：RMB 195,500

铜鎏金阎罗王像
18 世纪 18th Century S 苏富比
2016-03-16 Lot745 H18.4cm
估价：USD 300,000-500,000
成交价：USD 790,000

珊瑚雕禄星立像
19 世纪 19th Century BO 邦瀚斯
2016-11-07 Lot582 H16cm
估价：GBP 1,000-1,500
成交价：GBP 4,000

铜和合二仙立像（一对）
明末清初，1645-1660 Late Ming and Early Qing,1645-1660 BO 邦瀚斯
2016-11-29 Lot31 H88.5cm
估价：HKD 3,000,000-5,000,000
成交价：RMB 3,060,825

沈绍安款脱胎漆寿星像
清 Qing GD 中国嘉德
2016-09-26 Lot5706 H20cm
估价：无底价
成交价：RMB 43,700

铜鎏金天官像
清早期 Early Qing HY 华艺国际
2016-05-26 Lot1187 H23cm
估价：RMB 120,000-180,000
成交价：RMB 253,000

天妃娘娘 碧霞元君（一组二件）
明 Ming PLXM 保利厦门
2016-11-06 Lot756 H76cm;H76cm
估价：RMB 700,000-1,000,000
成交价：RMB 943,000

药王
明 Ming KS 北京匡时
2016-06-07 Lot13437 39cm
估价：RMB 300,000-350,000
成交价：RMB 345,000

铜鎏金龙女残件
15 世纪 15th Century GD 中国嘉德
2016-11-12 Lot3134 47 × 27.5cm
估价：RMB 200,000-300,000
成交价：RMB 322,000

鎏金铜飞天像残件
东魏 E.Wei S 苏富比
2016-10-05 Lot3213 H16cm
估价：HKD 20,000-30,000
成交价：HKD 350,000

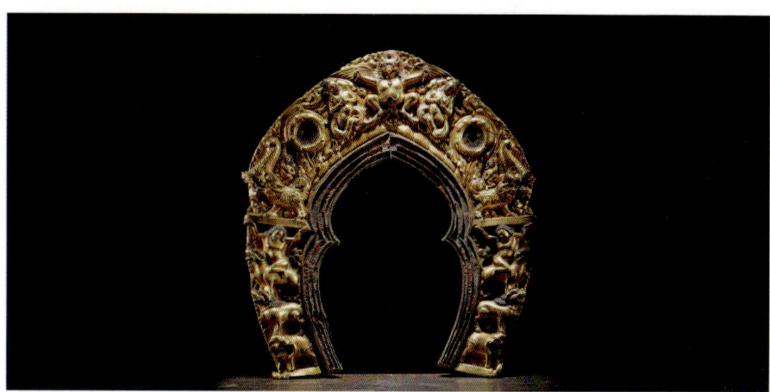

铜鎏金六拏具背光
16 世纪 16th Century GD 中国嘉德
2016-11-12 Lot3132 H68cm
估价：无底价
成交价：RMB 149,500

鎏金铜道教人物立像
唐 Tang S 苏富比
2016-10-05 Lot3220 11cm
估价：HKD 30,000-40,000
成交价：HKD 437,500

铜辟邪
17-18 世纪 17th-18th Century PLXM 保利厦门
2016-11-06 Lot777 H8.5cm;L9cm
估价：RMB 40,000-60,000
成交价：RMB 46,000

# 佛珠 Buddha Beads

佛两眼天珠
年代不详 Unknown BP 北京保利
2016-06-05 Lot6083 3.7 × 1.2cm
估价：RMB 260,000-320,000
成交价：RMB 299,000

怀法雨眼天珠
年代不详 Unknown AS 中国艺海
2016-01-21 Lot3095 3.59 × 1.1cm
估价：HKD 900,000-1,800,000
成交价：HKD 990,000

双天一地天珠
年代不详 Unknown BP 北京保利
2016-06-05 Lot6085 3.8 × 1.2cm
估价：RMB 45,000-62,000
成交价：RMB 51,750

两眼天珠
年代不详 Unknown BP 北京保利
2016-06-05 Lot6080 3.0 × 0.9cm
估价：RMB 95,000-120,000
成交价：RMB 109,250

天地天珠
年代不详 Unknown BP 北京保利
2016-06-05 Lot6086 3.2 × 1.1cm
估价：RMB 85,000-100,000
成交价：RMB 97,750

天地配小两眼小三眼天珠项链
年代不详 Unknown BP 北京保利
2016-06-05 Lot6090 2.6 × 0.9cm;1.7 × 1.1cm;1.7 × 0.9cm
估价：RMB 230,000-300,000
成交价：RMB 264,500

两眼天珠
年代不详 Unknown BP 北京保利
2016-06-05 Lot6084 3.9 × 1.1cm
估价：RMB 280,000-350,000
成交价：RMB 322,000

天地天珠
年代不详 Unknown BP 北京保利
2016-06-05 Lot6088 3.4 × 1.3cm
估价：RMB 150,000-250,000
成交价：RMB 172,500

措丝彩虹天珠（一对）
年代不详 Unknown BP 北京保利
2016-06-05 Lot6074 1.7 × 1.2cm;1.7 × 1.2cm
估价：RMB 65,000-85,000
成交价：RMB 74,750

椰壳嵌金丝梵文数珠
清，18 世纪 Qing,18th Century S 苏富比
2016-06-02 Lot753 18cm
估价：HKD 70,000-90,000
成交价：HKD 312,500

十八籽手钏
清 Qing BD 北京东正
2016-05-14 Lot3103 L21cm
估价：RMB 40,000-60,000
成交价：RMB 161,000

金珀朝珠
清 Qing BD 北京东正
2016-05-14 Lot2054 L142cm
估价：RMB 150,000-200,000
成交价：RMB 172,500

金刚菩提翡翠念珠配联升造黑漆描金金龙纹盖盒
乾隆 Qianlong BP 北京保利
2016-06-07 Lot8416 D2.5cm;L2.16cm;D17cm
估价：RMB 3,000,000-5,000,000
成交价：RMB 4,370,000

## 法器供器
## Ceremonial Item

奇木带铭文禅杖
清早期 Early Qing GD 中国嘉德
2016-05-14 Lot4617 L134cm
估价：RMB 50,000-80,000
成交价：RMB 149,500

白法螺
乾隆 Qianlong BP 北京保利
2016-06-07 Lot7651 H25.5cm
估价：RMB 20,000-30,000
成交价：RMB 112,700

戏曲人物花梨佛龛
清早期 Early Qing BP 北京保利
2016-06-08 Lot9460 84.5 × 86 × 119cm
估价：RMB 400,000-600,000
成交价：RMB 460,000

鎏金盒附嵌宝金盖佛龛
清中期 Mid Qing GD 中国嘉德
2016-11-12 Lot2986 H4.5cm
估价：RMB 80,000-120,000
成交价：RMB 92,000

铜鎏金舍利子像
乾隆 Qianlong SUN 中贸圣佳
2016-05-16 Lot1110 H22cm
估价：RMB 220,000-280,000
成交价：RMB 345,000

铜鎏金嵌水晶木材佛龛
约 1900 年 Circa 1900 S 苏富比
2016-03-16 Lot774 H153.7cm
估价：USD 50,000-70,000
成交价：USD 175,000

铜钮“梵文”法王印
元 Yuan BP 北京保利
2016-06-06 Lot7476 4.8 × 4.8 × 4.5cm
估价：RMB 350,000-550,000
成交价：RMB 402,500

木质护经板
14 世纪 14th Century GD 中国嘉德
2016-05-15 Lot3083 73.6 × 28.3cm
估价：RMB 30,000-50,000
成交价：RMB 253,000

金刚法钩
14 世纪 14th Century BP 北京保利
2016-06-06 Lot7374 L24cm
估价：RMB 300,000-500,000
成交价：RMB 690,000

金刚铃
9 世纪 9th Century BP 北京保利
2016-06-07 Lot8071 L19.6cm
估价：RMB 700,000-1,200,000
成交价：RMB 1,437,500

铜鎏金九股金刚杵
永乐 Yongle GD 中国嘉德
2016-05-15 Lot3046 L17.8cm
估价：RMB 250,000-350,000
成交价：RMB 287,500

灵骨 108 子佛串配天铁金刚杵
清 Qing GD 中国嘉德
2016-11-12 Lot2990 L40cm
估价：RMB 50,000-80,000
成交价：RMB 57,500

铜鎏金金刚铃及杵（一套）
永乐 Yongle GD 中国嘉德
2016-05-15 Lot3092 H22cm;H18cm
估价：RMB 400,000-800,000
成交价：RMB 667,000

合金铜九股金刚杵
13 世纪 13th Century GD 中国嘉德
2016-05-15 Lot3045 L17.2cm
估价：RMB 120,000-160,000
成交价：RMB 138,000

铜鎏金金刚杵
永乐 Yongle GD 中国嘉德
2016-11-12 Lot3052 L17.5cm
估价：无底价
成交价：RMB 207,000

铜鎏金金刚杵
永乐 Yongle BD 北京东正
2016-05-15 Lot534 L17.6cm
估价：RMB 200,000-300,000
成交价：RMB 368,000

铁减金五股金刚杵
11-12 世纪 11th-12th Century BD 北京东正
2016-05-15 Lot532 L21.5cm
估价：RMB 200,000-250,000
成交价：RMB 230,000

铜鎏金金刚铃杵（一套）
乾隆 Qianlong GD 中国嘉德
2016-11-12 Lot3037 H19.5cm;L12cm
估价：无底价
成交价：RMB 552,000

铜鎏金九钴金刚杵
年代不详 Unknown AS 中国艺海
2016-01-21 Lot3021 L18cm
估价：HKD 1,000,000-2,000,000
成交价：HKD 1,100,000

铜质法铃、金刚杵
17世纪 17th Century C 佳士得
2016-05-13 Lot648 H17.8cm
估价：GBP 4,000-6,000
成交价：GBP 8,125

银质文殊坛城
19世纪 19th Century GD 中国嘉德
2016-05-15 Lot3023 44.2×43.5cm
估价：RMB 200,000-300,000
成交价：RMB 667,000

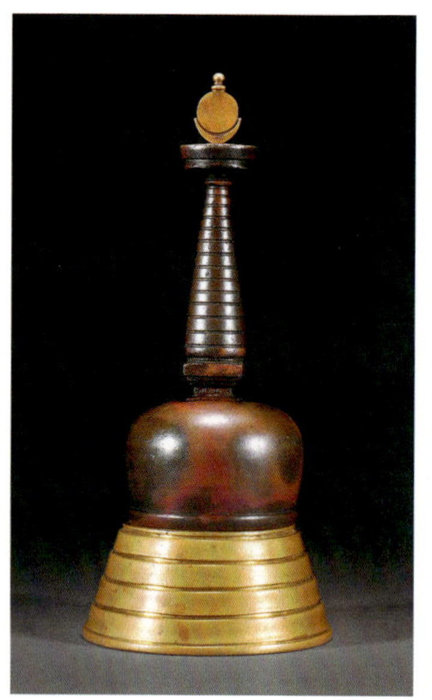

铜佛塔
永乐 Yongle GD 中国嘉德
2016-09-25 Lot5045 H22.4cm
估价：无底价
成交价：RMB 43,700

合金铜金刚镢
18世纪 18th Century GD 中国嘉德
2016-05-15 Lot3044 H19.5cm
估价：RMB 80,000-120,000
成交价：RMB 115,000

铁剪金金刚橛
13-14世纪 13th-14th Century PLHK 保利香港
2016-04-05 Lot3310 H20cm
估价：HKD 180,000-250,000
成交价：HKD 212,400

噶当塔
14世纪 14th Century BP 北京保利
2016-06-07 Lot8069 H31cm
估价：RMB 280,000-380,000
成交价：RMB 322,000

金刚橛
18 世纪 18th Century BD 北京东正
2016-05-14 Lot258 L25cm
估价：RMB 100,000-150,000
成交价：RMB 172,500

四力士塔
乾隆 Qianlong BP 北京保利
2016-06-06 Lot7392 H44cm
估价：RMB 3,000,000-5,000,000
成交价：RMB 3,450,000

铜鎏金佛塔
清中期 Mid Qing BP 北京保利
2016-10-31 Lot262 H18cm
估价：无底价
成交价：RMB 46,000

蒙古风格 铜鎏金尊胜佛塔
17 世纪 17th Century BD 北京东正
2016-11-11 Lot117 H24.5cm
估价：RMB 2,200,000-2,800,000
成交价：RMB 3,220,000

铜鎏金佛塔
年代不详 Unknown GD 中国嘉德
2016-09-26 Lot5869 H33.5cm
估价：无底价
成交价：RMB 55,200

合金铜噶当塔
13世纪 13th Century GD 中国嘉德
2016-11-12 Lot3110 H17.5cm
估价：无底价
成交价：RMB 57,500

青铜佛塔
13世纪 13th Century S 苏富比
2016-03-16 Lot702 H23.5cm
估价：USD 5,000-7,000
成交价：USD 8,750

铜鎏金佛塔
清中期 Mid Qing GD 中国嘉德
2016-09-25 Lot5099 H25.5cm
估价：RMB 25,000-35,000
成交价：RMB 34,500

铜胎掐丝珐琅佛塔
乾隆 Qianlong C 佳士得
2016-05-10 Lot5 H25.2cm
估价：GBP 20,000-30,000
成交价：GBP 21,250

青铜佛塔
16世纪 16th Century S 苏富比
2016-03-16 Lot704 H43.2cm
估价：USD 25,000-35,000
成交价：USD 81,250

铜胎画珐琅描金佛塔
乾隆 Qianlong BD 北京东正
2016-11-11 Lot1429 H56cm
估价：RMB 600,000-680,000
成交价：RMB 1,046,500

噶当塔
13-14 世纪 13th-14th Century BP 北京保利
2016-12-06 Lot5815 H15.5cm
估价：RMB 150,000-250,000
成交价：RMB 172,500

梵文牌饰 铜合金舍利塔 铜封底（三件）
11-14 世纪 11th-14th Century BSA 北京古天一
2016-11-11 Lot2069 尺寸不一
估价：无底价
成交价：RMB 322,000

塔型转经筒（一对）
19 世纪 19th Century SUN 中贸圣佳
2016-11-14 Lot1138 H42cm
估价：RMB 300,000-500,000
成交价：RMB 322,000

六品佛楼金刚钩底座
乾隆 Qianlong PLHK 保利香港
2016-10-04 Lot3097 W9cm
估价：HKD 100,000-150,000
成交价：HKD 118,000

铜鎏金大威德坛城
18 世纪 18th Century BP 北京保利
2016-06-08 Lot9351 H22cm
估价：RMB 300,000-500,000
成交价：RMB 345,000

六品佛楼持剑威罗瓦金刚底座
乾隆 Qianlong PLHK 保利香港
2016-10-04 Lot3095 W9.4cm
估价：HKD 50,000-80,000
成交价：HKD 59,000

六品佛楼蓝棒金刚底座
乾隆 Qianlong PLHK 保利香港
2016-10-04 Lot3096 W10.3cm
估价：HKD 50,000-80,000
成交价：HKD 59,000

錾胎填珐琅佛座
乾隆 Qianlong GD 中国嘉德
2016-09-25 Lot5044 H23cm
估价：无底价
成交价：RMB 149,500

半宝石玻璃佛座
年代不详 Unknown S 苏富比
2016-03-16 Lot773 H27.9cm
估价：USD 3,000-5,000
成交价：USD 26,250

紫檀雕西番莲八宝纹六方佛座
清 Qing PLXM 保利厦门
2016-11-06 Lot657 36 × 24 × 14cm
估价：RMB 40,000-60,000
成交价：RMB 69,000

紫檀佛座
年代不详 Unknown GD 中国嘉德
2016-09-25 Lot5179 H23cm
估价：无底价
成交价：RMB 32,200

铜莲台基座
16-17世纪 16th-17th Century BO 邦瀚斯
2016-11-10 Lot104 W38.2cm
估价：GBP 3,000-5,000
成交价：GBP 40,000

木雕漆金三世佛护经板
15世纪 15th Century GD 中国嘉德
2016-11-12 Lot3095 73.5 × 29cm
估价：无底价
成交价：RMB 92,000

木雕漆金三世佛护经板
14世纪 14th Century GD 中国嘉德
2016-11-12 Lot3112 73 × 28cm
估价：无底价
成交价：RMB 103,500

木刻五方佛护经板
清 Qing GD 中国嘉德
2016-09-25 Lot5039 L63.8cm
估价：无底价
成交价：RMB 32,200

木漆彩绘佛版
14世纪或更早 14th Century or Before S 苏富比
2016-03-16 Lot703 L72.4cm
估价：USD 5,000-7,000
成交价：USD 16,250

铜奎师那立碑
印度，约 17 世纪 India,Circa 17th Century S 苏富比
2016-03-19 Lot1316 尺寸不详
估价：USD 6,000-8,000
成交价：USD 10,625

骨质金刚舞裙
尼泊尔，17-18 世纪 Nepal,17th-18th Century GD 中国嘉德
2016-11-12 Lot3114 76 × 65cm
估价：无底价
成交价：RMB 437,000

铜鎏金护法神像纹髅皿
20 世纪初 Early 20th Century BO 邦瀚斯
2016-11-10 Lot108 L18.4cm
估价：GBP 5,000-8,000
成交价：GBP 6,250

## 唐卡 Thangka

释迦牟尼佛唐卡
19 世纪 19th Century KS 北京匡时
2016-06-07 Lot13388 100 × 67cm
估价：RMB 150,000-180,000
成交价：RMB 253,000

释迦牟尼佛唐卡
18 世纪 18th Century KS 北京匡时
2016-06-07 Lot13386 77 × 53.5cm
估价：RMB 200,000-300,000
成交价：RMB 287,500

释迦牟尼佛唐卡
清，18-19 世纪 Qing,18th-19th Century S 苏富比
2016-06-02 Lot763 79x40cm
估价：HKD 30,000-40,000
成交价：HKD 150,000

释迦牟尼净土唐卡
18 世纪 18th Century PLXM 保利厦门
2016-05-08 Lot937 42.5 × 30.5cm
估价：RMB 100,000-200,000
成交价：RMB 115,000

释迦牟尼佛
年代不详 Unknown BP 北京保利
2016-06-08 Lot9878 L113cm;W80cm
估价：RMB 120,000-180,000
成交价：RMB 138,000

释迦牟尼唐卡
18 世纪 18th Century C 佳士得
2016-03-15 Lot203 57.3 × 100.5cm
估价：USD 4,000-6,000
成交价：USD 9,375

棉布矿物颜料释迦牟尼佛唐卡
乾隆 Qianlong GD 中国嘉德
2016-11-12 Lot3061 90.5 × 59.5cm
估价：无底价
成交价：RMB 92,000

释迦牟尼佛和十八罗汉唐卡
18 世纪 18th Century BD 北京东正
2016-05-14 Lot273 169 × 92cm
估价：RMB 350,000-450,000
成交价：RMB 977,500

棉布矿物颜料释迦牟尼佛唐卡
乾隆 Qianlong GD 中国嘉德
2016-11-12 Lot3062 90.5 × 59.5cm
估价：无底价
成交价：RMB 115,000

阿弥陀佛极乐世界唐卡
18 世纪 18th Century BD 北京东正
2016-05-14 Lot251 155 × 87cm
估价：RMB 550,000-750,000
成交价：RMB 632,500

宫廷无量寿长寿三尊唐卡
乾隆 Qianlong BD 北京东正
2016-05-14 Lot264 125 × 68cm
估价：RMB 400,000-500,000
成交价：RMB 575,000

药师佛唐卡
18 世纪 18th Century C 佳士得
2016-03-15 Lot225 103.7 × 72.7cm
估价：USD 12,000-18,000
成交价：USD 23,750

无量寿佛唐卡
17-18 世纪 17th-18th Century C 佳士得
2016-03-15 Lot202 77 × 49.9cm
估价：USD 5,000-7,000
成交价：USD 8,125

无量寿佛唐卡
18 世纪 18th Century BD 北京东正
2016-05-14 Lot249 43 × 30cm
估价：RMB 30,000-50,000
成交价：RMB 195,500

药师佛净琉璃净土唐卡
乾隆 Qianlong C 佳士得
2016-09-16 Lot1232 128.3 × 90.2cm
估价：USD 20,000-30,000
成交价：USD 25,000

药师佛唐卡
18-19 世纪 18th-19th Century KS 北京匡时
2016-06-07 Lot13409 85.5×55.5cm
估价：RMB 800,000-1,000,000
成交价：RMB 1,265,000

2016 Chinese Art Auction TOP10 中国唐卡拍卖十大天价排行榜 Top 6

阿閦佛唐卡
清，18-19 世纪 Qing,18th-19th Century S 苏富比
2016-06-02 Lot751 112x75cm
估价：HKD 50,000-70,000
成交价：HKD 325,000

十一面八臂观音唐卡
18 世纪 18th Century BD 北京东正
2016-05-14 Lot275 160×88cm
估价：RMB 400,000-500,000
成交价：RMB 460,000

棉布矿物颜料四臂观音唐卡
乾隆 Qianlong GD 中国嘉德
2016-11-12 Lot3130 32.5×24.2cm
估价：RMB 50,000-80,000
成交价：RMB 483,000

四臂观音菩萨唐卡
18 世纪 18th Century BD 北京东正
2016-05-14 Lot250 168×90cm
估价：RMB 60,000-80,000
成交价：RMB 172,500

达摩多罗尊者唐卡
清，17-18 世纪 Qing,17th-18th Century S 苏富比
2016-06-02 Lot754 70x46cm
估价：HKD 30,000-40,000
成交价：HKD 212,500

棉布矿物颜料时轮金刚唐卡
19-20 世纪 19th-20th Century GD 中国嘉德
2016-11-12 Lot3096 116.5 × 83cm
估价：无底价
成交价：RMB 322,000

刺绣大黑天唐卡
清 Qing BP 北京保利
2016-06-08 Lot9502 241 × 137cm
估价：RMB 150,000-200,000
成交价：RMB 172,500

阎罗寿主铁蝎唐卡
清 Qing BD 北京东正
2016-11-11 Lot1383 83 × 51cm
估价：RMB 1,500,000-1,800,000
成交价：RMB 2,300,000

2016 Chinese Art Auction TOP10 中国唐卡拍卖
十大天价排行榜 Top 2

胜乐金刚唐卡
18 世纪 18th Century BD 北京东正
2016-05-14 Lot263 125 × 68cm
估价：RMB 250,000-350,000
成交价：RMB 1,150,000

2016 Chinese Art Auction TOP10 中国唐卡拍卖
十大天价排行榜 Top 7

**堆绫六臂大黑天唐卡**
18 世纪 18th Century BP 北京保利
2016-06-08 Lot9355 63 × 48cm
估价：RMB 20,000-50,000
成交价：RMB 115,000

**大白伞盖佛母唐卡**
年代不详 Unknown AS 中国艺海
2016-01-21 Lot3185 67.3 × 52cm
估价：HKD 3,660,000-7,320,000
成交价：HKD 4,026,000

2016 Chinese Art Auction TOP10 中国唐卡拍卖十大天价排行榜 Top 2

**尊胜佛母唐卡**
18 世纪 18th Century C 佳士得
2016-03-15 Lot212 49.3 × 31.1cm
估价：USD 12,000-18,000
成交价：USD 20,000

**狮面佛母唐卡**
清中期 Mid Qing BC 北京诚轩
2016-11-12 Lot893 61.2 × 49.9cm
估价：无底价
成交价：RMB 40,250

**绿度母唐卡**
17-18 世纪 17th-18th Century S 苏富比
2016-03-19 Lot1332 尺寸不详
估价：USD 3,000-4,000
成交价：USD 12,500

绿度母唐卡
18 世纪 18th Century S 苏富比
2016-03-19 Lot1333 尺寸不详
估价：USD 4,000-6,000
成交价：USD 6,000

铜鎏金绿度母唐卡
清 Qing GD 中国嘉德
2016-11-12 Lot3113 32 × 25.6cm
估价：无底价
成交价：RMB 57,500

吉祥天女唐卡
18-19 世纪 18th-19th Century S 苏富比
2016-03-19 Lot1336 尺寸不详
估价：USD 4,000-6,000
成交价：USD 8,125

六臂玛哈嘎拉
年代不详 Unknown BP 北京保利
2016-06-08 Lot9880 L113cm;W80cm
估价：RMB 420,000-520,000
成交价：RMB 483,000

刺绣黄度母唐卡
乾隆 Qianlong S 苏富比
2016-06-02 Lot756 72.5x52cm
估价：HKD 200,000-300,000
成交价：HKD 437,500

白度母唐卡
18 世纪 18th Century C 佳士得
2016-03-15 Lot208 56.9 × 40.7cm
估价：USD 4,000-6,000
成交价：USD 22,500

棉布矿物颜料吉祥天母唐卡
18-19 世纪 18th-19th Century GD 中国嘉德
2016-11-12 Lot3126 40 × 30.5cm
估价：无底价
成交价：RMB 80,500

宗喀巴皈依境唐卡
18世纪 18th Century KS 北京匡时
2016-06-07 Lot13369 46.5 × 34cm
估价：RMB 65,000-85,000
成交价：RMB 115,000

藏传宗喀巴唐卡
19世纪 19th Century S 苏富比
2016-09-13 Lot160 尺寸不详
估价：USD 10,000-15,000
成交价：USD 40,000

宗喀巴大师传记唐卡
18世纪 18th Century KS 北京匡时
2016-06-07 Lot13400 69 × 45cm
估价：RMB 350,000-400,000
成交价：RMB 402,500

伐那婆斯尊者唐卡
15-16世纪 15th-16th Century BP 北京保利
2016-12-06 Lot5739 109 × 65.5cm
估价：RMB 1,500,000-2,000,000
成交价：RMB 1,725,000

2016 Chinese Art Auction TOP10 中国唐卡拍卖十大天价排行榜 Top 4

棉布矿物颜料莲花生化身—海生金刚唐卡
18 世纪 18th Century GD 中国嘉德
2016-05-15 Lot3081 80.5 × 58.5cm
估价：RMB 100,000-200,000
成交价：RMB 287,500

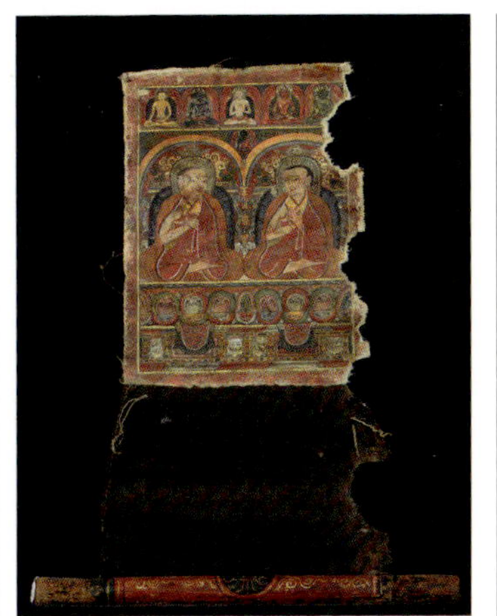

棉部矿物颜料上师论道唐卡
13 世纪 13th Century GD 中国嘉德
2016-11-12 Lot3051 L22cm;W16.5cm
估价：无底价
成交价：RMB 115,000

宗喀巴唐卡
19 世纪 19th Century C 佳士得
2016-03-15 Lot224 65.4 × 41.2cm
估价：USD 4,000-6,000
成交价：USD 8,125

大成就者萨惹哈唐卡
18 世纪 18th Century BD 北京东正
2016-05-14 Lot274 115 × 62cm
估价：RMB 400,000-500,000
成交价：RMB 1,035,000

2016 Chinese Art Auction TOP10 中国唐卡拍卖十大天价排行榜 Top 8

第七世达赖喇嘛加持开光三十五佛唐卡
18 世纪 18th Century BH 北京翰海
2016-06-04 Lot2192 L46cm;W33cm
估价：RMB 880,000-1,080,000
成交价：RMB 1,012,000

2016 Chinese Art Auction TOP10 中国唐卡拍卖十大天价排行榜 Top 9

**毗卢遮那曼荼罗唐卡**
18 世纪 18th Century C 佳士得
2016-03-15 Lot207 89.6 × 65.3cm
估价：USD 8,000-12,000
成交价：USD 12,500

**唐卡**
18 世纪 18th Century C 佳士得
2016-05-11 Lot375 60 × 37cm
估价：GBP 6,000-8,000
成交价：GBP 6,875

**唐卡**
18 世纪 18th Century S 苏富比
2016-03-16 Lot739 67.3cm
估价：USD 10,000-15,000
成交价：USD 22,500

**唐卡**
约 1800 年 Circa 1800 S 苏富比
2016-03-16 Lot738 88.9 × 61.5cm
估价：USD 4,000-6,000
成交价：USD 15,000

**唐卡**
约 1500 年 Circa 1500 S 苏富比
2016-03-16 Lot733 54.6 × 44.5cm
估价：USD 60,000-90,000
成交价：USD 237,500

2016 Chinese Art Auction TOP10 中国唐卡拍卖十大天价排行榜 Top 5

**唐卡**
18-19 世纪 18th-19th Century C 佳士得
2016-03-15 Lot204 62.2 × 42.5cm
估价：USD 10,000-15,000
成交价：USD 15,000

**唐卡**
约 1500 年 Circa 1500 S 苏富比
2016-03-16 Lot732 64.8 × 57.2cm
估价：USD 60,000-90,000
成交价：USD 75,000

**唐卡**
约 1300 年 Circa 1300 S 苏富比
2016-03-16 Lot730 80 × 60.3cm
估价：USD 80,000-120,000
成交价：USD 100,000

**唐卡**
16 世纪 16th Century S 苏富比
2016-03-16 Lot736 52.1 × 47cm
估价：USD 15,000-20,000
成交价：USD 25,000

**唐卡**
约 1400 年 Circa 1400 S 苏富比
2016-03-16 Lot729 46.4 × 39.4cm
估价：USD 20,000-30,000
成交价：USD 32,500

唐卡
14世纪 14th Century S 苏富比
2016-03-16 Lot731 46.4×36.8cm
估价：USD 30,000-50,000
成交价：USD 81,250

坛城唐卡
18-19世纪 18th-19th Century C 佳士得
2016-03-15 Lot218 74.5×56.5cm
估价：USD 15,000-20,000
成交价：USD 20,000

坛城唐卡
18-19世纪 18th-19th Century C 佳士得
2016-03-15 Lot216 79×56.5cm
估价：USD 15,000-20,000
成交价：USD 18,750

金刚鬘九会三十七尊坛城唐卡
康熙 Kangxi BP 北京保利
2016-12-05 Lot5073 L74cm;W55cm
估价：RMB 1,800,000-2,600,000
成交价：RMB 2,127,500

2016 Chinese Art Auction TOP10 中国唐卡拍卖十大天价排行榜 Top 3

极乐净土唐卡
18-19世纪 18th-19th Century BH 北京翰海
2016-06-04 Lot2190 L85cm;W52cm
估价：RMB 160,000-300,000
成交价：RMB 184,000

# *PART 3*

# 文房雅玩
# Art of Scholars

# 竹雕
# Bamboo Carving

竹雕东方朔像
明 Ming BD 北京东正
2016-05-14 Lot2078 H16cm
估价：RMB 250,000-280,000
成交价：RMB 287,500

竹雕赤壁图笔筒
清，18 世纪初 Qing,Early 18th Century S 苏富比
2016-04-06 Lot3030 16cm
估价：HKD 400,000-600,000
成交价：HKD 500,000

竹雕山村归客图笔筒
嘉庆 Jiaqing S 苏富比
2016-06-02 Lot18 12.3cm
估价：HKD 140,000-160,000
成交价：HKD 150,000

竹雕庭院仕女婴戏高仕雅集图笔筒
清早期 Early Qing Z 北京中汉
2016-05-15 Lot150 H11.7cm
估价：RMB 480,000-800,000
成交价：RMB 552,000

竹雕松下高士纹笔筒
清，18-19 世纪 Qing,18th-19th Century S 苏富比
2016-05-11 Lot76 16cm
估价：GBP 7,000-9,000
成交价：GBP 27,500

竹雕山村归客图笔筒
清，19 世纪 Qing,19th Century S 苏富比
2016-06-02 Lot56 12.3cm
估价：HKD 140,000-160,000
成交价：HKD 175,000

竹雕仕女图笔筒
清，18 世纪 Qing,18th Century C 佳士得
2016-03-17 Lot1150 H14.3cm
估价：USD 7,000-9,000
成交价：USD 56,250

竹雕松下人物笔筒
清中期 Mid Qing BH 北京翰海
2016-06-05 Lot2866 H15cm
估价：RMB 140,000-160,000
成交价：RMB 172,500

竹雕睢阳五老图笔筒
清早期 Early Qing BC 北京诚轩
2016-11-12 Lot911 12.9 × 15.3cm
估价：RMB 100,000-150,000
成交价：RMB 195,500

竹雕竹林七贤笔筒
年代不详 Unknown AS 中国艺海
2016-01-21 Lot3192 H12cm
估价：HKD 680,000-1,360,000
成交价：HKD 935,000

竹雕三星观卷图笔筒
17-18 世纪 17th-18th Century S 苏富比
2016-09-13 Lot338 尺寸不详
估价：USD 8,000-12,000
成交价：USD 13,750

王云（雕）林逋爱梅图竹笔筒
清晚期 Late Qing BC 北京诚轩
2016-11-12 Lot914 7.5 × 12.3cm
估价：RMB 80,000-100,000
成交价：RMB 138,000

竹雕渔樵问答笔筒
清 Qing BP 北京保利
2016-10-31 Lot184 H15.5cm
估价：无底价
成交价：RMB 35,650

竹雕王质烂柯图笔筒
17 世纪 17th Century S 苏富比
2016-03-16 Lot344 尺寸不详
估价：USD 4,000-6,000
成交价：USD 5,000

竹雕山水人物纹笔筒
清中期 Mid Qing GD 中国嘉德
2016-11-13 Lot4319 D4.8cm;H11.3cm
估价：RMB 50,000-80,000
成交价：RMB 63,250

竹雕渔樵问答图笔筒
康熙 Kangxi BC 北京诚轩
2016-11-12 Lot910 10.3 × 14.9cm
估价：RMB 80,000-100,000
成交价：RMB 97,750

瑞松款竹雕高士雅集图笔筒
清中期 Mid Qing GD 中国嘉德
2016-09-25 Lot4860 H16.2cm
估价：RMB 60,000-90,000
成交价：RMB 69,000

竹雕观鹤图笔筒
清，18 世纪 Qing,18th Century C 佳士得
2016-03-17 Lot1190 H14.6cm
估价：USD 8,000-12,000
成交价：USD 32,500

竹雕洗马图笔筒
清中期 Mid Qing BH 北京翰海
2016-06-05 Lot2867 H15.5cm
估价：RMB 100,000-150,000
成交价：RMB 172,500

竹刻人生快哉笔筒
嘉庆 Jiaqing S 苏富比
2016-06-02 Lot47 11.2cm
估价：HKD 300,000-350,000
成交价：HKD 400,000

竹雕浴马图笔筒
清，18 世纪 Qing,18th Century C 佳士得
2016-04-05 Lot52 H14cm
估价：HKD 30,000-50,000
成交价：HKD 47,500

吴之璠刻竹洗马图笔筒
康熙 Kangxi BD 北京东正
2016-05-14 Lot228 H16.2cm
估价：RMB 1,200,000-1,500,000
成交价：RMB 920,000

云樵山人诗文竹雕笔筒
乾隆 Qianlong BD 北京东正
2016-05-14 Lot412 H11.7cm
估价：RMB 200,000-250,000
成交价：RMB 322,000

张希黄制竹雕留青山水楼阁图笔筒
17 世纪 17th Century S 苏富比
2016-10-05 Lot40 10.6cm
估价：HKD 1,000,000-1,500,000
成交价：HKD 4,880,000

2016 Chinese Art Auction TOP10 中国竹木牙角雕拍卖十大天价排行榜 Top 3

竹雕鹅字笔筒
清中期 Mid Qing BD 北京东正
2016-06-05 Lot246 H14.5cm
估价：RMB 30,000-40,000
成交价：RMB 43,700

竹雕喜上眉梢图笔筒
清，18 世纪 Qing,18th Century C 佳士得
2016-03-17 Lot1215 L25.1cm
估价：USD 4,000-6,000
成交价：USD 22,500

竹雕灵芝如意
清，18-19 世纪 Qing,18th-19th Century C 佳士得
2016-03-17 Lot1133 L43.2cm
估价：USD 8,000-12,000
成交价：USD 125,000

周颢刻“携琴访友图”竹笔筒
乾隆 ,1750 年 Qianlong,1750 C 佳士得
2016-11-30 Lot3227 H15cm
估价：HKD 2,000,000-3,000,000
成交价：HKD 4,620,000

竹雕松纹笔筒
清 Qing BD 北京东正
2016-05-14 Lot2075 H13cm
估价：RMB 250,000-280,000
成交价：RMB 287,500

竹雕白菜纹笔筒
明晚期 Late Ming BD 北京东正
2016-05-14 Lot2076 H14cm
估价：RMB 100,000-120,000
成交价：RMB 115,000

竹雕白菜纹笔筒
清中期 Mid Qing GD 中国嘉德
2016-11-13 Lot4320 D4.3cm;H11.1cm
估价：RMB 50,000-80,000
成交价：RMB 57,500

竹制扇骨十件及竹雕笔筒（两件）
清 Qing GD 中国嘉德
2016-09-24 Lot3815 尺寸不一
估价：无底价
成交价：RMB 36,800

竹雕文鼎款田园图笔筒
清中晚期 Mid Qing or Late Qing BD 北京东正
2016-06-05 Lot244 H13.7cm
估价：RMB 25,000-35,000
成交价：RMB 34,500

竹雕“刘阮入天台”笔筒及竹透雕文会图笔筒
清，18 世纪 Qing,18th Century C 佳士得
2016-04-05 Lot167 H14.8cm;H16.7cm
估价：HKD 50,000-70,000
成交价：HKD 106,250

竹雕芷岩款竹石图笔筒
清中期 Mid Qing BD 北京东正
2016-06-05 Lot245 H11cm
估价：RMB 50,000-70,000
成交价：RMB 74,750

竹根雕九龙笔搁
清，18 世纪 Qing,18th Century S 苏富比
2016-10-05 Lot33 17.5cm
估价：HKD 200,000-300,000
成交价：HKD 475,000

### 竹雕四妃十六子纹香筒

明晚期 Late Ming S 苏富比
2016-03-16 Lot349 尺寸不详
估价：USD 25,000-35,000
成交价：USD 32,500

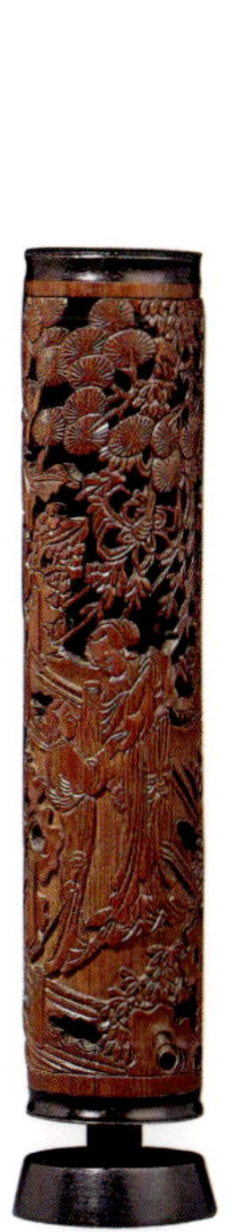

### 竹雕西厢记人物图香筒

清早期 Early Qing BC 北京诚轩
2016-11-12 Lot913 3.5 × 17cm
估价：RMB 10,000-20,000
成交价：RMB 71,300

### 斑竹诗文臂搁

清 Qing SUN 中贸圣佳
2016-05-16 Lot1008 L18.5cm;W5.2cm
估价：RMB 140,000-180,000
成交价：RMB 161,000

### 周芷岩制竹雕臂搁

清 Qing BD 北京东正
2016-05-14 Lot2073 L14.6cm
估价：RMB 150,000-180,000
成交价：RMB 195,500

### 吴元星刻 护法托塔天王图竹雕臂搁

年代不详 Unknown SE 福建东南
2016-10-30 Lot36 34.5 × 12.7 × 4.5cm
估价：RMB 38,000-40,000
成交价：RMB 43,700

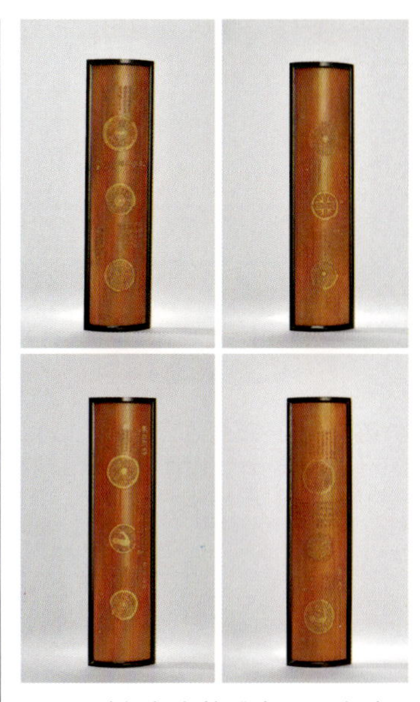

### 吴元星刻 留青竹雕秦汉瓦当臂搁（四件）

年代不详 Unknown SE 福建东南
2016-05-22 Lot636 35 × 9.2 × 3.1cm
估价：RMB 100,000-200,000
成交价：RMB 115,000

### “舜江”款诗文竹臂搁

清 Qing Z 北京中汉
2016-11-13 Lot161 L27.5cm
估价：RMB 30,000-50,000
成交价：RMB 34,500

吴元星刻 钟馗图竹雕臂搁
年代不详 Unknown SE 福建东南
2016-10-30 Lot37 33.2 × 14 × 4.8cm
估价：RMB 38,000-40,000
成交价：RMB 43,700

周铿 竹雕罗汉臂搁
年代不详 Unknown JH 上海嘉禾
2016-09-20 Lot742 L33cm
估价：无底价
成交价：RMB 44,850

王子久制留青山水纹竹臂搁
年代不详 Unknown AS 中国艺海
2016-01-21 Lot3195 L19.4cm
估价：HKD 920,000-1,840,000
成交价：HKD 1,012,000

吴元星刻 丹青梨园净行竹雕臂搁
年代不详 Unknown SE 福建东南
2016-10-30 Lot35 33 × 12.8 × 4.5cm
估价：RMB 38,000-40,000
成交价：RMB 43,700

山水人物图竹臂搁
20 世纪 20th Century C 佳士得
2016-05-11 Lot232 W20.3cm
估价：GBP 3,000-5,000
成交价：GBP 4,500

竹刻留青山水楼阁图臂搁
清 Qing C 佳士得
2016-10-04 Lot178 L20cm
估价：HKD 40,000-60,000
成交价：HKD 50,000

吴元星刻 周夔凤尊图竹雕臂搁
年代不详 Unknown SE 福建东南
2016-10-30 Lot34 33.5 × 12 × 4.5cm
估价：RMB 38,000-40,000
成交价：RMB 43,700

德化竹节萧
清，17 世纪 Qing,17th Century C 佳士得
2016-03-17 Lot1183 L56.8cm
估价：USD 3,000-5,000
成交价：USD 27,500

**竹笔洗**

清，17 世纪 Qing,17th Century C 佳士得
2016-03-17 Lot1159 D11.4cm
估价：USD 7,000-9,000
成交价：USD 21,250

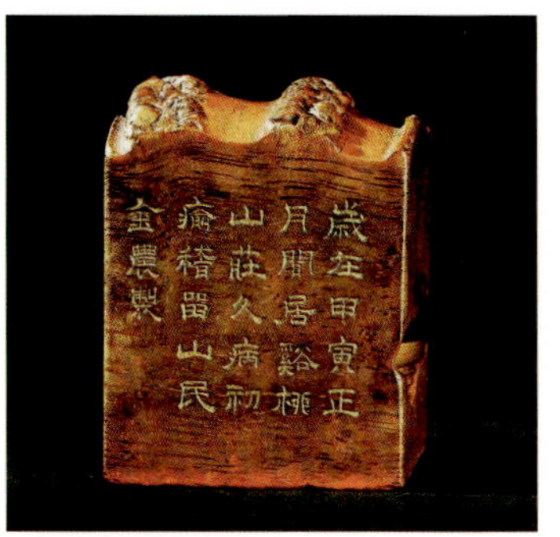

**竹根朱文闲章**

年代不详 Unknown SE 福建东南
2016-05-22 Lot572 8.7 × 7.1 × 6.9cm
估价：RMB 380,000-400,000
成交价：RMB 437,000

**竹根雕采药仙翁**

清早期 Early Qing BD 北京东正
2016-05-14 Lot411 H10.3cm
估价：RMB 600,000-800,000
成交价：RMB 920,000

**竹根雕寿老**

清，17-18 世纪 Qing,17th-18th Century S 苏富比
2016-10-05 Lot52 15.6cm
估价：HKD 150,000-200,000
成交价：HKD 187,500

**竹雕采药老人摆件（两件）**

清中期 Mid Qing BD 北京东正
2016-06-05 Lot239 尺寸不一
估价：RMB 20,000-30,000
成交价：RMB 43,700

**竹雕高士像**

清 Qing BP 北京保利
2016-10-31 Lot282 H6.5cm
估价：无底价
成交价：RMB 40,250

**竹雕童子牧牛摆件**

清中期 Mid Qing GD 中国嘉德
2016-09-25 Lot5107 H22cm
估价：RMB 28,000-38,000
成交价：RMB 32,200

**竹根雕童子戏象摆件**

清，17-18 世纪 Qing,17th-18th Century S 苏富比
2016-10-05 Lot3664 16cm
估价：HKD 100,000-150,000
成交价：HKD 275,000

**竹雕摔跤童子人物**

清 Qing BD 北京东正
2016-05-14 Lot2074 H5cm
估价：RMB 80,000-100,000
成交价：RMB 126,500

竹雕太狮少狮把件
清中期 Mid Qing TH 北京传是
2016-06-04 Lot90 H8cm
估价：RMB 100,000-150,000
成交价：RMB 138,000

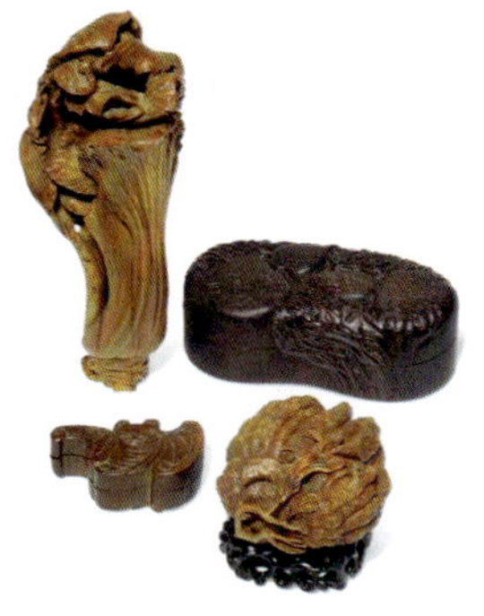

瘿木摆件 竹摆件
20 世纪 20th Century C 佳士得
2016-05-11 Lot247 L19cm
估价：GBP 2,500-4,000
成交价：GBP 9,750

竹根雕水仙摆件
清，17-18 世纪 Qing,17th-18th Century S 苏富比
2016-10-05 Lot45 14.7cm
估价：HKD 150,000-200,000
成交价：HKD 275,000

竹雕狮形杯（一对）
康熙 Kangxi C 佳士得
2016-10-04 Lot171 W12cm
估价：HKD 60,000-80,000
成交价：HKD 75,000

竹制满堂配翡翠珠鸟笼
乾隆 Qianlong BP 北京保利
2016-06-07 Lot8423 31 × 21 × 29cm
估价：RMB 160,000-360,000
成交价：RMB 184,000

竹制圆鸟笼
清晚期 Late Qing GD 中国嘉德
2016-11-13 Lot4365 D29cm;H31cm
估价：RMB 60,000-90,000
成交价：RMB 69,000

穹顶式黑漆竹制嵌宝石鸟笼 带象牙配件

清，19 世纪 Qing,19th Century PLHK 保利香港
2016-04-05 Lot3152 H54.5cm;D36.5cm
估价：HKD 80,000-120,000
成交价：HKD 188,800

沉香雕“香山九老”图笔筒

清早期 Early Qing HY 华艺国际
2016-05-26 Lot1210 H15cm
估价：RMB 800,000-1,000,000
成交价：RMB 1,104,000

黄花梨嵌金银狮子林图笔筒

清晚期 - 民国 Late Qing-Republic Period S 苏富比
2016-06-02 Lot39 D20.1cm
估价：HKD 260,000-300,000
成交价：HKD 325,000

天成款沉香雕山水人物图笔筒

明末清初 Late Ming-Early Qing SUN 中贸圣佳
2016-05-16 Lot1163 H11.2cm
估价：RMB 1,700,000-2,000,000
成交价：RMB 1,955,000

**黄花梨笔筒**

明末清初 Late Ming-Early Qing BD 北京东正
2016-05-14 Lot2089 H21.3cm
估价：RMB 450,000-550,000
成交价：RMB 517,500

**黄花梨大笔筒**

明末清初 Late Ming and Early Qing BC 北京诚轩
2016-11-12 Lot909 19 × 16cm
估价：RMB 100,000-120,000
成交价：RMB 161,000

**黄花梨笔筒**

清，18 世纪 Qing,18th Century C 佳士得
2016-03-17 Lot1101 D17.5cm
估价：USD 15,000-20,000
成交价：USD 23,750

**程庭鹭刻黄花梨笔筒**

年代不详 Unknown BD 北京东正
2016-05-14 Lot229 H13.5cm
估价：RMB 120,000-200,000
成交价：RMB 138,000

**紫檀笔筒**

清 Qing BD 北京东正
2016-05-14 Lot3027 D17.8cm;H17.5cm
估价：无底价
成交价：RMB 126,500

**杨澥款黄花梨笔筒**

清 Qing SUN 中贸圣佳
2016-05-16 Lot1157 D19cm;D18.3cm;H18.3cm
估价：RMB 270,000-350,000
成交价：RMB 310,500

**黄花梨大笔筒**

明末清初 Late Ming-Early Qing GD 中国嘉德
2016-05-14 Lot4817 D26cm;H22.7cm
估价：RMB 120,000-220,000
成交价：RMB 230,000

**黄花梨笔筒**

清 Qing BD 北京东正
2016-06-05 Lot96 H16.5cm
估价：RMB 30,000-40,000
成交价：RMB 34,500

### 黄花梨笔筒
清早期 Early Qing GD 中国嘉德
2016-09-25 Lot4931 H17.6cm
估价：RMB 55,000-85,000
成交价：RMB 63,250

### 黄花梨大笔筒
明末清初 Late Ming-Early Qing S 苏富比
2016-04-06 Lot101 19.9 × 22.5cm
估价：HKD 65,000-100,000
成交价：HKD 400,000

### 紫檀大笔筒
清早期 Early Qing GD 中国嘉德
2016-11-13 Lot4386 D25.5cm;H23cm
估价：RMB 350,000-550,000
成交价：RMB 402,500

### 黄花梨笔筒
明末清初 Late Ming and Early Qing S 苏富比
2016-10-05 Lot3001 19.5 × 19.5cm
估价：HKD 65,000-100,000
成交价：HKD 175,000

### 黄花梨大笔筒
明末清初 Late Ming and Early Qing S 苏富比
2016-10-05 Lot3009 23 × 26cm
估价：HKD 90,000-150,000
成交价：HKD 500,000

### 紫檀笔筒二件及黄花梨笔筒一件
清，18 世纪 Qing,18th Century S 苏富比
2016-04-05 Lot2906 尺寸不一
估价：HKD 60,000-80,000
成交价：HKD 162,500

### 黄花梨笔筒
明晚期 Late Ming S 苏富比
2016-10-05 Lot3011 16 × 11cm
估价：HKD 65,000-100,000
成交价：HKD 87,500

### 紫檀笔筒
清，18 世纪 Qing,18th Century S 苏富比
2016-03-16 Lot353 尺寸不详
估价：USD 12,000-18,000
成交价：USD 15,000

### 黄杨木笔筒
清 Qing BD 北京东正
2016-05-14 Lot3049 H13.5cm
估价：RMB 60,000-80,000
成交价：RMB 138,000

黄花梨树瘿式笔筒
明末清初 Late Ming-Early Qing C 佳士得
2016-03-17 Lot1114 D26cm
估价：USD 20,000-30,000
成交价：USD 43,750

奇木根瘤笔筒
清早期 Early Qing GD 中国嘉德
2016-05-14 Lot4524 D21cm;H23cm
估价：RMB 30,000-50,000
成交价：RMB 184,000

黄花梨镶瘿木大笔筒
清，17-18 世纪 Qing,17th-18th Century C 佳士得
2016-04-05 Lot154 D24.2cm
估价：HKD 70,000-90,000
成交价：HKD 175,000

紫檀雕树瘤笔筒
清早期 Early Qing BC 北京诚轩
2016-05-15 Lot900 11.2 × 11.5cm
估价：RMB 50,000-70,000
成交价：RMB 184,000

紫檀树瘤笔筒
清 Qing BD 北京东正
2016-06-05 Lot95 H16cm
估价：RMB 40,000-60,000
成交价：RMB 66,700

黄花梨随形笔筒
清，18-19 世纪 Qing,18th-19th Century S 苏富比
2016-03-15 Lot47 尺寸不详
估价：USD 2,000-3,000
成交价：USD 30,000

紫檀树瘤笔筒
明 Ming BH 北京翰海
2016-06-05 Lot2868 H19.5cm
估价：RMB 600,000-800,000
成交价：RMB 920,000

黄花梨根瘤笔筒
清早期 Early Qing GD 中国嘉德
2016-11-13 Lot4525 D14cm;H14.5cm
估价：RMB 60,000-100,000
成交价：RMB 69,000

紫檀倭角四方笔筒
清早期 Early Qing SUN 中贸圣佳
2016-05-16 Lot1152 L7.6cm;W7.6cm;H10.2cm
估价：RMB 220,000-280,000
成交价：RMB 253,000

**紫檀六棱倭角笔筒**
乾隆 Qianlong BH 北京翰海
2016-06-05 Lot2871 H10.8cm
估价：RMB 10,000-20,000
成交价：RMB 143,750

**黄花梨树根式笔筒**
清，18 世纪 Qing,18th Century C 佳士得
2016-03-17 Lot1136 D18.4cm
估价：USD 7,000-9,000
成交价：USD 17,500

**紫檀花瓣式笔筒**
清，18 世纪 Qing,18th Century C 佳士得
2016-03-17 Lot1164 D19cm
估价：USD 25,000-35,000
成交价：USD 35,000

**黄花梨带座六方笔筒**
明 Ming TH 北京传是
2016-06-04 Lot122 H16.5cm;D16cm
估价：RMB 150,000-250,000
成交价：RMB 195,500

**紫檀菱花式笔筒**
清，18-19 世纪 Qing,18th-19th Century S 苏富比
2016-03-15 Lot24 尺寸不详
估价：USD 6,000-8,000
成交价：USD 40,000

**周天球刻黄花梨诗文笔筒**
明 Ming SUN 中贸圣佳
2016-05-16 Lot1158 D10cm;H12cm
估价：RMB 200,000-280,000
成交价：RMB 345,000

**黄花梨随形笔筒**
清，18-19 世纪 Qing,18th-19th Century S 苏富比
2016-03-15 Lot49 尺寸不详
估价：USD 2,000-3,000
成交价：USD 20,000

**黄花梨大笔筒及黄花梨带托泥案上案**
清早期 Early Qing GD 中国嘉德
2016-11-13 Lot4385 D20.5cm;H21cm;32.2 × 16.3 × 8cm
估价：RMB 30,000-50,000
成交价：RMB 78,200

紫檀镶嵌高士图笔筒
明晚期 Late Ming C 佳士得
2016-10-04 Lot53 H14.2cm
估价：HKD 200,000-300,000
成交价：HKD 250,000

沉香木雕蝶恋花笔筒
清 Qing PLHK 保利香港
2016-10-04 Lot3161 H11.8cm;W7.7cm
估价：HKD 160,000-200,000
成交价：HKD 188,800

黄花梨花瓣式笔筒
清，18 世纪 Qing,18th Century C 佳士得
2016-03-17 Lot1144 H21cm
估价：USD 15,000-20,000
成交价：USD 60,000

沉香雕榭亭送别图随形笔筒
明末清初 Late Ming and Early Qing C 佳士得
2016-10-04 Lot175 H15.3cm
估价：HKD 30,000-40,000
成交价：HKD 37,500

黄杨木雕梅花笔筒
清中期 Mid Qing BP 北京保利
2016-10-31 Lot538 H10.5cm
估价：RMB 30,000-50,000
成交价：RMB 34,500

黄花梨雕花卉纹笔筒
清，18 世纪 Qing,18th Century S 苏富比
2016-03-15 Lot17 尺寸不详
估价：USD 15,000-25,000
成交价：USD 37,500

沉香雕秋鹿图笔筒
清 Qing GD 中国嘉德
2016-11-13 Lot4388 D16cm;H15.7cm
估价：RMB 220,000-320,000
成交价：RMB 253,000

黄花梨刻梅花图笔筒
清，18 世纪 Qing,18th Century S 苏富比
2016-06-02 Lot50 D20.9cm
估价：HKD 300,000-400,000
成交价：HKD 562,500

黄花梨嵌螺钿梅花纹筒
18 世纪 18th Century C 佳士得
2016-11-08 Lot131 H14cm
估价：GBP 10,000-15,000
成交价：GBP 12,500

**黄花梨玉兰花卉笔筒**
清早期 Early Qing BP 北京保利
2016-04-27 Lot634 H19.5cm
估价：无底价
成交价：RMB 115,000

**紫檀嵌银丝梅竹灵芝纹笔筒**
17 世纪 17th Century S 苏富比
2016-04-06 Lot3685 13.5cm
估价：HKD 500,000-600,000
成交价：HKD 625,000

**徐世昌紫檀雕竹石纹笔筒**
清 Qing PLXM 保利厦门
2016-05-08 Lot625 H14.7 × D13.3cm
估价：RMB 120,000-220,000
成交价：RMB 138,000

**黄花梨尊形笔筒**
明 Ming SUN 中贸圣佳
2016-05-16 Lot1303 D14.6cm;D14.5cm;H13.9cm
估价：RMB 50,000-80,000
成交价：RMB 345,000

**黄花梨葵口雕花笔筒**
清 Qing SUN 中贸圣佳
2016-05-16 Lot1304 D22.5cm;H20.2cm
估价：RMB 1,200,000-1,500,000
成交价：RMB 1,380,000

**无我款紫檀笔筒**
康熙 Kangxi SUN 中贸圣佳
2016-11-15 Lot1408 15.5 × 18.51cm
估价：RMB 1,800,000-2,500,000
成交价：RMB 10,005,000

2016 Chinese Art Auction TOP10 中国竹木牙角雕拍卖十大天价排行榜 Top 2

黄花梨竹石诗文笔筒
乾隆 Qianlong BD 北京东正
2016-06-05 Lot91 H19cm
估价：RMB 100,000-150,000
成交价：RMB 115,000

紫檀嵌百宝笔筒
清 Qing XLA 西泠印社
2016-09-29 Lot11 H18.5cm;D19.5cm
估价：RMB 28,000-35,000
成交价：RMB 34,500

紫檀四面工诗文笔筒
清中期 Mid Qing BP 北京保利
2016-04-27 Lot633 H15.5cm
估价：无底价
成交价：RMB 184,000

黄杨木深雕山水图笔筒
清，18 世纪 Qing,18th Century C 佳士得
2016-10-04 Lot173 W16.5cm
估价：HKD 80,000-120,000
成交价：HKD 100,000

紫檀嵌百宝荷塘鸳鸯图小笔筒
17 世纪 17th Century BO 邦瀚斯
2016-11-10 Lot141 H10.5cm
估价：GBP 3,000-5,000
成交价：GBP 6,000

沉香雕仿松树椿形笔筒
清 Qing C 佳士得
2016-10-04 Lot177 W18.8cm
估价：HKD 100,000-150,000
成交价：HKD 162,500

黄花梨嵌百宝花石图笔筒
17 世纪 17th Century BO 邦瀚斯
2016-11-10 Lot143 H13.6cm
估价：GBP 6,000-8,000
成交价：GBP 7,500

紫檀雕玉兰花卉纹笔筒
清 Qing BD 北京东正
2016-06-05 Lot93 H19.5cm
估价：RMB 30,000-50,000
成交价：RMB 34,500

黄鞠作紫檀刻恽寿平水仙奇石图笔筒
道光 Daoguang S 苏富比
2016-04-05 Lot2943 17.4cm
估价：HKD 400,000-600,000
成交价：HKD 500,000

沉香木雕山石纹笔筒
明 Ming XLA 西泠印社
2016-04-09 Lot4 H16.5cm;D17.2cm
估价：RMB 120,000-180,000
成交价：RMB 143,750

嵌沉香山水纹笔筒
清早期 Early Qing KS 北京匡时
2016-06-07 Lot3413 H17.2cm
估价：RMB 270,000-300,000
成交价：RMB 310,500

沉香木雕梅枝纹笔筒
明末清初 Late Ming-Early Qing C 佳士得
2016-03-17 Lot1139 D15.6cm
估价：USD 25,000-35,000
成交价：USD 56,250

沉香木雕梅竹纹笔筒
明晚期，17 世纪 Late Ming,17th Century C 佳士得
2016-03-17 Lot1124 D17.1cm
估价：USD 30,000-50,000
成交价：USD 100,000

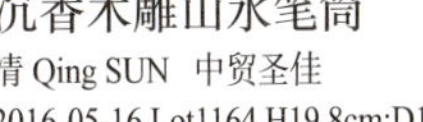

沉香木雕山水笔筒
清 Qing SUN 中贸圣佳
2016-05-16 Lot1164 H19.8cm;D19.2cm
估价：RMB 1,300,000-1,800,000
成交价：RMB 1,610,000

木根雕古松随形笔筒
清，18 世纪 Qing,18th Century S 苏富比
2016-04-05 Lot2879 17.8cm
估价：HKD 280,000-350,000
成交价：HKD 350,000

紫檀雕灵芝纹如意
清 Qing XLA 西泠印社
2016-09-29 Lot17 L29cm
估价：RMB 26,000-30,000
成交价：RMB 31,050

沉香镂雕刘海戏金蟾香筒
清 Qing GD 中国嘉德
2016-11-15 Lot5068 H6.3cm
估价：RMB 30,000-50,000
成交价：RMB 34,500

黄杨木雕云龙纹笔筒
清早期 Early Qing BP 北京保利
2016-06-07 Lot7829 H14.5cm
估价：RMB 180,000-220,000
成交价：RMB 207,000

木雕灵芝如意
清 Qing S 苏富比
2016-03-16 Lot347 尺寸不详
估价：USD 4,000-6,000
成交价：USD 5,000

黄杨木雕如意摆件
18 世纪 18th Century C 佳士得
2016-11-08 Lot158 L35.5cm
估价：GBP 6,000-10,000
成交价：GBP 7,500

黄花梨嵌沉香三多纹如意
清 Qing XLA 西泠印社
2016-09-29 Lot15 L41cm
估价：RMB 52,000-60,000
成交价：RMB 63,250

紫檀嵌银丝三镶黄杨雕螭龙纹如意
清 Qing XLA 西泠印社
2016-09-29 Lot14 L47cm
估价：RMB 50,000-80,000
成交价：RMB 69,000

沉香木如意
清早期 Early Qing GD 中国嘉德
2016-05-14 Lot4602 L39cm
估价：RMB 50,000-80,000
成交价：RMB 414,000

沉香大如意
清中期 Mid Qing BP 北京保利
2016-04-27 Lot665 H13.5cm
估价：无底价
成交价：RMB 368,000

沉香木雕道教神仙纹如意
清，19 世纪 Qing,19th Century S 苏富比
2016-05-11 Lot77 59.5cm
估价：GBP 5,000-7,000
成交价：GBP 87,500

黄杨雕灵芝形如意
乾隆 Qianlong BD 北京东正
2016-05-14 Lot419 L32.5cm
估价：RMB 1,000,000-1,500,000
成交价：RMB 1,725,000

沉香木透雕花果如意
清 Qing BH 北京翰海
2016-06-05 Lot3023 L48cm
估价：RMB 150,000-180,000
成交价：RMB 184,000

沉香镶金字手串
清 Qing BD 北京东正
2016-05-14 Lot2104 L15cm
估价：RMB 200,000-250,000
成交价：RMB 230,000

树根天然画斗
明末清初 Late Ming and Early Qing S 苏富比
2016-10-05 Lot3022 31.3 × 29 × 26cm
估价：HKD 65,000-100,000
成交价：HKD 81,250

紫檀木雕四灵应瑞嵌石如意
乾隆 Qianlong BH 北京翰海
2016-06-05 Lot3024 L42.8cm
估价：RMB 200,000-300,000
成交价：RMB 356,500

黄杨木雕人物香囊及沉香福山寿海珮
清中期 Mid Qing GD 中国嘉德
2016-11-13 Lot4501 5 × 2.2 × 10cm
估价：RMB 40,000-60,000
成交价：RMB 46,000

沉香嵌百宝寿字手串
年代不详 Unknown AS 中国艺海
2016-01-21 Lot3089 H27cm
估价：HKD 660,000-1,320,000
成交价：HKD 1,650,000

沉香木串
清 Qing BH 北京翰海
2016-04-17 Lot1903 尺寸不详
估价：RMB 10,000-10,000
成交价：RMB 149,500

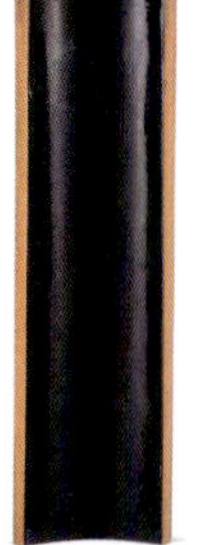

林介侯制黄杨木刻梅花图臂搁
民国 Republic Period S 苏富比
2016-06-02 Lot62 20.8cm
估价：HKD 180,000-200,000
成交价：HKD 225,000

**紫檀刻诗文臂搁**
咸丰 Xianfeng S 苏富比
2016-06-02 Lot71 27.9cm
估价：HKD 180,000-200,000
成交价：HKD 225,000

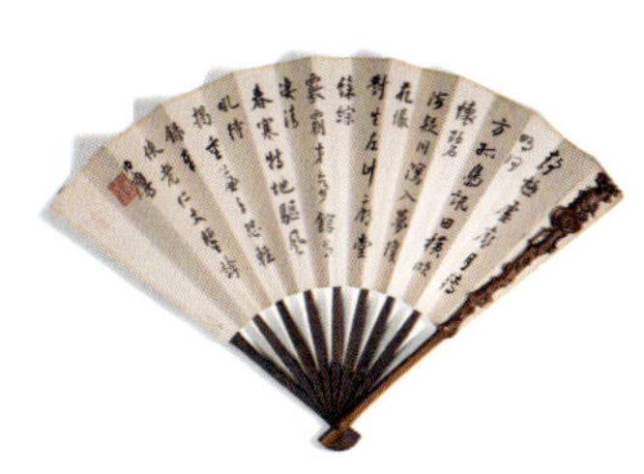

**传周义制黄杨木雕镂空桃竹纹扇骨**
清晚期 Late Qing S 苏富比
2016-06-02 Lot17 32.1cm
估价：HKD 60,000-80,000
成交价：HKD 175,000

**黄杨木大画斗**
清早期 Early Qing GD 中国嘉德
2016-05-14 Lot4515 45 × 35 × 41cm
估价：RMB 50,000-80,000
成交价：RMB 345,000

**紫檀仿树根大臂搁**
清，18-19 世纪 Qing,18th-19th Century C 佳士得
2016-03-17 Lot1105 L57.6cm
估价：USD 10,000-15,000
成交价：USD 40,000

**楠木画斗**
明晚期 - 清 Late Ming-Qing S 苏富比
2016-04-05 Lot2842 D57.5cm
估价：HKD 200,000-300,000
成交价：HKD 325,000

**奇木根瘤大画斗**
清中期 Mid Qing GD 中国嘉德
2016-05-14 Lot4529 D45cm;H36cm
估价：RMB 60,000-90,000
成交价：RMB 350,750

**黄花梨苍龙教子升天门扇（一对）**
清早期 Early Qing BD 北京东正
2016-05-14 Lot381 75 × 123 × 3cm
估价：RMB 380,000-480,000
成交价：RMB 667,000

**紫檀臂搁与摆件 竹摆件**
19-20 世纪 19th-20th Century C 佳士得
2016-05-11 Lot249 L22.3cm
估价：GBP 3,000-5,000
成交价：GBP 5,000

紫檀仿树瘿式画斗
清，18 世纪 Qing,18th Century C 佳士得
2016-03-17 Lot1179 D32.4cm;H30.5cm
估价：USD 30,000-50,000
成交价：USD 40,000

沉香摆件
年代不详 Unknown C 佳士得
2016-04-05 Lot171 L14cm
估价：HKD 30,000-50,000
成交价：HKD 43,750

奇木随形根瘤山子
清 Qing GD 中国嘉德
2016-11-13 Lot4339 H36cm
估价：RMB 30,000-50,000
成交价：RMB 34,500

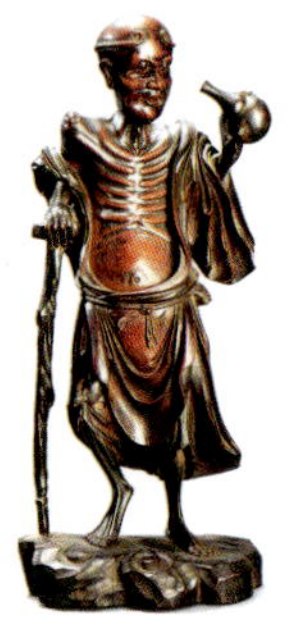

木雕铁拐李
明 Ming SE 福建东南
2016-10-30 Lot56 32 × 14 × 9cm
估价：RMB 100,000-120,000
成交价：RMB 115,000

树根雕摆件
清 Qing S 苏富比
2016-10-05 Lot90 18.4cm;H20.9cm
估价：HKD 30,000-50,000
成交价：HKD 68,750

紫檀海水龙纹盘
清 Qing BP 北京保利
2016-10-31 Lot308 L28cm
估价：无底价
成交价：RMB 46,000

黄杨木雕济公摆件
民国早期 Early Republic Period C 佳士得
2016-04-05 Lot54 H11cm
估价：HKD 50,000-70,000
成交价：HKD 106,250

奇木根瘤山子
清 Qing GD 中国嘉德
2016-11-13 Lot4351 H61cm
估价：RMB 30,000-50,000
成交价：RMB 34,500

紫檀托盘
清 Qing BO 邦瀚斯
2016-09-12 Lot8084 W17.5cm
估价：USD 2,000-3,000
成交价：USD 4,750

紫檀雕松鼠葡萄纹叶形盘
清，18-19 世纪 Qing,18th-19th Century S 苏富比
2016-09-13 Lot337 尺寸不详
估价：USD 4,000-6,000
成交价：USD 5,000

黄花梨长方盘
明晚期 Late Ming GD 中国嘉德
2016-05-14 Lot4813 W46.7cm;L28.9cm;H2.8cm
估价：RMB 80,000-120,000
成交价：RMB 195,500

沉香雕松林山水杯
明末清初 Late Ming and Early Qing PLXM 保利厦门
2016-11-06 Lot943 H8.5cm
估价：RMB 900,000-1,100,000
成交价：RMB 1,207,500

紫檀木雕西番莲纹都承盘
年代不详 Unknown SE 福建东南
2016-10-30 Lot45 17 × 47 × 47cm
估价：RMB 50,000-60,000
成交价：RMB 63,250

黄花梨长方盘
明晚期 Late Ming S 苏富比
2016-04-06 Lot110 3.8 × 44.9 × 26.8cm
估价：HKD 45,000-80,000
成交价：HKD 475,000

沉香木雕山水楼阁杯
清，18 世纪 Qing,18th Century S 苏富比
2016-10-05 Lot80 L10.5cm
估价：HKD 100,000-150,000
成交价：HKD 300,000

紫檀木四抽都承盘
年代不详 Unknown SE 福建东南
2016-10-30 Lot47 15 × 36 × 34cm
估价：RMB 12,000-13,000
成交价：RMB 40,250

瞿应绍铭沉香木山子 酒杯
明，16 世纪 Ming,16th Century C 佳士得
2016-03-17 Lot1140 H27cm
估价：USD 40,000-60,000
成交价：USD 106,250

御制紫檀填金百寿纹供碗
乾隆 Qianlong KS 北京匡时
2016-06-07 Lot3759 H7cm
估价：RMB 100,000-150,000
成交价：RMB 172,500

硬木嵌百宝海棠诗句纹壁瓶一对
清，19 世纪 Qing,19th Century S 苏富比
2016-03-19 Lot1495 尺寸不详
估价：USD 6,000-8,000
成交价：USD 32,500

黄杨木仿树根香插
清，18-19 世纪 Qing,18th-19th Century C 佳士得
2016-03-17 Lot1174 H16.5cm
估价：USD 7,000-9,000
成交价：USD 32,500

奇木香炉
清 Qing BD 北京东正
2016-05-14 Lot393 H18cm
估价：RMB 60,000-80,000
成交价：RMB 115,000

黄杨木雕莲瓣式小瓶
18 世纪 18th Century BO 邦瀚斯
2016-09-12 Lot8085 H15cm
估价：USD 4,000-6,000
成交价：USD 5,000

奇木根瘤花插
清早期 Early Qing GD 中国嘉德
2016-05-14 Lot4502 D25cm;H40cm
估价：RMB 50,000-80,000
成交价：RMB 552,000

黄花梨画匣
明晚期 Late Ming GD 中国嘉德
2016-05-14 Lot4815 W64.9cm;L44.1cm;H18.5cm
估价：RMB 360,000-560,000
成交价：RMB 632,500

奇木根瘤香薰
清 Qing GD 中国嘉德
2016-11-13 Lot4342 H24cm
估价：RMB 30,000-50,000
成交价：RMB 46,000

紫檀夔龙纹铜饰件多穆壶
康熙 - 雍正 Kangxi-Yongzheng BP 北京保利
2016-06-06 Lot7531 H44cm
估价：RMB 800,000-1,000,000
成交价：RMB 920,000

御制鸂鶒木雕云龙争珠图板四件 一组
乾隆 Qianlong S 苏富比
2016-06-02 Lot745 36.9x34.5cm;;67.4x9.2cm
估价：HKD 80,000-120,000
成交价：HKD 937,500

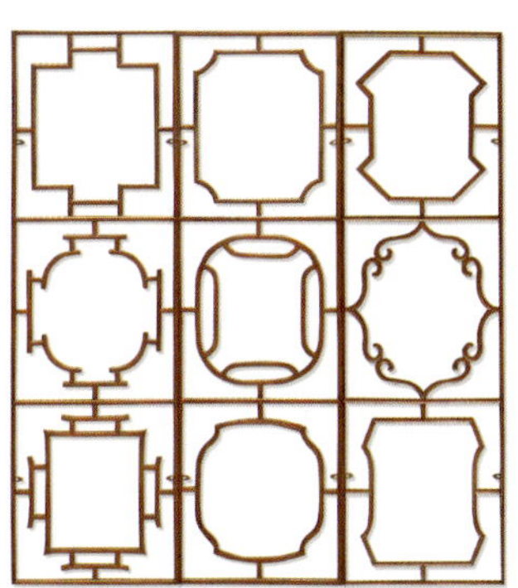

黄花梨窗格
明或清早期 Ming or Early Qing GD 中国嘉德
2016-05-14 Lot4839 W52.5cm;H172cm
估价：RMB 380,000-600,000
成交价：RMB 1,150,000

黄花梨气死猫
清 Qing KS 北京匡时
2016-06-06 Lot2405 85 × 42 × 150cm
估价：RMB 250,000-320,000
成交价：RMB 448,500

黄花梨神龛
清 Qing KS 北京匡时
2016-06-06 Lot2425 108 × 74 × 122cm
估价：RMB 1,500,000-1,800,000
成交价：RMB 1,840,000

黄花梨镜匣
清 Qing BD 北京东正
2016-05-14 Lot3028 L22.5cm;W22.5cm;H9.2cm
估价：无底价
成交价：RMB 138,000

银杏木“幽赏未已”书房匾
清 Qing SUN 中贸圣佳
2016-05-16 Lot1186 L89.4cm;W29.8cm
估价：RMB 160,000-200,000
成交价：RMB 253,000

康熙帝御宝檀香木异兽钮方玺
康熙 Kangxi S 苏富比
2016-04-06 Lot3101 11 × 10.2 × 10.2cm
估价：咨询价
成交价：HKD 92,600,000

2016 Chinese Art Auction TOP10 中国文玩杂项拍卖十大天价排行榜 Top 2

2016 Chinese Art Auction TOP10 中国竹木牙角雕拍卖十大天价排行榜 Top 1

瘿木狻猊摆件
清 Qing BD 北京东正
2016-05-14 Lot3137 H73cm;L122cm
估价：RMB 150,000-250,000
成交价：RMB 368,000

紫檀嵌宝胡人献宝图长方盖盒
康熙 Kangxi S 苏富比
2016-05-11 Lot302 25.4 × 15 × 9cm
估价：GBP 6,000-8,000
成交价：GBP 161,000

法周柱制紫檀嵌宝荔枝图盖盒
明末清初 Late Ming-Early Qing S 苏富比
2016-06-02 Lot42 7.3cm
估价：HKD 250,000-300,000
成交价：HKD 3,440,000

沉香雕瑞狮摆件
康熙 Kangxi C 佳士得
2016-06-01 Lot3383 L25.4cm
估价：HKD 200,000-500,000
成交价：HKD 437,500

木雕螭龙衔芝纹长方盖盒
明，17 世纪 Ming,17th Century S 苏富比
2016-06-02 Lot785 9.2x26.4x15.5cm
估价：HKD 30,000-40,000
成交价：HKD 212,500

黄花梨盖盒
明末清初 Late Ming-Early Qing GD 中国嘉德
2016-05-14 Lot4671 D23.5cm;H16.5cm
估价：RMB 200,000-300,000
成交价：RMB 391,000

木根嵌石兽形摆件
清 Qing S 苏富比
2016-04-05 Lot2931 43cm
估价：HKD 250,000-300,000
成交价：HKD 325,000

紫檀嵌镙钿双牛图盖盒
明 Ming KS 北京匡时
2016-06-07 Lot3270 13 × 9 × 6.7cm
估价：RMB 150,000-200,000
成交价：RMB 230,000

紫檀书卷式盖盒
清中期 Mid Qing BP 北京保利
2016-06-07 Lot7825 L14cm
估价：RMB 120,000-150,000
成交价：RMB 138,000

棋楠木摆件 连日本莳绘漆盒
年代不详 Unknown C 佳士得
2016-10-04 Lot174 L21.8cm
估价：HKD 150,000-250,000
成交价：HKD 400,000

紫檀圆香盒
明 Ming SUN 中贸圣佳
2016-05-16 Lot1179 D9cm;H4.7cm
估价：RMB 250,000-300,000
成交价：RMB 632,500

黄花梨围棋盒（一对）
清早期 Early Qing BD 北京东正
2016-05-14 Lot3048 H7.5cm;D9.5cm
估价：RMB 120,000-180,000
成交价：RMB 253,000

黄花梨长方卷轴盒、紫檀嵌玉墨床、紫檀错银“竹外一枝”镇纸
清 Qing C 佳士得
2016-10-04 Lot179 L32.4cm
估价：HKD 40,000-60,000
成交价：HKD 75,000

紫檀暗刻填金云龙纹画盒
清 Qing SUN 中贸圣佳
2016-05-16 Lot1446 L55.8cm;W12.4cm;H11.6cm
估价：RMB 125,000-140,000
成交价：RMB 299,000

满彻紫檀提梁印章盒
清，18世纪 Qing,18th Century BP 北京保利
2016-06-07 Lot8442 L16 × 10.7 × 16cm
估价：RMB 120,000-150,000
成交价：RMB 253,000

畲国平作 檀香木刻百子图香盒
年代不详 Unknown SE 福建东南
2016-05-22 Lot650 H7.1cm;D14.5cm
估价：RMB 380,000-400,000
成交价：RMB 437,000

紫檀嵌银双龙戏珠经盒
清 Qing SUN 中贸圣佳
2016-05-16 Lot1443 L23.8cm;W14.5cm;H7.2cm
估价：RMB 125,000-140,000
成交价：RMB 149,500

紫檀缠枝莲纹手卷盒
清 Qing SUN 中贸圣佳
2016-05-16 Lot1440 L30.2cm;W12.2cm;H11.6cm
估价：RMB 140,000-150,000
成交价：RMB 299,000

紫檀嵌百宝花口万寿盒（一对）
清 Qing SUN 中贸圣佳
2016-05-16 Lot1442 L19.4cm;H8.4cm
估价：RMB 190,000-210,000
成交价：RMB 460,000

紫檀玻璃罩盒
乾隆 Qianlong BD 北京东正
2016-05-14 Lot2088 47 × 18 × 29cm
估价：RMB 150,000-200,000
成交价：RMB 287,500

黄花梨提盒
明 Ming SUN 中贸圣佳
2016-05-16 Lot1303A L34.3cm;W19cm;H21.5cm
估价：RMB 250,000-300,000
成交价：RMB 276,000

紫檀雕螭龙纹嵌玉盒
清 Qing SUN 中贸圣佳
2016-05-16 Lot1182 L27.2cm;W23cm;H12.8cm
估价：RMB 150,000-180,000
成交价：RMB 172,500

紫檀百寿人物吉祥方盒
清早期 Early Qing BD 北京东正
2016-05-14 Lot2087 12.7 × 22 × 14.5cm
估价：RMB 350,000-400,000
成交价：RMB 575,000

紫檀两撞小提盒
明末清初 Late Ming-Early Qing GD 中国嘉德
2016-05-14 Lot4802 W16.5cm;L12.5cm;H14.5cm
估价：RMB 100,000-200,000
成交价：RMB 172,500

紫檀嵌百宝八吉祥纹册页盒
雍正 Yongzheng KS 北京匡时
2016-06-07 Lot3762 24.5 × 18.3 × 22cm
估价：RMB 600,000-800,000
成交价：RMB 805,000

黄花梨提盒
清 Qing BD 北京东正
2016-05-14 Lot3014 L34.5cm;W19cm;H21.5cm
估价：无底价
成交价：RMB 149,500

紫檀木两撞提盒
明末清初 Late Ming-Early Qing S 苏富比
2016-04-06 Lot116 23 × 34.4 × 18.8cm
估价：HKD 90,000-150,000
成交价：HKD 812,500

黄花梨三撞提盒
明 Ming HC 北京华辰
2016-05-13 Lot1004 L38cm
估价：RMB 220,000-320,000
成交价：RMB 437,000

紫檀龙纹宝座
清，18-19 世纪 Qing,18th-19th Century C 佳士得
2016-03-17 Lot1319 111.4 × 122.2 × 76.8cm
估价：USD 800,000-1,200,000
成交价：USD 785,000

紫檀花卉纹双联盒
清 Qing SUN 中贸圣佳
2016-05-16 Lot1436 L26.5cm;W13.1cm;H8.5cm
估价：RMB 100,000-110,000
成交价：RMB 218,500

紫檀嵌百宝辇式三层套盒
乾隆 Qianlong S 苏富比
2016-04-06 Lot3660 30.9 × 29.7 × 20.6cm
估价：HKD 800,000-1,200,000
成交价：HKD 1,000,000

黄花梨竹纹油灯盒
清 Qing GD 中国嘉德
2016-05-14 Lot4811 D11.7cm;H9.6cm
估价：RMB 120,000-220,000
成交价：RMB 207,000

红木龙纹兽足座
清中期 Mid Qing XLA 西泠印社
2016-04-09 Lot12 H13cm;L38cm
估价：RMB 120,000-200,000
成交价：RMB 195,500

**紫檀镂雕云龙纹座**

清 Qing SUN 中贸圣佳

2016-05-16 Lot1410 D25cm;H4.2cm

估价：RMB 30,000-35,000

成交价：RMB 115,000

**紫檀镂雕螭龙纹座（一对）**

清 Qing SUN 中贸圣佳

2016-05-16 Lot1377 D20cm;H6.3cm

估价：RMB 75,000-85,000

成交价：RMB 161,000

**紫檀雕云纹底座**

清 Qing SUN 中贸圣佳

2016-05-16 Lot1429 L29.5cm;H11.6cm

估价：RMB 30,000-40,000

成交价：RMB 195,500

**紫檀如意围子座（一对）**

清 Qing SUN 中贸圣佳

2016-05-16 Lot1411 L23.2cm;W23.2cm;H6cm

估价：RMB 60,000-70,000

成交价：RMB 115,000

**紫檀福寿菊座（一对）**

清 Qing SUN 中贸圣佳

2016-05-16 Lot1407 D25.8cm;H9.9cm

估价：RMB 75,000-90,000

成交价：RMB 425,500

**紫檀镂雕缠枝莲纹座**

清 Qing SUN 中贸圣佳

2016-05-16 Lot1394 D28.2cm;H7cm

估价：RMB 40,000-45,000

成交价：RMB 115,000

紫檀镂空西番莲座（一对）
清 Qing SUN 中贸圣佳
2016-05-16 Lot1376 D15cm;H7.2cm
估价：RMB 60,000-70,000
成交价：RMB 253,000

紫檀炉瓶盒三式座
清 Qing SUN 中贸圣佳
2016-05-16 Lot1372 L37.5cm;H7cm
估价：RMB 60,000-70,000
成交价：RMB 138,000

紫檀镂雕万寿花座
清 Qing SUN 中贸圣佳
2016-05-16 Lot1388 D17cm;H5.4cm
估价：RMB 40,000-45,000
成交价：RMB 115,000

紫檀西番莲佛座
清 Qing SUN 中贸圣佳
2016-05-16 Lot1425 L68.2cm;W46.6cm;H14.5cm
估价：RMB 150,000-175,000
成交价：RMB 322,000

紫檀镂空轮花座（一对）
清 Qing SUN 中贸圣佳
2016-05-16 Lot1405 D15.3cm;H4.2cm
估价：RMB 50,000-60,000
成交价：RMB 172,500

紫檀八方座
清 Qing SUN 中贸圣佳
2016-05-16 Lot1418 L35.6cm;H12.5cm
估价：RMB 75,000-85,000
成交价：RMB 161,000

紫檀百宝花卉璧座
清 Qing SUN　中贸圣佳
2016-05-16 Lot1449 L21cm;H18.4cm
估价：RMB 75,000-85,000
成交价：RMB 207,000

紫檀圆璧座
清 Qing SUN　中贸圣佳
2016-05-16 Lot1450 L19.2cm;W9.2cm;H18.3cm
估价：RMB 60,000-70,000
成交价：RMB 126,500

紫檀八角围子座（一对）
清 Qing SUN　中贸圣佳
2016-05-16 Lot1416 L20.7cm;W20.7cm;H11.2cm
估价：RMB 50,000-60,000
成交价：RMB 138,000

紫檀兽面六脚座
清 Qing SUN　中贸圣佳
2016-05-16 Lot1396 L21cm;H5.8cm
估价：RMB 40,000-45,000
成交价：RMB 138,000

紫檀嵌楠木布面八角座（一对）
清 Qing SUN　中贸圣佳
2016-05-16 Lot1415 L26.3cm;W26.3cm;H6.7cm
估价：RMB 60,000-70,000
成交价：RMB 126,500

紫檀兽面纹长方座
清 Qing SUN　中贸圣佳
2016-05-16 Lot1397 L25cm;W15.5cm;H7.7cm
估价：RMB 30,000-35,000
成交价：RMB 115,000

黄花梨交杌
17 世纪 17th Century S 苏富比
2016-03-16 Lot276 尺寸不详
估价：USD 30,000-50,000
成交价：USD 200,000

硬木云龙纹拐杖
年代不详 Unknown GD 中国嘉德
2016-09-26 Lot5805 L89cm
估价：无底价
成交价：RMB 32,200

黄杨木文杖
清 Qing GD 中国嘉德
2016-11-13 Lot4347 H202cm
估价：RMB 30,000-50,000
成交价：RMB 69,000

奇木根瘤文杖
清 Qing GD 中国嘉德
2016-11-13 Lot4344 H176cm
估价：RMB 30,000-50,000
成交价：RMB 161,000

紫檀画框（两件）
清 Qing BP 北京保利
2016-10-31 Lot292 100 × 70cm
估价：无底价
成交价：RMB 40,250

紫檀框漆嵌百宝博古图挂屏
年代不详 Unknown GD 中国嘉德
2016-09-26 Lot5813 95 × 85cm
估价：无底价
成交价：RMB 55,200

# 牙雕
# Ivory Carving

牙雕八仙拱寿图笔筒
17-18 世纪 17th-18th Century BO 邦瀚斯
2016-11-07 Lot1 H14.6cm
估价：GBP 1,000-1,500
成交价：GBP 7,125

牙雕十八罗汉臂搁
19 世纪 19th Century BO 邦瀚斯
2016-11-10 Lot150 L25.2cm
估价：GBP 2,000-3,000
成交价：GBP 5,250

牙雕花卉纹及螭龙纹笔筒（一组两件）
16-17 世纪 16th-17th Century BO 邦瀚斯
2016-11-07 Lot5 H13.7cm;12.7cm
估价：GBP 1,000-1,500
成交价：GBP 4,375

牙雕芦雁建塘图臂搁
清，18 世纪 Qing,18th Century S 苏富比
2016-10-05 Lot77 21.9cm
估价：HKD 60,000-80,000
成交价：HKD 400,000

象牙镂雕赏游图臂搁
19 世纪 19th Century BO 邦瀚斯
2016-11-07 Lot12 L24.5cm
估价：GBP 2,000-3,000
成交价：GBP 4,375

茜色象牙雕桃纹如意
清，18-19 世纪 Qing,18th-19th Century S 苏富比
2016-06-02 Lot774 36cm
估价：HKD 30,000-40,000
成交价：HKD 175,000

染牙灵芝笔舔
乾隆 Qianlong BO 邦瀚斯
2016-11-10 Lot155 W19cm
估价：GBP 2,500-4,000
成交价：GBP 6,000

象牙镂雕螭龙灵芝纹花插
17-18 世纪 17th-18th Century BO 邦瀚斯
2016-11-07 Lot47 H11.2cm
估价：GBP 1,000-1,500
成交价：GBP 4,000

染牙镂雕梅枝花篮式香囊
18-19 世纪 18th-19th Century BO 邦瀚斯
2016-11-10 Lot151 W7.5cm
估价：GBP 2,000-3,000
成交价：GBP 9,375

牙雕人物图印盒
清，18 世纪 Qing,18th Century S 苏富比
2016-06-02 Lot78 6.8cm
估价：HKD 120,000-150,000
成交价：HKD 150,000

象牙花瓣形香插
明 Ming PLHK 保利香港
2016-04-05 Lot3149 H10cm
估价：HKD 30,000-50,000
成交价：HKD 177,000

象牙葫芦蛐蛐罐
18-19 世纪 18th-19th Century C 佳士得
2016-05-10 Lot12 H17.2cm
估价：GBP 15,000-25,000
成交价：GBP 18,750

象牙雕文昌魁星摆件
17 世纪 17th Century S 苏富比
2016-06-02 Lot772 13cm
估价：HKD 20,000-30,000
成交价：HKD 137,500

象牙镂雕花卉折枝纹香囊
19 世纪 19th Century BO 邦瀚斯
2016-11-10 Lot152 L7.4cm
估价：GBP 2,000-3,000
成交价：GBP 22,500

牙雕山水梅下仕女图圆盖盒
18-19 世纪 18th-19th Century BO 邦瀚斯
2016-11-07 Lot15 D8.2cm
估价：GBP 3,000-4,000
成交价：GBP 13,750

象牙雕亭台高士图染色山子
清，19 世纪 Qing,19th Century S 苏富比
2016-10-05 Lot39 7.6cm
估价：HKD 80,000-120,000
成交价：HKD 212,500

象牙透雕花卉人物菱式提篮
19 世纪 19th Century BO 邦瀚斯
2016-11-10 Lot157 L26.6cm
估价：GBP 2,000-3,000
成交价：GBP 3,500

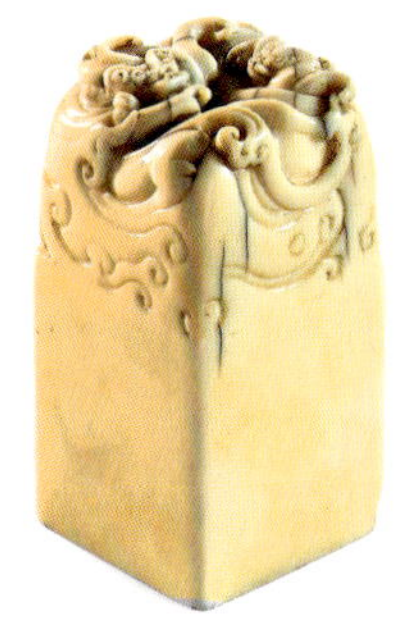

牙雕螭龙钮方章
康熙 - 雍正 Kangxi-Yongzheng S 苏富比
2016-10-05 Lot66 5.4cm
估价：HKD 200,000-300,000
成交价：HKD 275,000

猛犸牙双兔摆件
年代不详 Unknown GD 中国嘉德
2016-09-26 Lot5781 L36cm
估价：RMB 26,000-36,000
成交价：RMB 40,250

象牙圆雕归渔图寿桃
乾隆 Qianlong S 苏富比
2016-10-05 Lot3663 9.5cm
估价：HKD 100,000-150,000
成交价：HKD 812,500

牙雕人物造像（一组五件）
17 世纪 17th Century BO 邦瀚斯
2016-11-07 Lot21 H13cm
估价：GBP 1,000-1,500
成交价：GBP 3,500

西伯利亚猛犸象獠牙
更新世晚期 Late Pleistocene S 苏富比
2016-04-05 Lot2900 10.1 × 97cm; 实 L190cm
估价：HKD 120,000-140,000
成交价：HKD 162,500

牙雕博古图插屏及老子出关图牌
18-19 世纪 ;19-20 世纪初 18th-19th Century;19th Century-Early 20th Century BO 邦瀚斯
2016-11-07 Lot53 H20cm
估价：GBP 1,400-2,000
成交价：GBP 3,750

西伯利亚猛犸象颅骨连象牙
更新世晚期 Late Pleistocene S 苏富比
2016-04-05 Lot2851 L270cm;H90cm
估价：HKD 650,000-750,000
成交价：HKD 2,480,000

2016 Chinese Art Auction TOP10 中国竹木牙角雕拍卖十大天价排行榜 Top 6

# 角雕
# Horn Carving

**虬角双龙纹带扣**
清 Qing BD 北京东正
2016-05-14 Lot2105 L9cm
估价：RMB 120,000-150,000
成交价：RMB 138,000

**犀角雕荷叶杯**
清，18 世纪 Qing,18th Century S 苏富比
2016-06-02 Lot894 10.5cm
估价：HKD 60,000-80,000
成交价：HKD 600,000

**犀角雕人物故事纹杯**
乾隆 Qianlong PLHK 保利香港
2016-10-04 Lot3164 H14cm;D18cm
估价：HKD 1,800,000-2,500,000
成交价：HKD 2,124,000

2016 Chinese Art Auction TOP10 中国竹木牙角雕拍卖十大天价排行榜 Top 8

**犀角雕花鸟纹杯**
清，18 世纪 Qing,18th Century S 苏富比
2016-05-11 Lot10 16.8cm
估价：GBP 25,000-35,000
成交价：GBP 50,000

**犀角雕梅桩杯**
清，17-18 世纪 Qing,17th-18th Century S 苏富比
2016-06-02 Lot886 12.8cm
估价：HKD 100,000-150,000
成交价：HKD 687,500

**犀角雕梅竹双清螭龙纹杯**
17 世纪 17th Century S 苏富比
2016-10-05 Lot3667 L19.4cm
估价：HKD 400,000-600,000
成交价：HKD 625,000

**犀角雕莲纹杯**
清，17-18 世纪 Qing,17th-18th Century S 苏富比
2016-05-11 Lot11 18cm
估价：GBP 40,000-60,000
成交价：GBP 87,500

**盛辅功制犀角雕山水人物诗意图杯**
17 世纪 17th Century S 苏富比
2016-10-05 Lot3668 16.5cm
估价：HKD 600,000-800,000
成交价：HKD 2,960,000

2016 Chinese Art Auction TOP10 中国竹木牙角雕拍卖十大天价排行榜 Top 5

犀角雕太狮少狮杯
明晚期 Late Ming S 苏富比
2016-10-05 Lot3666 L11cm
估价：HKD 1,000,000-1,500,000
成交价：HKD 2,000,000

犀角玉兰花纹杯
17-18 世纪 17th-18th Century BO 邦瀚斯
2016-11-10 Lot161 L15.9cm
估价：GBP 3,000-5,000
成交价：GBP 43,750

犀角雕葵花杯
17-18 世纪 17th-18th Century S 苏富比
2016-10-05 Lot3665 9.8cm
估价：HKD 350,000-450,000
成交价：HKD 837,500

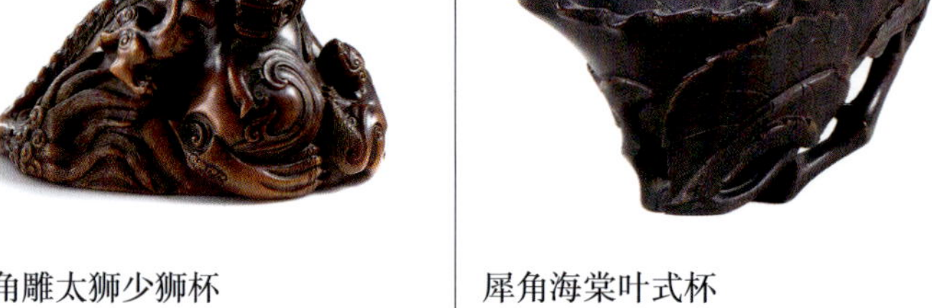

犀角海棠叶式杯
17-18 世纪 17th-18th Century BO 邦瀚斯
2016-11-10 Lot160 L14cm
估价：GBP 3,000-5,000
成交价：GBP 50,000

## 模印葫芦 Moulded Gourd

御制模印匏制盌
乾隆 Qianlong S 苏富比
2016-06-02 Lot49 14.3cm
估价：HKD 250,000-300,000
成交价：HKD 687,500

安肃模和尚头式油壶鲁葫芦
清 Qing BC 北京诚轩
2016-11-12 Lot917 H12.9cm
估价：RMB 30,000-40,000
成交价：RMB 36,800

## 漆器 Lacquer

剔红福寿吉祥如意
乾隆 Qianlong S 苏富比
2016-10-05 Lot28 42.9cm
估价：HKD 80,000-120,000
成交价：HKD 137,500

剔红菊纹盘
元末明初 Late Yuan-Early Ming S 苏富比
2016-06-02 Lot815 17.5cm
估价：HKD 120,000-150,000
成交价：HKD 325,000

剔红瓜瓞绵绵菊瓣盘
乾隆 Qianlong BP 北京保利
2016-06-06 Lot7521 D34cm
估价：RMB 400,000-600,000
成交价：RMB 460,000

**剔红花鸟长方盘**
明 Ming BD 北京东正
2016-05-14 Lot2056 L38.5cm
估价：RMB 300,000-350,000
成交价：RMB 345,000

**剔红牡丹花圆盘**
元，14 世纪 Yuan,14th Century S 苏富比
2016-10-05 Lot46 18cm
估价：HKD 300,000-500,000
成交价：HKD 625,000

**剔红海水异兽纹壁瓶**
乾隆 Qianlong S 苏富比
2016-04-06 Lot3691 17.1cm
估价：HKD 200,000-300,000
成交价：HKD 275,000

**剔红携琴访友图长方盘**
明 Ming BP 北京保利
2016-06-07 Lot8536 L38.5cm
估价：RMB 250,000-350,000
成交价：RMB 322,000

**剔红三清茶诗杯**
乾隆 Qianlong PLHK 保利香港
2016-10-04 Lot3024 H6cm;D11.3cm
估价：HKD 800,000-1,200,000
成交价：HKD 1,085,600

**剔红开光八仙图大瓶 一对**
清中期 Mid Qing BO 邦瀚斯
2016-11-10 Lot148 H87cm
估价：GBP 30,000-50,000
成交价：GBP 37,500

**剔红棱口盘**
元 Yuan BD 北京东正
2016-06-05 Lot79 D23cm
估价：无底价
成交价：RMB 72,450

**剔红龙凤纹盌**
乾隆 Qianlong C 佳士得
2016-03-17 Lot1375 D19.1cm
估价：USD 20,000-30,000
成交价：USD 40,000

**剔红苍龙赶珠纹御制诗葫芦形壁瓶**
清 Qing S 苏富比
2016-09-17 Lot971 尺寸不详
估价：USD 5,000-7,000
成交价：USD 30,000

剔红雕“兰亭雅集”图笔筒
乾隆 Qianlong Z 北京中汉
2016-05-15 Lot148 H13.5cm
估价：RMB 100,000-200,000
成交价：RMB 276,000

剔红天伦图圆盖盒
明，15世纪 Ming,15th Century C 佳士得
2016-06-01 Lot3413 D6.4cm
估价：HKD 150,000-250,000
成交价：HKD 300,000

进狮图剔红香盒
嘉靖 Jiajing BD 北京东正
2016-05-14 Lot215 D6.5cm
估价：RMB 200,000-300,000
成交价：RMB 230,000

剔红仙侣泛舟盖盒
乾隆 Qianlong PLHK 保利香港
2016-04-05 Lot3141 W16cm;H6.5cm
估价：HKD 250,000-350,000
成交价：HKD 295,000

剔红临江宴饮图奁盒
明 Ming HY 华艺国际
2016-05-26 Lot1211 H14.8cm
估价：RMB 150,000-250,000
成交价：RMB 161,000

剔红蕃莲纹四喜盖盒
乾隆 Qianlong PLHK 保利香港
2016-04-05 Lot3148 H11.2cm;D31.9cm
估价：HKD 350,000-450,000
成交价：HKD 495,600

剔红仕女婴戏盖盒
明 Ming BP 北京保利
2016-06-07 Lot7849 D6.5cm;H8cm
估价：RMB 120,000-150,000
成交价：RMB 138,000

剔红正面龙大盖盒
乾隆 Qianlong BP 北京保利
2016-06-06 Lot7525 D29cm
估价：RMB 1,000,000-1,500,000
成交价：RMB 1,150,000

剔红荔枝纹圆盖盒
明，16世纪 Ming,16th Century C 佳士得
2016-06-01 Lot3414 D8.2cm
估价：HKD 180,000-260,000
成交价：HKD 400,000

剔红仙家人物图倭角方盖盒（一对）
乾隆 Qianlong S 苏富比
2016-10-05 Lot76 27.9cm;27.7cm
估价：HKD 400,000-600,000
成交价：HKD 500,000

剔红荔枝纹盖盒
明，16 世纪 Ming,16th Century C 佳士得
2016-09-16 Lot1251 D7.7cm
估价：USD 6,000-8,000
成交价：USD 9,375

剔红五福捧寿盒盖
1736-1795 年 1736-1795 C 佳士得
2016-11-08 Lot135 W33cm
估价：GBP 20,000-40,000
成交价：GBP 50,000

剔红高士山水图盖盒
乾隆 Qianlong C 佳士得
2016-10-04 Lot54 17cm
估价：HKD 150,000-200,000
成交价：HKD 275,000

剔红赏莲图瓣式盖盒
清，18 世纪 Qing,18th Century C 佳士得
2016-04-05 Lot170 L15.7cm
估价：HKD 80,000-120,000
成交价：HKD 100,000

剔红萱花纹香盒
明早期 Early Ming BD 北京东正
2016-05-14 Lot392 D6cm
估价：RMB 150,000-200,000
成交价：RMB 299,000

剔红松下品泉图盖盒
明，16 世纪 Ming,16th Century S 苏富比
2016-09-13 Lot349 尺寸不详
估价：USD 20,000-30,000
成交价：USD 22,500

剔红蝉纹盖盒
年代不详 Unknown AS 中国艺海
2016-01-21 Lot3001 D17cm
估价：HKD 1,660,000-3,320,000
成交价：HKD 1,826,000

剔红仙鳌香盒及剔红荔枝纹香盒
明 Ming C 佳士得
2016-04-05 Lot169 W6cm
估价：HKD 70,000-90,000
成交价：HKD 87,500

剔红五蝠献宝图倭角多宝盖盒 连玉三件

乾隆 - 嘉庆 Qianlong-Jiaqing S 苏富比
2016-06-02 Lot784 13.5cm
估价：HKD 100,000-150,000
成交价：HKD 200,000

剔红雕荔枝纹盒

万历 Wanli PLXM 保利厦门
2016-11-06 Lot792 D8cm
估价：RMB 80,000-120,000
成交价：RMB 92,000

剔红山水人物图三层方盒

明，16-17 世纪 Ming,16th-17th Century C 佳士得
2016-03-17 Lot1376 H14.8cm
估价：USD 30,000-40,000
成交价：USD 37,500

剔红团龙纹大圆盒

嘉靖 Jiajing C 佳士得
2016-10-04 Lot56 D32cm
估价：HKD 150,000-250,000
成交价：HKD 375,000

剔红雕漆锦地团花纹包袱锦多宝盒

乾隆 Qianlong BP 北京保利
2016-06-06 Lot7522 33.4 × 20.5 × 20.7cm
估价：RMB 600,000-800,000
成交价：RMB 690,000

剔红太狮少保方盒

乾隆 Qianlong KS 北京匡时
2016-06-07 Lot3411 31.7 × 19.5 × 9cm
估价：RMB 300,000-400,000
成交价：RMB 598,000

剔红倭角菱形“云龙宝盒”

乾隆 Qianlong S 苏富比
2016-10-05 Lot6 20.6cm
估价：HKD 400,000-600,000
成交价：HKD 625,000

剔红辇式三层套盒

乾隆 Qianlong S 苏富比
2016-04-06 Lot3012 33cm
估价：HKD 1,200,000-1,800,000
成交价：HKD 1,500,000

剔红龙纹方胜式三撞盒

乾隆 Qianlong C 佳士得
2016-06-01 Lot3227 D6.4cm
估价：HKD 500,000-700,000
成交价：HKD 937,500

剔红“春”字大捧盒
乾隆 Qianlong KS 北京匡时
2016-06-07 Lot3409 D39.5cm
估价：RMB 800,000-1,000,000
成交价：RMB 1,127,000

剔红雕缠枝莲倭角宫灯
乾隆 Qianlong PLHK 保利香港
2016-10-04 Lot3168 H47.5cm;W21.6cm
估价：HKD 280,000-380,000
成交价：HKD 495,600

剔彩云龙纹葵花式盏托
乾隆 Qianlong S 苏富比
2016-10-05 Lot61 19.5cm
估价：HKD 400,000-600,000
成交价：HKD 1,375,000

剔红寿字纹捧盒
乾隆 Qianlong PLHK 保利香港
2016-04-05 Lot3142 H14.5cm;D39cm
估价：HKD 800,000-1,200,000
成交价：HKD 944,000

剔彩灵芝寿字龙纹盖盒
嘉靖 Jiajing BP 北京保利
2016-06-07 Lot8537 D24cm
估价：RMB 2,000,000-3,000,000
成交价：RMB 2,645,000

剔彩八仙人物图桃形盖盒 一对
清，18 世纪 Qing,18th Century S 苏富比
2016-09-13 Lot353 尺寸不详
估价：USD 40,000-60,000
成交价：USD 45,000

剔红嵌铜杂宝花卉纹捧盒
清中期 Mid Qing GD 中国嘉德
2016-03-27 Lot5015 D38.5cm
估价：RMB 10,000-20,000
成交价：RMB 126,500

剔彩龙纹漆盘
嘉靖 Jiajing SUN 中贸圣佳
2016-05-16 Lot1210 L21cm;W21cm;H3.8cm
估价：RMB 110,000-150,000
成交价：RMB 368,000

剔彩云龙开光花卉纹海棠式盖盒
清，18 世纪初 Qing,Early 18th Century S 苏富比
2016-10-05 Lot15 18.6cm
估价：HKD 200,000-300,000
成交价：HKD 325,000

剔黑凤穿牡丹纹大盘
元 Yuan PLHK 保利香港
2016-04-05 Lot3143 D41.3cm
估价：HKD 1,500,000-2,000,000
成交价：HKD 2,242,000

剔犀如意云纹梅瓣式大盘
元末明初 Late Yuan and Early Ming BO 邦瀚斯
2016-11-10 Lot145 D35.7cm
估价：GBP 9,000-12,000
成交价：GBP 11,250

雕漆山水人物盒
清中期 Mid Qing BP 北京保利
2016-10-31 Lot204 D8cm
估价：无底价
成交价：RMB 143,750

剔犀卷草纹盖盒
元 Yuan BP 北京保利
2016-06-07 Lot8531 D10cm
估价：RMB 150,000-200,000
成交价：RMB 184,000

剔犀如意云纹嵌螺钿盏托
元 - 明 Yuan-Ming S 苏富比
2016-10-05 Lot25 15.4cm
估价：HKD 200,000-300,000
成交价：HKD 350,000

雕漆剔彩钟馗故事方盒
乾隆 Qianlong BP 北京保利
2016-06-08 Lot9413 W16.4cm
估价：RMB 150,000-200,000
成交价：RMB 172,500

剔犀齐眉祝寿图长方盘
明 Ming PLHK 保利香港
2016-10-04 Lot3174 L12.3cm;W38cm
估价：HKD 400,000-600,000
成交价：HKD 531,000

陈勤立 剔犀蒜头瓶
年代不详 Unknown SE 福建东南
2016-10-30 Lot665 H50cm;D24cm
估价：RMB 38,000-48,000
成交价：RMB 51,750

黑漆添金龙纹香盘
万历 Wanli BD 北京东正
2016-05-14 Lot3099 L41.3cm;W35cm
估价：RMB 80,000-120,000
成交价：RMB 161,000

江千里制黑漆嵌螺钿观佛抚琴图盘
康熙 Kangxi S 苏富比
2016-06-02 Lot36 12.1cm
估价：HKD 200,000-250,000
成交价：HKD 250,000

黑漆嵌螺钿山水高士图铺首耳方壶
康熙 Kangxi S 苏富比
2016-09-17 Lot1019 尺寸不详
估价：USD 4,000-6,000
成交价：USD 5,000

黑漆嵌螺钿盖盒
乾隆 Qianlong PLHK 保利香港
2016-10-04 Lot3026 H2.8cm;D3.1cm
估价：HKD 280,000-380,000
成交价：HKD 330,400

江千里制黑漆嵌螺钿踏雪寻梅图盘
康熙 Kangxi S 苏富比
2016-06-02 Lot37 12.2cm
估价：HKD 200,000-250,000
成交价：HKD 250,000

黑漆嵌螺钿高士图圆盖盒
康熙 Kangxi C 佳士得
2016-11-11 Lot824 D7.7cm
估价：GBP 1,500-3,000
成交价：GBP 5,625

黑漆描金宝鸭穿莲香熏
清中期 Mid Qing PLXM 保利厦门
2016-05-08 Lot861 L23cm
估价：RMB 250,000-450,000
成交价：RMB 287,500

黑漆螺钿高士长方盘
元末明初 Late Yuan and Early Ming PLHK 保利香港
2016-10-04 Lot3180 L36.7cm;W15cm
估价：HKD 50,000-80,000
成交价：HKD 59,000

黑漆嵌螺钿花鸟纹盖盒
清早期 Early Qing Z 北京中汉
2016-05-15 Lot176 D7.6cm
估价：RMB 120,000-180,000
成交价：RMB 138,000

黑漆嵌镙细鬼谷下山香台
清中期 Mid Qing PLHK 保利香港
2016-10-04 Lot3183 H43.5cm
估价：HKD 150,000-300,000
成交价：HKD 177,000

黑漆嵌螺钿人物故事香台
清中期 Mid Qing PLHK 保利香港
2016-10-04 Lot3182 5.5 × 15 × 9.8cm
估价：HKD 150,000-200,000
成交价：HKD 177,000

黑漆嵌百宝博古图挂屏（一组四幅）
清 Qing BO 邦瀚斯
2016-11-07 Lot129 H113cm;W42cm
估价：GBP 6,000-8,000
成交价：GBP 25,000

剔黑人物故事图盌
明，16 世纪 Ming,16th Century C 佳士得
2016-09-16 Lot1252 D23.3cm
估价：USD 15,000-25,000
成交价：USD 15,000

剔黑松鹤延年腮托
19 世纪 19th Century BO 邦瀚斯
2016-11-10 Lot149 L50.8cm
估价：GBP 4,000-6,000
成交价：GBP 5,000

## 琴 Qin

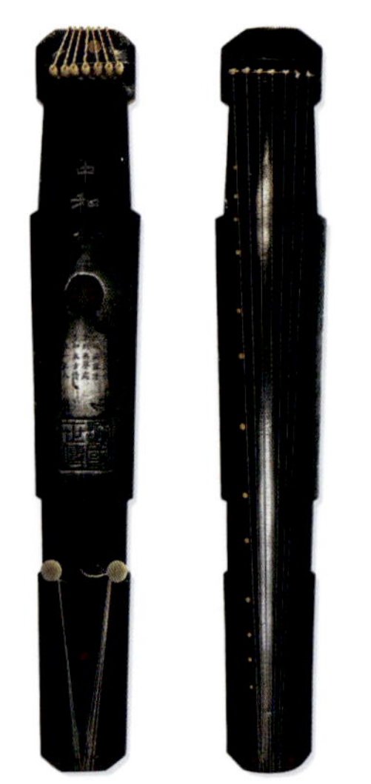

仲尼式潞王琴（崇祯癸酉第一号）
崇祯 Chongzhen HY 华艺国际
2016-05-26 Lot1232 L121cm
估价：RMB 2,800,000-3,800,000
成交价：RMB 3,220,000

仲尼式古琴
明 Ming XLA 西泠印社
2016-04-09 Lot179 L118cm
估价：RMB 50,000-80,000
成交价：RMB 57,500

仲尼式琴
年代不详 Unknown GD 中国嘉德
2016-03-28 Lot5718 L122cm
估价：无底价
成交价：RMB 25,300

仲尼式“万壑松”琴
清 Qing C 佳士得
2016-04-05 Lot155 L120cm
估价：HKD 100,000-200,000
成交价：HKD 300,000

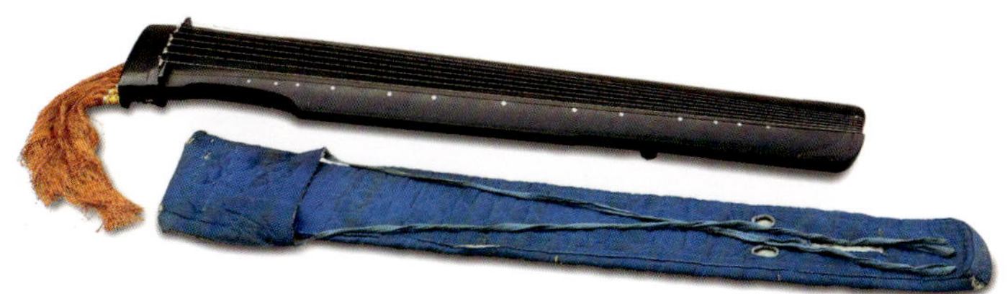

彭祉卿旧藏仲尼式古琴
明 Ming SUN 中贸圣佳
2016-11-15 Lot1571 L123cm
估价：RMB 2,000,000-2,500,000
成交价：RMB 3,795,000

赵孟頫制仲尼式古琴“钧天雅奏”赵鸿雪旧藏
宋 Song KS 北京匡时
2016-12-06 Lot3253 L121cm
估价：RMB 13,000,000-15,000,000
成交价：RMB 15,640,000

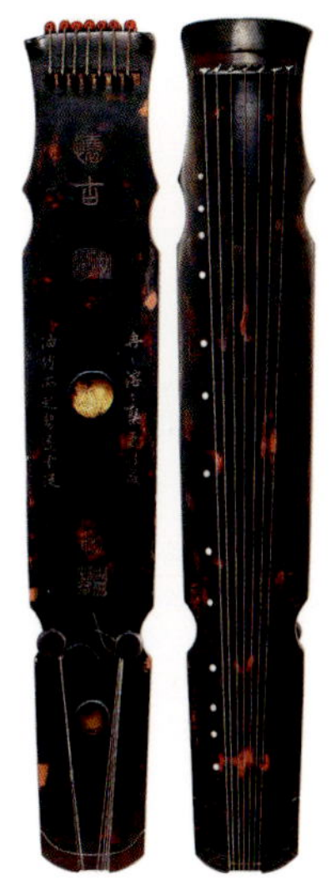

朱熹制灵机式古琴“怀古”刘少椿旧藏
宋 Song KS 北京匡时
2016-12-06 Lot3254 L118cm
估价：RMB 4,000,000-6,000,000
成交价：RMB 5,175,000

仲尼式古琴“秋塘寒玉”张友鹤旧藏
北宋 N.Song KS 北京匡时
2016-12-06 Lot3252 L118cm
估价：RMB 5,500,000-7,000,000
成交价：RMB 6,325,000

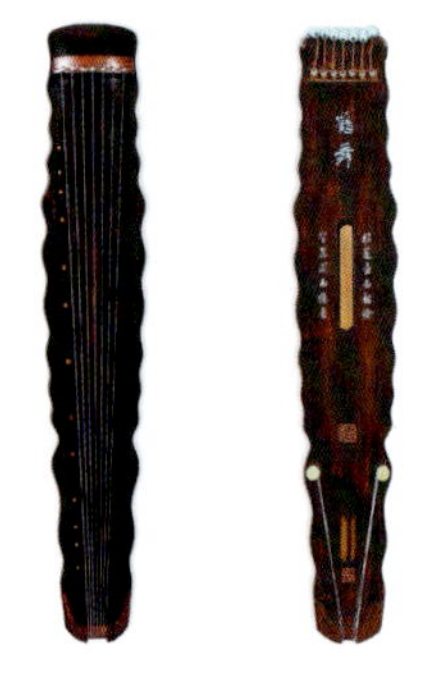

鹤舞落霞式古琴
年代不详 Unknown BP 北京保利
2016-06-08 Lot9848 L123.5cm
估价：RMB 350,000-550,000
成交价：RMB 402,500

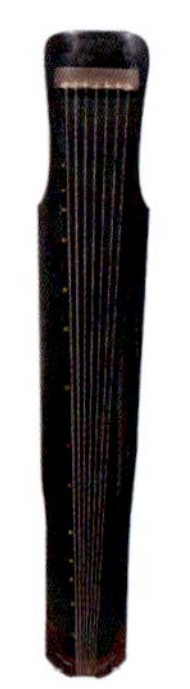

仿宋"一池波"古琴
年代不详 Unknown BP 北京保利
2016-04-28 Lot1636 L126cm
估价：RMB 150,000-250,000
成交价：RMB 287,500

混沌式星云大师题铭慈悲古琴
年代不详 Unknown BP 北京保利
2016-06-08 Lot9846 L123cm
估价：RMB 40,000-80,000
成交价：RMB 46,000

黑漆琴
年代不详 Unknown GD 中国嘉德
2016-09-26 Lot5726 L111cm
估价：无底价
成交价：RMB 40,250

紫檀峨眉松诗文琴
年代不详 Unknown GD 中国嘉德
2016-09-26 Lot5747 L122cm
估价：无底价
成交价：RMB 55,200

# 文房四宝 Stationeries

## 笔 Pen

剔红云螭龙纹笔
明 Ming BP 北京保利
2016-06-07 Lot8535 L11.6cm
估价：RMB 200,000-300,000
成交价：RMB 230,000

黑漆螺钿缠枝花卉纹笔连盖
明，16-17 世纪 Ming,16th-17th Century C 佳士得
2016-06-01 Lot3415 L24.1cm
估价：HKD 180,000-250,000
成交价：HKD 200,000

紫檀笔筒一件 毛笔两支
清 Qing BD 北京东正
2016-05-14 Lot399 H19.3cm
估价：RMB 60,000-80,000
成交价：RMB 138,000

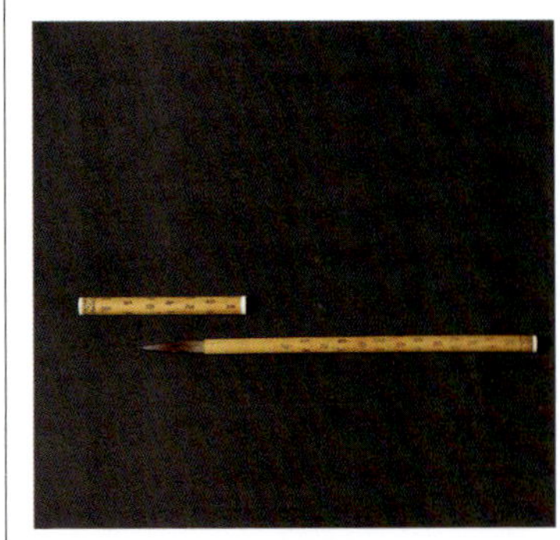

竹雕百寿字管紫毫笔
乾隆 Qianlong BC 北京诚轩
2016-11-12 Lot904 L26.8cm
估价：RMB 25,000-35,000
成交价：RMB 51,750

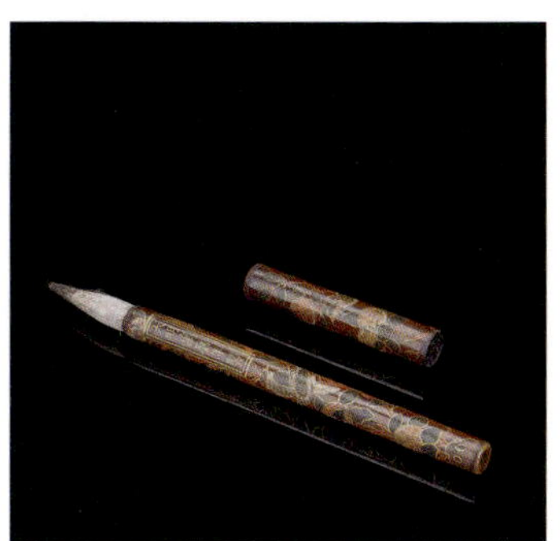

大漆彩绘描金花卉纹毛笔
万历 Wanli PLXM 保利厦门
2016-11-06 Lot794 L27cm
估价：RMB 40,000-60,000
成交价：RMB 46,000

黑漆毛笔
1573-1619 年 1573-1619 C 佳士得
2016-11-08 Lot153 L25cm
估价：GBP 10,000-15,000
成交价：GBP 16,250

剔红岁寒三友纹笔
明，16 世纪 Ming,16th Century C 佳士得
2016-04-05 Lot166 L25.7cm
估价：HKD 30,000-50,000
成交价：HKD 56,250

剔红携琴访友图笔管及笔帽
明晚期 Late Ming S 苏富比
2016-09-13 Lot347 尺寸不详
估价：USD 6,000-8,000
成交价：USD 7,500

## 墨 Ink Cake

御制文津阁诗墨
乾隆 Qianlong S 苏富比
2016-06-02 Lot57 13.5cm
估价：HKD 40,000-60,000
成交价：HKD 150,000

胡开文制 仿古支神图墨（十二锭）
清中期 Mid Qing BD 北京东正
2016-05-14 Lot179 尺寸不一
估价：RMB 150,000-200,000
成交价：RMB 322,000

御题关槐山水墨
乾隆 Qianlong BD 北京东正
2016-05-14 Lot406 D14.4cm;W401g
估价：RMB 120,000-180,000
成交价：RMB 138,000

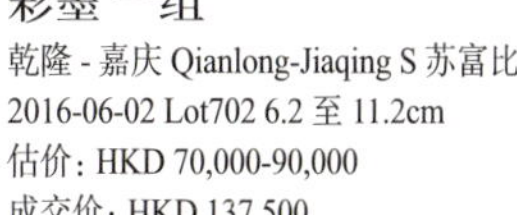

彩墨 一组
乾隆 - 嘉庆 Qianlong-Jiaqing S 苏富比
2016-06-02 Lot702 6.2 至 11.2cm
估价：HKD 70,000-90,000
成交价：HKD 137,500

御墨（四锭）
乾隆 Qianlong BD 北京东正
2016-05-14 Lot186 尺寸不一
估价：RMB 250,000-300,000
成交价：RMB 460,000

太极八卦套墨
乾隆 Qianlong BP 北京保利
2016-06-06 Lot7532 L6cm;D5.2cm
估价：RMB 80,000-120,000
成交价：RMB 103,500

“元直”海水龙纹圆墨
明晚期 Late Ming GD 中国嘉德
2016-09-25 Lot4746 D7.7cm
估价：RMB 55,000-85,000
成交价：RMB 63,250

御制晓艳寒香花卉纹墨
乾隆 Qianlong GD 中国嘉德
2016-09-25 Lot4731 L9cm
估价：无底价
成交价：RMB 48,300

程君房制星聚墨（一锭）
万历 Wanli BD 北京东正
2016-05-14 Lot184 L7.2cm;W6.5cm
估价：RMB 30,000-50,000
成交价：RMB 86,250

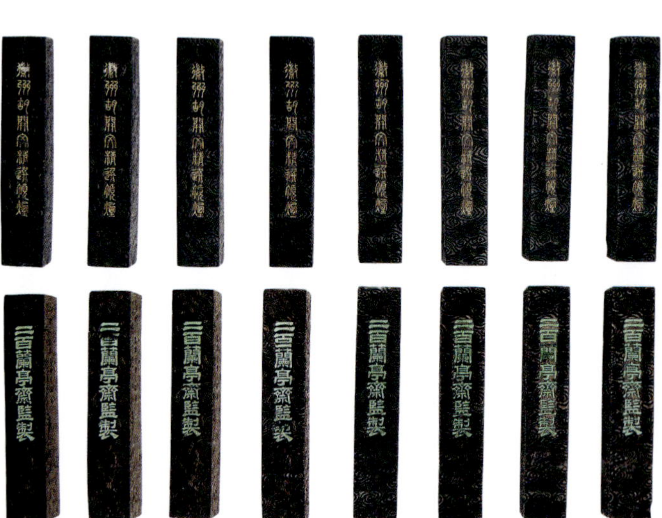


二百兰亭斋藏墨（八锭）
清 Qing BD 北京东正
2016-05-14 Lot405 L12cm;W2.3cm
估价：RMB 60,000-80,000
成交价：RMB 103,500

御制西湖十景墨（八锭）
清中期 Mid Qing BD 北京东正
2016-05-14 Lot180 尺寸不一
估价：RMB 45,000-65,000
成交价：RMB 92,000

御墨（一组四件）
乾隆 Qianlong C 佳士得
2016-04-05 Lot143 L15cm
估价：HKD 40,000-60,000
成交价：HKD 725,000

胡子卿制八宝奇珍墨（八锭）
清晚期 Late Qing BD 北京东正
2016-05-14 Lot185 尺寸不一
估价：RMB 40,000-60,000
成交价：RMB 86,250

## 纸 Paper

各色地描金笺纸（五张）
清晚期 Late Qing GD 中国嘉德
2016-03-27 Lot4839 203 × 50.5cm
估价：RMB 10,000-20,000
成交价：RMB 28,750

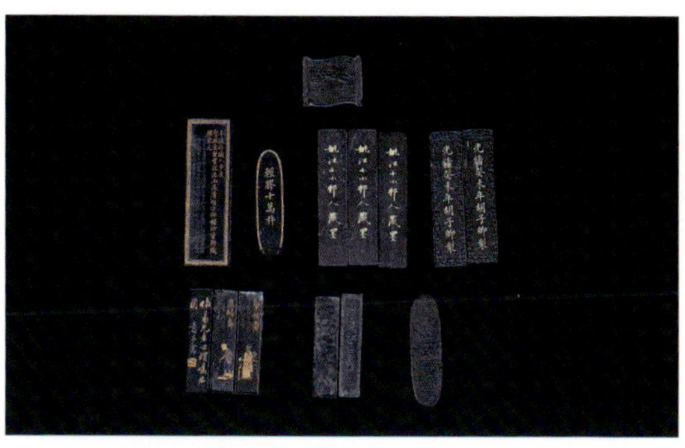

旧墨（一套十四件）
年代不详 Unknown JH 上海嘉禾
2016-09-20 Lot726 尺寸不一
估价：RMB 3,500-5,000
成交价：RMB 32,200

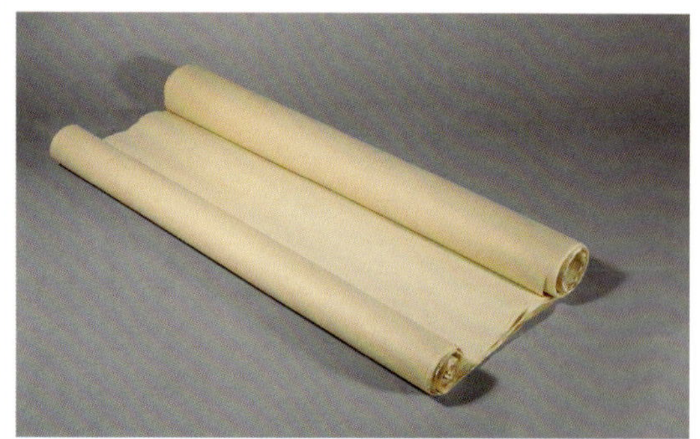

玉版描金十八罗汉四尺宣纸（十一张）
清 Qing BH 北京翰海
2016-06-03 Lot1857 尺寸不详
估价：RMB 10,000-20,000
成交价：RMB 13,800

红星加工纸煮硾笺（二刀）
70 年代 1970s SE 福建东南
2016-05-22 Lot771 134 × 66cm
估价：RMB 12,000-13,000
成交价：RMB 13,800

红星加工纸净皮云母笺（一刀）
70 年代 1970s SE 福建东南
2016-05-22 Lot770 130 × 66cm
估价：RMB 8,500-9,000
成交价：RMB 9,775

红星加工纸梅竹兰
70 年代 1970s SE 福建东南
2016-05-22 Lot766 67 × 136cm
估价：RMB 7,500-8,000
成交价：RMB 9,200

福建甲等粉连纸
年代不详 Unknown SUN 中贸圣佳
2016-11-15 Lot997 127 × 60cm
估价：RMB 12,000-15,000
成交价：RMB 35,650

洒金空白笺纸（三卷）
年代不详 Unknown BP 北京保利
2016-12-05 Lot649 110 × 79cm
估价：RMB 1,000-2,000
成交价：RMB 5,750

旧制宣纸（一卷）
年代不详 Unknown BP 北京保利
2016-12-05 Lot658 24.8 × 1036cm
估价：RMB 1,000-2,000
成交价：RMB 4,600

## 砚 Inkstone

百砚室铭老坑石仔端砚
清 Qing BD 北京东正
2016-05-14 Lot143 L18cm;W12cm
估价：RMB 200,000-250,000
成交价：RMB 402,500

默庵铭裹残守缺端砚
清 Qing BD 北京东正
2016-05-14 Lot155 L25cm;W16.2cm;H5cm
估价：RMB 180,000-280,000
成交价：RMB 759,000

钱魏业铭麻子坑抄手端砚
清早期 Early Qing BD 北京东正
2016-05-14 Lot140 L15.6cm
估价：RMB 60,000-80,000
成交价：RMB 115,000

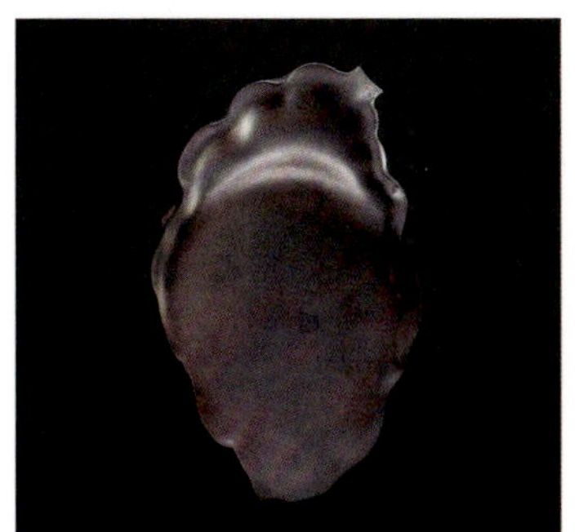

桃花流水端砚
清 Qing BD 北京东正
2016-05-14 Lot124 L22.6cm
估价：RMB 150,000-200,000
成交价：RMB 402,500

张廷济铭井田卧牛端砚
清 Qing BD 北京东正
2016-05-14 Lot128 L14.5cm;W8.6cm
估价：RMB 65,000-85,000
成交价：RMB 126,500

梁弘健作坑仔岩端石吾爱孟夫子砚
2013 年 2013 GD 中国嘉德
2016-09-25 Lot4921 L20cm
估价：RMB 110,000-210,000
成交价：RMB 126,500

汪启淑铭海水仙鹤纹端溪砚
清 Qing BD 北京东正
2016-05-14 Lot132 L21.5cm
估价：RMB 150,000-250,000
成交价：RMB 345,000

"黄小松"铭海天旭日纹端砚
清 Qing BD 北京东正
2016-05-14 Lot404 L17.5cm;W14cm
估价：RMB 150,000-200,000
成交价：RMB 322,000

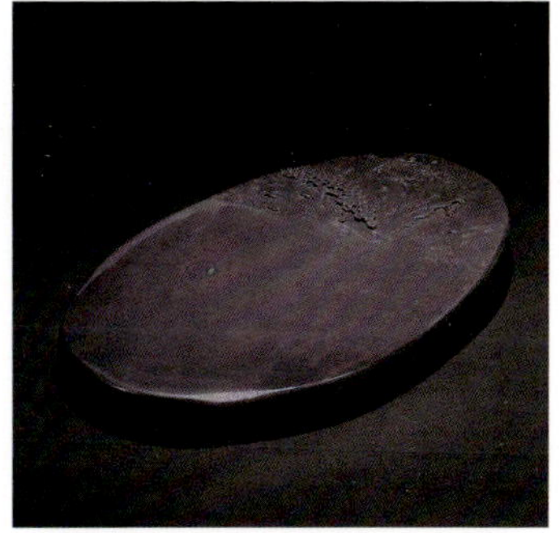

刘演良 老坑端石高峡出平湖图砚
当代 Contemporary GD 中国嘉德
2016-11-13 Lot4427 22.5 × 13 × 5cm
估价：RMB 40,000-60,000
成交价：RMB 46,000

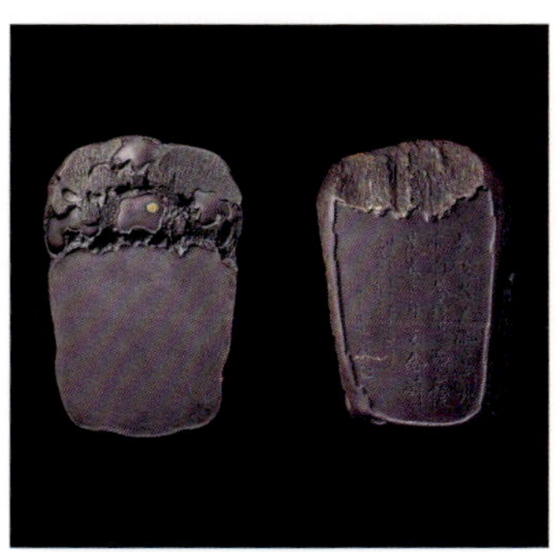

张廷济铭高眼石仔端砚
清 Qing BD 北京东正
2016-05-14 Lot149 L24.5cm;W16.5cm;H5cm
估价：RMB 120,000-180,000
成交价：RMB 241,500

梁弘健作坑仔岩端石故人具鸡黍砚
年代不详 Unknown GD 中国嘉德
2016-09-25 Lot4919 L24.5cm
估价：RMB 140,000-240,000
成交价：RMB 161,000

刘演良 老坑端石天高云淡图砚
当代 Contemporary GD 中国嘉德
2016-11-13 Lot4414 16 × 12 × 1.7cm
估价：RMB 40,000-60,000
成交价：RMB 46,000

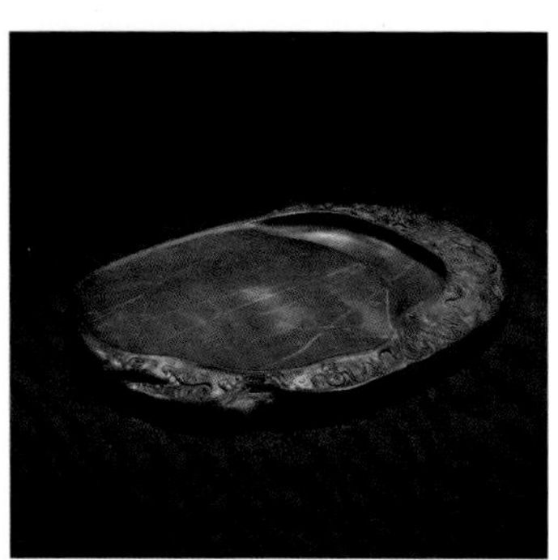

刘演良 老坑端石天龙腾飞图砚
当代 Contemporary GD 中国嘉德
2016-11-13 Lot4422 16.5 × 12 × 2cm
估价：RMB 50,000-60,000
成交价：RMB 57,500

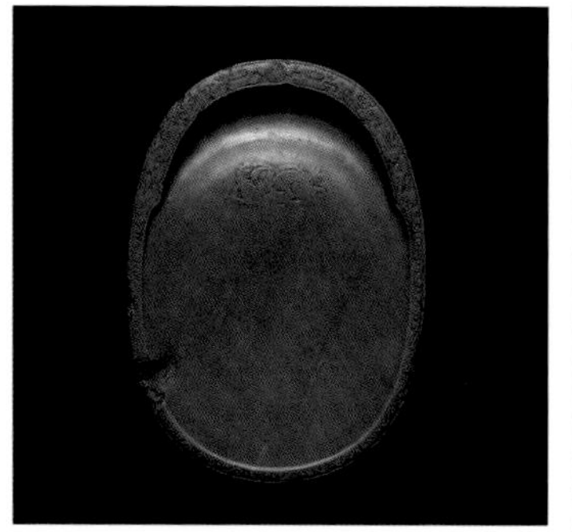

老坑龙纹端砚
清 Qing BD 北京东正
2016-05-14 Lot121 L13.2cm
估价：RMB 60,000-80,000
成交价：RMB 115,000

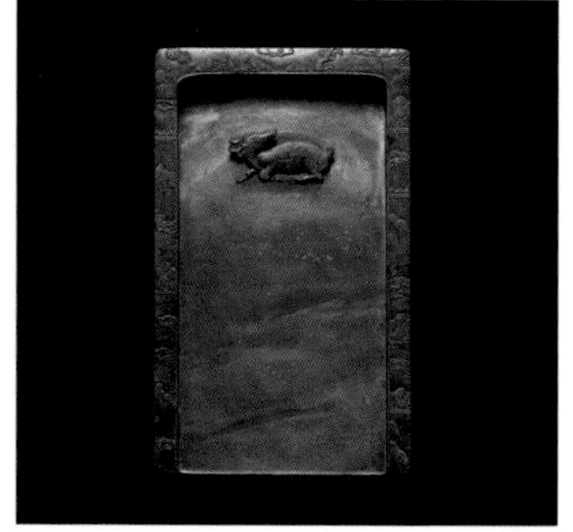

老坑眉纹卧鹿歙砚
清早期 Early Qing BD 北京东正
2016-05-14 Lot131 L25.4cm;W15.6cm
估价：RMB 120,000-180,000
成交价：RMB 207,000

刘演良 麻子坑端石明月松间照砚
当代 Contemporary GD 中国嘉德
2016-11-13 Lot4407 23.5 × 14 × 5cm
估价：RMB 30,000-50,000
成交价：RMB 34,500

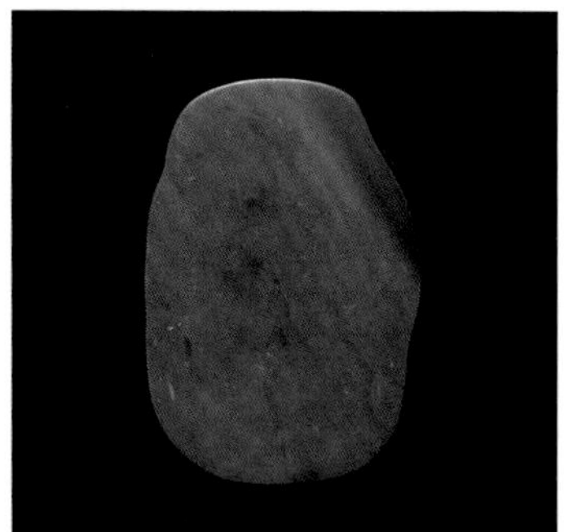

老坑大西洞随形砚板
清 Qing BD 北京东正
2016-05-14 Lot139 L23.5cm
估价：RMB 60,000-80,000
成交价：RMB 115,000

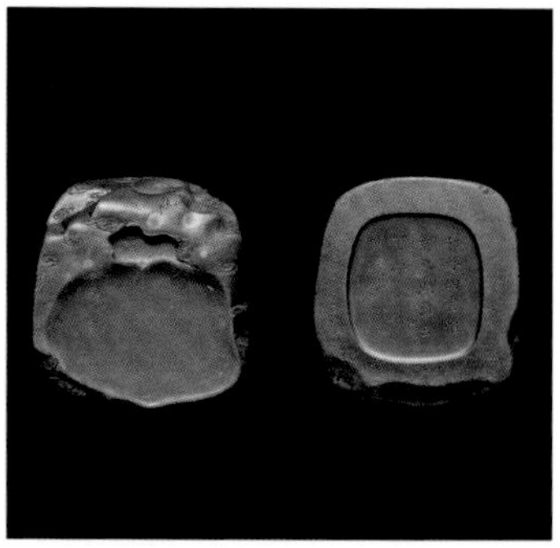

老坑随形星云端砚
明 Ming BD 北京东正
2016-05-14 Lot141 L18.8cm
估价：RMB 120,000-180,000
成交价：RMB 276,000

坑仔岩端石随形联星砚
年代不详 Unknown GD 中国嘉德
2016-09-25 Lot4903 L22.5cm
估价：RMB 10,000-20,000
成交价：RMB 40,250

老坑端石大西洞砚板
清 Qing TH 北京传是
2016-06-04 Lot163 20 × 13.5 × 1.5cm
估价：RMB 80,000-120,000
成交价：RMB 138,000

老坑端石梧桐高月大砚
清 Qing GD 中国嘉德
2016-09-25 Lot4788 L28.7cm
估价：RMB 80,000-120,000
成交价：RMB 149,500

### 大西洞端石海天浴日云纹双面砚

清晚期 Late Qing GD 中国嘉德
2016-03-27 Lot4956 L18.5cm
估价：RMB 120,000-220,000
成交价：RMB 178,250

### 白端石一品当朝砚

清 Qing GD 中国嘉德
2016-09-25 Lot4971 L19.5cm
估价：RMB 10,000-20,000
成交价：RMB 36,800

### 端石金蟾砚

清 Qing GD 中国嘉德
2016-11-13 Lot4367 17.6 × 11.8 × 5.6cm
估价：RMB 120,000-220,000
成交价：RMB 138,000

### 大西洞端石河图洛书云蝠纹双面砚

清晚期 Late Qing GD 中国嘉德
2016-03-27 Lot4957 L20.5cm
估价：RMB 120,000-220,000
成交价：RMB 276,000

### 大西洞端石松虬砚

清 Qing GD 中国嘉德
2016-09-25 Lot4895 L20.6cm
估价：RMB 10,000-20,000
成交价：RMB 43,700

### 端石瓜形砚及随形竹雕瓜藤纹瓜形砚盒

清，18 世纪 Qing,18th Century C 佳士得
2016-10-04 Lot57 L10cm
估价：HKD 100,000-150,000
成交价：HKD 125,000

### 大西洞风字形端砚

清 Qing BD 北京东正
2016-05-14 Lot148 L15.5cm
估价：RMB 120,000-180,000
成交价：RMB 218,500

### 端石虎伏砚

年代不详 Unknown AS 中国艺海
2016-01-21 Lot3048 L17.8cm
估价：HKD 480,000-960,000
成交价：HKD 990,000

### 端石井田砚

清 Qing C 佳士得
2016-04-05 Lot142 L12.5cm
估价：HKD 50,000-80,000
成交价：HKD 350,000

端石海天旭日砚
清中期 Mid Qing GD 中国嘉德
2016-11-13 Lot4305 20.5 × 19.5 × 5.3cm
估价：RMB 18,000-28,000
成交价：RMB 66,700

端石随形砚
清中期 Mid Qing GD 中国嘉德
2016-11-13 Lot4306 17.1 × 16.5 × 2.9cm
估价：RMB 28,000-38,000
成交价：RMB 46,000

端石海水云纹方砚
清 Qing BP 北京保利
2016-06-07 Lot7725 L18.3cm
估价：RMB 30,000-40,000
成交价：RMB 115,000

端石海天浴日砚
清 Qing GD 中国嘉德
2016-09-25 Lot4838 L15.5cm
估价：RMB 30,000-50,000
成交价：RMB 69,000

端石石潭观渔双面砚
清 Qing GD 中国嘉德
2016-09-25 Lot4775 L16.5cm
估价：RMB 38,000-58,000
成交价：RMB 43,700

端石海水云纹砚
清中期 Mid Qing BP 北京保利
2016-06-07 Lot7669 L17.3cm
估价：RMB 180,000-220,000
成交价：RMB 207,000

端石山水岩崖双面砚
清中期 Mid Qing GD 中国嘉德
2016-11-13 Lot4307 16 × 11.6 × 2.1cm
估价：RMB 32,000-52,000
成交价：RMB 40,250

端石“太平有象”砚
雍正 Yongzheng TH 北京传是
2016-06-04 Lot127 L23.7cm;W11.6cm
估价：RMB 200,000-250,000
成交价：RMB 230,000

端石回纹砚
明 Ming TH 北京传是
2016-06-04 Lot160 17.8 × 12 × 3.4cm
估价：RMB 250,000-350,000
成交价：RMB 402,500

端石龙凤纹砚
道光 Daoguang KS 北京匡时
2016-06-07 Lot3433 22 × 14.5cm
估价：RMB 200,000-300,000
成交价：RMB 253,000

端石砚台
乾隆 Qianlong BD 北京东正
2016-05-14 Lot2050 L11.3cm
估价：RMB 150,000-200,000
成交价：RMB 230,000

端溪图端石砚
清 Qing GD 中国嘉德
2016-05-14 Lot4734 20.6 × 13.8 × 2.3cm
估价：RMB 150,000-250,000
成交价：RMB 287,500

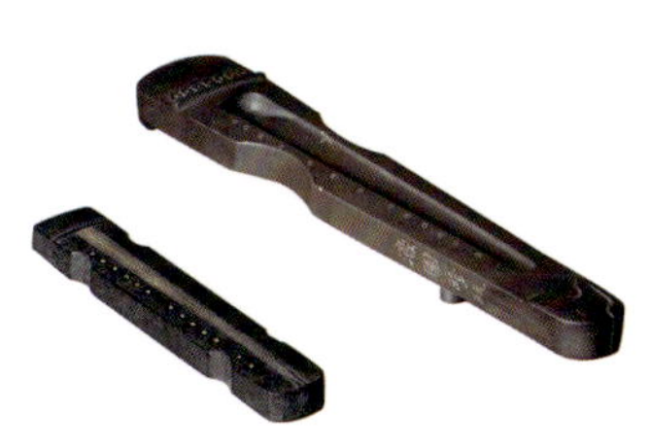

端石琴砚
清，19 世纪 Qing,19th Century C 佳士得
2016-03-17 Lot1180 L8.8cm
估价：USD 8,000-12,000
成交价：USD 18,750

端石杨一清铭砚
嘉靖 Jiajing C 佳士得
2016-03-17 Lot1123 L17.1cm
估价：USD 8,000-12,000
成交价：USD 37,500

计楠制端石题诗凤凰池椭圆砚
道光 Daoguang S 苏富比
2016-06-02 Lot19 17.7cm
估价：HKD 140,000-160,000
成交价：HKD 175,000

端石阮元铭砚
嘉庆 Jiaqing C 佳士得
2016-06-01 Lot3387 L14.4cm
估价：HKD 80,000-150,000
成交价：HKD 300,000

端石诒晋斋藏玉兔纹砚
清中期 Mid Qing BP 北京保利
2016-06-07 Lot7663 L8.3cm
估价：RMB 200,000-300,000
成交价：RMB 276,000

金玉其相端砚
清 Qing BD 北京东正
2016-05-14 Lot142 L16.6cm;W10.6cm
估价：RMB 400,000-500,000
成交价：RMB 747,500

黎元洪临邓石如龙门对端砚
清晚期 - 民国 Late Qing-Republic Period BD 北京东正
2016-05-14 Lot2049 L17.7cm
估价：RMB 100,000-150,000
成交价：RMB 218,500

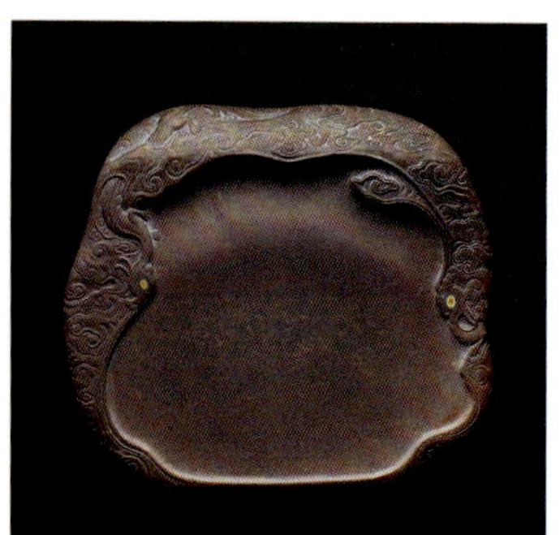

龙凤纹端砚
清中期 Mid Qing BD 北京东正
2016-05-14 Lot130 L12.5cm;W11cm
估价：RMB 80,000-120,000
成交价：RMB 161,000

蓬莱绿端砚
明 Ming BD 北京东正
2016-05-14 Lot153 L19.3cm
估价：RMB 60,000-80,000
成交价：RMB 115,000

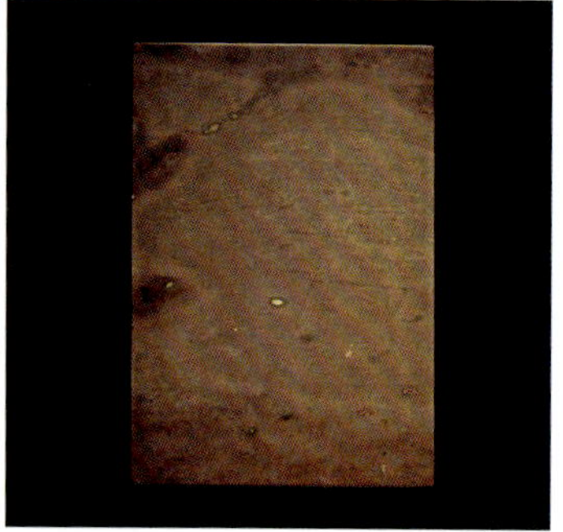

平板端砚
清 Qing BD 北京东正
2016-05-14 Lot403 L29.3cm;W19.6cm L4.1cm
估价：RMB 450,000-600,000
成交价：RMB 517,500

郭尚先款老坑端石螭龙纹砚
清 Qing GD 中国嘉德
2016-09-25 Lot4702 L16.3cm
估价：无底价
成交价：RMB 40,250

韩登安铭方塘一镜端砚
年代不详 Unknown SE 福建东南
2016-10-30 Lot98 2.9 × 10.6 × 16.2cm
估价：RMB 18,000-20,000
成交价：RMB 32,200

张廷济、张辛作蟛蜞端砚
道光 Daoguang PLXM 保利厦门
2016-11-06 Lot944 L14.5 × W8cm
估价：RMB 400,000-500,000
成交价：RMB 460,000

卢葵生制瓜形端砚
清 Qing SE 福建东南
2016-10-30 Lot100 1.1 × 3.3 × 6cm
估价：RMB 30,000-35,000
成交价：RMB 57,500

如意云蝠纹老坑端砚
清 Qing SE 福建东南
2016-10-30 Lot101 2.3 × 19 × 15cm
估价：RMB 35,000-40,000
成交价：RMB 69,000

石亭铭蕉叶老坑端砚
清 Qing SE 福建东南
2016-10-30 Lot82 2.7 × 11.3 × 16.5cm
估价：RMB 20,000-25,000
成交价：RMB 36,800

王树铭端石三星天然砚
明 Ming GD 中国嘉德
2016-11-13 Lot4368 25 × 19 × 4.5cm
估价：RMB 280,000-380,000
成交价：RMB 345,000

阮元铭朱彝尊肖像端砚
清 Qing BP 北京保利
2016-06-05 Lot3766 15 × 24cm
估价：RMB 120,000-180,000
成交价：RMB 138,000

冒襄款端石坑仔岩高眼井田砚
清 Qing GD 中国嘉德
2016-09-25 Lot4770 L15.2cm
估价：RMB 30,000-50,000
成交价：RMB 34,500

正岩 厉鹗款端石壁石天然砚
清早期 Early Qing GD 中国嘉德
2016-09-25 Lot4839 L20cm
估价：RMB 48,000-68,000
成交价：RMB 253,000

水岩高眼犀牛望月纹端砚
明 Ming BD 北京东正
2016-05-14 Lot113 L19.5cm;W15.5cm
估价：RMB 120,000-180,000
成交价：RMB 218,500

王寿彭 顾洛 毕泷款端石松虬砚
清 Qing GD 中国嘉德
2016-09-25 Lot4784 L19.7cm
估价：RMB 40,000-60,000
成交价：RMB 46,000

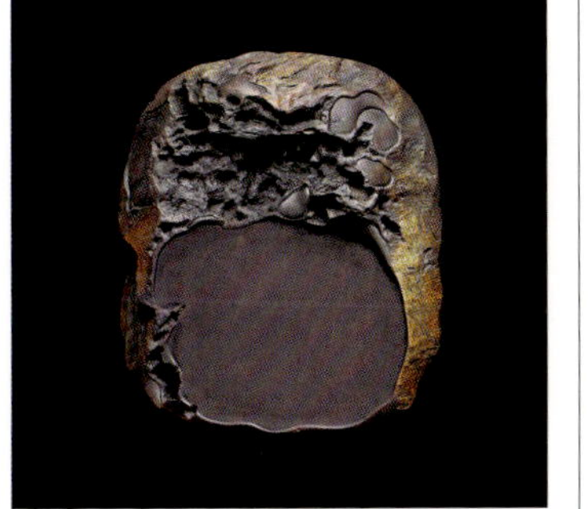

千山迭峰纹石仔端砚
明 Ming BD 北京东正
2016-05-14 Lot156 L23cm;W20cm;H6.5cm
估价：RMB 120,000-180,000
成交价：RMB 218,500

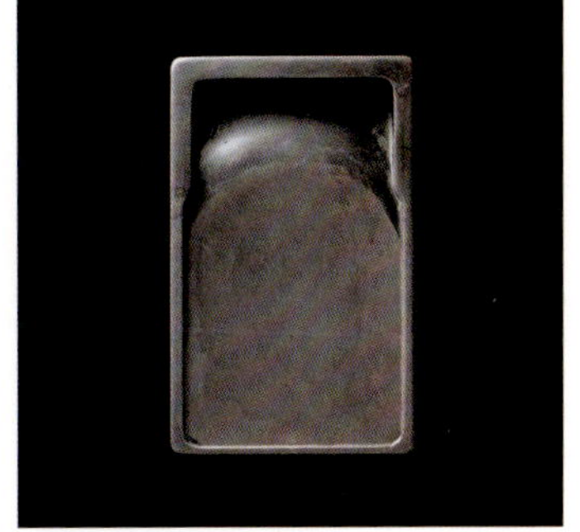

水岩门字形端砚
明 Ming BD 北京东正
2016-05-14 Lot138 L18.8cm
估价：RMB 120,000-180,000
成交价：RMB 207,000

水岩钟形双面端砚
明 Ming BD 北京东正
2016-05-14 Lot118 L16cm
估价：RMB 40,000-60,000
成交价：RMB 138,000

叶恭绰 尹润生旧藏王鸿绪 吴荣光等铭端石罗汉图砚
清早期 Early Qing GD 中国嘉德
2016-03-27 Lot4964 L18.5cm
估价：RMB 260,000-360,000
成交价：RMB 322,000

陶斋款云涛端砚
清 Qing BD 北京东正
2016-05-14 Lot120 L17cm
估价：RMB 40,000-60,000
成交价：RMB 184,000

云松纹淌池端砚
清早期 Early Qing BD 北京东正
2016-05-14 Lot157 L28.5cm;W18.5cm;H9cm
估价：RMB 120,000-180,000
成交价：RMB 138,000

竹节端砚
明 Ming BD 北京东正
2016-05-14 Lot117 L19.8cm;W11.6cm;H5.4cm
估价：RMB 400,000-600,000
成交价：RMB 828,000

眉纹抄手歙砚
明 Ming BD 北京东正
2016-05-14 Lot123 L21cm
估价：RMB 120,000-180,000
成交价：RMB 138,000

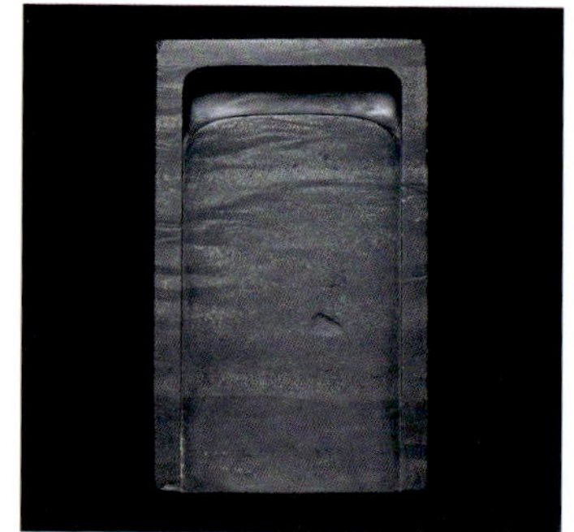

太史眉纹歙砚
明 Ming BD 北京东正
2016-05-14 Lot162 L27cm;W16.8cm;H6.2cm
估价：RMB 80,000-120,000
成交价：RMB 184,000

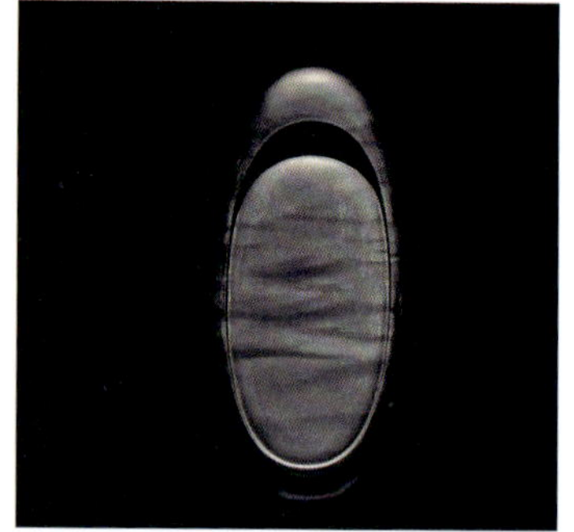

椭圆眉纹歙砚
明 Ming BD 北京东正
2016-05-14 Lot401 L20.5cm;W9.5cm
估价：RMB 200,000-250,000
成交价：RMB 345,000

御制仿古诗文歙砚
乾隆 Qianlong BD 北京东正
2016-05-14 Lot134 L13.2cm;W9.8cm
估价：RMB 120,000-180,000
成交价：RMB 195,500

## 仿唐八棱歙砚

乾隆 Qianlong BD 北京东正
2016-05-14 Lot114 D9.4cm
估价：RMB 120,000-180,000
成交价：RMB 172,500

## 方以智款金星歙石小抄手砚

明末清初 Late Ming and Early Qing GD 中国嘉德
2016-09-25 Lot4720 L14.5cm
估价：无底价
成交价：RMB 34,500

## 鱼子纹歙石鱼化龙大砚

明 Ming GD 中国嘉德
2016-09-25 Lot4835 L25.4cm
估价：RMB 38,000-58,000
成交价：RMB 43,700

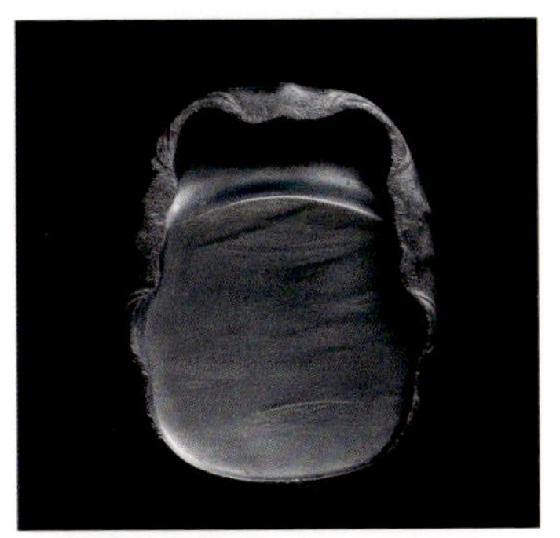

## 荷叶形眉纹歙砚

明 Ming BD 北京东正
2016-05-14 Lot109 L24.5cm;W19cm;H4.5cm
估价：RMB 60,000-80,000
成交价：RMB 126,500

## 歙石仿宋天成风字砚

乾隆 Qianlong GD 中国嘉德
2016-09-25 Lot4778 L11.2cm
估价：RMB 70,000-100,000
成交价：RMB 80,500

## 御制歙石仿宋天成风字砚

乾隆 Qianlong S 苏富比
2016-06-02 Lot79 11.4cm
估价：HKD 120,000-150,000
成交价：HKD 237,500

## 乾隆御铭歙砚

乾隆 Qianlong SE 福建东南
2016-10-30 Lot99 2 × 8.3 × 15cm
估价：RMB 30,000-35,000
成交价：RMB 69,000

## 歙石云纹寿字砚

明 Ming GD 中国嘉德
2016-09-25 Lot4843 L23.5cm
估价：RMB 38,000-58,000
成交价：RMB 43,700

## 明善堂藏石渠式澄泥砚

清 Qing SE 福建东南
2016-05-22 Lot724 H3.4cm;D17cm
估价：RMB 140,000-150,000
成交价：RMB 161,000

"长生无极"汉宫瓦砚
清早期 Early Qing BD 北京东正
2016-05-14 Lot400 L19.5cm;W18cm
估价：RMB 220,000-280,000
成交价：RMB 322,000

八棱竹节澄泥砚
明 Ming BD 北京东正
2016-05-14 Lot146 D15.8cm
估价：RMB 80,000-100,000
成交价：RMB 126,500

乾隆御铭仿汉石渠澄泥瓦砚
乾隆 Qianlong PLXM 保利厦门
2016-05-08 Lot628 L16cm
估价：RMB 160,000-260,000
成交价：RMB 184,000

御制仿古石渠澄泥砚
乾隆 Qianlong KS 北京匡时
2016-06-07 Lot3432 13 × 13 × 5.5cm
估价：RMB 400,000-500,000
成交价：RMB 460,000

阮元款端石仿古石渠砚
乾隆 Qianlong C 佳士得
2016-06-01 Lot3386 L11.4cm
估价：HKD 260,000-400,000
成交价：HKD 525,000

仿古御题诗石渠砚
乾隆 Qianlong SUN 中贸圣佳
2016-05-16 Lot1083 L15.5cm;W15.5cm
估价：RMB 400,000-600,000
成交价：RMB 460,000

高眼云纹抄手砚
明 Ming XLA 西泠印社
2016-09-29 Lot82 22.5 × 13.3 × 7.5cm
估价：RMB 40,000-60,000
成交价：RMB 46,000

龙尾坑歙石八卦纹抄手大砚
元 Yuan GD 中国嘉德
2016-09-25 Lot4836 L27.5cm
估价：RMB 120,000-220,000
成交价：RMB 149,500

凤纹红丝砚
清 Qing SE 福建东南
2016-10-30 Lot79 1.8 × 6.4 × 9.6cm
估价：RMB 18,000-20,000
成交价：RMB 34,500

随形红丝砚
清 Qing XLA 西泠印社
2016-09-29 Lot81 21 × 16.5 × 7cm
估价：RMB 32,000-40,000
成交价：RMB 39,100

## 卢蔡生漆沙砚
清 Qing BD 北京东正
2016-05-14 Lot2048 L15cm
估价：RMB 200,000-220,000
成交价：RMB 345,000

## 王文治铭断碑砚
清 Qing BD 北京东正
2016-05-14 Lot133 L30cm
估价：RMB 100,000-150,000
成交价：RMB 230,000

## 段泥砚 紫檀砚
19-20 世纪 19th-20th Century C 佳士得
2016-05-11 Lot244 W13cm
估价：GBP 3,000-5,000
成交价：GBP 4,375

## 天眼太史砚
明 Ming KS 北京匡时
2016-06-07 Lot3430 17.3 × 10.7 × 6cm
估价：RMB 110,000-120,000
成交价：RMB 126,500

## 高兆、林佶、周绍龙款夔龙纹长方砚
清 Qing SE 福建东南
2016-10-30 Lot102 2.8 × 12 × 19.9cm
估价：RMB 50,000-60,000
成交价：RMB 86,250

## 紫檀砚 硬木砚
20 世纪 20th Century C 佳士得
2016-05-11 Lot246 L12.7cm
估价：GBP 3,000-5,000
成交价：GBP 5,250

## 黄龙四年叶潞渊铭砖砚
清 Qing BD 北京东正
2016-05-14 Lot145 L21.6cm;W22cm
估价：RMB 80,000-120,000
成交价：RMB 218,500

## 黄道周铭卧牛井田松花石砚
明 Ming PLXM 保利厦门
2016-05-08 Lot619 L15 × W10cm
估价：RMB 80,000-120,000
成交价：RMB 218,500

## 砖砚
清 Qing GD 中国嘉德
2016-11-13 Lot4371 20.3 × 5.6 × 3.5cm
估价：RMB 10,000-20,000
成交价：RMB 32,200

# 名家制印
# Seals of Famous Person

## 陈巨来 Chen Julai

陈巨来 为任政刻自用印（十方）
年代不详 Unknown KS 北京匡时
2016-06-08 Lot4468 尺寸不一
估价：RMB 180,000-250,000
成交价：RMB 483,000

陈巨来刻 乌鸦皮田黄石溥心畬自用印
年代不详 Unknown SE 福建东南
2016-05-22 Lot536 H2.7cm
估价：RMB 380,000-400,000
成交价：RMB 437,000

陈巨来刻 芙蓉石古兽钮椭圆朱文闲章
年代不详 Unknown SE 福建东南
2016-10-30 Lot178 4.4 × 4.1 × 2.7cm
估价：RMB 90,000-100,000
成交价：RMB 115,000

陈巨来 1949 年作 刻寿山芙蓉石方章
年代不详 Unknown KS 北京匡时
2016-06-08 Lot4469 3.1 × 3.1 × 5.3cm
估价：RMB 100,000-150,000
成交价：RMB 115,000

陈巨来 刻寿山高山石薄意方章
年代不详 Unknown KS 北京匡时
2016-06-08 Lot4467 2.8 × 2.8 × 8.9cm
估价：RMB 80,000-100,000
成交价：RMB 161,000

陈巨来刻 寿山石吴湖帆自用印章
年代不详 Unknown GD 中国嘉德
2016-11-12 Lot4152 3 × 3 × 6.4cm
估价：RMB 550,000-650,000
成交价：RMB 632,500

**陈巨来刻 张大千自用印**
年代不详 Unknown SE 福建东南
2016-10-30 Lot175 2 × 1.1 × 1.1cm;2 × 1.1 × 1.1cm
估价：RMB 120,000-150,000
成交价：RMB 138,000

## 邓尔雅 Deng Erya

**邓尔雅刻 张之英自用印**
年代不详 Unknown SE 福建东南
2016-10-30 Lot180 4.6 × 1.4 × 1.4cm
估价：RMB 30,000-50,000
成交价：RMB 34,500

**邓尔雅为张之英刻 芙蓉石朱文闲章**
年代不详 Unknown SE 福建东南
2016-10-30 Lot182 3.3 × 2.5 × 2cm
估价：RMB 30,000-40,000
成交价：RMB 40,250

## 邓散木 Deng Sanmu

**邓散木刻 寿山石兽钮自用印章**
年代不详 Unknown GD 中国嘉德
2016-05-15 Lot4144 3.3 × 3.3 × 10.7cm
估价：RMB 50,000-80,000
成交价：RMB 149,500

**邓散木刻 青田石印章**
年代不详 Unknown GD 中国嘉德
2016-11-12 Lot4142 2.4 × 2.4 × 6.2cm
估价：RMB 25,000-35,000
成交价：RMB 40,250

## 方介堪 Fang Jiekan

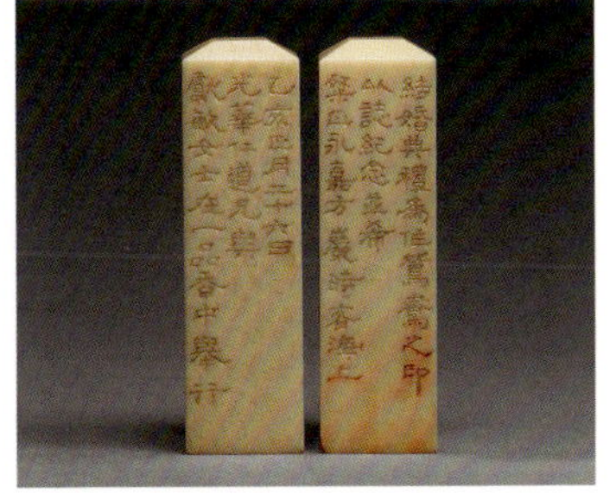

**方介堪刻 骨制李光华自用对章**
年代不详 Unknown GD 中国嘉德
2016-11-12 Lot4140 1.1 × 1.1 × 5.6cm × 2
估价：RMB 25,000-35,000
成交价：RMB 36,800

**方介堪刻 青田石印章**
年代不详 Unknown GD 中国嘉德
2016-11-12 Lot4136 2.5 × 1.8 × 7.2cm
估价：RMB 25,000-35,000
成交价：RMB 36,800

**方介堪刻 寿山芙蓉石云龙纹章**
年代不详 Unknown GD 中国嘉德
2016-11-12 Lot4137 4.7 × 2 × 7.5cm
估价：RMB 35,000-55,000
成交价：RMB 63,250

## 傅抱石 Fu Baoshi

**傅抱石 为陶白作寿山石对章**
年代不详 Unknown KS 北京匡时
2016-06-08 Lot4473 2.2 × 2.2 × 8.2cm × 2
估价：RMB 800,000-1,200,000
成交价：RMB 1,437,500

## 郭功森 Guo Gongseng

郭功森 寿山田黄石金蟾钮随形章
年代不详 Unknown KS 北京匡时
2016-06-08 Lot4390 3.8×2.2×4cm;W43.7g
估价：RMB 100,000-150,000
成交价：RMB 172,500

郭功森作 善伯洞石龙凤呈祥章
年代不详 Unknown SE 福建东南
2016-10-30 Lot712 11×5.2×5.1cm
估价：RMB 150,000-200,000
成交价：RMB 425,500

郭功森作 寿山田黄石浮雕螭龙纹章
年代不详 Unknown GD 中国嘉德
2016-05-15 Lot4204 5.6×3.1×10.2cm;310g
估价：RMB 500,000-800,000
成交价：RMB 598,000

郭功森作 善伯洞石独角瑞兽钮方章
年代不详 Unknown SE 福建东南
2016-10-30 Lot711 6.3×3.6×3.6cm
估价：RMB 30,000-50,000
成交价：RMB 172,500

## 郭祥忍 Guo Xiangren

郭祥忍作 芙蓉石连理章
年代不详 Unknown SE 福建东南
2016-10-30 Lot574 4.6×3.7×3.6cm
估价：RMB 30,000-50,000
成交价：RMB 92,000

郭祥忍 寿山芙蓉石螭龙钮方章
年代不详 Unknown KS 北京匡时
2016-06-08 Lot4392 3.3×3.3×7.7cm
估价：RMB 100,000-150,000
成交价：RMB 287,500

郭祥忍 寿山汶洋石云龙钮扁方章
年代不详 Unknown KS 北京匡时
2016-06-08 Lot4393 4.8×2×8cm
估价：RMB 100,000-150,000
成交价：RMB 184,000

郭祥忍作 将军洞芙蓉石玄武朱雀钮椭圆章
年代不详 Unknown SE 福建东南
2016-05-21 Lot310 8×5.4×3.2cm
估价：RMB 180,000-200,000
成交价：RMB 552,000

## 郭祥雄 Guo Xiangxiong

郭祥雄 寿山高山朱砂冻石龙凤对章
年代不详 Unknown KS 北京匡时
2016-06-08 Lot4396 3.4 × 3.4 × 3.9cm × 2
估价：RMB 100,000-150,000
成交价：RMB 345,000

郭祥雄刻 寿山坑头石兽钮方章
年代不详 Unknown GD 中国嘉德
2016-05-15 Lot4103 3.8 × 3.6 × 4.3cm
估价：RMB 70,000-100,000
成交价：RMB 112,700

郭祥雄作 寿山芙蓉石龙钮方章
年代不详 Unknown GD 中国嘉德
2016-11-12 Lot4287 3.3 × 3 × 4.5cm
估价：RMB 58,000-88,000
成交价：RMB 66,700

郭祥雄 寿山淇源洞杜陵石方章
年代不详 Unknown KS 北京匡时
2016-06-08 Lot4383 2.3 × 2.3 × 6.9cm
估价：RMB 100,000-150,000
成交价：RMB 345,000

郭祥雄作 荔枝洞石龙钮博古椭圆章
年代不详 Unknown SE 福建东南
2016-05-21 Lot313 4.3 × 7.6 × 2.7cm
估价：RMB 60,000-100,000
成交价：RMB 287,500

郭祥雄作 寿山将军洞芙蓉石兽钮方章
年代不详 Unknown GD 中国嘉德
2016-11-12 Lot4288 尺寸不详
估价：RMB 150,000-200,000
成交价：RMB 230,000

郭祥雄 寿山脱蛋善伯石玄武方章
年代不详 Unknown KS 北京匡时
2016-06-08 Lot4395 3 × 3 × 6cm
估价：RMB 50,000-80,000
成交价：RMB 115,000

郭祥雄作 田黄石龙戏珠钮章
年代不详 Unknown SE 福建东南
2016-05-21 Lot314 5.8 × 1.7 × 1.7cm
估价：RMB 200,000-250,000
成交价：RMB 747,500

郭祥雄作 月尾石螭钮扁章
年代不详 Unknown SE 福建东南
2016-10-30 Lot709 5 × 3.7 × 2.6cm
估价：RMB 20,000-30,000
成交价：RMB 55,200

## 林亨云 Lin Hengyun

林亨云作 焓红石寒冬一霸钮章
年代不详 Unknown SE 福建东南
2016-05-21 Lot182 11.7×7.6×7.6cm
估价：RMB 70,000-75,000
成交价：RMB 184,000

林亨云作 寿山旗降石熊钮方章
年代不详 Unknown GD 中国嘉德
2016-11-12 Lot4292 5.6×5.6×9.5cm
估价：RMB 30,000-50,000
成交价：RMB 69,000

林亨云作 焓红石熊钮章
年代不详 Unknown SE 福建东南
2016-10-30 Lot571 12.5×6×6cm
估价：RMB 30,000-50,000
成交价：RMB 95,450

林亨云作 焓红石一家亲方章
年代不详 Unknown SE 福建东南
2016-10-30 Lot581 10.6×5.5×5.5cm
估价：RMB 75,000-80,000
成交价：RMB 97,750

## 林清卿 Lin Qingqing

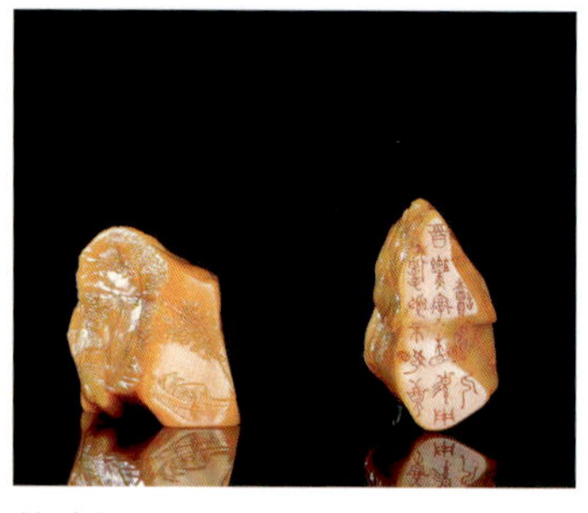

林清卿作 田黄石山水人物薄意随形章
年代不详 Unknown SE 福建东南
2016-10-30 Lot728 4.5×5.7×2.8cm
估价：RMB 680,000-700,000
成交价：RMB 805,000

林清卿作 高山石薄意对章
年代不详 Unknown SE 福建东南
2016-10-30 Lot532 7.2×2.6×2.7cm×2
估价：RMB 15,000-20,000
成交价：RMB 115,000

林清卿作 田黄石梅竹双清薄意随形章
年代不详 Unknown SE 福建东南
2016-10-30 Lot727 6.3×3.9×2.7cm
估价：RMB 430,000-450,000
成交价：RMB 598,000

林清卿 寿山将军洞芙蓉石薄意方章
年代不详 Unknown KS 北京匡时
2016-06-08 Lot4402 尺寸不详
估价：RMB 80,000-100,000
成交价：RMB 172,500

## 林文举 Lin Wenju

林文举作 荔枝洞石岁寒三友薄意方章
年代不详 Unknown SE 福建东南
2016-05-21 Lot132 12.3×2.7×2.7cm
估价：RMB 180,000-200,000
成交价：RMB 253,000

**林文举作 荔枝洞石瑶池晋酿薄意方章**

年代不详 Unknown SE 福建东南
2016-05-21 Lot131 13.6 × 3.3 × 3.3cm
估价：RMB 180,000-200,000
成交价：RMB 230,000

**林文举作 善伯洞石桃源洞薄意日字章**

年代不详 Unknown SE 福建东南
2016-10-30 Lot535 9.3 × 4.2 × 2.9cm
估价：RMB 38,000-40,000
成交价：RMB 51,750

**林文举作“皆大欢喜”寿山田黄石薄意方章**

年代不详 Unknown GD 中国嘉德
2016-11-12 Lot4295 2.6 × 2.6 × 4.8cm
估价：RMB 150,000-250,000
成交价：RMB 2,990,000

## 潘惊石 Pan Jingshi

**潘惊石作 坑头石夔凤扁章**

年代不详 Unknown SE 福建东南
2016-05-21 Lot308 7.1 × 4.9 × 1cm
估价：RMB 20,000-30,000
成交价：RMB 112,700

**潘惊石作 水洞高山石狻猊钮章**

年代不详 Unknown SE 福建东南
2016-05-21 Lot309 5.6 × 3.9 × 3.5cm
估价：RMB 180,000-200,000
成交价：RMB 448,500

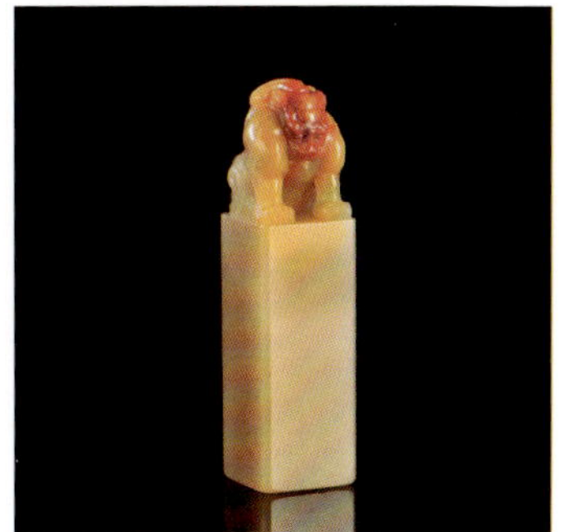

**潘惊石作 鸡母窝石古兽钮方章**

年代不详 Unknown SE 福建东南
2016-10-30 Lot708 10.4 × 2.8 × 2.8cm
估价：RMB 80,000-100,000
成交价：RMB 172,500

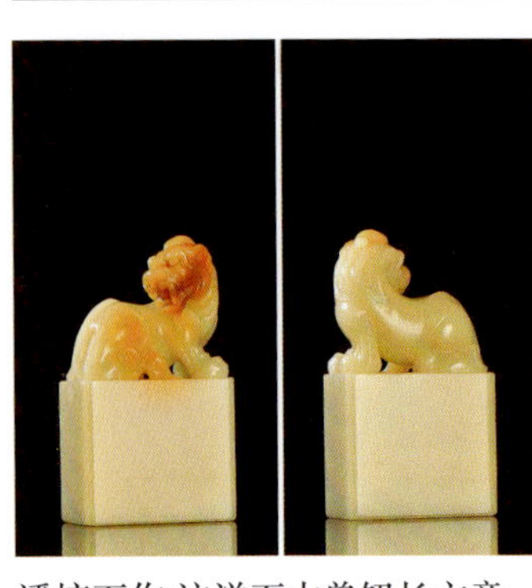

潘惊石作 汶洋石古兽钮长方章
年代不详 Unknown SE 福建东南
2016-10-30 Lot707 9.5 × 5.4 × 3cm
估价：RMB 60,000-80,000
成交价：RMB 172,500

潘惊石作 田黄石《四灵方章》
年代不详 Unknown SE 福建东南
2016-10-30 Lot518 3.9 × 2.1 × 2.1cm
估价：RMB 90,000-100,000
成交价：RMB 103,500

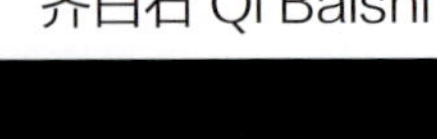

齐白石 为周铁衡刻寿山芙蓉石印章
年代不详 Unknown KS 北京匡时
2016-06-08 Lot4538 2.4 × 2.4 × 5.6cm
估价：RMB 200,000-300,000
成交价：RMB 575,000

齐白石 刻昌化鸡血石方章
年代不详 Unknown KS 北京匡时
2016-06-08 Lot4556 2.35 × 1.45 × 4.44cm
估价：RMB 50,000-60,000
成交价：RMB 345,000

齐白石 为曹锟刻青田白果石兽钮方章
年代不详 Unknown KS 北京匡时
2016-06-08 Lot4555 3.4 × 3.4 × 5.2cm
估价：RMB 500,000-600,000
成交价：RMB 690,000

齐白石 刻寿山黄杜陵石扁方章
年代不详 Unknown KS 北京匡时
2016-06-08 Lot4542 3.9 × 1.2 × 4cm
估价：RMB 250,000-300,000
成交价：RMB 517,500

齐白石 刻寿山坑头牛角冻石扁方章
年代不详 Unknown KS 北京匡时
2016-06-08 Lot4547 2.5 × 1.2 × 4.4cm
估价：RMB 200,000-300,000
成交价：RMB 402,500

齐白石 为西哲太郎刻寿山高山石印章
1927年 1927 KS 北京匡时
2016-06-08 Lot4545 2.2 × 2.2 × 5.3cm
估价：RMB 150,000-200,000
成交价：RMB 345,000

齐白石 为西哲弘刻寿山石印章
年代不详 Unknown KS 北京匡时
2016-06-08 Lot4551 2.1 × 2.1 × 3.9cm
估价：RMB 150,000-200,000
成交价：RMB 287,500

齐白石 为西哲太郎刻寿山白芙蓉石印章
1927 年 1927 KS 北京匡时
2016-06-08 Lot4541 3.9 × 1.2 × 4cm
估价：RMB 300,000-500,000
成交价：RMB 690,000

齐白石 为西哲太郎刻寿山高山石印章
年代不详 Unknown KS 北京匡时
2016-06-08 Lot4546 3.3 × 2 × 3.5cm
估价：RMB 150,000-200,000
成交价：RMB 287,500

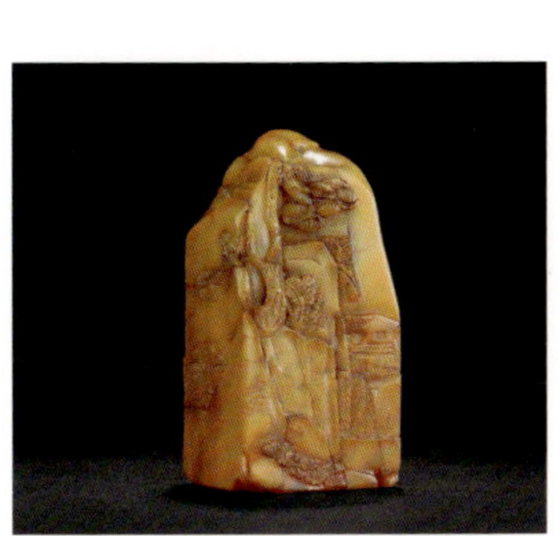

齐白石 为西哲太郎刻寿山连江黄石随形章
年代不详 Unknown KS 北京匡时
2016-06-08 Lot4552 3.6 × 2.6 × 6.9cm
估价：RMB 150,000-200,000
成交价：RMB 1,380,000

齐白石 刻寿山石印章
1927 年 1927 KS 北京匡时
2016-06-08 Lot4549 3 × 3 × 7.5cm
估价：RMB 300,000-500,000
成交价：RMB 2,357,500

齐白石 为西哲太郎刻寿山石印章
1927 年 1927 KS 北京匡时
2016-06-08 Lot4548 2.4 × 1.5 × 6cm
估价：RMB 150,000-200,000
成交价：RMB 287,500

齐白石 为西哲太郎刻寿山石印章
1928 年 1928 KS 北京匡时
2016-06-08 Lot4550 2.5 × 2.5 × 4.4cm
估价：RMB 150,000-200,000
成交价：RMB 276,000

齐白石 为西哲太郎刻寿山石印章
年代不详 Unknown KS 北京匡时
2016-06-08 Lot4553 2.7 × 2.7 × 4.2cm
估价：RMB 300,000-500,000
成交价：RMB 3,105,000

齐白石 为周铁衡刻寿山石印章
年代不详 Unknown KS 北京匡时
2016-06-08 Lot4540 2.2 × 2.2 × 8.4cm
估价：RMB 200,000-300,000
成交价：RMB 391,000

齐白石 为西哲太郎刻寿山五彩芙蓉石椭圆章
1930 年 1930 KS 北京匡时
2016-06-08 Lot4543 4.5 × 2.6 × 6.6cm
估价：RMB 300,000-500,000
成交价：RMB 885,500

齐白石 为西哲毅刻寿山石印章
年代不详 Unknown KS 北京匡时
2016-06-08 Lot4544 2.2 × 2.2 × 5.3cm
估价：RMB 150,000-200,000
成交价：RMB 241,500

齐白石 为周铁衡刻寿山石印章
年代不详 Unknown KS 北京匡时
2016-06-08 Lot4539 3.2 × 3.1 × 5.4cm
估价：RMB 200,000-300,000
成交价：RMB 345,000

齐白石为钱大均刻白芙蓉三螭钮对章
近代 Modern BP 北京保利
2016-06-07 Lot8217 8.7 × 3.9 × 3.9cm
估价：RMB 1,600,000-2,600,000
成交价：RMB 1,955,000

齐白石刻 寿山石兽钮印章
年代不详 Unknown GD 中国嘉德
2016-11-12 Lot4158 2.6 × 2.6 × 5.8cm
估价：RMB 35,000-55,000
成交价：RMB 105,800

齐白石篆刻 樊鹰用印
年代不详 Unknown GD 中国嘉德
2016-11-14 Lot2315 1 × 1 × 3cm
估价：RMB 60,000-80,000
成交价：RMB 724,500

## 吴昌硕 Wu Changshuo

吴昌硕 刻芙蓉石方章
1885 年 1885 KS 北京匡时
2016-06-08 Lot4519 2 × 1.8 × 4.7cm
估价：RMB 60,000-80,000
成交价：RMB 149,500

齐白石刻 寿山石印章
年代不详 Unknown GD 中国嘉德
2016-11-12 Lot4080 3.4 × 3.3 × 3.3cm
估价：RMB 50,000-80,000
成交价：RMB 345,000

齐白石刻 寿山石闲章
年代不详 Unknown GD 中国嘉德
2016-05-15 Lot4120 3.3 × 3.3 × 6.3cm
估价：RMB 350,000-550,000
成交价：RMB 598,000

吴昌硕刻金心兰自用印
年代不详 Unknown BP 北京保利
2016-06-07 Lot8206 1.5 × 1.2 × 2.3cm
估价：RMB 120,000-180,000
成交价：RMB 356,500

齐白石篆刻 樊山用印
年代不详 Unknown GD 中国嘉德
2016-11-14 Lot2314 2.2 × 2.2 × 4.5cm
估价：RMB 60,000-80,000
成交价：RMB 460,000

## 钱松 Qian Song

钱松刻 青田石对章
年代不详 Unknown GD 中国嘉德
2016-11-12 Lot4088 1.1 × 1.1 × 4.8cm × 2
估价：RMB 30,000-50,000
成交价：RMB 80,500

吴昌硕刻青田石闵泳翊自用印
年代不详 Unknown BP 北京保利
2016-06-07 Lot8207 2.5 × 2.3 × 3.7cm
估价：RMB 300,000-500,000
成交价：RMB 943,000

吴昌硕刻吴载和自用印
年代不详 Unknown BP 北京保利
2016-06-07 Lot8198 1.7 × 1.7 × 2.3cm
估价：RMB 120,000-200,000
成交价：RMB 276,000

吴昌硕刻白芙蓉石谢毓洙自用印
年代不详 Unknown BP 北京保利
2016-06-07 Lot8202 2.2 × 1.1 × 3.6cm
估价：RMB 120,000-200,000
成交价：RMB 402,500

吴昌硕刻芙蓉石“移盦藏书”印
年代不详 Unknown BP 北京保利
2016-06-07 Lot8204 2.8 × 2.2 × 3.6cm
估价：RMB 180,000-300,000
成交价：RMB 425,500

吴昌硕为刘泽源 刻 寿山黄金黄田黄石素方章
1895 年 1895 KS 北京匡时
2016-12-05 Lot4406 2.7 × 2.7 × 6.4cm
估价：RMB 3,000,000-5,000,000
成交价：RMB 4,025,000

2016 Chinese Art Auction TOP10 中国四大国石拍卖十大天价排行榜 Top 8

吴昌硕刻芙蓉石吴云自用印章
年代不详 Unknown BP 北京保利
2016-06-07 Lot8209 1.7 × 1.7 × 4.2cm
估价：RMB 220,000-320,000
成交价：RMB 862,500

吴昌硕刻鸡血石谢毓洙自用印
年代不详 Unknown BP 北京保利
2016-06-07 Lot8203 1.7 × 1.7 × 5.8cm
估价：RMB 120,000-200,000
成交价：RMB 276,000

吴昌硕刻青田石方孝杰自用印
年代不详 Unknown BP 北京保利
2016-06-07 Lot8199 2.1 × 1.5 × 4.7cm
估价：RMB 180,000-300,000
成交价：RMB 402,500

吴昌硕刻青田石沈楚臣自用印印
年代不详 Unknown BP 北京保利
2016-06-07 Lot8201 2.5 × 2.5 × 5.5cm
估价：RMB 180,000-300,000
成交价：RMB 575,000

吴昌硕刻青田石闵泳翊自用印
年代不详 Unknown BP 北京保利
2016-06-07 Lot8215 3.2 × 3.2 × 6.8cm
估价：RMB 800,000-1,200,000
成交价：RMB 2,530,000

吴昌硕刻青田石徐康自用印
年代不详 Unknown BP 北京保利
2016-06-07 Lot8205 2.4 × 2.4 × 5.8cm
估价：RMB 220,000-350,000
成交价：RMB 552,000

吴昌硕刻 昌化鸡血石对章
年代不详 Unknown GD 中国嘉德
2016-05-15 Lot4137 2 × 2 × 5.1cm;2 × 2 × 5.2cm
估价：RMB 200,000-300,000
成交价：RMB 460,000

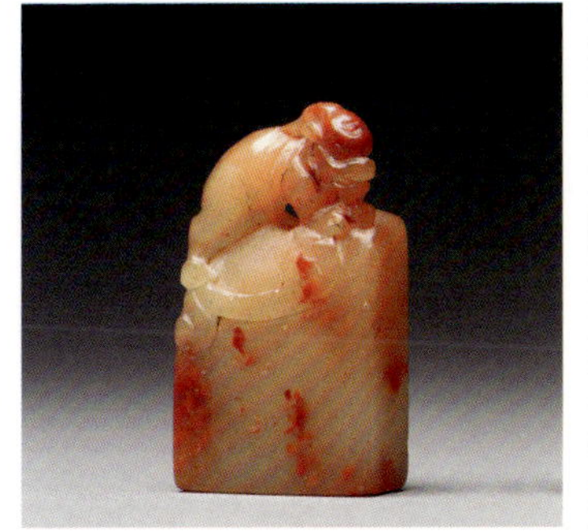

吴昌硕刻 寿山芙蓉石兽钮印章
年代不详 Unknown GD 中国嘉德
2016-05-15 Lot4138 2 × 0.9 × 3.6cm
估价：RMB 450,000-550,000
成交价：RMB 517,500

吴昌硕为沈佺刻 芙蓉石白文自用印
年代不详 Unknown SE 福建东南
2016-05-22 Lot560 5.4 × 1.7 × 1.7cm
估价：RMB 180,000-250,000
成交价：RMB 368,000

吴昌硕为李国松刻 朱文自用印
年代不详 Unknown SE 福建东南
2016-05-22 Lot561 4.6×1.5×1.5cm
估价：RMB 100,000-110,000
成交价：RMB 184,000

吴昌硕刻 寿山石印章
年代不详 Unknown GD 中国嘉德
2016-11-12 Lot4056 5.1×2.5×6.1cm
估价：RMB 30,000-50,000
成交价：RMB 34,500

吴让之刻 青田石汪鋆自用闲章
年代不详 Unknown GD 中国嘉德
2016-11-12 Lot4164 2.2×2.1×2.8cm
估价：RMB 1,200,000-1,800,000
成交价：RMB 1,575,500

吴昌硕刻 芙蓉石自用闲章
年代不详 Unknown SE 福建东南
2016-10-30 Lot217 4×1.2×1.2cm
估价：RMB 350,000-400,000
成交价：RMB 667,000

吴昌硕刻 周梦坡自用寿山石印章
年代不详 Unknown GD 中国嘉德
2016-11-12 Lot4055 2.5×2.5×3cm
估价：RMB 50,000-80,000
成交价：RMB 368,000

吴让之刻 青田石印章
年代不详 Unknown GD 中国嘉德
2016-11-12 Lot4087 2.5×1.8×5cm
估价：RMB 50,000-80,000
成交价：RMB 632,500

吴昌硕刻 青田石印章
年代不详 Unknown GD 中国嘉德
2016-11-12 Lot4057 1.4×1.4×3cm
估价：RMB 30,000-50,000
成交价：RMB 34,500

## 吴让之 Wu Rangzhi

吴让之刻 青田石印章
年代不详 Unknown GD 中国嘉德
2016-05-15 Lot4147 2.5×2.4×6.1cm
估价：RMB 400,000-600,000
成交价：RMB 575,000

## 徐三庚 Xu Sangeng

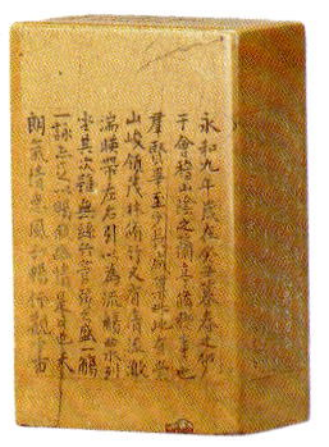

徐三庚满刻“兰亭序”寿山石方章
清晚期 Late Qing BP 北京保利
2016-06-06 Lot7147 3.6×2.8×5.5cm
估价：RMB 80,000-120,000
成交价：RMB 149,500

徐三庚刻 高山石兽钮吴伯滔自用印（二方）
年代不详 Unknown SE 福建东南
2016-10-30 Lot221 7.6 × 3 × 3cm;7.3 × 3 × 3cm
估价：RMB 95,000-100,000
成交价：RMB 109,250

## 赵次闲 Zhao CIxian

赵次闲 刻青田石方章
1833 年 1833 KS 北京匡时
2016-06-08 Lot4532 3.4 × 3.4 × 8.6cm
估价：RMB 80,000-100,000
成交价：RMB 379,500

赵次闲 为孙兰枝刻青田石对章
1807 年 1807 KS 北京匡时
2016-06-08 Lot4534 2.6 × 2.6 × 7cm × 2
估价：RMB 200,000-300,000
成交价：RMB 701,500

赵次闲 刻寿山芙蓉石兽钮方章
1837 年 1837 KS 北京匡时
2016-06-08 Lot4535 2.6 × 2.6 × 4.6cm
估价：RMB 100,000-150,000
成交价：RMB 161,000

赵次闲 刻寿山石方章
1836 年 1836 KS 北京匡时
2016-06-08 Lot4533 2.1 × 2.1 × 5.8cm
估价：RMB 80,000-100,000
成交价：RMB 184,000

赵次闲刻 寿山芙蓉石兽钮印章
年代不详 Unknown GD 中国嘉德
2016-11-12 Lot4089 2.7 × 2.7 × 4.5cm
估价：RMB 30,000-50,000
成交价：RMB 43,700

## 赵叔孺 Zhao Shuru

赵叔孺刻 芙蓉石平头白文章
年代不详 Unknown SE 福建东南
2016-10-30 Lot209 2 × 2 × 2cm
估价：RMB 25,000-35,000
成交价：RMB 40,250

赵叔孺刻 青田石印章
年代不详 Unknown GD 中国嘉德
2016-11-12 Lot4058 2.4 × 2.4 × 5.6cm
估价：RMB 10,000-20,000
成交价：RMB 333,500

赵叔孺刻 寿山石兽钮印章
年代不详 Unknown GD 中国嘉德
2016-11-12 Lot4061 3.4 × 1.7 × 6.5cm
估价：RMB 10,000-20,000
成交价：RMB 230,000

赵叔孺刻印、林清卿刻薄意 寿山石花卉朱文章
年代不详 Unknown SE 福建东南
2016-10-30 Lot208 5.6 × 2.3 × 2.3cm
估价：RMB 300,000-400,000
成交价：RMB 552,000

陈达刻字 郭祥忍刻钮 汶洋石博古文字章
年代不详 Unknown SE 福建东南
2016-05-21 Lot315 9.7 × 4.1 × 2.2cm
估价：RMB 80,000-100,000
成交价：RMB 218,500

陈为新作 荔枝洞石云螭钮扁章
年代不详 Unknown SE 福建东南
2016-05-21 Lot307 5.3 × 5.7 × 2.4cm
估价：RMB 260,000-300,000
成交价：RMB 322,000

## 其他名家 Others

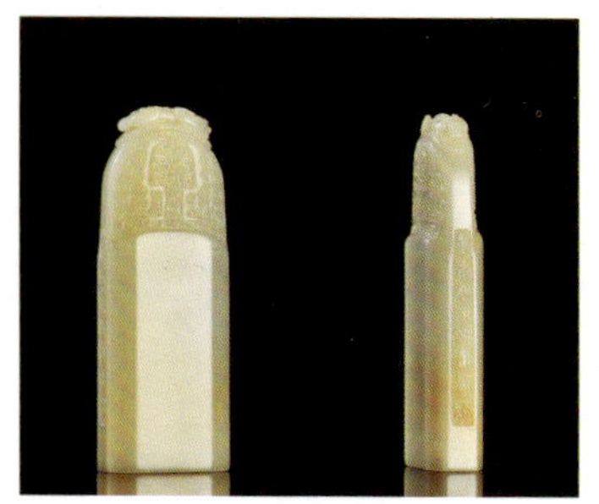

陈达、林国俤作 芙蓉石兽钮八角章
年代不详 Unknown SE 福建东南
2016-10-30 Lot715 13.4 × 4.8 × 2.4cm
估价：RMB 60,000-80,000
成交价：RMB 138,000

陈强作 结晶性芙蓉石驼龙钮椭圆章
年代不详 Unknown SE 福建东南
2016-10-30 Lot572 5.8 × 3.7 × 2.6cm
估价：RMB 28,000-30,000
成交价：RMB 43,700

陈昭贰刻 善伯洞石云龙纹随形白文闲章
年代不详 Unknown SE 福建东南
2016-10-30 Lot166 10.3 × 5.2 × 7.4cm
估价：RMB 58,000-60,000
成交价：RMB 66,700

陈达作 荔枝洞石暗香薄意章
年代不详 Unknown SE 福建东南
2016-05-21 Lot316 8.5 × 2 × 2cm
估价：RMB 100,000-200,000
成交价：RMB 230,000

陈达作 芙蓉石文字对章
年代不详 Unknown SE 福建东南
2016-10-30 Lot714 9.8 × 1.9 × 1.8cm
估价：RMB 30,000-50,000
成交价：RMB 149,500

陈强作 荔枝洞石龙骧麟振钮章
年代不详 Unknown SE 福建东南
2016-10-30 Lot573 7.2 × 3 × 2.4cm
估价：RMB 28,000-30,000
成交价：RMB 46,000

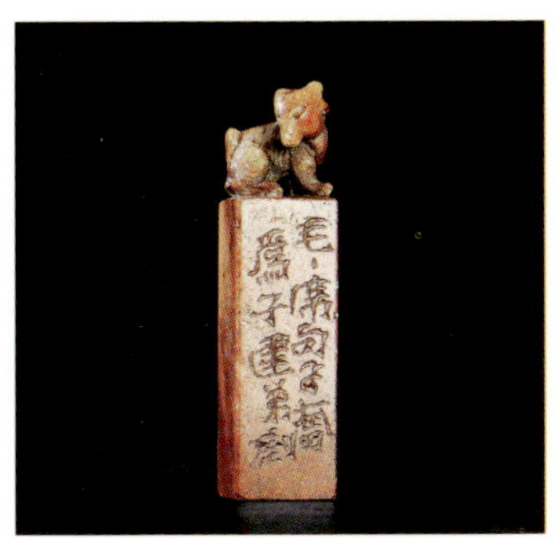

**陈子奋刻 古兽钮朱文闲章**
年代不详 Unknown SE 福建东南
2016-10-30 Lot192 7 × 1.8 × 1.8cm
估价：RMB 18,000-20,000
成交价：RMB 36,800

**戴熙自用乌鸦皮田黄薄意荷塘清趣印**
清 Qing GD 中国嘉德
2016-09-25 Lot4795 H5.7cm
估价：RMB 18,000-28,000
成交价：RMB 32,200

**邓石如刻 寿山石兽钮印章**
年代不详 Unknown GD 中国嘉德
2016-11-12 Lot4085 3.2 × 2.1 × 4.6cm
估价：RMB 30,000-50,000
成交价：RMB 34,500

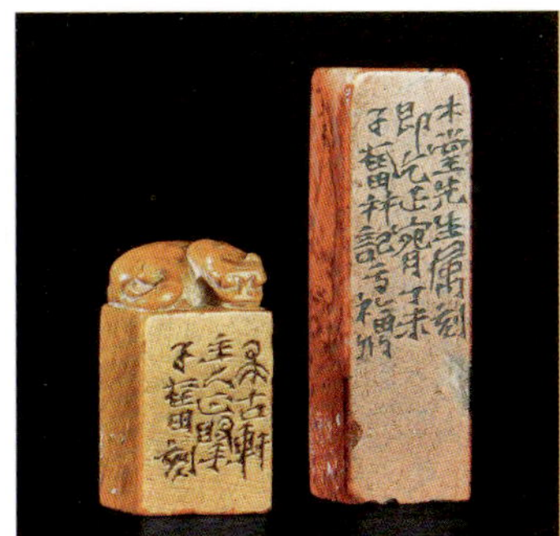

**陈子奋为冯力远刻高山石朱文印、古兽钮朱文斋馆印**
年代不详 Unknown SE 福建东南
2016-10-30 Lot193 5.7×1.8×1.8cm;3.4×1.8×1.8cm
估价：RMB 32,000-35,000
成交价：RMB 46,000

**仇垲刻 寿山石对章**
年代不详 Unknown GD 中国嘉德
2016-11-12 Lot4094 3.5 × 3.5 × 5.5cm × 2
估价：RMB 8,000-12,000
成交价：RMB 92,000

**丁二仲 为唐俊德刻寿山田黄石螭龙钮方章**
1933 年 1933 KS 北京匡时
2016-06-08 Lot4414 2.8 × 2.8 × 4.7cm;W67.56g
估价：RMB 800,000-1,000,000
成交价：RMB 920,000

顿立夫为张学铭刻田黄薄意山水纹印
民国 Republic Period GD 中国嘉德
2016-03-27 Lot4922 H4.2cm;W59g
估价：RMB 50,000-80,000
成交价：RMB 517,500

冯康侯刻 张之英自用印
年代不详 Unknown SE 福建东南
2016-10-30 Lot183 3.1×1.6×1.6cm
估价：RMB 30,000-40,000
成交价：RMB 34,500

方去疾刻 寿山石两面印
年代不详 Unknown GD 中国嘉德
2016-05-15 Lot4121 2.1×2.1×4.6cm
估价：RMB 50,000-80,000
成交价：RMB 126,500

顿立夫款坑头田黄薄意山水人物纹印
年代不详 Unknown GD 中国嘉德
2016-09-25 Lot4807 H4.7cm
估价：RMB 15,000-25,000
成交价：RMB 86,250

冯康侯刻 张之英自用印（二方）
年代不详 Unknown SE 福建东南
2016-10-30 Lot184 7.7×2.9×2.9cm
估价：RMB 120,000-150,000
成交价：RMB 138,000

高时显刻田黄瑞兽钮章（两方）
1911 年 1911 BC 北京诚轩
2016-05-15 Lot896 2.3×2×2.8cm;2×2×3.3cm
估价：RMB 80,000-100,000
成交价：RMB 782,000

樊增祥子孙用印及樊氏家藏闲章（一组十四方）
年代不详 Unknown GD 中国嘉德
2016-11-14 Lot2316 尺寸不一
估价：RMB 10,000-20,000
成交价：RMB 78,200

高野侯刻 骨质印章
年代不详 Unknown GD 中国嘉德
2016-11-12 Lot4036 4.9×0.9×5.5cm
估价：RMB 10,000-20,000
成交价：RMB 46,000

龚易图刻 芙蓉石兽钮白文斋馆印
年代不详 Unknown SE 福建东南
2016-10-30 Lot220 11.8 × 4.8 × 4.8cm
估价：RMB 50,000-60,000
成交价：RMB 74,750

韩登安、余任天、胡匊邻刻 寿山石印章（三方）
年代不详 Unknown GD 中国嘉德
2016-11-12 Lot4178 尺寸不一
估价：RMB 25,000-35,000
成交价：RMB 36,800

胡钁刻 青田石印章
年代不详 Unknown GD 中国嘉德
2016-11-12 Lot4162 2.4 × 2.4 × 4.2cm
估价：RMB 20,000-30,000
成交价：RMB 46,000

郭卓怀作 田黄石曦之爱鹅薄意章
年代不详 Unknown SE 福建东南
2016-10-30 Lot517 2.6 × 4 × 1.6cm
估价：RMB 65,000-70,000
成交价：RMB 92,000

胡镢刻 青田石杨晋自用印
年代不详 Unknown SE 福建东南
2016-10-30 Lot218 5.4 × 2.2 × 2.2cm
估价：RMB 40,000-60,000
成交价：RMB 71,300

胡钁刻 青田石印章
年代不详 Unknown GD 中国嘉德
2016-11-12 Lot4163 1.6 × 1.6 × 4.2cm
估价：RMB 25,000-35,000
成交价：RMB 36,800

韩登安刻 寿山石黄洁自用印章
年代不详 Unknown GD 中国嘉德
2016-11-12 Lot4146 尺寸不一
估价：RMB 60,000-80,000
成交价：RMB 69,000

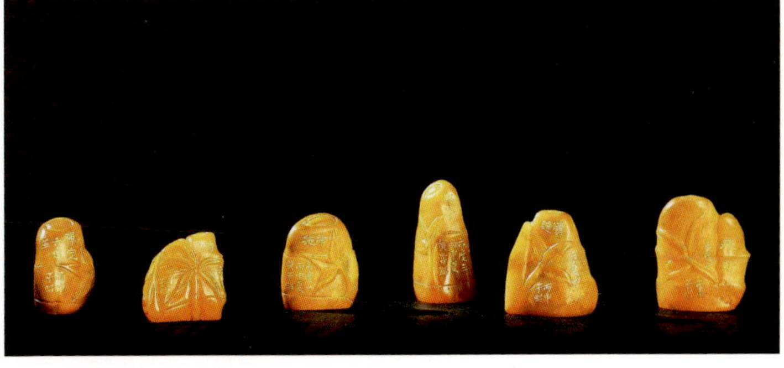

黄尝铭刻 高山石闲章（六方）
年代不详 Unknown SE 福建东南
2016-10-30 Lot160 尺寸不一
估价：RMB 35,000-40,000
成交价：RMB 40,250

黄士陵为梁季刻 青田石酒如长虹饮沧海白文闲章
年代不详 Unknown SE 福建东南
2016-05-22 Lot557 5.5 × 2.2 × 2.2cm
估价：RMB 95,000-100,000
成交价：RMB 161,000

江秀影作 田黄石荷塘清趣薄意随行章
年代不详 Unknown SE 福建东南
2016-05-21 Lot110 4.1 × 2.4 × 1.8cm
估价：RMB 180,000-250,000
成交价：RMB 437,000

来楚生刻 寿山石龙钮对章
年代不详 Unknown GD 中国嘉德
2016-11-12 Lot4150 1.9 × 1.9 × 9.9cm × 2
估价：RMB 38,000-58,000
成交价：RMB 51,750

金城刻 白芙蓉石貔貅钮世续自用对章
年代不详 Unknown SE 福建东南
2016-10-30 Lot207 5.5 × 3 × 3cm
估价：RMB 120,000-150,000
成交价：RMB 287,500

金禹民制寿山白芙蓉夔龙纹印
民国 Republic Period S 苏富比
2016-06-02 Lot64 5.2cm
估价：HKD 120,000-150,000
成交价：HKD 162,500

来楚生刻 寿山石兽钮印章
年代不详 Unknown GD 中国嘉德
2016-11-12 Lot4028 3 × 3 × 4.7cm
估价：RMB 50,000-80,000
成交价：RMB 57,500

金禹民制钮 寿山白田石兽钮印章
年代不详 Unknown GD 中国嘉德
2016-11-12 Lot4128 3 × 3 × 5.8cm
估价：RMB 30,000-50,000
成交价：RMB 230,000

来楚生刻 青田石印章
年代不详 Unknown GD 中国嘉德
2016-11-12 Lot4032 2.3 × 2.3 × 5.3cm
估价：RMB 20,000-30,000
成交价：RMB 32,200

来楚生刻 寿山石印章
年代不详 Unknown GD 中国嘉德
2016-11-12 Lot4029 2.1 × 2.1 × 5.2cm
估价：RMB 35,000-55,000
成交价：RMB 264,500

来楚生刻 寿山石印章
年代不详 Unknown GD 中国嘉德
2016-11-12 Lot4030 2 × 2 × 4.6cm
估价：RMB 30,000-50,000
成交价：RMB 69,000

廖德良 芙蓉石兽钮对章
年代不详 Unknown SE 福建东南
2016-10-30 Lot589 10.2 × 3.6 × 3.6cm × 2
估价：RMB 45,000-50,000
成交价：RMB 51,750

廖德良作 将军洞芙蓉石古兽钮方章
年代不详 Unknown SE 福建东南
2016-10-30 Lot705 5.9 × 4 × 4cm
估价：RMB 30,000-50,000
成交价：RMB 92,000

来楚生篆 青田石印章（两件）
年代不详 Unknown GD 中国嘉德
2016-11-12 Lot4033
2.4 × 1.6 × 4.1cm;5.4 × 2.3 × 5.9cm
估价：RMB 20,000-30,000
成交价：RMB 40,250

廖德良作 螭虎钮对章
年代不详 Unknown GD 中国嘉德
2016-11-12 Lot4282 2.4 × 2.4 × 7.6cm × 2
估价：RMB 8,000-12,000
成交价：RMB 32,200

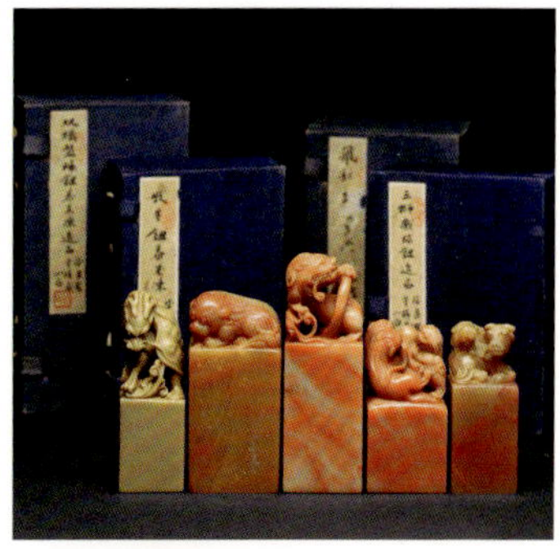

廖德良作 兽钮印章（一组五方）
年代不详 Unknown GD 中国嘉德
2016-11-12 Lot4283 尺寸不一
估价：RMB 10,000-20,000
成交价：RMB 74,750

李立刻 青田石程十发自用印章
年代不详 Unknown GD 中国嘉德
2016-11-12 Lot4173 2.4 × 2.4 × 4.7cm
估价：RMB 28,000-38,000
成交价：RMB 34,500

廖德良作 芙蓉石古兽钮方章
年代不详 Unknown SE 福建东南
2016-10-30 Lot576 8 × 6 × 6cm
估价：RMB 28,000-30,000
成交价：RMB 32,200

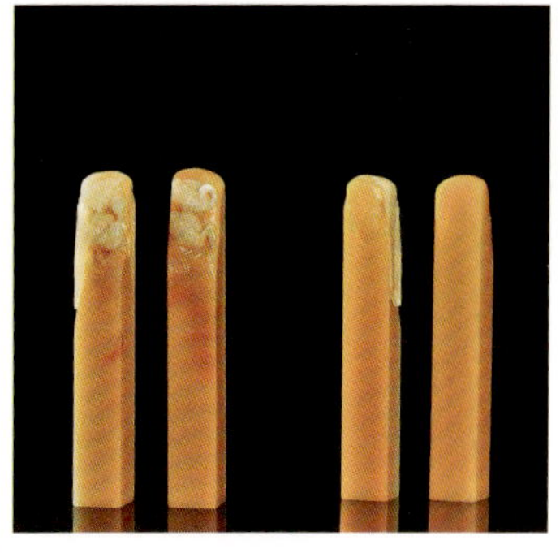

林碧英作 旗降石双宿双栖对章
年代不详 Unknown SE 福建东南
2016-10-30 Lot716 10.3 × 1.6 × 1.6cm
估价：RMB 50,000-80,000
成交价：RMB 149,500

林东作 荔枝洞石古兽钮方章
年代不详 Unknown SE 福建东南
2016-10-30 Lot582 9×4×4cm
估价：RMB 170,000-180,000
成交价：RMB 195,500

林元珠刻钮 连江黄戏珠龙钮方章
年代不详 Unknown SE 福建东南
2016-10-30 Lot230 7.8×2.7×2.7cm
估价：RMB 18,000-20,000
成交价：RMB 43,700

刘明亮作 荔枝洞石博古纹方章
年代不详 Unknown SE 福建东南
2016-10-30 Lot703 7.8×2.9×2.9cm
估价：RMB 80,000-100,000
成交价：RMB 322,000

林皋刻 青田石印章
年代不详 Unknown GD 中国嘉德
2016-11-12 Lot4083 3.1×3.1×5.7cm
估价：RMB 30,000-50,000
成交价：RMB 34,500

林荣基作 荔枝洞石花开富贵薄意章
年代不详 Unknown SE 福建东南
2016-05-21 Lot317 12.8×2.8×2.8cm
估价：RMB 480,000-600,000
成交价：RMB 690,000

刘明亮作 芙蓉石沙地文钮方章
年代不详 Unknown SE 福建东南
2016-10-30 Lot543 9.3×2.3×2.3cm
估价：RMB 28,000-30,000
成交价：RMB 40,250

林国俤作 月尾紫博古方章
年代不详 Unknown SE 福建东南
2016-10-30 Lot544 10.9×4.2×4.2cm
估价：RMB 38,000-40,000
成交价：RMB 43,700

凌炽邕刻 田黄石瑞兽钮姓名章
年代不详 Unknown SE 福建东南
2016-10-30 Lot224 4.5×1.6×1.6cm
估价：RMB 500,000-600,000
成交价：RMB 782,000

陆泰刻 青田石印章（四方）
年代不详 Unknown GD 中国嘉德
2016-11-12 Lot4071 尺寸不一
估价：RMB 8,000-12,000
成交价：RMB 34,500

欧宙翼作 陈达题 露房双启暗香来芙蓉石薄意套章
年代不详 Unknown SE 福建东南
2016-10-30 Lot536 10×4.2×1.9cm;8.2×4.2×2cm
估价：RMB 38,000-40,000
成交价：RMB 92,000

钱瘦铁刻 青田石印章
年代不详 Unknown GD 中国嘉德
2016-11-12 Lot4043 2×2×4.7cm
估价：RMB 3,000-5,000
成交价：RMB 32,200

戚叔玉 刻寿山田黄石双面自用印
年代不详 Unknown KS 北京匡时
2016-06-08 Lot4411 2.7×2.6×3.6cm;W60.85g
估价：RMB 1,500,000-2,000,000
成交价：RMB 1,840,000

钱瘦铁刻 寿山石兽钮印章
年代不详 Unknown GD 中国嘉德
2016-11-12 Lot4045 2.6×2.6×4.8cm
估价：RMB 3,000-5,000
成交价：RMB 36,800

沈壵为林思进刻青田石螭钮印
1931 年 1931 GD 中国嘉德
2016-09-25 Lot4804 H6.8cm
估价：RMB 28,000-38,000
成交价：RMB 32,200

沈壳为林思进刻田黄山形印
民国 Republic Period GD 中国嘉德
2016-09-25 Lot4803 H6cm
估价：RMB 150,000-250,000
成交价：RMB 345,000

释达受、丁柱刻 印章（两方）
年代不详 Unknown GD 中国嘉德
2016-11-12 Lot41012.6×2.6×2.9cm;2.2×2.2×4.4cm
估价：RMB 8,000-12,000
成交价：RMB 32,200

童大年刻 周梦坡自用寿山石印章
年代不详 Unknown GD 中国嘉德
2016-11-12 Lot4053 2.9×1.7×6.2cm
估价：RMB 10,000-20,000
成交价：RMB 149,500

石开刻 巴林石兽钮印章
年代不详 Unknown GD 中国嘉德
2016-11-12 Lot4008 3.4×3.4×4.2cm
估价：RMB 28,000-38,000
成交价：RMB 97,750

孙兰枝刻 寿山石印章
年代不详 Unknown GD 中国嘉德
2016-11-12 Lot4098 4.4×2.4×9.2cm
估价：RMB 6,000-10,000
成交价：RMB 40,250

童衍方刻 双狮戏球钮白文闲章
年代不详 Unknown SE 福建东南
2016-10-30 Lot161 10.6×2.9×2.8cm
估价：RMB 55,000-60,000
成交价：RMB 63,250

石棋作 水洞高山石薄意方章
年代不详 Unknown SE 福建东南
2016-10-30 Lot530 11.1×2.8×2.8cm
估价：RMB 18,000-20,000
成交价：RMB 32,200

童大年刻 周梦坡自用骨质印章
年代不详 Unknown GD 中国嘉德
2016-11-12 Lot4054 1.7×1.7×3.7cm
估价：RMB 5,000-8,000
成交价：RMB 71,300

王冰铁刻 青田石二面印
年代不详 Unknown GD 中国嘉德
2016-11-12 Lot4040 2×2×4.7cm
估价：RMB 2,000-3,000
成交价：RMB 55,200

### 王冰铁刻 寿山石兽钮对章

年代不详 Unknown GD 中国嘉德

2016-11-12 Lot4042 2.5 × 2.5 × 6.8cm × 2

估价：RMB 10,000-20,000

成交价：RMB 80,500

### 王福庵刻 昌化鸡血石对章

年代不详 Unknown GD 中国嘉德

2016-11-12 Lot4145 2.6 × 2.6 × 9.8cm × 2

估价：RMB 80,000-120,000

成交价：RMB 92,000

### 王福庵刻 寿山石兽钮印章

年代不详 Unknown GD 中国嘉德

2016-11-12 Lot4050 3.1 × 3.1 × 5.2cm

估价：RMB 20,000-30,000

成交价：RMB 89,700

### 王福厂为何蒙孙刻杜陵石兽钮对章

1930 年 1930 KS 北京匡时

2016-06-08 Lot4498 2.1 × 2.1 × 5.5cm × 2

估价：RMB 50,000-80,000

成交价：RMB 207,000

### 王福庵刻 骨质印章

年代不详 Unknown GD 中国嘉德

2016-11-12 Lot4049 3.4 × 0.9 × 7.2cm

估价：RMB 20,000-30,000

成交价：RMB 59,800

### 徐仁魁作 乌鸦皮田黄石柳鹅薄意章

年代不详 Unknown SE 福建东南

2016-05-21 Lot107 4 × 3.5 × 3.5cm

估价：RMB 110,000-120,000

成交价：RMB 207,000

### 王福厂 刻寿山石象钮对章

年代不详 Unknown KS 北京匡时

2016-06-08 Lot4501 1.6 × 1.6 × 9cm × 2

估价：RMB 100,000-150,000

成交价：RMB 287,500

### 王福庵刻 寿山芙蓉石兽钮印章

年代不详 Unknown GD 中国嘉德

2016-11-12 Lot4143 4 × 3.9 × 6.7cm

估价：RMB 80,000-120,000

成交价：RMB 230,000

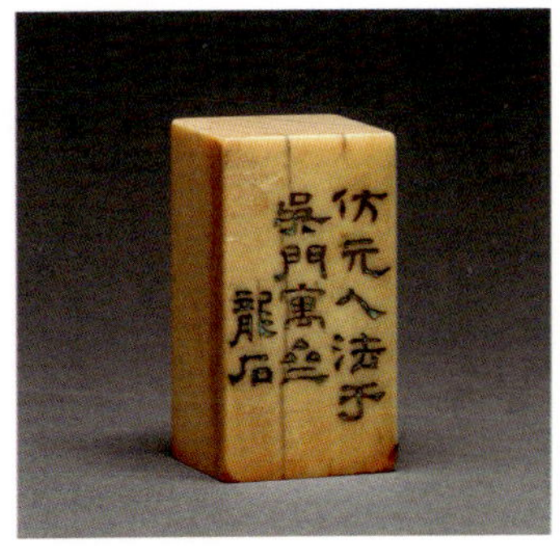

### 杨龙石刻 骨制印章

年代不详 Unknown GD 中国嘉德

2016-11-12 Lot4068 2 × 2 × 3.6cm

估价：RMB 8,000-12,000

成交价：RMB 57,500

**杨龙石刻 青田石印章**
年代不详 Unknown GD 中国嘉德
2016-11-12 Lot4066 1.6×1.2×3.5cm
估价：RMB 5,000-8,000
成交价：RMB 46,000

**杨龙石刻 寿山石二面印**
年代不详 Unknown GD 中国嘉德
2016-11-12 Lot4063 2.3×2.3×7.6cm
估价：RMB 10,000-20,000
成交价：RMB 48,300

**杨龙石刻 寿山石兽钮印章**
年代不详 Unknown GD 中国嘉德
2016-11-12 Lot4064 1.7×1.7×4.3cm
估价：RMB 5,000-8,000
成交价：RMB 36,800

**吴湖帆 刻兽骨印章（共十一方）**
年代不详 Unknown KS 北京匡时
2016-06-08 Lot4518 尺寸不一
估价：RMB 100,000-150,000
成交价：RMB 218,500

**王雷霆作 旗降石福寿双全对章**
年代不详 Unknown SE 福建东南
2016-05-21 Lot324 8.9×1.7×1.7cm×2
估价：RMB 80,000-100,000
成交价：RMB 161,000

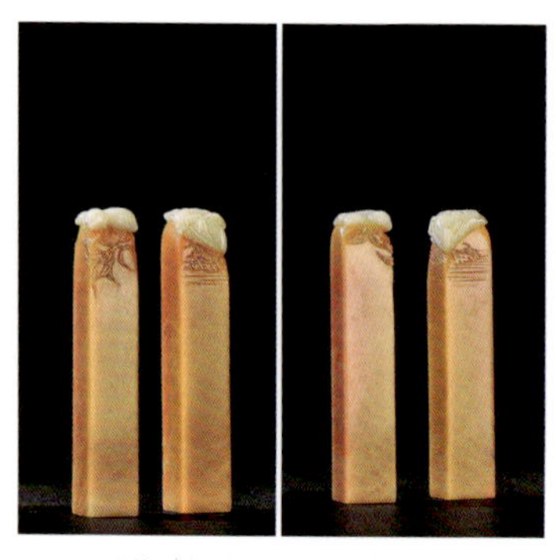

**王雷霆作 旗降石福纳百财对章**
年代不详 Unknown SE 福建东南
2016-10-30 Lot717 8.5×1.5×1.5cm
估价：RMB 110,000-120,000
成交价：RMB 126,500

**王壮为刻 寿山杜陵石对章**
年代不详 Unknown GD 中国嘉德
2016-11-12 Lot4131 1.9×1.9×9.3cm×2
估价：RMB 20,000-30,000
成交价：RMB 161,000

王硕吾刻印、林清卿刻薄意 都成坑石姓名章
年代不详 Unknown SE 福建东南
2016-10-30 Lot167 6.4×1.5×1.5cm
估价：RMB 28,000-30,000
成交价：RMB 69,000

翁大年刻 印章（两方）
年代不详 Unknown GD 中国嘉德
2016-11-12 Lot4078 1.2×1.2×1.4cm;2.1×1×3.3cm
估价：RMB 5,000-8,000
成交价：RMB 34,500

吴子建 为张永恺刻青田石方章
1970 年 1970 KS 北京匡时
2016-06-08 Lot4462 2.9×2.9×1.8cm
估价：RMB 30,000-40,000
成交价：RMB 115,000

王禔刻 芙蓉石古兽钮朱文闲章
年代不详 Unknown SE 福建东南
2016-05-22 Lot549 6.3×3.7×3.8cm
估价：RMB 60,000-80,000
成交价：RMB 126,500

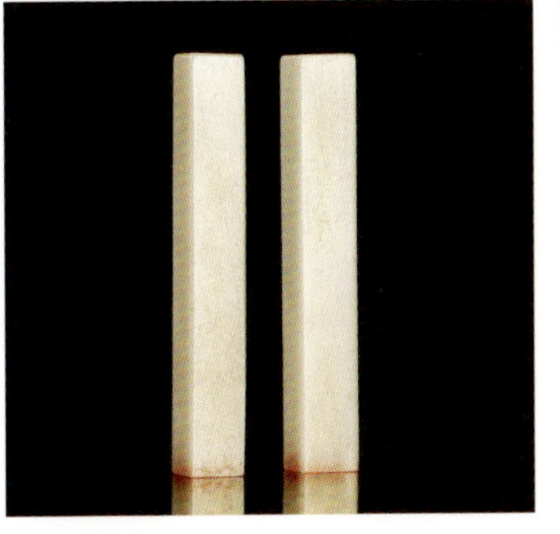

吴朴堂刻高山石白朱文闲章（二方）
年代不详 Unknown SE 福建东南
2016-10-30 Lot168 8.5×1.2×1.3cm
估价：RMB 30,000-50,000
成交价：RMB 86,250

吴子建刻 寿山石王哲言自用印章
年代不详 Unknown GD 中国嘉德
2016-11-12 Lot4034 2.8×2.8×6.3cm
估价：RMB 20,000-30,000
成交价：RMB 48,300

吴涵刻 青田石兽钮对章
年代不详 Unknown GD 中国嘉德
2016-11-12 Lot4074 2.9×2.9×7.2cm×2
估价：RMB 15,000-25,000
成交价：RMB 89,700

吴子建刻 青田石印章（一组八方）
年代不详 Unknown GD 中国嘉德
2016-11-12 Lot4014 尺寸不一
估价：RMB 25,000-35,000
成交价：RMB 43,700

吴子建刻 寿山石印章
年代不详 Unknown GD 中国嘉德
2016-11-12 Lot4013 4.5×4.5×2.4cm
估价：RMB 30,000-50,000
成交价：RMB 46,000

徐新周刻 寿山石印章
年代不详 Unknown GD 中国嘉德
2016-11-12 Lot4161 4×3.9×3cm
估价：RMB 30,000-50,000
成交价：RMB 43,700

姚仲达作 寿山汶洋石兽钮方章
年代不详 Unknown GD 中国嘉德
2016-11-12 Lot4279 3.4×3.3×4.5cm
估价：RMB 28,000-38,000
成交价：RMB 32,200

谢庸刻 青田石对章
年代不详 Unknown GD 中国嘉德
2016-11-12 Lot4095 2.5×2.5×6.6cm×2
估价：RMB 8,000-12,000
成交价：RMB 51,750

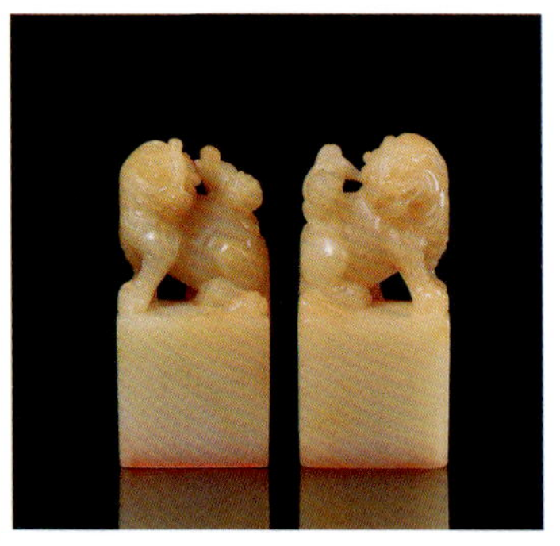

杨潜庵、徐粲章夫妇刻白芙蓉狮钮钱大钧自用对章
年代不详 Unknown BP 北京保利
2016-06-07 Lot8218 2.6×2.6×5.9cm
估价：RMB 150,000-250,000
成交价：RMB 276,000

姚仲达作 汶洋石羊钮章
年代不详 Unknown SE 福建东南
2016-10-30 Lot706 9.3×3.5×2.2cm
估价：RMB 50,000-80,000
成交价：RMB 115,000

徐新周刻 青田石王震自用印
年代不详 Unknown GD 中国嘉德
2016-11-12 Lot4076 3.3×3.3×4.6cm
估价：RMB 20,000-30,000
成交价：RMB 48,300

姚仲达作 芙蓉石瑞兽钮对章
年代不详 Unknown SE 福建东南
2016-05-21 Lot184 7.2×3.3×3.3cm
估价：RMB 110,000-120,000
成交价：RMB 126,500

叶潞渊刻 高山石狮钮白文闲方章
年代不详 Unknown SE 福建东南
2016-10-30 Lot174 4.3×2×2cm
估价：RMB 20,000-30,000
成交价：RMB 36,800

叶为铭刻 周梦坡自用骨制印章
年代不详 Unknown GD 中国嘉德
2016-11-12 Lot4051 3.8×2.2×4.3cm
估价：RMB 8,000-12,000
成交价：RMB 48,300

张大千刻 寿山石印章
年代不详 Unknown GD 中国嘉德
2016-11-12 Lot4079 2.6×2.6×6.8cm
估价：RMB 20,000-30,000
成交价：RMB 80,500

钟以敬刻 寿山芙蓉石博古钮印章
年代不详 Unknown GD 中国嘉德
2016-11-12 Lot4037 2.6×2.6×3.3cm
估价：RMB 8,000-12,000
成交价：RMB 172,500

易大厂刻 将军洞芙蓉石古兽钮朱文藏书印
年代不详 Unknown SE 福建东南
2016-05-22 Lot550 7.5×3.7×3.7cm
估价：RMB 160,000-200,000
成交价：RMB 230,000

张鹤千制芙蓉石螭龙穿环钮椭圆章
年代不详 Unknown BP 北京保利
2016-06-07 Lot8191 1.9×3.7×8cm
估价：RMB 30,000-50,000
成交价：RMB 126,500

钟以敬刻 寿山石二面印
年代不详 Unknown GD 中国嘉德
2016-11-12 Lot4130 2.1×2.1×4.3cm
估价：RMB 30,000-50,000
成交价：RMB 69,000

易大厂刻 寿山石印章
年代不详 Unknown GD 中国嘉德
2016-11-12 Lot4081 2.6×2.6×6.4cm
估价：RMB 3,000-5,000
成交价：RMB 34,500

钟刚中刻 张之英自用印
年代不详 Unknown SE 福建东南
2016-10-30 Lot186 7×3×3cm
估价：RMB 30,000-35,000
成交价：RMB 40,250

钟以敬刻 周梦坡自用青田石印章
年代不详 Unknown GD 中国嘉德
2016-11-12 Lot4052 4×1.6×6.9cm
估价：RMB 5,000-8,000
成交价：RMB 126,500

赵之谦刻 寿山石印章
年代不详 Unknown GD 中国嘉德
2016-05-15 Lot4119 1.8×1.8×3.7cm
估价：RMB 650,000-850,000
成交价：RMB 747,500

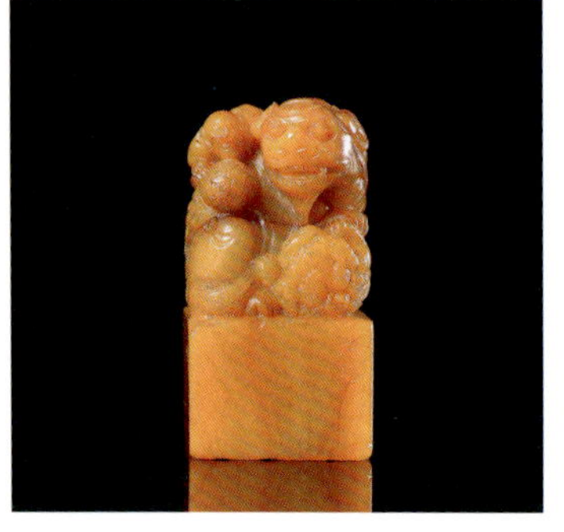

周尚均制田黄胡人驭狮钮阮元自用印
康熙 Kangxi BP 北京保利
2016-06-07 Lot8212 2.1×2.1×4.2cm
估价：RMB 500,000-800,000
成交价：RMB 575,000

朱复戡刻 兽钮印章
年代不详 Unknown GD 中国嘉德
2016-11-12 Lot4133 2.6×2.6×4.5cm
估价：RMB 18,000-28,000
成交价：RMB 36,800

郑世斌 寿山旗降石云纹钮薄意方章
年代不详 Unknown KS 北京匡时
2016-06-08 Lot4405 3.3×2.3×7.6cm
估价：RMB 100,000-150,000
成交价：RMB 184,000

朱复戡刻 寿山石兽钮印章
年代不详 Unknown GD 中国嘉德
2016-11-12 Lot4022 2×2×4.5cm
估价：RMB 35,000-55,000
成交价：RMB 46,000

查昇刻 青田石印章
年代不详 Unknown GD 中国嘉德
2016-11-12 Lot4096 2.4×1.1×6cm
估价：RMB 10,000-20,000
成交价：RMB 34,500

郑则评作 汶洋石螭钮日字章
年代不详 Unknown SE 福建东南
2016-05-21 Lot176 8.6×5.3×3.4cm
估价：RMB 95,000-100,000
成交价：RMB 247,250

曾仲鸣、方君璧夫妇颉颃楼旧藏 黄宾虹、黄士陵、徐星州等刻潘飞声自用印（一箱总计一百一十方）
年代不详 Unknown GD 中国嘉德
2016-11-12 Lot4209 尺寸不一
估价：RMB 3,600,000-5,600,000
成交价：RMB 6,555,000

# 寿山石
# Shoushan Stone

康熙帝御宝寿山石瑞兽钮方玺
康熙 Kangxi S 苏富比
2016-04-06 Lot3102 6.9 × 5.9 × 5.9cm
估价：咨询价
成交价：HKD 48,920,000

2016 Chinese Art Auction TOP10 中国文玩杂项拍卖十大天价排行榜 Top 5
2016 Chinese Art Auction TOP10 中国四大国石拍卖十大天价排行榜 Top 1

寿山石“精一执中”宝玺
雍正 Yongzheng PLXM 保利厦门
2016-05-08 Lot688 H7.5cm
估价：RMB 150,000-250,000
成交价：RMB 172,500

旗降石龙凤对章
年代不详 Unknown SE 福建东南
2016-10-30 Lot590 6.8 × 1.9 × 1.9cm × 2
估价：RMB 50,000-55,000
成交价：RMB 57,500

汶洋石海水龙纹薄意长方章
年代不详 Unknown SE 福建东南
2016-10-30 Lot701 2.5 × 4.1 × 3.2cm
估价：RMB 10,000-30,000
成交价：RMB 46,000

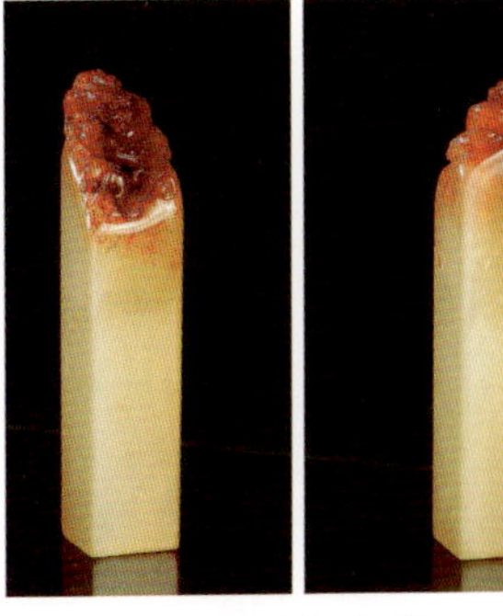

水洞高山石螭虎钮方章
年代不详 Unknown SE 福建东南
2016-05-21 Lot200 13.2 × 2.8 × 2.8cm
估价：RMB 110,000-120,000
成交价：RMB 218,500

水洞高山石群螭钮方章
年代不详 Unknown SE 福建东南
2016-05-21 Lot185 10.6 × 3 × 3cm
估价：RMB 180,000-200,000
成交价：RMB 253,000

李红旗降石螭虎方章
年代不详 Unknown SE 福建东南
2016-05-21 Lot179 6.8 × 2.8 × 2.8cm
估价：RMB 28,000-30,000
成交价：RMB 115,000

寿山三色荔枝洞石太狮少狮钮方章
年代不详 Unknown KS 北京匡时
2016-06-08 Lot4445 2.5 × 2.5 × 9.8cm
估价：RMB 100,000-150,000
成交价：RMB 115,000

善伯洞石螭钮博古方章
年代不详 Unknown SE 福建东南
2016-10-30 Lot580 12.6 × 3.3 × 3.3cm
估价：RMB 45,000-50,000
成交价：RMB 55,200

高山桃花冻石古狮钮方章
年代不详 Unknown SE 福建东南
2016-05-21 Lot305 9.2 × 2 × 2cm
估价：RMB 95,000-100,000
成交价：RMB 155,250

荔枝洞石古兽套章
年代不详 Unknown SE 福建东南
2016-05-21 Lot201 7.6 × 3.5 × 3.5cm;
5.5 × 3.2 × 3.1cm
估价：RMB 350,000-400,000
成交价：RMB 575,000

寿山石雕太狮少狮钮方印
康熙 Kangxi S 苏富比
2016-10-05 Lot26 7cm
估价：HKD 200,000-300,000
成交价：HKD 250,000

寿山石太狮少狮钮方印
清晚期 Late Qing S 苏富比
2016-05-11 Lot269 6cm
估价：GBP 6,000-8,000
成交价：GBP 15,000

荔枝洞石博古钮方章
年代不详 Unknown SE 福建东南
2016-05-21 Lot319 12.3 × 2.7 × 2.7cm
估价：RMB 80,000-100,000
成交价：RMB 425,500

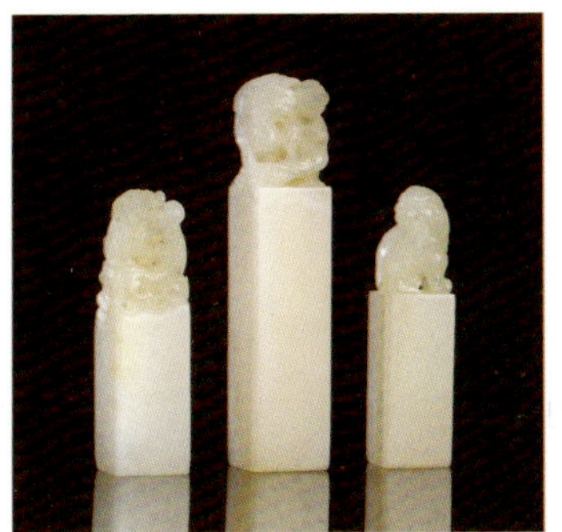

荔枝洞石古兽套章（三件套）
年代不详 Unknown SE 福建东南
2016-05-21 Lot199 尺寸不一
估价：RMB 110,000-120,000
成交价：RMB 126,500

荔枝洞石兽钮方章
年代不详 Unknown SE 福建东南
2016-05-21 Lot183 9.5 × 2.6 × 2.6cm
估价：RMB 95,000-100,000
成交价：RMB 149,500

寿山石兽钮方章
年代不详 Unknown GD 中国嘉德
2016-11-12 Lot4231 3.2 × 3.2 × 7.3cm
估价：RMB 5,000-8,000
成交价：RMB 80,500

黄寿山石兽钮方章
年代不详 Unknown GD 中国嘉德
2016-11-12 Lot4206 2.9 × 2.8 × 6.7cm
估价：RMB 50,000-80,000
成交价：RMB 4,140,000

寿山石兽钮三联章
年代不详 Unknown GD 中国嘉德
2016-11-12 Lot4198 2.2×2.2×8cm×2;2.3×1.1×7.5cm
估价：RMB 8,000-12,000
成交价：RMB 43,700

寿山石兽钮印章（一组四方）
年代不详 Unknown GD 中国嘉德
2016-11-12 Lot4187 尺寸不一
估价：RMB 10,000-20,000
成交价：RMB 57,500

寿山高山石羊钮三联章
年代不详 Unknown GD 中国嘉德
2016-11-12 Lot4250 2.4×2.4×6.8cm;2.5×1.1×6.3cm;2.4×2.4×6.7cm
估价：RMB 28,000-38,000
成交价：RMB 36,800

寿山杜陵石薄意对章
年代不详 Unknown GD 中国嘉德
2016-11-12 Lot4221 2×2×8cm×2
估价：RMB 15,000-25,000
成交价：RMB 51,750

寿山高山石博古钮对章
年代不详 Unknown GD 中国嘉德
2016-05-15 Lot4188 3.2×3.2×8.7cm×2
估价：RMB 18,000-28,000
成交价：RMB 184,000

黄寿山石印章（一组两方）
年代不详 Unknown GD 中国嘉德
2016-11-12 Lot4190
2.2×2.1×2.7cm;4.8×1.2×3.3cm
估价：RMB 10,000-20,000
成交价：RMB 36,800

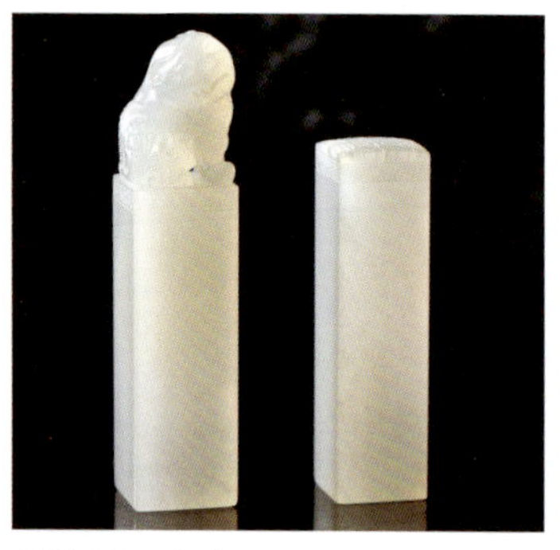

荔枝洞石套章
年代不详 Unknown SE 福建东南
2016-05-21 Lot306 8.3×2.2×2.2cm; 10.8×2.4×2.4cm
估价：RMB 100,000-120,000
成交价：RMB 460,000

寿山石兽钮长方章
清中期 Mid Qing BP 北京保利
2016-06-07 Lot7788 2.8×1.3×5.8cm
估价：RMB 150,000-180,000
成交价：RMB 172,500

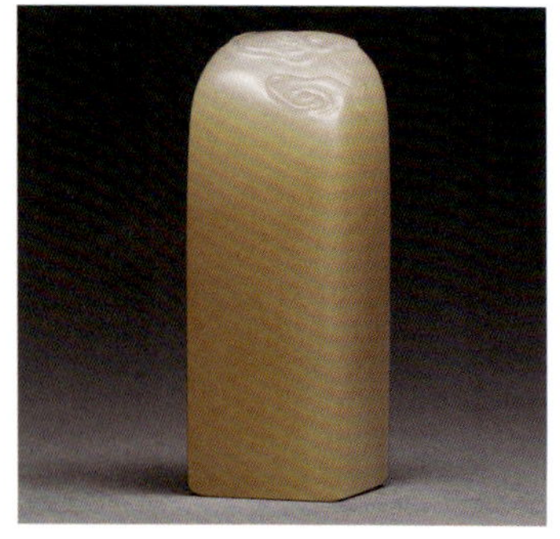

寿山白田石祥云钮方章
年代不详 Unknown GD 中国嘉德
2016-11-12 Lot4202 1.9×1.9×5.3cm
估价：RMB 50,000-80,000
成交价：RMB 57,500

琪源洞都成坑石古兽日字章
年代不详 Unknown SE 福建东南
2016-05-21 Lot172 4.7×2.3×1.8cm
估价：RMB 48,000-50,000
成交价：RMB 115,000

寿山李红善伯石博古钮方章
年代不详 Unknown KS 北京匡时
2016-06-08 Lot4381 2.6×2.6×9.7cm
估价：RMB 80,000-150,000
成交价：RMB 241,500

寿山杜陵石薄意方章（两件）
年代不详 Unknown GD 中国嘉德
2016-11-12 Lot4223
2.2 × 2.2 × 7.5cm;2.1 × 2.1 × 6cm
估价：RMB 8,000-12,000
成交价：RMB 36,800

寿山品种石钮章（一组二十一方）
年代不详 Unknown GD 中国嘉德
2016-11-12 Lot4215 尺寸不一
估价：RMB 18,000-28,000
成交价：RMB 32,200

寿山石二面印
年代不详 Unknown GD 中国嘉德
2016-11-12 Lot4109 5.3 × 3 × 2.9cm
估价：RMB 5,000-8,000
成交价：RMB 43,700

寿山高山石博古钮方章
年代不详 Unknown GD 中国嘉德
2016-11-12 Lot4246 2.7 × 2.7 × 6.7cm
估价：RMB 15,000-25,000
成交价：RMB 40,250

寿山石薄意云蝠纹对章
年代不详 Unknown GD 中国嘉德
2016-11-12 Lot4222 1.9 × 1.9 × 7.1cm × 2
估价：RMB 8,000-12,000
成交价：RMB 51,750

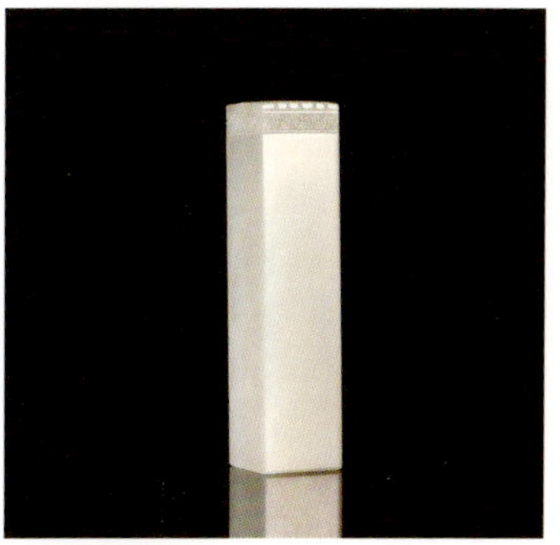

荔枝洞石博古方章
年代不详 Unknown SE 福建东南
2016-10-30 Lot704 11.3 × 2.8 × 2.8cm
估价：RMB 80,000-100,000
成交价：RMB 299,000

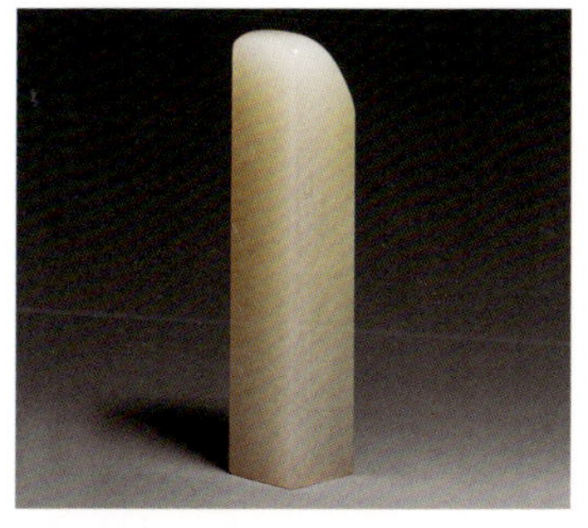

寿山荔枝石薄意方章
年代不详 Unknown GD 中国嘉德
2016-11-12 Lot4274 2.5 × 2.5 × 12.3cm
估价：RMB 60,000-80,000
成交价：RMB 379,500

寿山石钮章（一组三方）
年代不详 Unknown GD 中国嘉德
2016-11-12 Lot4252 2.4 × 2.4 × 4.9cm;2.2 × 2.2 × 7 cm;3.7 × 1.8 × 4.9cm
估价：RMB 5,000-8,000
成交价：RMB 40,250

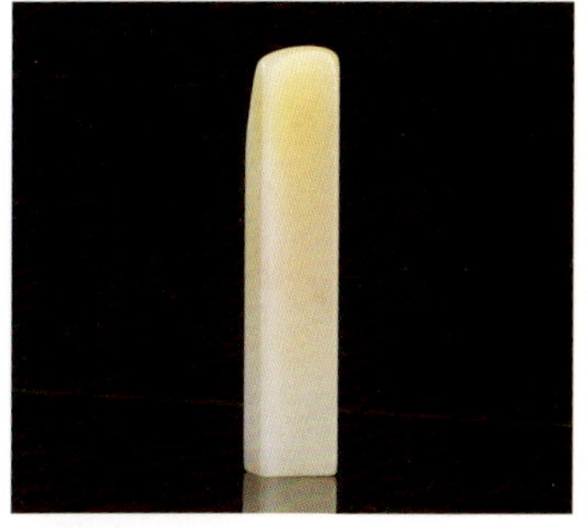

荔枝洞石素方章
年代不详 Unknown SE 福建东南
2016-10-30 Lot719 13.8 × 2.6 × 2.6cm
估价：RMB 300,000-400,000
成交价：RMB 667,000

寿山碓下黄瑞兽钮傅抱石刻郭沫若自用印
年代不详 Unknown BP 北京保利
2016-06-07 Lot8216 4.4 × 4.5 × 9.5cm
估价：RMB 2,200,000-3,200,000
成交价：RMB 3,450,000

郑幼林作 旗降石弥勒摆件
年代不详 Unknown SE 福建东南
2016-10-30 Lot484 10.5 × 13.7 × 10.5cm
估价：RMB 20,000-30,000
成交价：RMB 36,800

水洞高山石薄意章
年代不详 Unknown SE 福建东南
2016-10-30 Lot537 9.2 × 2.5 × 2.5cm
估价：RMB 33,000-35,000
成交价：RMB 37,950

寿山石雕加彩李白醉酒笔搁
清，18 世纪 Qing,18th Century S 苏富比
2016-06-02 Lot781 13.5cm
估价：HKD 200,000-300,000
成交价：HKD 250,000

王祖光作 荔枝冻石观音摆件
年代不详 Unknown SE 福建东南
2016-10-30 Lot723 31 × 11.8 × 7.3cm
估价：RMB 750,000-800,000
成交价：RMB 3,047,500

汶洋石博古钮扁方章
年代不详 Unknown SE 福建东南
2016-10-30 Lot541 2.5 × 5.5 × 4.7cm
估价：RMB 28,000-30,000
成交价：RMB 32,200

寿山石水盂
乾隆 Qianlong BD 北京东正
2016-05-14 Lot2057 L9.4cm
估价：RMB 200,000-250,000
成交价：RMB 253,000

程由军作 坑头石罗汉摆件
年代不详 Unknown SE 福建东南
2016-10-30 Lot721 9.2 × 11.3 × 3.8cm
估价：RMB 65,000-70,000
成交价：RMB 97,750

郭懋介作 善伯洞石罗汉摆件
年代不详 Unknown SE 福建东南
2016-10-30 Lot722 7.9 × 10.2 × 3.3cm
估价：RMB 30,000-50,000
成交价：RMB 97,750

传周彬制寿山石雕嵌宝执芝罗汉坐像
清，17 世纪 Qing,17th Century S 苏富比
2016-06-02 Lot73 8.2cm
估价：HKD 350,000-400,000
成交价：HKD 812,500

林东作 荔枝洞石罗汉摆件
年代不详 Unknown SE 福建东南
2016-05-21 Lot70 11.8 × 4.2 × 3.1cm
估价：RMB 140,000-150,000
成交价：RMB 161,000

寿山石雕加彩八仙人物摆件（两件）
清早期 Early Qing BD 北京东正
2016-06-05 Lot99 H41.5cm;H38cm
估价：RMB 400,000-600,000
成交价：RMB 690,000

杨玉璇制寿山石雕嵌宝笑狮罗汉坐像
明，17 世纪 Ming,17th Century S 苏富比
2016-04-06 Lot3686 W4.8cm
估价：HKD 700,000-900,000
成交价：HKD 2,480,000

陈文斌作 旗降石长亭别摆件
年代不详 Unknown SE 福建东南
2016-10-30 Lot482 11.8 × 21.8 × 7cm
估价：RMB 35,000-38,000
成交价：RMB 59,800

郭懋介作 鹿目石渔樵耕读人物摆件
年代不详 Unknown SE 福建东南
2016-10-30 Lot497 8.7 × 7.8 × 4.5cm
估价：RMB 120,000-130,000
成交价：RMB 391,000

阮宝光作 荔枝洞石仕女摆件
年代不详 Unknown SE 福建东南
2016-05-21 Lot71 13.7 × 9.7 × 3cm
估价：RMB 140,000-150,000
成交价：RMB 161,000

荔枝洞石仕女摆件
年代不详 Unknown SE 福建东南
2016-10-30 Lot720 6.4 × 6.5 × 4.5cm
估价：RMB 10,000-30,000
成交价：RMB 43,700

王祖光作 李红旗降石渔乐人物摆件
年代不详 Unknown SE 福建东南
2016-10-30 Lot477 9.3 × 5.7 × 3.1cm
估价：RMB 24,000-30,000
成交价：RMB 57,500

林飞作 山秀园石人物摆件
年代不详 Unknown SE 福建东南
2016-10-30 Lot481 5.5 × 13.2 × 5.8cm
估价：RMB 36,000-38,000
成交价：RMB 41,400

林发述作 旗降石钟进士折梅摆件
年代不详 Unknown SE 福建东南
2016-10-30 Lot486 9.8 × 7.4 × 5.7cm
估价：RMB 35,000-50,000
成交价：RMB 92,000

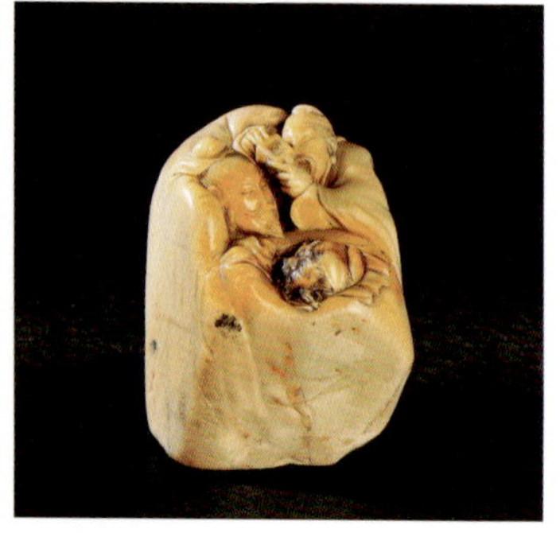

林飞作 牛蛋石人物摆件
年代不详 Unknown SE 福建东南
2016-10-30 Lot479 9.7 × 7.1 × 8cm
估价：RMB 28,000-30,000
成交价：RMB 32,200

寿山石人物摆件
清早期 Early Qing BP 北京保利
2016-10-31 Lot540 H13cm
估价：RMB 40,000-60,000
成交价：RMB 46,000

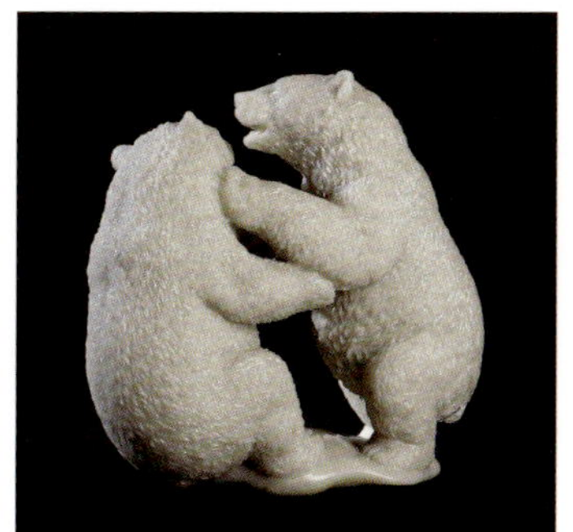

林亨云作 焓红石熊摆件
年代不详 Unknown SE 福建东南
2016-05-21 Lot72 11 × 11.7 × 6.5cm
估价：RMB 100,000-110,000
成交价：RMB 172,500

林亨云作 焓红石母子情摆件
年代不详 Unknown SE 福建东南
2016-10-30 Lot499 9.1 × 13.3 × 6.1cm
估价：RMB 80,000-100,000
成交价：RMB 126,500

郭功森作 寿山石狮子戏球摆件
年代不详 Unknown GD 中国嘉德
2016-11-12 Lot4293 L6.5cm
估价：RMB 10,000-20,000
成交价：RMB 36,800

郭石卿 寿山善伯冻石“福在眼前”人物摆件
年代不详 Unknown KS 北京匡时
2016-06-08 Lot4388 6.5 × 2.2 × 5cm
估价：RMB 30,000-50,000
成交价：RMB 115,000

林亨云作 寿山杜陵石海底世界摆件
年代不详 Unknown GD 中国嘉德
2016-05-15 Lot4098 H29.5cm
估价：RMB 120,000-180,000
成交价：RMB 138,000

林亨云作 焓红石寒冬一霸摆件
年代不详 Unknown SE 福建东南
2016-10-30 Lot498 31.5 × 19.5 × 9.5cm
估价：RMB 60,000-80,000
成交价：RMB 69,000

周宝庭作 高山石天犬把玩件
年代不详 Unknown SE 福建东南
2016-10-30 Lot454 6 × 7.3 × 2.6cm
估价：RMB 43,000-45,000
成交价：RMB 63,250

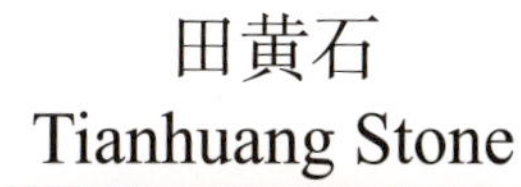

## 田黄石 Tianhuang Stone

田黄石云龙纹朱文闲章
年代不详 Unknown SE 福建东南
2016-05-22 Lot570 5.4 × 2.8 × 1.8cm
估价：RMB 180,000-250,000
成交价：RMB 368,000

田黄薄意松下高士随形章
年代不详 Unknown AS 中国艺海
2016-01-21 Lot3151 H4.8cm
估价：HKD 4,800,000-9,600,000
成交价：HKD 5,280,000

2016 Chinese Art Auction TOP10 中国四大国石拍卖十大天价排行榜 Top 4

田黄薄意雕螭龙钮吴咨“赋诗称寿”印章
清 Qing SUN　中贸圣佳
2016-05-16 Lot1062 L2.5cm;W2.5cm;H5.7cm;W91.1g
估价：RMB 500,000-600,000
成交价：RMB 575,000

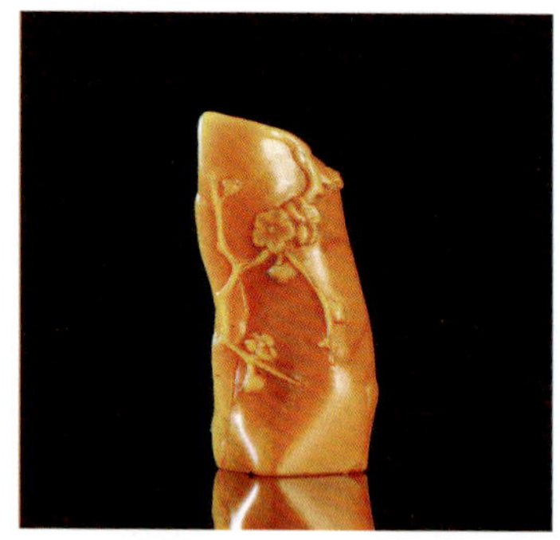

冰厂为胡熙民刻田黄石梅花浮雕随形白文自用印
年代不详 Unknown SE 福建东南
2016-05-22 Lot525 5.4×2.1×1.9cm
估价：RMB 100,000-110,000
成交价：RMB 115,000

田黄游龙戏水方章
清 Qing BD 北京东正
2016-05-14 Lot2036 H6.4cm
估价：RMB 1,800,000-2,000,000
成交价：RMB 2,242,500

神怡牧闲王福厂款 兽钮田黄印章
清 Qing BD 北京东正
2016-05-14 Lot3074 H4.8cm　W32g
估价：RMB 150,000-250,000
成交价：RMB 287,500

乌鸦皮田黄龙纹章（两件）
年代不详 Unknown PLHK 保利香港
2016-10-04 Lot3158 L5.2cm;W5.1cm;L5.5cm;W4cm
估价：HKD 20,000-50,000
成交价：HKD 61,360

田黄石螭虎钮章

年代不详 Unknown SE 福建东南

2016-05-21 Lot105 5.1 × 1.4 × 1.4cm

估价：RMB 130,000-150,000

成交价：RMB 149,500

田黄雕鳌龙钮印

年代不详 Unknown AS 中国艺海

2016-01-21 Lot3224 2.6 × 2.3 × 3.5cm

估价：HKD 560,000-1,120,000

成交价：HKD 616,000

寿山田黄石兽钮印章

年代不详 Unknown GD 中国嘉德

2016-11-12 Lot4207 2.6 × 2.1 × 2.6cm

估价：RMB 180,000-280,000

成交价：RMB 207,000

小坨款薄意菊花田黄印

清 Qing SUN 中贸圣佳

2016-05-16 Lot1063 L4cm;W3.8cm;H5.5cm; W174g

估价：RMB 500,000-600,000

成交价：RMB 575,000

田黄石古兽钮章

年代不详 Unknown SE 福建东南

2016-05-21 Lot104 4.1 × 2 × 1cm

估价：RMB 95,000-100,000

成交价：RMB 115,000

佚名刻田黄浅浮雕山水人物钮刘学询自用印

乾隆 Qianlong BP 北京保利

2016-06-07 Lot8214 2.2 × 2.2 × 5cm

估价：RMB 600,000-900,000

成交价：RMB 874,000

田黄辟邪钮方章

清，19 世纪 Qing,19th Century S 苏富比

2016-04-06 Lot3690 H4.7cm;60g

估价：HKD 400,000-600,000

成交价：HKD 2,000,000

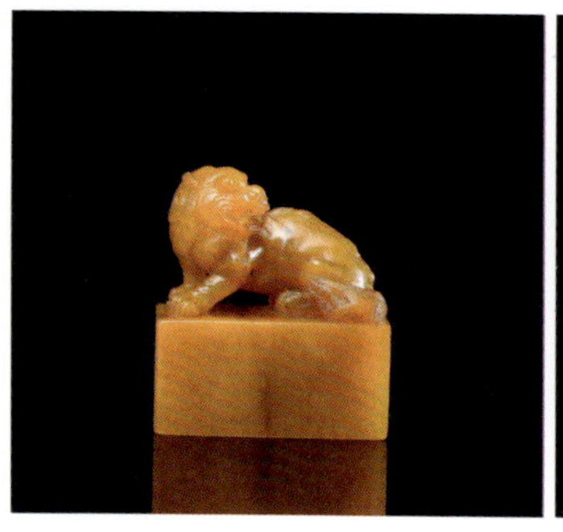

田黄冻瑞兽钮引首章

清中期 Mid Qing BP 北京保利

2016-06-07 Lot8213 4.7 × 2.7 × 5cm

估价：RMB 2,000,000-3,000,000

成交价：RMB 2,300,000

寿山田黄石素方章

年代不详 Unknown KS 北京匡时

2016-06-08 Lot4412 2 × 1.8 × 3.9cm;W35.59g

估价：RMB 700,000-1,000,000

成交价：RMB 1,150,000

寿山田黄石钮章（一组四件）

年代不详 Unknown GD 中国嘉德

2016-11-12 Lot4228 10.6g;12.5g;9.4g;10.7g

估价：RMB 12,000-22,000

成交价：RMB 46,000

寿山田黄石福寿钮章

年代不详 Unknown GD 中国嘉德

2016-11-12 Lot4204 3.3 × 2.1 × 4.1cm

估价：RMB 50,000-80,000

成交价：RMB 253,000

寿山田黄石兽钮方章

年代不详 Unknown GD 中国嘉德

2016-05-15 Lot4200 2.4 × 2 × 3.4cm;28.1g

估价：RMB 80,000-120,000

成交价：RMB 851,000

寿山田黄石方章

年代不详 Unknown GD 中国嘉德

2016-05-15 Lot4084 2 × 1.9 × 5.5cm;55.8g

估价：RMB 360,000-460,000

成交价：RMB 414,000

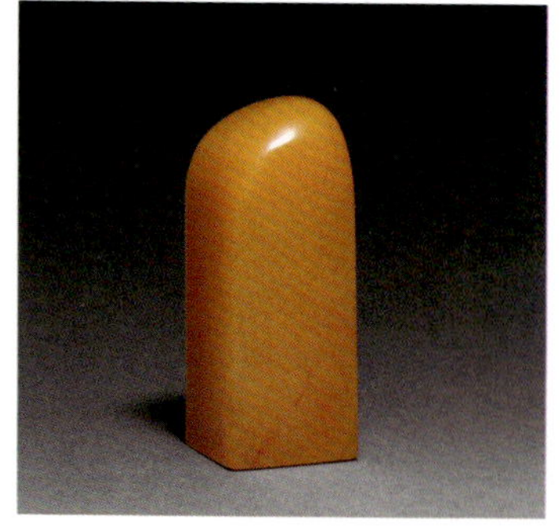

寿山田黄石方章

年代不详 Unknown GD 中国嘉德

2016-11-12 Lot4208 2 × 2 × 5.2cm

估价：RMB 100,000-150,000

成交价：RMB 1,265,000

田黄石 双螭拱钱钮章
年代不详 Unknown SE 福建东南
2016-10-30 Lot729 4.7 × 2.1 × 2cm
估价：RMB 360,000-380,000
成交价：RMB 437,000

田黄石六面平素方章
清中期 Mid Qing KS 北京匡时
2016-06-07 Lot3745 2.5 × 2.5 × 4.8cm;W69.03g
估价：RMB 2,000,000-2,200,000
成交价：RMB 4,140,000

寿山田黄石祥云钮方章
年代不详 Unknown GD 中国嘉德
2016-11-12 Lot4205 2 × 1.7 × 4cm
估价：RMB 28,000-38,000
成交价：RMB 138,000

寿山田黄石六面平素方章
年代不详 Unknown KS 北京匡时
2016-06-08 Lot4410 2.8 × 2.7 × 4.9cm;W107.29g
估价：RMB 500,000-700,000
成交价：RMB 575,000

寿山田黄石竹节钮扁方章
年代不详 Unknown KS 北京匡时
2016-06-08 Lot4409 3.6 × 1.9 × 3.6cm;W48.86g
估价：RMB 500,000-700,000
成交价：RMB 575,000

田黄各式章（五方）
清早期 Early Qing BH 北京翰海
2016-12-04 Lot2821 H1.8-5cm
估价：RMB 4,000,000-6,000,000
成交价：RMB 5,750,000

2016 Chinese Art Auction TOP10 中国四大国石拍卖十大天价排行榜 Top 3

田黄薄意云纹长方章
清 Qing C 佳士得
2016-11-30 Lot3347 H4.2cm
估价：HKD 1,800,000-2,600,000
成交价：HKD 4,260,000

2016 Chinese Art Auction TOP10 中国四大国石拍卖十大天价排行榜 Top 10

田黄石双面印椭圆章
年代不详 Unknown SE 福建东南
2016-10-30 Lot223 H2.4cm
估价：RMB 200,000-250,000
成交价：RMB 322,000

田黄石薄意随形章
年代不详 Unknown SE 福建东南
2016-10-30 Lot226 3.8×5.2×1.8cm
估价：RMB 250,000-300,000
成交价：RMB 287,500

田黄兽钮印章（一组三件）
年代不详 Unknown PLXM 保利厦门
2016-11-06 Lot877 尺寸不详
估价：RMB 28,000-38,000
成交价：RMB 32,200

田黄石薄意随形章
年代不详 Unknown SE 福建东南
2016-10-30 Lot508 3.7 × 5.2 × 2.2cm
估价：RMB 65,000-90,000
成交价：RMB 74,750

寿山田黄石薄意随形章（一组三方）
年代不详 Unknown GD 中国嘉德
2016-11-12 Lot4260 3.6 × 1.9 × 3.3cm;3.3 × 1.6 × 4cm;2 × 1 × 3.2cm
估价：RMB 5,000-8,000
成交价：RMB 34,500

寿山田黄冻石随形章
年代不详 Unknown GD 中国嘉德
2016-05-15 Lot4199 3.9 × 2.8 × 3.2cm;35g
估价：RMB 20,000-30,000
成交价：RMB 218,500

田黄雕双清图随形章
清 Qing BC 北京诚轩
2016-05-15 Lot897 4 × 3 × 6.5cm
估价：RMB 80,000-100,000
成交价：RMB 425,500

林东 寿山田黄石弥勒把件
年代不详 Unknown KS 北京匡时
2016-06-08 Lot4408 L4cm;W45.83g
估价：RMB 200,000-300,000
成交价：RMB 575,000

林飞作 田黄石弥勒摆件
年代不详 Unknown SE 福建东南
2016-10-30 Lot510 H2.4cm
估价：RMB 100,000-110,000
成交价：RMB 138,000

王孝前作 田黄石弥勒摆件
年代不详 Unknown SE 福建东南
2016-10-30 Lot502 H3cm
估价：RMB 36,000-38,000
成交价：RMB 43,700

田黄伏虎罗汉
年代不详 Unknown AS 中国艺海
2016-01-21 Lot3218 W24g
估价：HKD 1,450,000-2,900,000
成交价：HKD 1,595,000

田黄罗汉
清早期 Early Qing GD 中国嘉德
2016-11-12 Lot2645 H5cm;W74g
估价：RMB 300,000-500,000
成交价：RMB 713,000

田黄雕降龙罗汉像
清 Qing C 佳士得
2016-03-17 Lot966 L6.5cm
估价：USD 100,000-150,000
成交价：USD 118,750

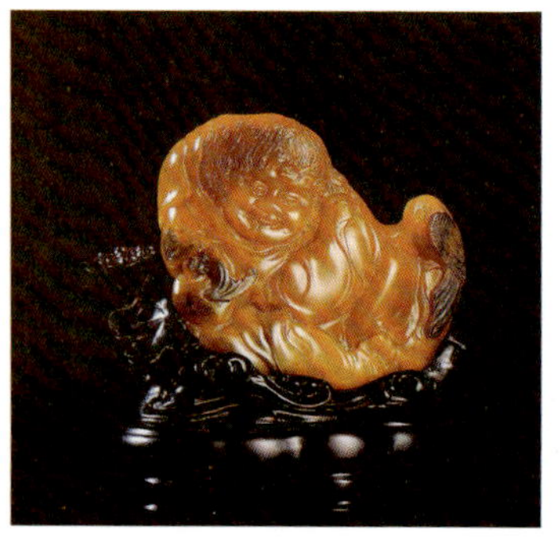

刘东作 田黄石刘海摆件
年代不详 Unknown SE 福建东南
2016-05-21 Lot96 H4.9cm
估价：RMB 250,000-300,000
成交价：RMB 483,000

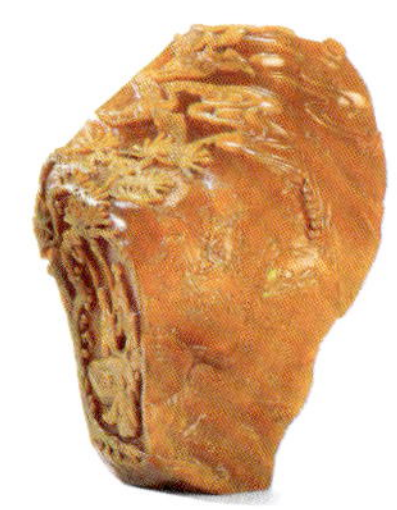

田黄石香山九老薄意摆件
年代不详 Unknown SE 福建东南
2016-10-30 Lot513 H4.7cm
估价：RMB 60,000-70,000
成交价：RMB 92,000

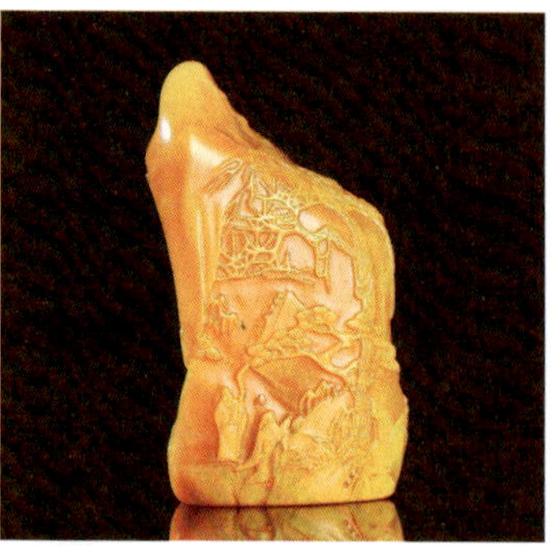

田黄石松下访友薄意摆件
年代不详 Unknown SE 福建东南
2016-05-22 Lot571 H5.3cm
估价：RMB 250,000-300,000
成交价：RMB 632,500

田黄石夜游赤壁摆件
年代不详 Unknown SE 福建东南
2016-10-30 Lot516 H4.8cm
估价：RMB 450,000-480,000
成交价：RMB 517,500

林其俤、林文举作 田黄石瑶池祝寿薄意摆件
年代不详 Unknown SE 福建东南
2016-10-30 Lot515 H4.3cm
估价：RMB 70,000-80,000
成交价：RMB 207,000

林飞作 田黄石裸女摆件
年代不详 Unknown SE 福建东南
2016-05-21 Lot95 H3cm
估价：RMB 150,000-180,000
成交价：RMB 253,000

刘传斌作 田黄石山居即景摆件
年代不详 Unknown SE 福建东南
2016-05-21 Lot106 2.9 × 2.8 × 2.1cm
估价：RMB 200,000-250,000
成交价：RMB 230,000

林文举刻牧归图随形田黄镇
年代不详 Unknown BC 北京诚轩
2016-11-12 Lot915 4.7 × 3 × 3.5cm
估价：RMB 200,000-250,000
成交价：RMB 230,000

林文举作 田黄石渔樵问答薄意摆件
年代不详 Unknown SE 福建东南
2016-10-30 Lot725 H3.2cm
估价：RMB 1,000,000-1,200,000
成交价：RMB 1,437,500

郭懋介（石卿）雕田黄石摆件“牧归”
年代不详 Unknown RB 北京荣宝
2016-06-05 Lot1240 H7.4cm;L10.5cm
估价：RMB 28,000,000-32,000,000
成交价：RMB 31,360,000

2016 Chinese Art Auction TOP10 中国四大国石拍卖十大天价排行榜 Top 2

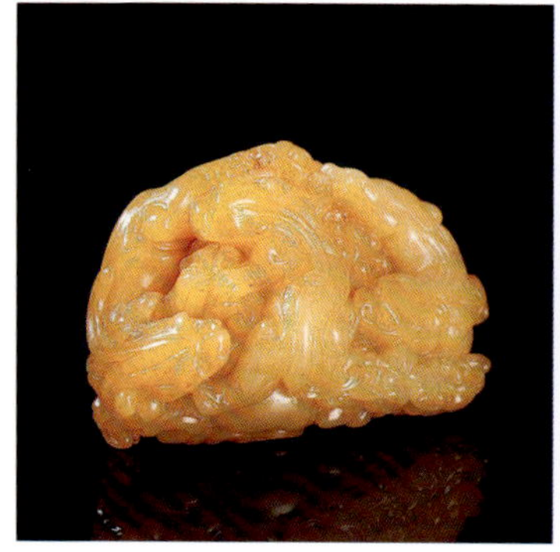

**田黄石螭虎摆件**
清 Qing SE 福建东南
2016-10-30 Lot730 H2.3cm
估价：RMB 600,000-800,000
成交价：RMB 690,000

**寿山田黄石鳌鱼摆件**
年代不详 Unknown GD 中国嘉德
2016-11-12 Lot4258 L5.4cm
估价：RMB 80,000-120,000
成交价：RMB 92,000

**郭懋介 寿山乌鸦皮田黄石“竹林七贤”薄意摆件**
年代不详 Unknown KS 北京匡时
2016-12-05 Lot4247 H7cm
估价：RMB 2,500,000-3,000,000
成交价：RMB 4,025,000

2016 Chinese Art Auction TOP10 中国四大国石拍卖十大天价排行榜 Top 7

**江依霖作 田黄石节节高升摆件**
年代不详 Unknown SE 福建东南
2016-10-30 Lot504 H4.9cm
估价：RMB 38,000-40,000
成交价：RMB 43,700

**寿山乌鸦皮田黄石**
年代不详 Unknown GD 中国嘉德
2016-11-12 Lot4226 4.1 × 1.9 × 4.3cm
估价：无底价
成交价：RMB 149,500

林文举作 田黄石赏梅薄意图摆件
年代不详 Unknown SE 福建东南
2016-10-30 Lot724 H4.5cm
估价：RMB 480,000-500,000
成交价：RMB 552,000

寿山田黄石薄意摆件
年代不详 Unknown GD 中国嘉德
2016-11-12 Lot4261 4.4 × 1.6 × 6.7cm
估价：RMB 80,000-120,000
成交价：RMB 94,300

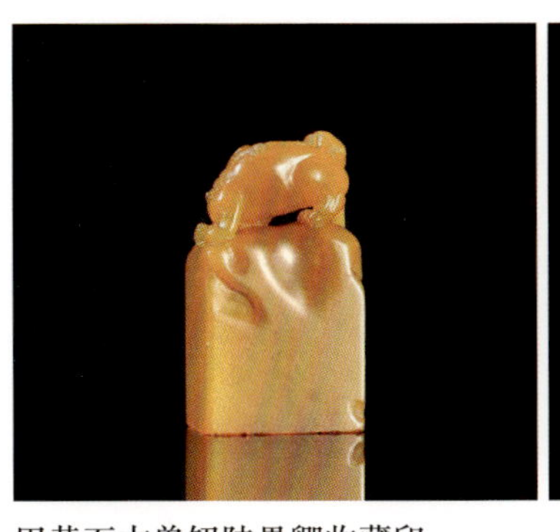

田黄石古兽钮陆愚卿收藏印
清 Qing SE 福建东南
2016-10-30 Lot225 2.8 × 2 × 5.2cm
估价：RMB 2,600,000-3,200,000
成交价：RMB 3,450,000

寿山田黄石薄意摆件
年代不详 Unknown GD 中国嘉德
2016-11-12 Lot4262 L6.1cm
估价：RMB 100,000-150,000
成交价：RMB 379,500

田黄梅竹双清印材（两方）
清 Qing GD 中国嘉德
2016-09-25 Lot4802 H4.9cm;H2.5cm
估价：RMB 20,000-30,000
成交价：RMB 92,000

田黄留皮薄意花鸟随形摆件
年代不详 Unknown AS 中国艺海
2016-01-21 Lot3217 H5.5，W95.4g
估价：HKD 480,000-960,000
成交价：HKD 880,000

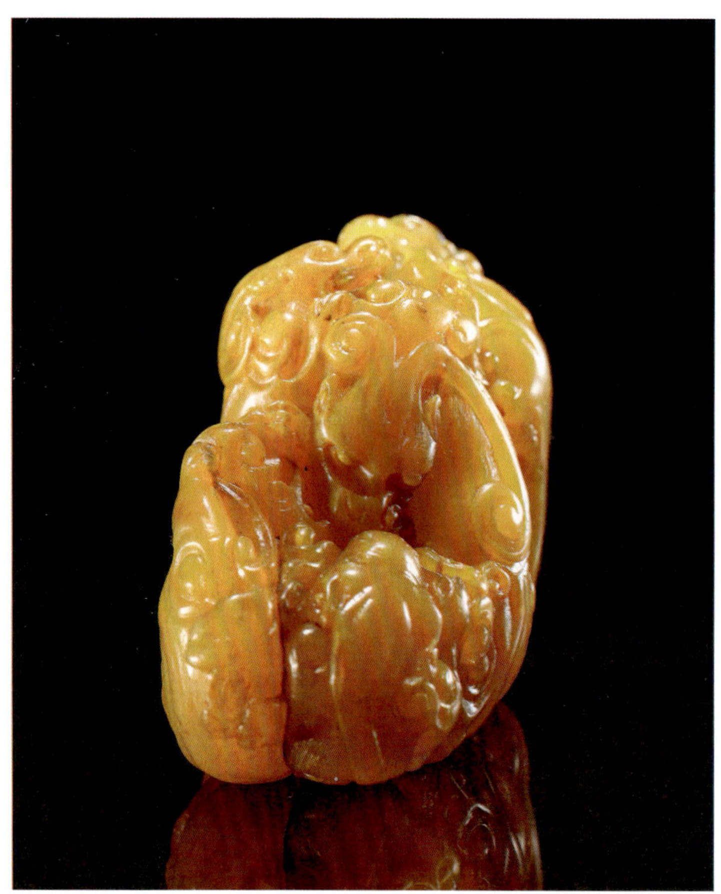

明坑橘皮黄田黄冻五螭龙文镇
康熙 Kangxi BP 北京保利
2016-12-05 Lot5167 H7cm
估价：RMB 2,000,000-3,000,000
成交价：RMB 3,680,000

2016 Chinese Art Auction TOP10 中国四大国石拍卖十大天价排行榜 Top 9

林文举作 寿山田黄石薄意摆件
年代不详 Unknown GD 中国嘉德
2016-11-12 Lot4294 L4.5cm
估价：RMB 100,000-200,000
成交价：RMB 483,000

田黄石薄意摆件
年代不详 Unknown SE 福建东南
2016-10-30 Lot500 H4.2cm
估价：RMB 14,000-15,000
成交价：RMB 40,250

郭懋介作 寿山田黄石薄意摆件
年代不详 Unknown GD 中国嘉德
2016-05-15 Lot4203 H6.4cm;79g
估价：RMB 200,000-300,000
成交价：RMB 460,000

田黄石薄意摆件
年代不详 Unknown SE 福建东南
2016-10-30 Lot505 H5.1cm
估价：RMB 40,000-50,000
成交价：RMB 46,000

田黄石薄意摆件
年代不详 Unknown SE 福建东南
2016-10-30 Lot506 H5.5cm
估价：RMB 48,000-50,000
成交价：RMB 55,200

芙蓉石古兽方章
年代不详 Unknown SE 福建东南
2016-10-30 Lot575 6.9 × 3.3 × 3.3cm
估价：RMB 28,000-30,000
成交价：RMB 32,200

芙蓉石兽钮章
年代不详 Unknown SE 福建东南
2016-10-30 Lot578 7.8 × 3.5 × 3.2cm
估价：RMB 45,000-50,000
成交价：RMB 55,200

## 芙蓉石 Furong Stone

“庄亲王宝”寿山芙蓉石方章
雍正 Yongzheng KS 北京匡时
2016-06-07 Lot3747 4.7 × 4.7 × 1.7cm
估价：RMB 600,000-800,000
成交价：RMB 690,000

寿山芙蓉石人物钮对章
年代不详 Unknown GD 中国嘉德
2016-11-12 Lot4251 2.5 × 2.5 × 5cm × 2
估价：RMB 30,000-50,000
成交价：RMB 48,300

寿山芙蓉石兽钮对章
年代不详 Unknown GD 中国嘉德
2016-11-12 Lot4241 2.9 × 2.9 × 5.9cm × 2
估价：RMB 25,000-35,000
成交价：RMB 32,200

寿山芙蓉石十二生肖钮章（一组十二方）
年代不详 Unknown GD 中国嘉德
2016-11-12 Lot4213 尺寸不一
估价：RMB 12,000-22,000
成交价：RMB 34,500

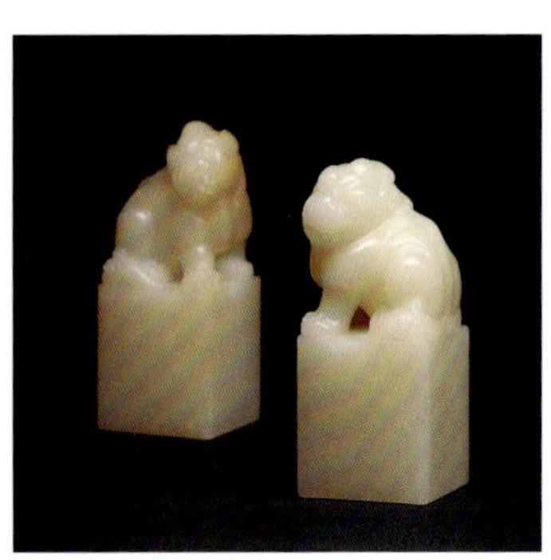

寿山芙蓉石兽钮对章
年代不详 Unknown GD 中国嘉德
2016-11-12 Lot4280 2.7 × 2.7 × 6.4cm × 2
估价：RMB 40,000-60,000
成交价：RMB 46,000

芙蓉石素章
年代不详 Unknown SE 福建东南
2016-10-30 Lot602 8.5 × 3.5 × 2.7cm
估价：RMB 85,000-90,000
成交价：RMB 97,750

将军洞芙蓉石素章
年代不详 Unknown SE 福建东南
2016-10-30 Lot718 6.7 × 5 × 3.1cm
估价：RMB 20,000-30,000
成交价：RMB 89,700

寿山芙蓉石兽钮方章
年代不详 Unknown GD 中国嘉德
2016-11-12 Lot4235 8.2 × 8.2 × 14.4cm
估价：RMB 20,000-30,000
成交价：RMB 64,400

将军洞芙蓉石母子情章
年代不详 Unknown SE 福建东南
2016-10-30 Lot233 8.3 × 4.1 × 4.2cm
估价：RMB 28,000-30,000
成交价：RMB 32,200

陈达作 芙蓉石如意
年代不详 Unknown SE 福建东南
2016-10-30 Lot713 1.6 × 10.9 × 2.1cm
估价：RMB 20,000-30,000
成交价：RMB 57,500

寿山芙蓉石兽钮方章
年代不详 Unknown GD 中国嘉德
2016-11-12 Lot4238 4.1 × 3.5 × 6.8cm
估价：RMB 28,000-38,000
成交价：RMB 32,200

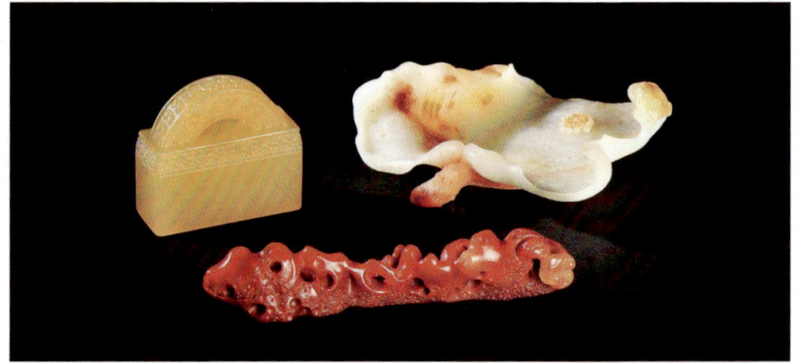

孙洁鸣作 芙蓉石、高山石文房套件（三件套）
年代不详 Unknown SE 福建东南
2016-10-30 Lot464 尺寸不一
估价：RMB 48,000-50,000
成交价：RMB 55,200

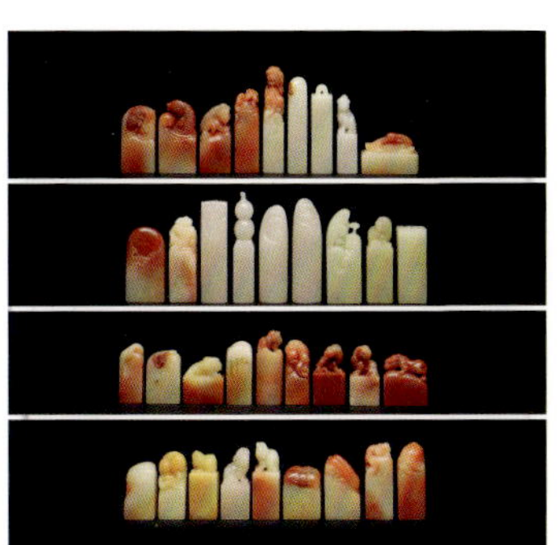

寿山芙蓉石钮章（一组三十六方）
年代不详 Unknown GD 中国嘉德
2016-11-12 Lot4217 尺寸不一
估价：RMB 20,000-30,000
成交价：RMB 57,500

郭石卿 寿山蜡烛红芙蓉石“和合二仙”人物摆件
年代不详 Unknown KS 北京匡时
2016-06-08 Lot4386 L9cm
估价：RMB 30,000-50,000
成交价：RMB 138,000

昌化鸡血石方章
年代不详 Unknown KS 北京匡时
2016-06-08 Lot4451 1.8 × 1.8 × 7.3cm
估价：RMB 15,000-20,000
成交价：RMB 20,700

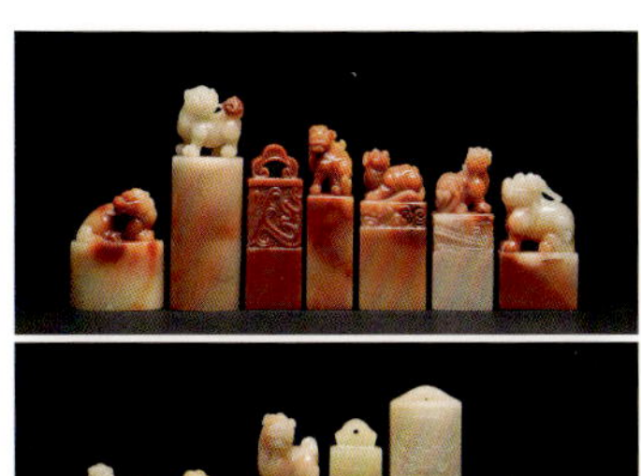

寿山芙蓉石钮章（一组十三方）
年代不详 Unknown GD 中国嘉德
2016-11-12 Lot4211 尺寸不一
估价：无底价
成交价：RMB 34,500

## 鸡血石 Blood Stone

鸡血石章（一对）
年代不详 Unknown BP 北京保利
2016-04-28 Lot1896 L9.5cm
估价：无底价
成交价：RMB 1,150

昌化鸡血石对章
年代不详 Unknown GD 中国嘉德
2016-05-15 Lot4192 2.1 × 2.1 × 6cm × 2
估价：RMB 20,000-30,000
成交价：RMB 103,500

郭石卿 寿山白芙蓉石“济公醉酒”人物摆件
年代不详 Unknown KS 北京匡时
2016-06-08 Lot4387 L6.6cm
估价：RMB 30,000-50,000
成交价：RMB 126,500

昌化鸡血石方章
年代不详 Unknown GD 中国嘉德
2016-05-15 Lot4077 1.6 × 1.6 × 6.8cm
估价：RMB 25,000-35,000
成交价：RMB 78,200

昌化鸡血石方章
年代不详 Unknown GD 中国嘉德
2016-05-15 Lot4078 2.6 × 2.6 × 10.9cm
估价：RMB 50,000-80,000
成交价：RMB 253,000

鸡血石印章(三方)
清 Qing BD 北京东正
2016-05-14 Lot3073 H2.7cm;H3.4cm;H2.5cm
估价:RMB 200,000-300,000
成交价:RMB 230,000

昌化鸡血石印章(三方)
年代不详 Unknown GD 中国嘉德
2016-05-15 Lot4193 1.8 × 1.8 × 4.9cm;1.7 × 1.7 × 4.9cm;1.9 × 1 × 4.2cm
估价:RMB 6,000-8,000
成交价:RMB 10,350

鸡血石印章
年代不详 Unknown AS 中国艺海
2016-01-21 Lot3032 H13cm
估价:HKD 2,000,000-4,000,000
成交价:HKD 2,200,000

昌化鸡血石方章(一组两方)
年代不详 Unknown GD 中国嘉德
2016-11-12 Lot4269
2.1 × 2.1 × 8.3cm;2 × 2 × 8.2cm
估价:RMB 50,000-80,000
成交价:RMB 184,000

鸡血石套章(三件套)
年代不详 Unknown SE 福建东南
2016-10-30 Lot62 尺寸不一
估价:RMB 13,000-15,000
成交价:RMB 34,500

齐白石 近代 齐白石刻“直心道场”昌化鸡血石
年代不详 Unknown KS 北京匡时
2016-09-23 Lot201 7×3.5×12cm
估价：RMB 700,000-800,000
成交价：RMB 1,782,500

鸡血石章料（三件）
年代不详 Unknown BP 北京保利
2016-04-28 Lot1892 尺寸不一
估价：无底价
成交价：RMB 1,150

鸡血石章料（八方）
年代不详 Unknown BP 北京保利
2016-04-28 Lot1893 尺寸不一
估价：无底价
成交价：RMB 16,100

昌化鸡血石方章（一组七方）
年代不详 Unknown GD 中国嘉德
2016-05-15 Lot4074 尺寸不一
估价：RMB 10,000-20,000
成交价：RMB 17,250

鸡血石印材（六方）
年代不详 Unknown GD 中国嘉德
2016-03-27 Lot5079 尺寸不一
估价：无底价
成交价：RMB 1,150

鸡血石章料(一组)
年代不详 Unknown HY 华艺国际
2016-01-23 Lot1216 尺寸不一
估价:无底价
成交价:RMB 9,200

巴林鸡血石素套章(三件套)
清 Qing SE 福建东南
2016-10-30 Lot60 尺寸不一
估价:RMB 40,000-50,000
成交价:RMB 71,300

## 巴林石 Balin Stone

巴林鸡血石方章
年代不详 Unknown GD 中国嘉德
2016-05-15 Lot4052 2 × 1.9 × 7.2cm
估价:RMB 5,000-8,000
成交价:RMB 16,100

巴林鸡血石方章、寿山芙蓉石钮章(一组两方)
年代不详 Unknown GD 中国嘉德
2016-05-15 Lot4051 尺寸不一
估价:RMB 8,000-12,000
成交价:RMB 17,250

巴林鸡血石三色素方章
年代不详 Unknown SE 福建东南
2016-05-22 Lot681 9 × 2.4 × 2.4cm
估价:RMB 9,000-10,000
成交价:RMB 20,700

巴林鸡血石方章
年代不详 Unknown GD 中国嘉德
2016-11-12 Lot4265 2.9 × 2.8 × 9.4cm
估价:RMB 30,000-50,000
成交价:RMB 172,500

巴林鸡血石素方章
年代不详 Unknown KS 北京匡时
2016-06-08 Lot4452 1.9 × 1.9 × 6.4cm
估价:RMB 15,000-20,000
成交价:RMB 23,000

巴林鸡血石素章(两枚)
年代不详 Unknown SE 福建东南
2016-05-22 Lot680 4 × 1.4 × 1.5cm;7.3 × 1.4 × 1.4cm
估价:RMB 10,000-15,000
成交价:RMB 17,250

黄丽娟作 巴林石少女人物摆件
年代不详 Unknown SE 福建东南
2016-10-30 Lot480 10.1 × 5.5 × 4cm
估价：RMB 33,000-35,000
成交价：RMB 37,950

浙江青田石方章（一组三方）
年代不详 Unknown GD 中国嘉德
2016-11-12 Lot4271 2.2 × 2 × 8.1cm;2 × 2 × 6.4cm; 2.9 × 1.9 × 6.4cm
估价：RMB 38,000-58,000
成交价：RMB 43,700

## 青金石 Lapis Lazuli

青金石嵌百宝烛台（一对）
清 Qing BP 北京保利
2016-01-16 Lot733 H41cm
估价：无底价
成交价：RMB 23,000

## 青田石 Qingtian Stone

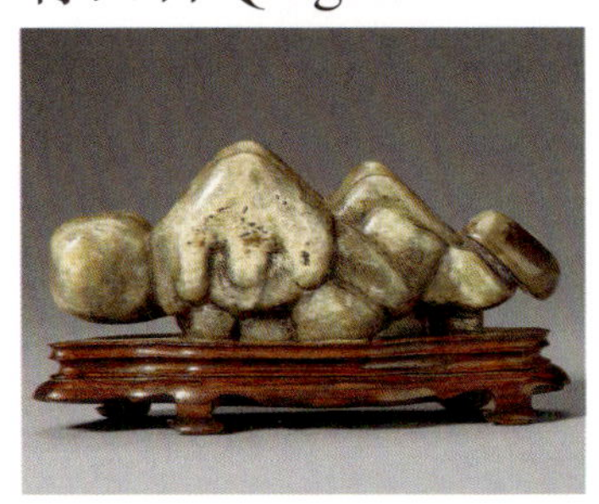

青田石山子
清早期 Early Qing GD 中国嘉德
2016-05-14 Lot4506 L4.7cm
估价：RMB 15,000-25,000
成交价：RMB 17,250

青田酱油冻石兽钮对章
年代不详 Unknown GD 中国嘉德
2016-05-15 Lot4189 2.2 × 2.2 × 5.1cm × 2
估价：RMB 8,000-12,000
成交价：RMB 9,200

青金石牛
乾隆 Qianlong GD 中国嘉德
2016-09-25 Lot5305 L11.3cm
估价：RMB 50,000-80,000
成交价：RMB 57,500

青田石龙纹印
19 世纪 19th Century C 佳士得
2016-11-08 Lot188 H9cm
估价：GBP 10,000-15,000
成交价：GBP 20,000

青金石宝鸭穿莲
年代不详 Unknown GD 中国嘉德
2016-03-28 Lot5462 L24.5cm
估价：无底价
成交价：RMB 17,250

青金石串
清 Qing BH 北京翰海
2016-04-17 Lot1929 尺寸不详
估价：RMB 1,000-1,000
成交价：RMB 10,350

水晶兽面纹双环耳觥
19 世纪 19th Century C 佳士得
2016-05-13 Lot629 H12.7cm
估价：GBP 3,000-6,000
成交价：GBP 6,875

青金石描金云龙纹山子
年代不详 Unknown GD 中国嘉德
2016-03-28 Lot5466 H36.6cm
估价：无底价
成交价：RMB 13,800

水晶雕山海盘龙图摆件
明或更晚 Ming or After S 苏富比
2016-09-13 Lot210 尺寸不详
估价：USD 4,000-6,000
成交价：USD 5,000

红玉髓雕抱瓶童子花插
清，18 世纪 Qing,18th Century S 苏富比
2016-10-05 Lot10 6.9cm
估价：HKD 80,000-120,000
成交价：HKD 112,500

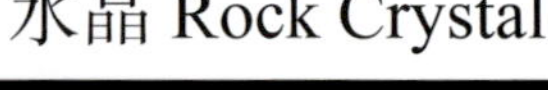

## 水晶 Rock Crystal

水晶鸳鸯
清 Qing SUN 中贸圣佳
2016-05-16 Lot1119 L11.8cm;H6.5cm
估价：RMB 40,000-60,000
成交价：RMB 46,000

双龙耳活环水晶瓶及盖
19 世纪 19th Century C 佳士得
2016-05-13 Lot626 H24cm
估价：GBP 3,000-5,000
成交价：GBP 5,000

水晶雕龙钮活环三足盖炉
清末民初 Late Qing-Early Republic Period C 佳士得
2016-10-04 Lot193 18cm
估价：HKD 50,000-80,000
成交价：HKD 212,500

水晶双清雅聚竹节式笔筒
清，18 世纪 Qing,18th Century S 苏富比
2016-10-05 Lot51 8.8cm
估价：HKD 100,000-150,000
成交价：HKD 125,000

“四方宁静”螭龙钮水晶印章
清 Qing PLXM 保利厦门
2016-05-08 Lot689 H9.5cm
估价：RMB 300,000-400,000
成交价：RMB 345,000

子岗款水晶佛手
乾隆 Qianlong BD 北京东正
2016-05-14 Lot3076 L8cm
估价：RMB 30,000-45,000
成交价：RMB 69,000

水晶镶金属瑞兽足菱花式笔洗
年代不详 Unknown S 苏富比
2016-09-17 Lot1026 尺寸不详
估价：USD 2,000-3,000
成交价：USD 75,000

水晶雕狮钮印章（一对）
清 Qing BD 北京东正
2016-06-05 Lot103 H7.3cm
估价：RMB 150,000-200,000
成交价：RMB 172,500

## 碧玺及其他宝石
## Tourmaline-Others

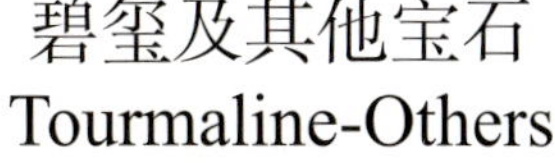

粉红碧玺福寿双全珮
清，19 世纪 Qing,19th Century C 佳士得
2016-03-17 Lot1704 L4.3cm
估价：USD 10,000-15,000
成交价：USD 12,500

茶晶双桃水丞
乾隆 Qianlong GD 中国嘉德
2016-09-25 Lot5300 L12cm
估价：RMB 50,000-80,000
成交价：RMB 57,500

水晶桥钮印
清 Qing GD 中国嘉德
2016-11-12 Lot2946 4.5 × 4.5 × 2.7cm
估价：RMB 30,000-50,000
成交价：RMB 40,250

碧玺桃形珮
清 Qing KS 北京匡时
2016-06-07 Lot3260 L5cm
估价：RMB 50,000-80,000
成交价：RMB 57,500

极为稀有 18mm 白色南洋珍珠项链
年代不详 Unknown TH 北京传是
2016-06-04 Lot496 450mm
估价：RMB 1,500,000-2,000,000
成交价：RMB 1,840,000

粉红碧玺刻云龙戏珠纹笔掭
乾隆 Qianlong S 苏富比
2016-10-05 Lot65 5.5cm
估价：HKD 60,000-80,000
成交价：HKD 137,500

珍珠青金石十八子持珠
清 Qing XLA 西泠印社
2016-09-29 Lot199 D1.6cm
估价：RMB 20,000-30,000
成交价：RMB 32,200

粉碧玺螭龙灵芝福瓜坠
清 Qing GD 中国嘉德
2016-05-14 Lot3213 L5cm
估价：RMB 65,000-75,000
成交价：RMB 74,750

碧玺雕福寿双全项链
清，19 世纪 Qing,19th Century S 苏富比
2016-09-13 Lot211 尺寸不详
估价：USD 4,000-6,000
成交价：USD 5,625

养殖珍珠及钻石项链
年代不详 Unknown C 佳士得
2016-05-31 Lot1927 L45.0cm
估价：HKD 1,200,000-1,800,000
成交价：HKD 1,480,000

养殖珍珠及钻石首饰
年代不详 Unknown C 佳士得
2016-05-31 Lot1817 尺寸不详
估价：HKD 60,000-80,000
成交价：HKD 200,000

银鎏金点翠嵌珊瑚珍珠领约
清 Qing BD 北京东正
2016-05-14 Lot2053 L22cm
估价：RMB 200,000-250,000
成交价：RMB 310,500

王冕款珍珠灵璧随形洗
年代不详 Unknown SUN 中贸圣佳
2016-05-16 Lot1067 L25cm
估价：RMB 300,000-400,000
成交价：RMB 345,000

## 料器 Glass

黄玻璃长颈瓶
乾隆 Qianlong C 佳士得
2016-03-17 Lot1374 H24cm
估价：USD 12,000-18,000
成交价：USD 36,250

透明红料长颈瓶
清，18 世纪 Qing,18th Century S 苏富比
2016-09-13 Lot214 尺寸不详
估价：USD 6,000-8,000
成交价：USD 22,500

料胎画珐琅蝶恋花长颈瓶
清 Qing S 苏富比
2016-10-05 Lot13 9.7cm
估价：HKD 80,000-120,000
成交价：HKD 150,000

雪霏地套红料玉宇琼楼纹长颈瓶
清，18 世纪 Qing,18th Century S 苏富比
2016-03-16 Lot351 尺寸不详
估价：USD 8,000-12,000
成交价：USD 21,250

黄料直脖瓶
乾隆 Qianlong KS 北京匡时
2016-09-23 Lot214 H22cm
估价：RMB 400,000-450,000
成交价：RMB 828,000

红料瓶
乾隆 Qianlong BD 北京东正
2016-05-14 Lot2042 H14.5cm
估价：RMB 100,000-150,000
成交价：RMB 207,000

仿雄黄料六方瓶
清，18世纪 Qing,18th Century S 苏富比
2016-06-02 Lot7 15.7cm
估价：HKD 250,000-300,000
成交价：HKD 725,000

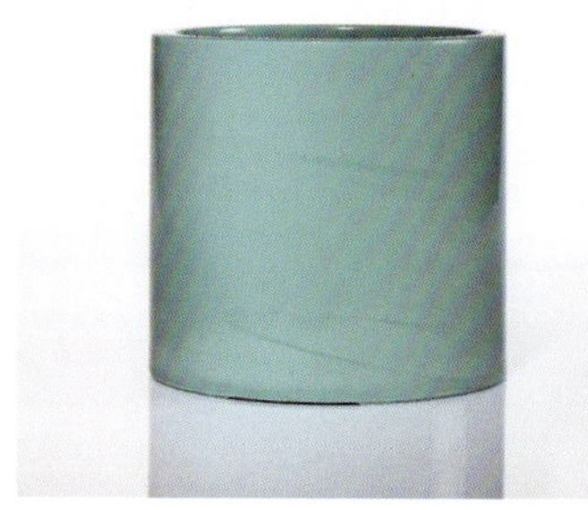

松石绿料四足笔筒
乾隆 Qianlong BP 北京保利
2016-06-06 Lot7493 H12.8cm
估价：RMB 1,300,000-2,300,000
成交价：RMB 1,955,000

宝蓝料海棠式花盆
乾隆 Qianlong BO 邦瀚斯
2016-11-07 Lot136 W20cm
估价：GBP 1,500-2,000
成交价：GBP 9,375

松石绿料八棱瓶
乾隆 Qianlong PLHK 保利香港
2016-04-05 Lot3074 H14.5cm
估价：HKD 150,000-200,000
成交价：HKD 177,000

仿石榴红料摇铃尊
乾隆 Qianlong PLHK 保利香港
2016-10-04 Lot3021 H11.3cm
估价：HKD 200,000-280,000
成交价：HKD 236,000

## 珊瑚 Coral

珊瑚凤凰飞天摆件
清 Qing KS 北京匡时
2016-12-05 Lot2669 H65.5cm
估价：RMB 2,200,000-3,200,000
成交价：RMB 3,450,000

珊瑚雕仕女摆件
清 Qing TH 北京传是
2016-06-04 Lot109 H24cm
估价：RMB 80,000-150,000
成交价：RMB 161,000

红珊瑚雕花鸟摆件
年代不详 Unknown AS 中国艺海
2016-01-21 Lot3178 H25cm
估价：HKD 600,000-1,200,000
成交价：HKD 990,000

天然 AKA 红珊瑚珠链
年代不详 Unknown PLXM 保利厦门
2016-11-06 Lot1120 72cm
估价：RMB 36,000-50,000
成交价：RMB 41,400

红珊瑚侍女摆件
19-20 世纪 19th-20th Century C 佳士得
2016-05-11 Lot176 H22.5cm
估价：GBP 1,500-2,500
成交价：GBP 3,750

珊瑚提篮仕女
清 Qing BP 北京保利
2016-10-31 Lot689 H15cm
估价：RMB 10,000-20,000
成交价：RMB 46,000

珊瑚项链
年代不详 Unknown AS 中国艺海
2016-01-21 Lot3144 2 × 1.5cm
估价：HKD 1,800,000-3,600,000
成交价：HKD 1,980,000

**珊瑚树盆景**
清 Qing KS 北京匡时
2016-06-07 Lot3387 H36cm
估价：RMB 220,000-250,000
成交价：RMB 264,500

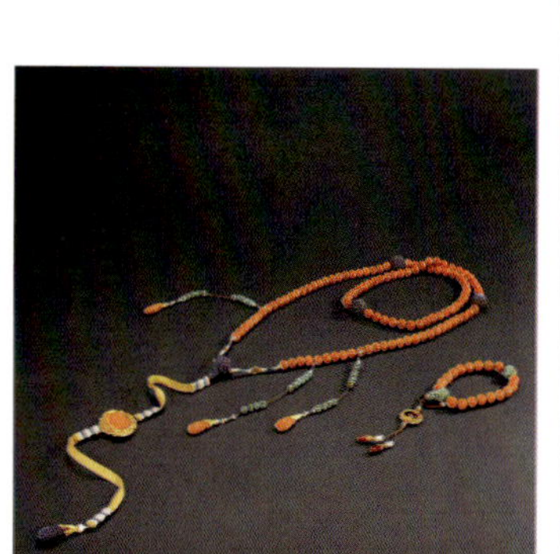

**珊瑚米粒朝珠及珊瑚手串（一组）**
清 Qing GD 中国嘉德
2016-05-14 Lot4707 D1.3cm × 108;L126cm
估价：RMB 120,000-220,000
成交价：RMB 138,000

**天然粉珊瑚配钻石“叶形”胸针**
年代不详 Unknown PLXM 保利厦门
2016-11-06 Lot1116 5.18 × 3.9 × 0.99cm
估价：RMB 27,000-35,000
成交价：RMB 31,050

## 玛瑙 Agate

**玛瑙巧雕牌子**
清 Qing BD 北京东正
2016-05-14 Lot2039 L5.3cm
估价：RMB 100,000-150,000
成交价：RMB 115,000

**苏作玛瑙雕福寿双全图牌**
清，18-19 世纪 Qing,18th-19th Century S 苏富比
2016-09-13 Lot207 尺寸不详
估价：USD 3,000-5,000
成交价：USD 22,500

**玛瑙镂雕“兔年如意”珮**
19 世纪 19th Century BO 邦瀚斯
2016-11-07 Lot564 H5cm
估价：GBP 1,000-1,500
成交价：GBP 8,125

**玛瑙巧雕“灵猴献寿”珮**
清，18 世纪 Qing,18th Century C 佳士得
2016-10-04 Lot185 L5cm
估价：HKD 80,000-150,000
成交价：HKD 100,000

**玛瑙竹鸟纹珮**
清，18-19 世纪 Qing,18th-19th Century C 佳士得
2016-11-11 Lot614 L4.8cm
估价：GBP 3,000-5,000
成交价：GBP 3,750

**玛瑙松下老者吊坠**
19 世纪 19th Century C 佳士得
2016-05-13 Lot707 L6.2cm
估价：GBP 2,000-3,000
成交价：GBP 6,500

## 南红玛瑙项饰
年代不详 Unknown AS 中国艺海
2016-01-21 Lot3119 2.5×2.3cm
估价：HKD 300,000-600,000
成交价：HKD 550,000

## 寿山高山玛瑙洞石方章
年代不详 Unknown GD 中国嘉德
2016-11-12 Lot4195 3×2.1×4.8cm
估价：RMB 18,000-28,000
成交价：RMB 46,000

## 玛瑙五福纹把件
清，18-19 世纪 Qing,18th-19th Century C 佳士得
2016-11-11 Lot616 W5.6cm
估价：GBP 1,800-2,200
成交价：GBP 7,500

## 玛瑙磬
乾隆 Qianlong BP 北京保利
2016-04-27 Lot618 W29cm
估价：无底价
成交价：RMB 253,000

## 南红玛瑙如意
乾隆 Qianlong KS 北京匡时
2016-06-07 Lot3315 L30cm
估价：RMB 300,000-500,000
成交价：RMB 345,000

## 玛瑙童子戏鹅摆件
19 世纪 19th Century C 佳士得
2016-05-13 Lot709 W5cm
估价：GBP 2,000-3,000
成交价：GBP 10,625

## 玛瑙雕龙钮印章
道光 Daoguang SUN 中贸圣佳
2016-05-16 Lot1059 L4.3cm;W2.5cm;H3cm
估价：RMB 230,000-280,000
成交价：RMB 264,500

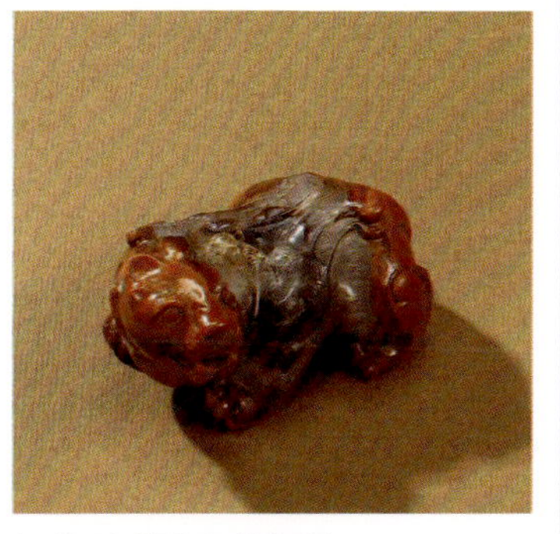

## 红缟玛瑙雕飞熊把件
宋或以前 Song or Before C 佳士得
2016-10-04 Lot29 L4.8cm
估价：HKD 150,000-250,000
成交价：HKD 1,620,000

## 玛瑙巧雕石榴瓶
18 世纪 18th Century C 佳士得
2016-05-13 Lot628 D16cm
估价：GBP 8,000-12,000
成交价：GBP 17,500

南红玛瑙巧雕鹤寿延年花插
乾隆 Qianlong PLXM 保利厦门
2016-11-06 Lot858 H10cm
估价：RMB 100,000-150,000
成交价：RMB 126,500

玛瑙巧雕花卉纹洗
清 Qing GD 中国嘉德
2016-11-12 Lot2941 L11.5cm
估价：RMB 20,000-40,000
成交价：RMB 34,500

南红玛瑙雕云龙纹笔筒
清 Qing SUN 中贸圣佳
2016-05-16 Lot1138 H11.6cm
估价：RMB 500,000-600,000
成交价：RMB 575,000

南红玛瑙巧雕花插
乾隆 Qianlong PLXM 保利厦门
2016-11-06 Lot857 H11.5cm
估价：RMB 60,000-100,000
成交价：RMB 69,000

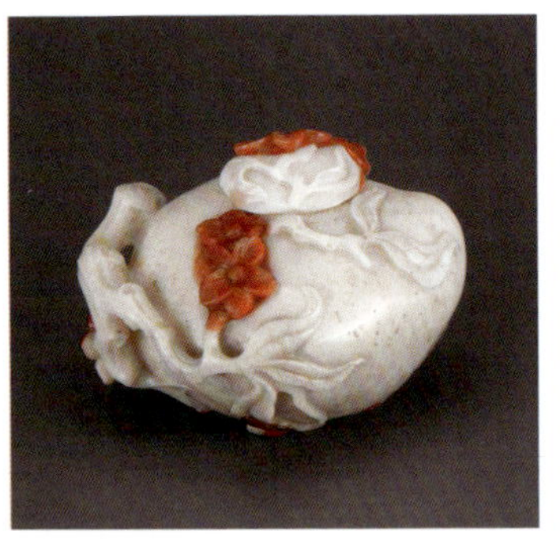

南红玛瑙寿桃水洗
清早期 Early Qing KS 北京匡时
2016-06-07 Lot3308 L10cm
估价：RMB 100,000-150,000
成交价：RMB 172,500

南红玛瑙雕福寿水丞
明末清初 Late Ming-Early Qing TH 北京传是
2016-06-04 Lot85 L10.5cm
估价：RMB 100,000-150,000
成交价：RMB 172,500

玛瑙雕一路连科图双耳盖罐
清，19世纪 Qing,19th Century S 苏富比
2016-09-13 Lot208 尺寸不详
估价：USD 3,000-5,000
成交价：USD 5,625

玛瑙莲荷形洗
清，19世纪 Qing,19th Century C 佳士得
2016-11-09 Lot549 W15.8cm
估价：GBP 1,500-2,000
成交价：GBP 6,875

## 琥珀及蜜蜡
## Amber-Beeswax

琥珀料刻花鸟纹大碗
乾隆 Qianlong BP 北京保利
2016-06-06 Lot7492 D16.8cm
估价：RMB 200,000-300,000
成交价：RMB 230,000

琥珀花鸟纹牌
清，18-19 世纪 Qing,18th-19th Century C 佳士得
2016-11-09 Lot548 L4.5cm
估价：GBP 3,000-5,000
成交价：GBP 3,500

琥珀团寿字十八子手串
清 Qing GD 中国嘉德
2016-11-12 Lot2989 L24.5cm
估价：RMB 35,000-45,000
成交价：RMB 40,250

琥珀麒麟送子摆件
清 Qing C 佳士得
2016-04-05 Lot176 L7.6cm
估价：HKD 30,000-50,000
成交价：HKD 60,000

琥珀榴开百子珮
清，18-19 世纪 Qing,18th-19th Century C 佳士得
2016-04-05 Lot173 L5.2cm
估价：HKD 80,000-120,000
成交价：HKD 100,000

琥珀双獾把件
清 Qing BO 邦瀚斯
2016-09-12 Lot8038 L4.5cm
估价：USD 7,000-9,000
成交价：USD 6,875

琥珀茶花角杯
清，17-18 世纪 Qing,17th-18th Century S 苏富比
2016-10-05 Lot57 9.3cm
估价：HKD 60,000-80,000
成交价：HKD 437,500

琥珀镂雕福寿喜上眉梢图珮
清，18 世纪 Qing,18th Century S 苏富比
2016-10-05 Lot72 8.1cm
估价：HKD 100,000-150,000
成交价：HKD 250,000

琥珀雕童子牧牛摆件
清 Qing GD 中国嘉德
2016-11-12 Lot2940 H6.5cm
估价：RMB 10,000-20,000
成交价：RMB 43,700

琥珀双龙笔洗
明 Ming BD 北京东正
2016-05-14 Lot2045 L12.8cm
估价：RMB 200,000-250,000
成交价：RMB 437,000

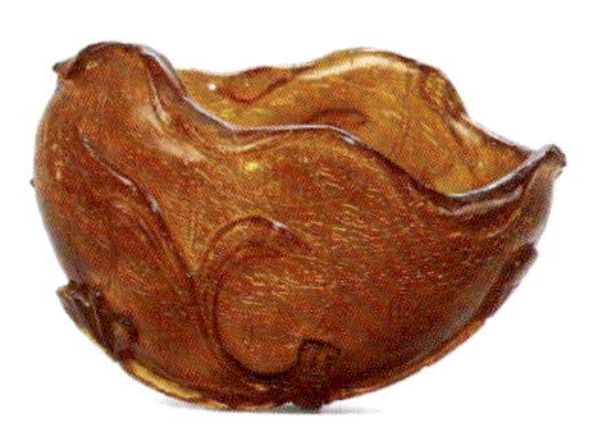

**琥珀雕莲纹小笔洗**
清 Qing C 佳士得
2016-04-05 Lot175 W5.4cm
估价：HKD 26,000-32,000
成交价：HKD 40,000

**琥珀雕天禄**
乾隆 Qianlong BD 北京东正
2016-05-14 Lot416 L6.8cm
估价：RMB 200,000-250,000
成交价：RMB 322,000

**蜜蜡雕貛钮印章**
清中期 Mid Qing BD 北京东正
2016-05-14 Lot226 H4.2cm
估价：RMB 100,000-150,000
成交价：RMB 149,500

**琥珀雕松鹿笔山**
清早期 Early Qing BC 北京诚轩
2016-11-12 Lot927 11.2 × 2.9 × 6.2cm
估价：RMB 35,000-45,000
成交价：RMB 40,250

**蜜蜡狮耳小花瓶**
乾隆 Qianlong BD 北京东正
2016-05-14 Lot2047 H10.7cm
估价：RMB 150,000-200,000
成交价：RMB 172,500

**黄蜡石摆件**
清 Qing SUN 中贸圣佳
2016-05-16 Lot1069 H15cm
估价：RMB 400,000-500,000
成交价：RMB 460,000

**琥珀牡丹凤凰墨床**
乾隆 Qianlong BD 北京东正
2016-05-14 Lot2046 L10.8cm
估价：RMB 100,000-150,000
成交价：RMB 276,000

**蜜蜡玉兰花式洗**
清早期 Early Qing BD 北京东正
2016-05-14 Lot2044 L8.3cm
估价：RMB 120,000-150,000
成交价：RMB 207,000

**蜜蜡手串**
年代不详 Unknown AS 中国艺海
2016-01-21 Lot3241 W61.4g
估价：HKD 750,000-1,500,000
成交价：HKD 825,000

雨眼天珠配蜜蜡手串
年代不详 Unknown AS 中国艺海
2016-01-21 Lot3111 2.1 × 1cm
估价：HKD 360,000-720,000
成交价：HKD 390,000

## 玳瑁 Hawksbill

玳瑁雕庭院人物盖盒
清 Qing BP 北京保利
2016-10-31 Lot1346 D9.5cm
估价：无底价
成交价：RMB 34,500

玳瑁大鸟笼
20 世纪 20th Century GD 中国嘉德
2016-09-26 Lot5774 H43cm
估价：RMB 50,000-80,000
成交价：RMB 138,000

## 雅石山子 Scholars Rock-Mountain

灵璧石横峰
清 Qing SUN 中贸圣佳
2016-05-16 Lot1077 H27cm
估价：RMB 130,000-180,000
成交价：RMB 149,500

灵璧石赏石
明 - 清 Ming-Qing BP 北京保利
2016-06-07 Lot8443 H56cm
估价：RMB 280,000-380,000
成交价：RMB 460,000

灵璧山子
清 Qing SUN 中贸圣佳
2016-05-16 Lot1076 H41cm
估价：RMB 300,000-400,000
成交价：RMB 345,000

灵璧赏石
年代不详 Unknown C 佳士得
2016-10-04 Lot181 H21.8cm
估价：HKD 40,000-60,000
成交价：HKD 87,500

灵璧巨石供
宋 - 明 Song-Ming S 苏富比
2016-04-05 Lot2839 71cm
估价：HKD 800,000-1,000,000
成交价：HKD 1,000,000

灵璧石山子
清 Qing GD 中国嘉德
2016-11-13 Lot4505 H33.5cm
估价：RMB 60,000-90,000
成交价：RMB 69,000

英石山子
清 Qing BC 北京诚轩
2016-11-12 Lot903 H36.6cm
估价：RMB 60,000-80,000
成交价：RMB 69,000

太湖石随形盆
明 Ming GD 中国嘉德
2016-11-13 Lot4350 H123.5cm
估价：RMB 30,000-50,000
成交价：RMB 57,500

英石供
明 - 清 Ming-Qing S 苏富比
2016-10-05 Lot58 15.7cm
估价：HKD 80,000-120,000
成交价：HKD 250,000

太湖石山子
年代不详 Unknown GD 中国嘉德
2016-09-26 Lot5849 H175cm
估价：无底价
成交价：RMB 48,300

英石赏石
清，17-18 世纪 Qing,17th-18th Century S 苏富比
2016-03-19 Lot1490 尺寸不详
估价：USD 12,000-18,000
成交价：USD 25,000

英石腾云岫
明 - 清 Ming-Qing S 苏富比
2016-04-05 Lot2803 H9.9cm
估价：HKD 180,000-250,000
成交价：HKD 250,000

英石供
宋 - 明 Song-Ming S 苏富比
2016-04-05 Lot2834 42.5cm
估价：HKD 1,200,000-1,800,000
成交价：HKD 1,625,000

英石供
明 - 清 Ming-Qing S 苏富比
2016-04-05 Lot2942 H80.5cm
估价：HKD 300,000-400,000
成交价：HKD 475,000

璇玑崖英石
清 Qing S 苏富比
2016-04-05 Lot2926 W17.8cm
估价：HKD 200,000-300,000
成交价：HKD 250,000

英石供
明 - 清 Ming-Qing S 苏富比
2016-04-05 Lot2901 28.5cm
估价：HKD 250,000-300,000
成交价：HKD 350,000

灵璧石供
清 Qing C 佳士得
2016-03-17 Lot1197 W24.1cm
估价：USD 7,000-9,000
成交价：USD 40,000

灵璧石如意
清 Qing TH 北京传是
2016-06-04 Lot129 L43cm
估价：RMB 100,000-180,000
成交价：RMB 172,500

英石山子摆件
清 Qing BD 北京东正
2016-05-14 Lot415 H25cm
估价：RMB 100,000-150,000
成交价：RMB 207,000

灵璧石天然鱼盆
明晚期 Late Ming GD 中国嘉德
2016-05-14 Lot4540 93 × 66 × 27.5cm
估价：RMB 30,000-50,000
成交价：RMB 155,250

枯山子摆件
清 Qing GD 中国嘉德
2016-05-14 Lot4565 45.5 × 20 × 9cm
估价：RMB 30,000-50,000
成交价：RMB 195,500

英石供
明 - 清 Ming-Qing S 苏富比
2016-04-05 Lot2823 W23cm
估价：HKD 220,000-280,000
成交价：HKD 275,000

巨石供
清 Qing S 苏富比
2016-04-05 Lot2843 H56cm
估价：HKD 90,000-120,000
成交价：HKD 150,000

须弥座太湖赏石
明 Ming BD 北京东正
2016-05-14 Lot3144 H160cm
估价：RMB 120,000-180,000
成交价：RMB 161,000

灰英石供
明 - 清 Ming-Qing S 苏富比
2016-04-05 Lot2928 19.8cm
估价：HKD 120,000-150,000
成交价：HKD 162,500

英石供
明 - 清 Ming-Qing S 苏富比
2016-04-05 Lot2848 23cm
估价：HKD 200,000-300,000
成交价：HKD 225,000

翕芝岫（茶园供石）
清 Qing BP 北京保利
2016-06-05 Lot3711 166×38×26cm
估价：RMB 30,000-50,000
成交价：RMB 218,500

太湖石“有道”
清 Qing TH 北京传是
2016-06-04 Lot130 H52cm
估价：RMB 100,000-180,000
成交价：RMB 115,000

七峰笔山
明早期 Early Ming BH 北京翰海
2016-06-04 Lot2399 L15.7cm
估价：RMB 60,000-80,000
成交价：RMB 138,000

合景叠翠
年代不详 Unknown BP 北京保利
2016-06-05 Lot6009 55 × 66cm
估价：RMB 5,000-10,000
成交价：RMB 34,500

南村铭崂山绿山子
清 Qing BD 北京东正
2016-05-14 Lot3044 H8.3cm
估价：RMB 120,000-180,000
成交价：RMB 138,000

法国沃克吕兹省波尔多阶扇贝化石
中新世 Miocene S 苏富比
2016-04-05 Lot2889 84.7 × 52cm
估价：HKD 30,000-50,000
成交价：HKD 150,000

昆石山子
清 Qing GD 中国嘉德
2016-11-13 Lot4312 H48cm
估价：RMB 50,000-80,000
成交价：RMB 218,500

石雕坐佛躯像
唐早期 Early Tang C 佳士得
2016-03-17 Lot1404 H120cm
估价：USD 1,000,000-1,500,000
成交价：USD 905,000

沉积石造像碑
印度，11-12 世纪 India,11th-12th Century S 苏富比
2016-03-16 Lot754 H14.9cm
估价：USD 100,000-150,000
成交价：USD 346,000

黑石造像碑
10世纪 10th Century S 苏富比
2016-03-16 Lot757 H83.8cm
估价：USD 18,000-25,000
成交价：USD 52,500

砂岩造像碑
10-11世纪 10th-11th Century S 苏富比
2016-03-16 Lot761 H78.8cm
估价：USD 15,000-20,000
成交价：USD 32,500

石雕佛头像
北齐 - 隋 N.Qi-Sui C 佳士得
2016-03-17 Lot1406 H31.1cm
估价：USD 15,000-25,000
成交价：USD 62,500

灰色石碑造像碑
17世纪 17th Century S 苏富比
2016-03-16 Lot748 H48.3cm
估价：USD 20,000-30,000
成交价：USD 22,500

砂岩造像
10-11世纪 10th-11th Century S 苏富比
2016-03-16 Lot760 H58.5cm
估价：USD 18,000-25,000
成交价：USD 23,750

石灰石加彩菩萨头像
隋 Sui S 苏富比
2016-04-05 Lot2871 36cm
估价：HKD 3,500,000-4,500,000
成交价：HKD 7,280,000

**石灰石雕罗汉头像**
宋 Song S 苏富比
2016-04-05 Lot2835 31cm
估价：HKD 600,000-800,000
成交价：HKD 750,000

**灰田石锺馗捉鬼摆件**
年代不详 Unknown SE 福建东南
2016-10-30 Lot501 H6.1cm
估价：RMB 18,000-20,000
成交价：RMB 92,000

**石雕神兽（一对）**
元或更早 Yuan or Before PLHK 保利香港
2016-04-05 Lot3162 H63cm;W63cm;L33cm;H60cm;W63cm;L31cm
估价：HKD 120,000-220,000
成交价：HKD 141,600

**石浮雕双龙争珠图**
明早期 Early Ming S 苏富比
2016-04-05 Lot2898 43 × 110.5 × 31cm
估价：HKD 180,000-250,000
成交价：HKD 225,000

**石雕蹲虎（一对）**
元或更早 Yuan or Before PLHK 保利香港
2016-04-05 Lot3161 H125cm;W46cm;L87cm;H121cm;W48cm;L90cm
估价：HKD 150,000-250,000
成交价：HKD 826,000

**石雕仿竹连环纹鼓墩（一对）**
明 Ming S 苏富比
2016-04-05 Lot2817 L45cm
估价：HKD 150,000-180,000
成交价：HKD 187,500

**石雕坐狮**
10 世纪 10th Century S 苏富比
2016-03-16 Lot239 尺寸不详
估价：USD 8,000-12,000
成交价：USD 15,000

石雕狮子（一对）
明 Ming S 苏富比
2016-10-05 Lot3601 128 × 54 × 51cm
估价：HKD 500,000-600,000
成交价：HKD 1,750,000

石狮子像
唐 Tang BO 邦瀚斯
2016-09-12 Lot8056 H21cm
估价：USD 10,000-15,000
成交价：USD 50,000

怪石供连座
清晚期 Late Qing GD 中国嘉德
2016-11-13 Lot4340 L29.5cm
估价：RMB 20,000-30,000
成交价：RMB 34,500

石制摆件
年代不详 Unknown AS 中国艺海
2016-01-21 Lot3138 H48cm
估价：HKD 2,500,000-5,000,000
成交价：HKD 2,750,000

汉白玉鼓墩成对
清早期 Early Qing GD 中国嘉德
2016-11-13 Lot4717 22.5 × 22.5 × 31cm × 2
估价：RMB 30,000-50,000
成交价：RMB 34,500

石罐
宋或以前 Song or Before S 苏富比
2016-04-05 Lot2827 25.6cm
估价：HKD 30,000-50,000
成交价：HKD 150,000

# 宜兴紫砂 Yixing Zisha Wares

## 紫砂名家 Zisha Wares of Famous Person

曹婉芬制范建军铭五头高八方壶
当代 Contemporary GD 中国嘉德
2016-05-15 Lot2908 W13.4cm;W7.8cm
估价：RMB 40,000-50,000
成交价：RMB 138,000

曹婉芬制大亨仿古壶
当代 Contemporary GD 中国嘉德
2016-11-13 Lot3179 W18cm;C500ml
估价：RMB 10,000-15,000
成交价：RMB 63,250

曹婉芬 对壶（两件）
年代不详 Unknown BP 北京保利
2016-06-05 Lot6259 尺寸不一
估价：RMB 30,000-50,000
成交价：RMB 34,500

陈国良 大供春壶
当代 Contemporary KS 北京匡时
2016-06-06 Lot2501 C1200ml
估价：RMB 270,000-290,000
成交价：RMB 310,500

曹婉芬 四方如意对壶
年代不详 Unknown BP 北京保利
2016-06-05 Lot6223 L15.7cm
估价：RMB 50,000-100,000
成交价：RMB 57,500

陈国良 掇只壶
当代 Contemporary KS 北京匡时
2016-06-06 Lot2500 C380ml
估价：RMB 140,000-160,000
成交价：RMB 161,000

陈国良制供春壶
当代 Contemporary GD 中国嘉德
2016-05-15 Lot2899 W16.2cm
估价：RMB 30,000-40,000
成交价：RMB 230,000

陈国良制艳秋炉壶
现代 Modern BP 北京保利
2016-06-06 Lot7274 W18.5cm
估价：RMB 80,000-120,000
成交价：RMB 195,500

陈国良 東柴三友
1997 年 1997 BP 北京保利
2016-06-05 Lot6219 L15.5cm
估价：RMB 320,000-400,000
成交价：RMB 368,000

陈国良 园园壶
2007 年 2007 BP 北京保利
2016-06-05 Lot6218 L12cm
估价：RMB 60,000-100,000
成交价：RMB 69,000

陈国良 一粒珠
年代不详 Unknown RB 北京荣宝
2016-03-27 Lot2064 C510ml
估价：RMB 200,000-250,000
成交价：RMB 224,000

陈国良 僧帽
年代不详 Unknown BH 北京翰海
2016-06-03 Lot1111 H9cm;W13cm
估价：RMB 230,000-250,000
成交价：RMB 264,500

陈国良制石春壶
当代 Contemporary GD 中国嘉德
2016-11-13 Lot3243 W17.5cm;C550ml
估价：RMB 20,000-30,000
成交价：RMB 149,500

陈国良制束柴三友壶
当代 Contemporary GD 中国嘉德
2016-11-13 Lot3164 9 × 15.5 × 8.5cm
估价：RMB 80,000-90,000
成交价：RMB 230,000

陈曼生铭昙摩迦室款紫泥半月瓦当壶
清中期 Mid Qing GD 中国嘉德
2016-05-15 Lot2994 W16cm
估价：RMB 60,000-80,000
成交价：RMB 517,500

陈鸣远制南瓜壶
康熙 Kangxi GD 中国嘉德
2016-05-15 Lot3002 W17.8cm
估价：咨询价
成交价：RMB 32,200,000

2016 Chinese Art Auction TOP10 中国紫砂器拍卖十大天价排行榜 Top 1

曼生之记款 菱形提梁壶
年代不详 Unknown BH 北京翰海
2016-06-03 Lot1053 H8.5cm;W13.8cm
估价：RMB 120,000-150,000
成交价：RMB 230,000

鸣远诗句款朱泥瓮式壶
清早期 Early Qing GD 中国嘉德
2016-05-15 Lot2976 W9.5cm
估价：RMB 100,000-120,000
成交价：RMB 115,000

“仙掌之香”陈鸣远制佛手杯
清早期 Early Qing BD 北京东正
2016-05-15 Lot815 L11.8cm;H4cm
估价：RMB 1,000,000-1,300,000
成交价：RMB 1,380,000

**鸣远款诗文臂搁**
清早期 Early Qing KS 北京匡时
2016-06-06 Lot2443 C200ml
估价：RMB 280,000-360,000
成交价：RMB 322,000

**高振宇 三足金樽壶**
当代 Contemporary KS 北京匡时
2016-06-06 Lot2504 C500ml
估价：RMB 180,000-200,000
成交价：RMB 218,500

**高振宇 紫炉壶**
当代 Contemporary KS 北京匡时
2016-06-06 Lot2505 C800ml
估价：RMB 180,000-200,000
成交价：RMB 207,000

**高旭峰 牛盖莲子壶**
当代 Contemporary KS 北京匡时
2016-06-06 Lot2480 C560ml
估价：RMB 100,000-110,000
成交价：RMB 115,000

**高振宇制紫泥吟鬲壶（一对）**
当代 Contemporary GD 中国嘉德
2016-05-15 Lot2999 W16cm;W17.5cm
估价：RMB 700,000-750,000
成交价：RMB 1,265,000

**高旭峰 如灯**
年代不详 Unknown BH 北京翰海
2016-06-03 Lot1195 H7.2cm;W14.8cm
估价：RMB 100,000-150,000
成交价：RMB 230,000

**顾景舟 均玉**
年代不详 Unknown BH 北京翰海
2016-06-03 Lot1164 H9.3cm;W19cm
估价：RMB 1,500,000-1,800,000
成交价：RMB 3,450,000

顾景舟 掇球
年代不详 Unknown BH 北京翰海
2016-06-03 Lot1165 H11cm;W17cm
估价：RMB 3,000,000-3,500,000
成交价：RMB 5,750,000

2016 Chinese Art Auction TOP10 中国紫砂器拍卖十大天价排行榜 Top 6

顾景舟 芝灵
年代不详 Unknown BH 北京翰海
2016-06-03 Lot1166 H10.3cm;W20cm
估价：RMB 3,000,000-5,000,000
成交价：RMB 9,200,000

2016 Chinese Art Auction TOP10 中国紫砂器拍卖十大天价排行榜 Top 2

顾景舟制紫泥双线竹鼓壶
近代 Modern GD 中国嘉德
2016-05-15 Lot3001 W17.5cm
估价：RMB 600,000-700,000
成交价：RMB 1,265,000

顾景舟 近现代 仿古扁腹壶
年代不详 Unknown KS 北京匡时
2016-06-06 Lot2553 C450ml
估价：RMB 1,000,000-1,200,000
成交价：RMB 1,150,000

顾绍培 妙泉
年代不详 Unknown BH 北京翰海
2016-06-03 Lot1131 H9cm;W15.5cm
估价：RMB 90,000-100,000
成交价：RMB 138,000

## 顾景舟 仿古如意壶

近现代 Modern BP 北京保利
2016-12-04 Lot3083 L17cm
估价：RMB 3,000,000-5,000,000
成交价：RMB 6,325,000

2016 Chinese Art Auction TOP10 中国紫砂器拍卖十大天价排行榜 Top 4

## 顾景舟 高墙矮僧帽

近现代 Modern KS 北京匡时
2016-12-06 Lot4614 260ml
估价：RMB 5,500,000-6,500,000
成交价：RMB 6,325,000

2016 Chinese Art Auction TOP10 中国紫砂器拍卖十大天价排行榜 Top 5

## 顾景舟 近现代 僧帽壶

年代不详 Unknown KS 北京匡时
2016-06-06 Lot2554 C370ml
估价：RMB 3,800,000-4,000,000
成交价：RMB 4,830,000

## 顾景舟 仿古式壶

1946 年 1946 BC 北京诚轩
2016-11-12 Lot922 17.9 × 8.9cm
估价：RMB 600,000-700,000
成交价：RMB 690,000

**顾景舟 矮八方**
年代不详 Unknown BH 北京翰海
2016-06-03 Lot1163 H9.5cm;W17.5cm
估价：RMB 1,000,000-1,200,000
成交价：RMB 1,725,000

**顾景舟 石瓢**
近现代 Modern BH 北京翰海
2016-12-02 Lot1170 H8.5cm;W18cm
估价：RMB 2,000,000-2,300,000
成交价：RMB 3,450,000

**顾景舟 汉铎壶**
年代不详 Unknown BP 北京保利
2016-06-05 Lot6234 L15.5cm
估价：RMB 5,000,000-6,000,000
成交价：RMB 5,750,000

2016 Chinese Art Auction TOP10 中国紫砂器拍卖十大天价排行榜 Top 7

**顾景舟 三足云肩如意壶**
年代不详 Unknown BP 北京保利
2016-06-05 Lot6235 L17.3cm
估价：RMB 6,000,000-7,000,000
成交价：RMB 6,900,000

**顾绍培制天地方圆壶**
当代 Contemporary GD 中国嘉德
2016-05-15 Lot2916 W22cm
估价：RMB 80,000-100,000
成交价：RMB 379,500

顾景舟 三足提梁壶
近现代 Modern KS 北京匡时
2016-12-06 Lot4613 550ml
估价：RMB 4,500,000-5,500,000
成交价：RMB 5,175,000

2016 Chinese Art Auction TOP10 中国紫砂器拍卖十大天价排行榜 Top 9

顾景舟 掇只
近现代 Modern BH 北京翰海
2016-12-02 Lot1172 H11cm;W17cm
估价：RMB 4,000,000-4,500,000
成交价：RMB 5,175,000

2016 Chinese Art Auction TOP10 中国紫砂器拍卖十大天价排行榜 Top 8

顾绍培制莱比锡博览会得奖款高风亮节壶
当代 Contemporary GD 中国嘉德
2016-11-13 Lot3162 18 × 15 × 6.5cm
估价：RMB 80,000-90,000
成交价：RMB 552,000

顾绍培制陶君书铭珍珍壶
当代 Contemporary GD 中国嘉德
2016-11-13 Lot3219 W13.5cm;W13cm;C350ml
估价：RMB 20,000-25,000
成交价：RMB 80,500

顾绍培制小福福壶
当代 Contemporary GD 中国嘉德
2016-11-13 Lot3220 W13.5cm;W13cm;C250ml
估价：RMB 15,000-20,000
成交价：RMB 55,200

**何道洪 红小柿壶**
当代 Contemporary KS 北京匡时
2016-06-06 Lot2541 C110ml
估价：RMB 180,000-200,000
成交价：RMB 207,000

**何道洪 乐圆壶**
当代 Contemporary BH 北京翰海
2016-06-03 Lot1159 H9.5cm;W17.3cm
估价：RMB 600,000-800,000
成交价：RMB 1,610,000

**何道洪 溻韵壶**
当代 Contemporary BH 北京翰海
2016-06-03 Lot1158 H11.5cm;W17.3cm
估价：RMB 600,000-800,000
成交价：RMB 1,610,000

**何道洪 乐圆壶**
当代 Contemporary KS 北京匡时
2016-06-06 Lot2543 C450ml
估价：RMB 1,000,000-1,200,000
成交价：RMB 1,150,000

**何道洪 旅日六式壶**
当代 Contemporary KS 北京匡时
2016-06-06 Lot2542 C300ml
估价：RMB 340,000-350,000
成交价：RMB 391,000

**何道洪制神竹壶**
当代 Contemporary GD 中国嘉德
2016-05-15 Lot2919 W16.5cm
估价：RMB 400,000-500,000
成交价：RMB 2,070,000

何道洪 海鼓壶
年代不详 Unknown BP 北京保利
2016-06-05 Lot6230 L14cm
估价：RMB 400,000-680,000
成交价：RMB 460,000

何道洪 松树葡萄对杯
年代不详 Unknown BP 北京保利
2016-06-05 Lot6228 L12cm
估价：RMB 180,000-360,000
成交价：RMB 207,000

何心舟
清晚期 Late Qing BP 北京保利
2016-06-05 Lot6249 L14.5cm
估价：RMB 800,000-1,000,000
成交价：RMB 920,000

何道洪 绿泥掇球
年代不详 Unknown BP 北京保利
2016-06-05 Lot6229 L13.5cm
估价：RMB 300,000-600,000
成交价：RMB 345,000

何道洪制古溪壶
当代 Contemporary GD 中国嘉德
2016-11-13 Lot3233 W16.5cm;C350ml
估价：RMB 180,000-200,000
成交价：RMB 621,000

江建祥 风卷葵
年代不详 Unknown BP 北京保利
2016-06-05 Lot6217 L14.5cm
估价：RMB 50,000-80,000
成交价：RMB 57,500

**江健祥制春露梅桩壶**
当代 Contemporary GD 中国嘉德
2016-11-13 Lot3192 W14cm;C250ml
估价：RMB 20,000-25,000
成交价：RMB 138,000

**江健祥制钱君匋书画石泉铭福有壶**
当代 Contemporary GD 中国嘉德
2016-11-13 Lot3194 W15.8cm;C650ml
估价：RMB 15,000-20,000
成交价：RMB 172,500

**江建翔制雅竹壶**
当代 Contemporary GD 中国嘉德
2016-05-15 Lot2909 W11.7cm
估价：RMB 20,000-30,000
成交价：RMB 138,000

**江健祥制竹节笠帽壶（一对）**
当代 Contemporary GD 中国嘉德
2016-11-13 Lot3193 W15cm;W15.2cm;C350ml/300ml
估价：RMB 30,000-35,000
成交价：RMB 172,500

**江建翔 雪梅套壶（一组五件）**
年代不详 Unknown KS 北京匡时
2016-06-06 Lot2518 C240ml
估价：RMB 155,000-165,000
成交价：RMB 184,000

**江建翔 雪梅套组**
年代不详 Unknown BH 北京翰海
2016-06-03 Lot1107 H8.5cm;W13.5cm
估价：RMB 230,000-250,000
成交价：RMB 552,000

**蒋蓉 芒果壶**
年代不详 Unknown RB 北京荣宝
2016-03-27 Lot2065 C300ml
估价：RMB 300,000-500,000
成交价：RMB 537,600

蒋蓉制蛤蟆莲蓬壶
当代 Contemporary GD 中国嘉德
2016-05-15 Lot2913 W19cm
估价：RMB 150,000-200,000
成交价：RMB 207,000

蒋蓉 乌龟
年代不详 Unknown BP 北京保利
2016-06-05 Lot6241 L9.5cm
估价：RMB 20,000-40,000
成交价：RMB 36,800

吕尧臣制小相扑壶
当代 Contemporary GD 中国嘉德
2016-05-15 Lot2902 W11.8cm
估价：RMB 30,000-40,000
成交价：RMB 172,500

吕尧臣 井底蛙壶
当代 Contemporary KS 北京匡时
2016-06-06 Lot2547 C300ml
估价：RMB 255,000-270,000
成交价：RMB 368,000

吕尧臣 天外天壶
当代 Contemporary KS 北京匡时
2016-06-06 Lot2544 C300ml
估价：RMB 170,000-180,000
成交价：RMB 207,000

吕尧臣 大熊猫壶
当代 Contemporary KS 北京匡时
2016-06-06 Lot2546 C1500m
估价：RMB 800,000-900,000
成交价：RMB 920,000

吕尧臣制神韵壶
当代 Contemporary GD 中国嘉德
2016-11-13 Lot3251 W11.8cm;C250ml
估价：RMB 25,000-35,000
成交价：RMB 126,500

吕尧臣制有余壶
当代 Contemporary GD 中国嘉德
2016-11-13 Lot3252 W17.2cm;C400ml
估价：RMB 25,000-35,000
成交价：RMB 86,250

裴石民 高蚕蛹壶
年代不详 Unknown BP 北京保利
2016-06-05 Lot6255 H14cm
估价：RMB 320,000-400,000
成交价：RMB 368,000

施小马 方权壶
当代 Contemporary KS 北京匡时
2016-06-06 Lot2509 C400ml
估价：RMB 110,000-120,000
成交价：RMB 126,500

裴石民款紫砂壶
年代不详 Unknown SUN 中贸圣佳
2016-05-16 Lot1092 H8cm
估价：RMB 180,000-250,000
成交价：RMB 207,000

施小马 宝菱
年代不详 Unknown BH 北京翰海
2016-06-03 Lot1137 H8.5cm;W17.8cm
估价：RMB 160,000-180,000
成交价：RMB 195,500

施小马 鬲式壶
当代 Contemporary KS 北京匡时
2016-06-06 Lot2512 C400ml
估价：RMB 130,000-150,000
成交价：RMB 172,500

裴石民 圆钵盆
年代不详 Unknown BP 北京保利
2016-06-05 Lot6254 W11cm
估价：RMB 20,000-40,000
成交价：RMB 46,000

施小马 方菱
年代不详 Unknown BH 北京翰海
2016-06-03 Lot1135 H10cm;W15.5cm
估价：RMB 90,000-100,000
成交价：RMB 115,000

施小马 铜铊六方壶
当代 Contemporary KS 北京匡时
2016-06-06 Lot2513 C450ml
估价：RMB 135,000-145,000
成交价：RMB 172,500

施小马 玉扁壶
当代 Contemporary KS 北京匡时
2016-06-06 Lot2511 C310ml
估价：RMB 115,000-125,000
成交价：RMB 132,250

唐彬杰 六方扁腹
年代不详 Unknown BH 北京翰海
2016-06-03 Lot1066 H5.8cm;W14cm
估价：RMB 250,000-300,000
成交价：RMB 287,500

汪寅仙 夔龙青铜纹四足壶
年代不详 Unknown BH 北京翰海
2016-06-03 Lot1154 H11.5cm;W19cm
估价：RMB 350,000-400,000
成交价：RMB 920,000

施小马（顾跃鸣刻）提高
年代不详 Unknown BH 北京翰海
2016-06-03 Lot1136 H17.8cm;W14cm
估价：RMB 110,000-120,000
成交价：RMB 138,000

唐彬杰 藏六方
年代不详 Unknown BH 北京翰海
2016-06-03 Lot1067 H8cm;W14.5cm
估价：RMB 250,000-300,000
成交价：RMB 345,000

汪寅仙 黑松
年代不详 Unknown BH 北京翰海
2016-06-03 Lot1155 H12.5cm;W13.2cm
估价：RMB 800,000-1,000,000
成交价：RMB 1,840,000

汪寅仙 半月小水平紫泥壶
当代 Contemporary KS 北京匡时
2016-06-06 Lot2548 C70ml
估价：RMB 100,000-110,000
成交价：RMB 115,000

汪寅仙 供春壶
当代 Contemporary KS 北京匡时
2016-06-06 Lot2551 C870ml
估价：RMB 500,000-550,000
成交价：RMB 575,000

汪寅仙 夔龙壶
当代 Contemporary KS 北京匡时
2016-06-06 Lot2552 C500ml
估价：RMB 540,000-600,000
成交价：RMB 621,000

汪寅仙制弯鋬梅桩壶
当代 Contemporary GD 中国嘉德
2016-05-15 Lot2918 W18.8cm
估价：RMB 300,000-400,000
成交价：RMB 1,035,000

徐汉棠制大掇只壶
当代 Contemporary GD 中国嘉德
2016-05-15 Lot2950 W17.3cm
估价：RMB 100,000-120,000
成交价：RMB 184,000

徐汉棠 秦权
年代不详 Unknown RB 北京荣宝
2016-03-27 Lot2061 C300ml
估价：RMB 100,000-150,000
成交价：RMB 168,000

徐汉棠 提篮壶
当代 Contemporary KS 北京匡时
2016-06-06 Lot2540 C450ml
估价：RMB 500,000-550,000
成交价：RMB 575,000

乔重禧、杨彭年制段泥石瓢壶
道光 Daoguang S 苏富比
2016-06-02 Lot5 14.5cm
估价：HKD 250,000-300,000
成交价：HKD 1,750,000

杨彭年制紫泥笠荫壶
嘉庆 - 道光 Jiaqing-Daoguang S 苏富比
2016-06-02 Lot43 16cm
估价：HKD 200,000-300,000
成交价：HKD 250,000

徐秀棠 烧不尽腹中书雕塑
当代 Contemporary KS 北京匡时
2016-06-06 Lot2539 H13cm
估价：RMB 135,000-145,000
成交价：RMB 184,000

徐秀棠制灵豹壶
当代 Contemporary GD 中国嘉德
2016-11-13 Lot3163 9 × 13 × 9cm
估价：RMB 25,000 30,000
成交价：RMB 195,500

杨彭年制段泥笠荫壶
道光 Daoguang S 苏富比
2016-06-02 Lot52 13.6cm
估价：HKD 250,000-300,000
成交价：HKD 2,720,000

杨彭年 井栏
年代不详 Unknown BH 北京翰海
2016-06-03 Lot1055 H7cm;W15.5cm
估价：RMB 800,000-1,000,000
成交价：RMB 3,450,000

杨彭年制、陈曼生铭 匏瓜壶
清中期 Mid Qing BP 北京保利
2016-06-05 Lot6250 L16cm
估价：RMB 3,000,000-3,500,000
成交价：RMB 3,450,000

杨彭年 扁圆壶
清晚期 Late Qing KS 北京匡时
2016-06-06 Lot2449 C350ml
估价：RMB 345,000-360,000
成交价：RMB 396,750

杨彭年 朱石楳款紫砂胎包锡葫芦形三镶玉壶
年代不详 Unknown GD 中国嘉德
2016-09-26 Lot5676 H12.5cm
估价：无底价
成交价：RMB 36,800

周桂珍 半月
年代不详 Unknown RB 北京荣宝
2016-03-27 Lot2062 C350ml
估价：RMB 100,000-150,000
成交价：RMB 168,000

周桂珍 仿古
年代不详 Unknown BH 北京翰海
2016-06-03 Lot1160 H9cm;W16.3cm
估价：RMB 100,000-120,000
成交价：RMB 115,000

周桂珍（谭泉海刻）大彬如意
年代不详 Unknown BH 北京翰海
2016-06-03 Lot1161 H14.5cm;W21.5cm
估价：RMB 150,000-180,000
成交价：RMB 287,500

周桂珍制珍竹提梁壶
当代 Contemporary GD 中国嘉德
2016-05-15 Lot2917 W17.8cm
估价：RMB 80,000-100,000
成交价：RMB 379,500

周桂珍制寒碧人款合欢壶
当代 Contemporary GD 中国嘉德
2016-05-15 Lot2949 W16.5cm
估价：RMB 50,000-60,000
成交价：RMB 115,000

周桂珍 吴经提梁
年代不详 Unknown BH 北京翰海
2016-06-03 Lot1162 H14cm;W14.5cm
估价：RMB 110,000-120,000
成交价：RMB 138,000

周桂珍制寒碧主人款合饮壶
当代 Contemporary GD 中国嘉德
2016-11-13 Lot3244 W16.8cm;C360ml
估价：RMB 20,000-30,000
成交价：RMB 172,500

周桂珍制朱泥铺砂僧帽壶
20世纪 20th Century S 苏富比
2016-06-02 Lot119 W13.4cm
估价：HKD 25,000-30,000
成交价：HKD 275,000

周桂珍 曼生提梁壶
当代 Contemporary KS 北京匡时
2016-06-06 Lot2527 C500ml
估价：RMB 170,000-180,000
成交价：RMB 195,500

周桂珍 井栏六方壶
当代 Contemporary KS 北京匡时
2016-06-06 Lot2528 C480ml
估价：RMB 350,000-450,000
成交价：RMB 460,000

周桂珍制三线壶
当代 Contemporary GD 中国嘉德
2016-11-13 Lot3245 W17.3cm;C700ml
估价：RMB 20,000-30,000
成交价：RMB 184,000

朱可心 松鼠葡萄
年代不详 Unknown BH 北京翰海
2016-06-03 Lot1045 H11cm;W18.5cm
估价：RMB 300,000-400,000
成交价：RMB 552,000

朱可心 竹段
年代不详 Unknown BH 北京翰海
2016-06-03 Lot1046 H9.3cm;W19.5cm
估价：RMB 300,000-400,000
成交价：RMB 345,000

朱可心 报春
年代不详 Unknown BH 北京翰海
2016-06-03 Lot1048 H13.8cm;W20.5cm
估价：RMB 300,000-400,000
成交价：RMB 345,000

朱可心 桃报春
年代不详 Unknown BH 北京翰海
2016-06-03 Lot1047 H14cm;W21cm
估价：RMB 300,000-400,000
成交价：RMB 345,000

朱可心制焐灰鱼化龙壶
近代 Morden GD 中国嘉德
2016-11-13 Lot3171 W19.5cm
估价：RMB 15,000-20,000
成交价：RMB 80,500

朱可心制梅报春壶
民国 Republic Period BP 北京保利
2016-06-06 Lot7270 W20.5cm
估价：RMB 400,000-600,000
成交价：RMB 460,000

朱可心 上松段套壶（三件）
年代不详 Unknown BP 北京保利
2016-06-05 Lot6247 尺寸不一
估价：RMB 350,000-400,000
成交价：RMB 402,500

## 其他紫砂器
## Others Zisha Wares

鲍志强 福寿延年对壶
年代不详 Unknown BH 北京翰海
2016-06-03 Lot1139 H12.5cm;W17.5cm;H7.8cm;W14.6cm
估价：RMB 130,000-140,000
成交价：RMB 149,500

鲍志强制四季纳福壶
当代 Contemporary GD 中国嘉德
2016-11-13 Lot3159 9.5 × 16 × 12cm
估价：RMB 20,000-25,000
成交价：RMB 74,750

陈用卿款紫泥大具轮珠壶
明末清初 Late Ming-Early Qing GD 中国嘉德
2016-11-13 Lot3254 W27cm
估价：RMB 15,000-20,000
成交价：RMB 82,800

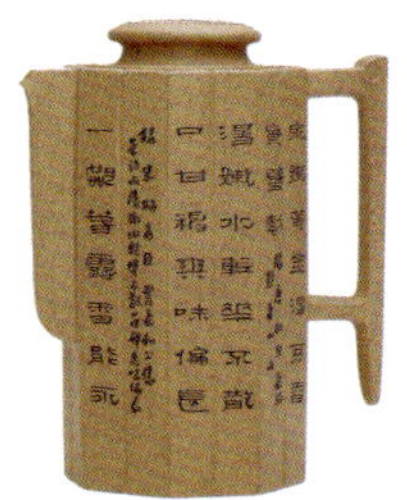

鲍志强制五代诗韵留香壶
当代 Contemporary GD 中国嘉德
2016-05-15 Lot2906 W15cm
估价：RMB 30,000-40,000
成交价：RMB 230,000

鲍仲梅制镶金出水芙蓉壶
当代 Contemporary GD 中国嘉德
2016-11-13 Lot3161 11.5 × 19 × 13cm
估价：RMB 35,000-40,000
成交价：RMB 51,750

程寿珍制巴拿马得奖款紫泥掇球壶
民国 Republic Period GD 中国嘉德
2016-11-13 Lot3211 W17cm
估价：RMB 25,000-30,000
成交价：RMB 40,250

鲍志强制三羊开泰壶
当代 Contemporary GD 中国嘉德
2016-11-13 Lot3224 W16.5cm;C550ml
估价：RMB 20,000-25,000
成交价：RMB 86,250

陈岩制大红袍泥如柿壶茶具套组
当代 Contemporary GD 中国嘉德
2016-11-13 Lot3259 W12.5cm;W6.5cm;L13cm;C200ml
估价：RMB 30,000-40,000
成交价：RMB 59,800

储集泉制瑶池遗韵九头套组
当代 Contemporary GD 中国嘉德
2016-11-13 Lot3225 L20cm;7cm;8.5cm
估价：RMB 30,000-35,000
成交价：RMB 55,200

堵江华 包袱壶
年代不详 Unknown BP 北京保利
2016-06-05 Lot6203 L17.5cm
估价：RMB 80,000-120,000
成交价：RMB 80,500

范建荣 紫玉红砂
年代不详 Unknown BP 北京保利
2016-06-05 Lot6205 L15cm
估价：RMB 90,000-120,000
成交价：RMB 92,000

高振宇 朱泥孟臣小壶
年代不详 Unknown BP 北京保利
2016-06-05 Lot6214 L13.7cm
估价：RMB 100,000-150,000
成交价：RMB 115,000

堵江华制、吴冠中题 提梁壶
年代不详 Unknown BP 北京保利
2016-06-05 Lot6204 L16.5cm
估价：RMB 80,000-120,000
成交价：RMB 92,000

方琴华 一帆风顺（五件）
2015 年 2015 BP 北京保利
2016-06-05 Lot6265 尺寸不一
估价：RMB 35,000-50,000
成交价：RMB 40,250

**高振宇制、徐秀棠刻 虚扁壶**
1996 年 1996 BP 北京保利
2016-06-05 Lot6213 L16.3cm
估价：RMB 100,000-150,000
成交价：RMB 195,500

**何挺初制一粟铭秋韵壶**
当代 Contemporary GD 中国嘉德
2016-11-13 Lot3166 W16.5cm;C300ml
估价：RMB 5,000-10,000
成交价：RMB 34,500

**高振宇制紫红泥宝卣壶**
当代 Contemporary GD 中国嘉德
2016-11-13 Lot3263 W16.5cm;C450ml
估价：RMB 500,000-600,000
成交价：RMB 690,000

**顾佩伦制包涵壶**
当代 Contemporary GD 中国嘉德
2016-11-13 Lot3182 W15cm;C400ml
估价：RMB 15,000-20,000
成交价：RMB 32,200

**何叶制赐忆壶**
当代 Contemporary GD 中国嘉德
2016-11-13 Lot3232 9 × 15 × 11cm
估价：RMB 25,000-30,000
成交价：RMB 34,500

**葛玲琴 梅桩壶**
年代不详 Unknown BP 北京保利
2016-06-05 Lot6264 L17cm
估价：RMB 120,000-150,000
成交价：RMB 138,000

**顾佩伦制巧色石民南瓜壶**
当代 Contemporary GD 中国嘉德
2016-11-13 Lot3183 W16.5cm;C450ml
估价：RMB 10,000-15,000
成交价：RMB 80,500

**何叶制圆趣壶**
当代 Contemporary GD 中国嘉德
2016-11-13 Lot3231 11 × 17 × 11.5cm
估价：RMB 25,000-30,000
成交价：RMB 40,250

季益顺制仿古如意壶
当代 Contemporary GD 中国嘉德
2016-11-13 Lot3221 W16cm;C300ml
估价：RMB 15,000-20,000
成交价：RMB 32,200

李昌鸿制高昇帽壶
当代 Contemporary GD 中国嘉德
2016-11-13 Lot3210 W13.5cm
估价：RMB 10,000-15,000
成交价：RMB 59,800

刘建平制回纹鱼壶
当代 Contemporary GD 中国嘉德
2016-11-13 Lot3203 7.5 × 16 × 11cm
估价：RMB 15,000-20,000
成交价：RMB 34,500

李昌鸿制扁四方壶
当代 Contemporary GD 中国嘉德
2016-11-13 Lot3209 W15.3cm
估价：RMB 10,000-15,000
成交价：RMB 40,250

李艳制朱泥鸣远和正瓜壶
当代 Contemporary GD 中国嘉德
2016-11-13 Lot3258 W16.5cm;C400ml
估价：RMB 25,000-30,000
成交价：RMB 36,800

路学峰 素隐
2015 年 2015 BP 北京保利
2016-06-05 Lot6263 L19cm
估价：RMB 50,000-80,000
成交价：RMB 57,500

李昌鸿 砖方壶
2012 年 2012 BP 北京保利
2016-06-05 Lot6244 L18cm
估价：RMB 100,000-150,000
成交价：RMB 575,000

毛国强 神州提梁
年代不详 Unknown BP 北京保利
2016-06-05 Lot6208 H18cm
估价：RMB 20,000-40,000
成交价：RMB 40,250

邵俊根制宜兴紫砂壶
清中期 Mid Qing C 佳士得
2016-04-05 Lot140 L15.5cm
估价：HKD 50,000-80,000
成交价：HKD 62,500

王兴 茄子壶
年代不详 Unknown BP 北京保利
2016-06-05 Lot6206 L16.5cm
估价：RMB 80,000-120,000
成交价：RMB 80,500

吴扣华、范晨亚 大如意壶
2016年 2016 BP 北京保利
2016-06-05 Lot6201 L15cm
估价：RMB 120,000-150,000
成交价：RMB 138,000

邵圣祖制诗句款朱泥壶
清早期 Early Qing GD 中国嘉德
2016-11-13 Lot3189 W13cm;W7.5cm
估价：RMB 200,000-250,000
成交价：RMB 230,000

文九制庚寅仲秋款朱泥君德壶
清 Qing GD 中国嘉德
2016-11-13 Lot3208 W10.6cm
估价：RMB 50,000-60,000
成交价：RMB 57,500

吴扣华、陆春涛 四季如意壶
2014年 2014 BP 北京保利
2016-06-05 Lot6202 L15cm
估价：RMB 180,000-220,000
成交价：RMB 207,000

谭晓君制谭泉海铭刻紫砂壶（一对）
当代 Contemporary GD 中国嘉德
2016-11-13 Lot3223 13×17×12cm
估价：RMB 15,000-20,000
成交价：RMB 57,500

吴群祥制谭泉海铭刻大莲子壶
当代 Contemporary GD 中国嘉德
2016-11-13 Lot3241 19×30×21cm
估价：RMB 30,000-35,000
成交价：RMB 126,500

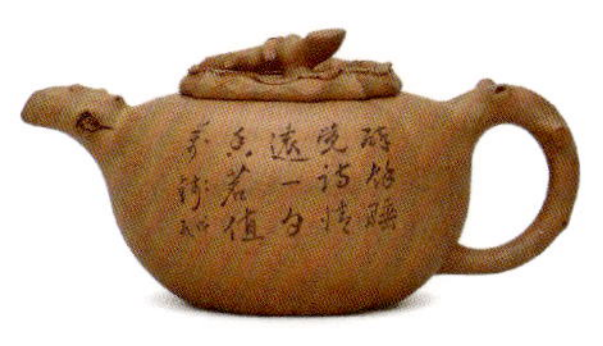

**吴云根 段泥大柿子**
1928 年 1928 BP 北京保利
2016-06-05 Lot6256 L24cm
估价：RMB 90,000-140,000
成交价：RMB 103,500

**徐达明制石瓢壶**
当代 Contemporary GD 中国嘉德
2016-11-13 Lot3201 W16.8cm;C450ml
估价：RMB 10,000-15,000
成交价：RMB 46,000

**徐维明制树瘿壶**
当代 Contemporary GD 中国嘉德
2016-11-13 Lot3158 11 × 15.5 × 9.5cm
估价：RMB 20,000-25,000
成交价：RMB 40,250

**吴云根制段泥柿圆竹节提梁壶**
民国 Republic Period GD 中国嘉德
2016-11-13 Lot3212 H20cm
估价：RMB 30,000-35,000
成交价：RMB 92,000

**徐汉棠 掇球壶**
年代不详 Unknown BP 北京保利
2016-06-05 Lot6240 L17cm
估价：RMB 65,000-100,000
成交价：RMB 74,750

**许又峰制朱泥风华壶**
当代 Contemporary GD 中国嘉德
2016-11-13 Lot3257 W12.3cm;C190ml
估价：RMB 20,000-25,000
成交价：RMB 36,800

**徐达明制灵芝供春壶**
当代 Contemporary GD 中国嘉德
2016-11-13 Lot3160 10 × 17 × 11cm
估价：RMB 30,000-35,000
成交价：RMB 59,800

**徐汉棠制掇球壶**
当代 Contemporary GD 中国嘉德
2016-11-13 Lot3200 10.5 × 14.5 × 10cm
估价：RMB 30,000-35,000
成交价：RMB 57,500

**张红华制范曾书画神蛋提梁壶**
当代 Contemporary GD 中国嘉德
2016-11-13 Lot3180 H17.5cm;C500ml
估价：RMB 5,000-10,000
成交价：RMB 161,000

张红华制吴寿谷铭刻匏瓜壶
当代 Contemporary GD 中国嘉德
2016-11-13 Lot3204 12×16×11cm
估价：RMB 15,000-20,000
成交价：RMB 36,800

范国华 松桩
年代不详 Unknown BH 北京翰海
2016-06-03 Lot1069 H9.3cm;W16cm
估价：RMB 80,000-100,000
成交价：RMB 172,500

顾道荣 祝寿壶
年代不详 Unknown BH 北京翰海
2016-06-03 Lot1143 H13cm;W26.5cm
估价：RMB 100,000-120,000
成交价：RMB 149,500

张庆臣制朱屺瞻书画徐勇良铭长寿壶
当代 Contemporary GD 中国嘉德
2016-11-13 Lot3191 W17.5cm;C400ml
估价：RMB 10,000-15,000
成交价：RMB 32,200

冯桂林 梅桩
年代不详 Unknown BH 北京翰海
2016-06-03 Lot1042 H10.2cm;W19.5cm
估价：RMB 400,000-500,000
成交价：RMB 460,000

华健 大彬六方壶
当代 Contemporary KS 北京匡时
2016-06-06 Lot2485 C560ml
估价：RMB 200,000-220,000
成交价：RMB 230,000

范大生制朱泥东坡提梁壶
20 世纪早期 Early 20th Century S 苏富比
2016-06-02 Lot11 H22cm
估价：HKD 30,000-40,000
成交价：HKD 162,500

顾道荣 引路
年代不详 Unknown BH 北京翰海
2016-06-03 Lot1142 H13cm;W12cm
估价：RMB 110,000-120,000
成交价：RMB 230,000

华健 华灯初放
年代不详 Unknown BH 北京翰海
2016-06-03 Lot1121 H10.5cm;W21.5cm
估价：RMB 90,000-100,000
成交价：RMB 126,500

黄芸芸 寄相思壶
当代 Contemporary KS 北京匡时
2016-06-06 Lot2478 C550ml
估价：RMB 210,000-230,000
成交价：RMB 241,500

江案卿 清晚期 供春套壶（一组三件）
年代不详 Unknown KS 北京匡时
2016-06-06 Lot2456 C580ml
估价：RMB 110,000-120,000
成交价：RMB 126,500

李宝珍制任淦庭刻传炉壶
近代 Modern BD 北京东正
2016-05-15 Lot824 L19.3cm;H12cm
估价：RMB 80,000-100,000
成交价：RMB 115,000

蒋觐侯制紫泥菊瓣壶
清早期 Early Qing KS 北京匡时
2016-06-06 Lot2457 C170ml
估价：RMB 850,000-900,000
成交价：RMB 1,564,000

李寒勇（范建军刻）禅钟
年代不详 Unknown BH 北京翰海
2016-06-03 Lot1062 H7.5cm;W15cm
估价：RMB 110,000-120,000
成交价：RMB 126,500

凌万全制炉钧釉紫砂汉方壶
乾隆 Qianlong GD 中国嘉德
2016-05-15 Lot3000 W18.5cm
估价：RMB 200,000-280,000
成交价：RMB 230,000

刘建平 夔龙拱璧

年代不详 Unknown BH 北京翰海

2016-06-03 Lot1117 H6cm;W17.8cm

估价：RMB 65,000-70,000

成交价：RMB 161,000

刘建平 夔龙拱璧

年代不详 Unknown BH 北京翰海

2016-06-03 Lot1118 H6cm;W18cm

估价：RMB 65,000-70,000

成交价：RMB 161,000

潘持平 坦然壶

当代 Contemporary KS 北京匡时

2016-06-06 Lot2524 C480ml

估价：RMB 165,000-175,000

成交价：RMB 189,750

毛国强（毛国强刻）曼生十八式

年代不详 Unknown BH 北京翰海

2016-06-03 Lot1140 尺寸不一

估价：RMB 1,800,000-2,000,000

成交价：RMB 3,450,000

瞿应绍刻段泥吉直壶

嘉庆 - 道光 Jiaqing-Daoguang S 苏富比

2016-06-02 Lot31 H12cm

估价：HKD 250,000-300,000

成交价：HKD 4,160,000

潘孟元制平盖莲子大壶
清早期 Early Qing BP 北京保利
2016-06-06 Lot7196 L23cm
估价：RMB 100,000-200,000
成交价：RMB 115,000

邵柏原制诗句款梨形朱泥壶
清早期 Early Qing GD 中国嘉德
2016-05-15 Lot2971 W12cm
估价：RMB 200,000-300,000
成交价：RMB 345,000

畲海平 三足梅鼎
年代不详 Unknown BH 北京翰海
2016-06-03 Lot1075 H11cm;W17.8cm
估价：RMB 15,000-20,000
成交价：RMB 172,500

任备安制如意提梁壶
当代 Contemporary BD 北京东正
2016-05-15 Lot829 L15cm;H12cm
估价：RMB 120,000-160,000
成交价：RMB 379,500

邵圣德制紫砂笠帽碗灯壶
康熙 Kangxi BC 北京诚轩
2016-05-15 Lot919 13.1 × 6.8cm
估价：RMB 250,000-320,000
成交价：RMB 322,000

王翔 水盂
年代不详 Unknown BH 北京翰海
2016-06-03 Lot1182 H7cm;W18.5cm
估价：RMB 100,000-120,000
成交价：RMB 115,000

邵柏原制诗句款墩式朱泥壶
清早期 Early Qing GD 中国嘉德
2016-05-15 Lot2972 W12.6cm
估价：RMB 200,000-300,000
成交价：RMB 368,000

邵元祥圆珠壶
清早期 Early Qing BD 北京东正
2016-05-15 Lot813 L14.5cm;H7.5cm
估价：RMB 150,000-200,000
成交价：RMB 230,000

王寅春 扁灯壶
近现代 Modern KS 北京匡时
2016-06-06 Lot2464 C500ml
估价：RMB 200,000-220,000
成交价：RMB 230,000

王寅春 绿泥四方鼓腹壶
近现代 Modern KS 北京匡时
2016-06-06 Lot2460 C460m
估价：RMB 340,000-350,000
成交价：RMB 391,000

吴鸣 朽木
年代不详 Unknown BH 北京翰海
2016-06-03 Lot1114 H8.8cm;W16.5cm
估价：RMB 90,000-100,000
成交价：RMB 161,000

徐达明 宋韵
年代不详 Unknown BH 北京翰海
2016-06-03 Lot1102 H10.5cm;W18cm
估价：RMB 110,000-120,000
成交价：RMB 126,500

王寅春 牛盖提梁
近现代 Modern KS 北京匡时
2016-06-06 Lot2465 C920ml
估价：RMB 135,000-145,000
成交价：RMB 155,250

吴云峰 龙吟四方
年代不详 Unknown BH 北京翰海
2016-06-03 Lot1072 H9.5cm;W15.3cm
估价：RMB 100,000-120,000
成交价：RMB 207,000

许国瑞制朱泥贴花四方扁石壶
乾隆 Qianlong GD 中国嘉德
2016-05-15 Lot2962 W10.8cm
估价：RMB 100,000-120,000
成交价：RMB 184,000

吴东元 棋奁壶
年代不详 Unknown BH 北京翰海
2016-06-03 Lot1081 H7.5cm;W12.5cm
估价：RMB 80,000-100,000
成交价：RMB 126,500

徐达明 汉韵提梁
年代不详 Unknown BH 北京翰海
2016-06-03 Lot1103 H17cm;W16cm
估价：RMB 130,000-150,000
成交价：RMB 149,500

许卫良 沫心
年代不详 Unknown BH 北京翰海
2016-06-03 Lot1024 H10.5cm;W17cm
估价：RMB 100,000-120,000
成交价：RMB 287,500

严强 春暖花开
年代不详 Unknown BH 北京翰海
2016-06-03 Lot1078 H11.2cm;W18cm
估价：RMB 60,000-80,000
成交价：RMB 253,000

张正中制西瓜壶
当代 Contemporary GD 中国嘉德
2016-05-15 Lot2981 W10.3cm
估价：RMB 120,000-150,000
成交价：RMB 138,000

袁国强 月色菱花
年代不详 Unknown BH 北京翰海
2016-06-03 Lot1029 H15.5cm;W16cm
估价：RMB 30,000-50,000
成交价：RMB 115,000

张正中 小松桩
年代不详 Unknown BH 北京翰海
2016-06-03 Lot1133 H6.7cm;W11.6cm
估价：RMB 100,000-120,000
成交价：RMB 115,000

邹跃君 金瑞壶
当代 Contemporary KS 北京匡时
2016-06-06 Lot2506 C330ml
估价：RMB 135,000-145,000
成交价：RMB 155,250

张鸿俊 古鬲
年代不详 Unknown BH 北京翰海
2016-06-03 Lot1181 H12.5cm;W19cm
估价：RMB 100,000-120,000
成交价：RMB 230,000

周宇杰 尘出
年代不详 Unknown BH 北京翰海
2016-06-03 Lot1065 H9cm;W11.2cm; H6.5cm;W13cm
估价：RMB 100,000-120,000
成交价：RMB 368,000

邹躍君 延年壶（一组两件）
当代 Contemporary KS 北京匡时
2016-06-06 Lot2507 C400ml;410ml
估价：RMB 500,000-550,000
成交价：RMB 575,000

墨缘斋意堂制朱泥汤婆壶
民国 Republic Period GD 中国嘉德
2016-11-13 Lot3146 W15.7cm
估价：无底价
成交价：RMB 46,000

炉钧釉紫砂大壶
乾隆 Qianlong BC 北京诚轩
2016-05-15 Lot920 21.8 × 18.9cm
估价：RMB 300,000-380,000
成交价：RMB 345,000

宜兴紫砂胎剔红八宝纹茶壶
乾隆 Qianlong S 苏富比
2016-05-11 Lot78 19.5cm
估价：GBP 30,000-50,000
成交价：GBP 257,000

乾隆御制竹炉山房诗题铭段泥扁圆壶
乾隆 Qianlong GD 中国嘉德
2016-11-13 Lot3265 W15.5cm
估价：RMB 1,200,000-1,500,000
成交价：RMB 1,380,000

紫砂御制诗文茶壶
乾隆 Qianlong KS 北京匡时
2016-06-07 Lot3758 H12cm
估价：RMB 300,000-400,000
成交价：RMB 483,000

炉香琴韵书声款朱泥扁灯壶
嘉庆 Jiaqing GD 中国嘉德
2016-11-13 Lot3238 W13.3cm
估价：RMB 45,000-50,000
成交价：RMB 69,000

宜兴朱泥平盖莲子壶
清，18 世纪 Qing,18th Century C 佳士得
2016-10-04 Lot180 L11cm
估价：HKD 120,000-150,000
成交价：HKD 200,000

宜兴紫砂供春壶
年代不详 Unknown S 苏富比
2016-03-19 Lot1483 尺寸不详
估价：USD 4,000-6,000
成交价：USD 5,000

宜兴紫砂茶壶
年代不详 Unknown S 苏富比
2016-03-19 Lot1480 尺寸不详
估价：USD 3,000-5,000
成交价：USD 4,750

逸公诗句款朱泥高身梨式壶
清早期 Early Qing GD 中国嘉德
2016-11-13 Lot3190 11.8 × 9.4cm
估价：RMB 200,000-250,000
成交价：RMB 230,000

宜兴紫砂镶金属壶
年代不详 Unknown S 苏富比
2016-03-19 Lot1481 尺寸不详
估价：USD 3,000-5,000
成交价：USD 6,875

宜兴紫砂梨式壶
清中期 Mid Qing C 佳士得
2016-04-05 Lot141 L11.5cm
估价：HKD 40,000-60,000
成交价：HKD 93,750

朱泥壶
道光 Daoguang C 佳士得
2016-04-05 Lot139 L12.5cm
估价：HKD 40,000-60,000
成交价：HKD 87,500

宜兴紫砂镶金属壶
年代不详 Unknown S 苏富比
2016-03-19 Lot1482 尺寸不详
估价：USD 3,000-5,000
成交价：USD 6,875

朱泥 冷黄段泥壶（一组三件）
清 Qing KS 北京匡时
2016-06-06 Lot2441 C180ml;100ml;165ml
估价：RMB 120,000-130,000
成交价：RMB 138,000

朱泥秋水壶
清中期 Mid Qing BC 北京诚轩
2016-11-12 Lot924 9.6 × 7.2cm
估价：RMB 18,000-25,000
成交价：RMB 40,250

朱泥印花双龙提梁壶
清早期 Early Qing GD 中国嘉德
2016-11-13 Lot3187 H16cm
估价：无底价
成交价：RMB 34,500

朱泥广口文旦壶
清早期 Early Qing GD 中国嘉德
2016-05-15 Lot2973 W12.2cm
估价：RMB 200,000-250,000
成交价：RMB 368,000

朱泥贴花夔龙捧寿纹直筒壶
乾隆 Qianlong BC 北京诚轩
2016-11-12 Lot925 17.4 × 12.5cm
估价：RMB 50,000-60,000
成交价：RMB 57,500

朱泥团菊莲子壶
康熙 - 雍正 Kangxi-Yongzheng GD 中国嘉德
2016-11-13 Lot3262 W14.5cm
估价：RMB 200,000-300,000
成交价：RMB 391,000

御制描金诗文壶
乾隆 Qianlong KS 北京匡时
2016-06-06 Lot2453 C520ml
估价：RMB 2,200,000-2,500,000
成交价：RMB 2,530,000

逸公诗句款朱泥仲芳掇球壶
嘉庆 Jiaqing GD 中国嘉德
2016-05-15 Lot2996 W13.7cm
估价：RMB 200,000-220,000
成交价：RMB 230,000

茶熟香温斗方壶
道光 Daoguang KS 北京匡时
2016-06-06 Lot2452 C310ml
估价：RMB 210,000-230,000
成交价：RMB 241,500

朱泥六方壶
清早期 Early Qing BC 北京诚轩
2016-05-15 Lot916 11.8 × 5.4cm
估价：RMB 120,000-150,000
成交价：RMB 299,000

春水堂款朱泥古莲子壶
清早期 Early Qing GD 中国嘉德
2016-05-15 Lot2997 W13.7cm
估价：RMB 400,000-450,000
成交价：RMB 460,000

宜兴窑紫砂金农书钝丁刻饮之长寿壶
清晚期 Late Qing BD 北京东正
2016-05-14 Lot210 L14.6cm
估价：RMB 1,000,000-1,200,000
成交价：RMB 1,150,000

紫砂圆珠壶
清早期 Early Qing GD 中国嘉德
2016-09-25 Lot5001 L15cm
估价：RMB 100,000-200,000
成交价：RMB 115,000

大清乾隆年制款朱泥壶
乾隆 Qianlong GD 中国嘉德
2016-05-15 Lot2995 W9.7cm
估价：RMB 200,000-220,000
成交价：RMB 379,500

张红华范曾合作大玉笠壶
当代 Contemporary GD 中国嘉德
2016-05-15 Lot2911 W17.5cm
估价：RMB 30,000-40,000
成交价：RMB 149,500

紫砂钵
乾隆 Qianlong BP 北京保利
2016-11-10 Lot4680 D14cm
估价：RMB 40,000-60,000
成交价：RMB 46,000

紫泥铺首衔环酒杯（一对）
康熙 Kangxi GD 中国嘉德
2016-11-13 Lot3260 D5cm
估价：RMB 60,000-80,000
成交价：RMB 218,500

杨季初作宜兴紫泥彩绘山水人物图笔筒
乾隆 Qianlong C 佳士得
2016-06-01 Lot3374 D15.3cm
估价：HKD 2,800,000-3,500,000
成交价：HKD 5,800,000

紫砂树桩形笔筒
20 世纪初 Early 20th Century S 苏富比
2016-09-17 Lot1029 尺寸不详
估价：USD 6,000-8,000
成交价：USD 16,250

朱泥贴花包镶高足水注
清早期 Early Qing GD 中国嘉德
2016-11-13 Lot3186 W27cm
估价：无底价
成交价：RMB 40,250

黄地加粉彩缠枝花卉开光山水楼阁四方倭角紫砂盆
清中期 Mid Qing BP 北京保利
2016-06-06 Lot7239 L26.5cm
估价：RMB 100,000-200,000
成交价：RMB 115,000

# 金属茶器
# Metal Tea Set

## 金壶

**纯金霰形金壶**
年代不详 Unknown KS 北京匡时
2016-06-06 Lot2587 H19cm;L15.5cm;W752.4g
估价：RMB 480,000-550,000
成交价：RMB 530,000

**北村静香制金壶**
日本 Japan PLHK 保利香港
2016-04-05 Lot3136 H17.6cm
估价：HKD 650,000-800,000
成交价：HKD 767,000

**光幸作 纯金枣形茶罐**
年代不详 Unknown SE 福建东南
2016-05-22 Lot619 H7.2cm;D6.8cm
估价：RMB 260,000-280,000
成交价：RMB 322,000

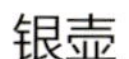

## 银壶

**九世净益造 金银镶嵌 花卉蝶鸟银壶**
年代不详 Unknown KS 北京匡时
2016-06-06 Lot2586 18 × 14.5cm;W513g
估价：RMB 320,000-350,000
成交价：RMB 368,000

**仿周嘉仲盉式纯银壶**
明治 Meiji KS 北京匡时
2016-06-07 Lot3472 H18.5cm;W414.5g
估价：RMB 350,000-400,000
成交价：RMB 402,500

**玉堂富贵宝珠形纯银壶**
明治 Meiji KS 北京匡时
2016-06-07 Lot3479 H16.5cm;W407.6g
估价：RMB 600,000-800,000
成交价：RMB 1,035,000

**汉诗铜包银壶**
明治 Meiji KS 北京匡时
2016-06-07 Lot3480 H12.5cm
估价：RMB 1,000,000-1,500,000
成交价：RMB 1,150,000

**兽口卤式纯银壶**
明治 Meiji KS 北京匡时
2016-06-07 Lot3473 H19.5cm;W546g
估价：RMB 350,000-450,000
成交价：RMB 402,500

梅花纹银壶
19-20 世纪 19th-20th Century C 佳士得
2016-05-11 Lot149 H16cm
估价：GBP 2,000-4,000
成交价：GBP 15,000

银制高浮雕巴洛克风格茶具（七件套）
19 世纪 19th Century KS 北京匡时
2016-06-07 Lot3449 尺寸不一
估价：RMB 100,000-150,000
成交价：RMB 195,500

银刻“三英战吕布”图茶壶
光绪，1893 年 Guangxu，1893 S 苏富比
2016-03-19 Lot1488 尺寸不详
估价：USD 3,000-5,000
成交价：USD 10,625

## 铁壶

汉诗铁壶 龟文堂铃木光重
年代不详 Unknown KS 北京匡时
2016-06-07 Lot3460 H21.5cm
估价：RMB 300,000-400,000
成交价：RMB 437,000

嵌金风景图铁壶（双盖）
明治 - 大正 Meiji-Taishō KS 北京匡时
2016-06-07 Lot3459 H20cm
估价：RMB 550,000-650,000
成交价：RMB 632,500

奔马纹壶
年代不详 Unknown AS 中国艺海
2016-01-21 Lot3106 H13cm
估价：HKD 1,100,000-2,200,000
成交价：HKD 1,210,000

铁打出高肉嵌金云龙铁壶
江户 Edo KS 北京匡时
2016-06-07 Lot3478 H19cm
估价：RMB 30,000-400,000
成交价：RMB 402,500

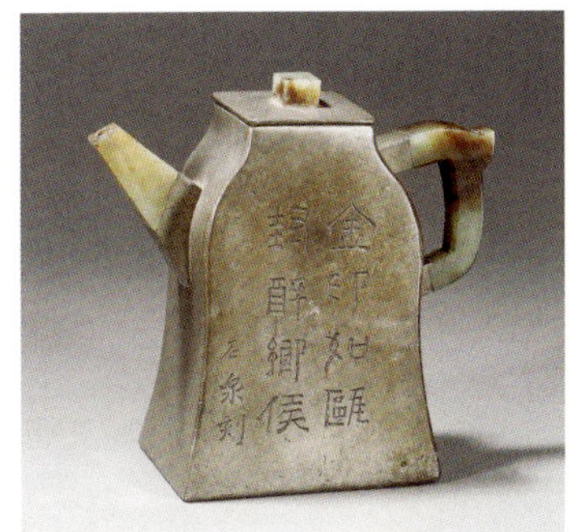

锡刻诗文三镶壶
道光 Daoguang BH 北京翰海
2016-06-05 Lot3153 H12.3cm
估价：RMB 180,000-220,000
成交价：RMB 230,000

百年红标宋聘号圆茶（一饼）
民国早期 Early Republic Period KS 北京匡时
2016-06-07 Lot3885 W312g
估价：RMB 1,500,000-2,000,000
成交价：RMB 2,990,000

## 锡壶

沈存周制山水诗茶叶罐
清 Qing BD 北京东正
2016-05-14 Lot2051 H6.8cm
估价：RMB 300,000-350,000
成交价：RMB 437,000

锡制诗文茶叶罐（一对）
清早期 Early Qing KS 北京匡时
2016-06-07 Lot3461 H8.8cm × 5
估价：RMB 180,000-250,000
成交价：RMB 264,500

## 茶
## Tea

百年蓝标宋聘号圆茶（一筒）
民国早期 Early Republic Period KS 北京匡时
2016-06-07 Lot3884 W2198g
估价：RMB 7,000,000-8,000,000
成交价：RMB 9,947,500

百年红标宋聘号圆茶（一饼）
年代不详 Unknown BD 北京东正
2016-05-15 Lot831 尺寸不详
估价：RMB 1,500,000-2,000,000
成交价：RMB 2,990,000

百年蓝票福元昌号圆茶（一饼）
民国早期 Early Republic Period KS 北京 d 匡时
2016-06-07 Lot3821 W322g
估价：RMB 1,500,000-2,000,000
成交价：RMB 2,173,500

百年紫票福元昌号圆茶（一饼）
民国早期 Early Republic Period KS 北京匡时
2016-06-07 Lot3852 W304g
估价：RMB 1,500,000-2,000,000
成交价：RMB 2,070,000

百年陈云号绿票黑字圆茶（一筒）
民国早期 Early Republic Period KS 北京匡时
2016-06-07 Lot3915 W2351g
估价：RMB 5,000,000-6,000,000
成交价：RMB 6,382,500

小票敬昌号圆茶（一筒）
民国早期 Early Republic Period KS 北京匡时
2016-06-07 Lot3881 W2331g
估价：RMB 2,500,000-3,500,000
成交价：RMB 3,427,000

小票敬昌号圆茶（一筒）
民国早期 Early Republic Period KS 北京匡时
2016-12-06 Lot4728 2345g
估价：RMB 3,700,000-4,000,000
成交价：RMB 4,255,000

百年陈云号绿票黑字圆茶（一筒）
民国早期 Early Republic Period KS 北京匡时
2016-12-06 Lot4790 2365g
估价：RMB 5,950,000-6,500,000
成交价：RMB 6,842,500

百年蓝标宋聘号圆茶（一筒）
民国早期 Early Republic Period KS 北京匡时
2016-12-06 Lot4814 2176g
估价：RMB 9,100,000-10,000,000
成交价：RMB 10,465,000

大字绿印圆茶（一筒）
50 年代 1950s KS 北京匡时
2016-06-07 Lot3913 W2428g
估价：RMB 1,500,000-2,500,000
成交价：RMB 2,185,000

同庆号龙马商标圆茶（一筒）
民国早期 Early Republic Period KS 北京匡时
2016-12-06 Lot4761 2347g
估价：RMB 3,640,000-3,800,000
成交价：RMB 4,186,000

“竟陵翁茶叶”大红袍
2008 年 2008 BD 北京东正
2016-06-05 Lot329 尺寸不详
估价：无底价
成交价：RMB 34,500

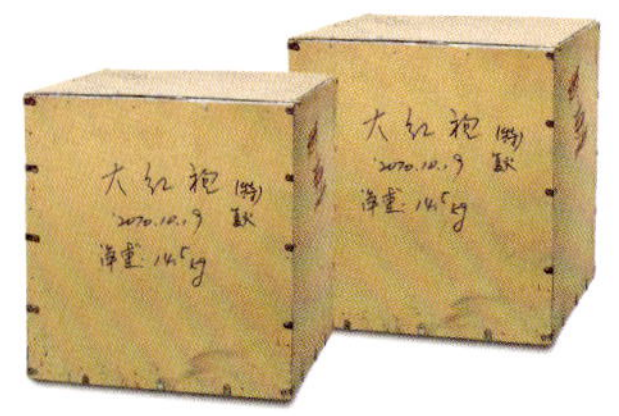

特级大红袍
2008年 2008 PLXM 保利厦门
2016-11-06 Lot1641 29000g
估价：RMB 48,000-58,000
成交价：RMB 69,000

特级大红袍
2009年 2009 PLXM 保利厦门
2016-11-06 Lot1642 16000g
估价：RMB 50,000-80,000
成交价：RMB 69,000

99易昌正品
年代不详 Unknown BD 北京东正
2016-06-05 Lot344 尺寸不详
估价：无底价
成交价：RMB 69,000

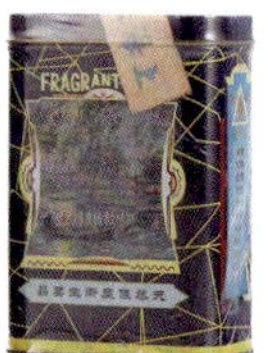


汪裕泰上等普洱
民国 Republic Period PLXM 保利厦门
2016-11-06 Lot1602 2000g
估价：无底价
成交价：RMB 32,200

汪裕泰上等普洱
民国 Republic Period PLXM 保利厦门
2016-11-06 Lot1603 2000g
估价：无底价
成交价：RMB 36,800

汪裕泰上等普洱
民国 Republic Period PLXM 保利厦门
2016-11-06 Lot1604 2000g
估价：无底价
成交价：RMB 35,650

### 汪裕泰上等普洱
民国 Republic Period PLXM 保利厦门
2016-11-06 Lot1605 2000g
估价：无底价
成交价：RMB 34,500

### 汪裕泰上等普洱
民国 Republic Period PLXM 保利厦门
2016-11-06 Lot1610 3000g
估价：无底价
成交价：RMB 56,350

### 99 绿大树（红标）
年代不详 Unknown BD 北京东正
2016-06-05 Lot342 尺寸不详
估价：无底价
成交价：RMB 92,000

### 汪裕泰上等普洱
民国 Republic Period PLXM 保利厦门
2016-11-06 Lot1606 2000g
估价：无底价
成交价：RMB 36,800

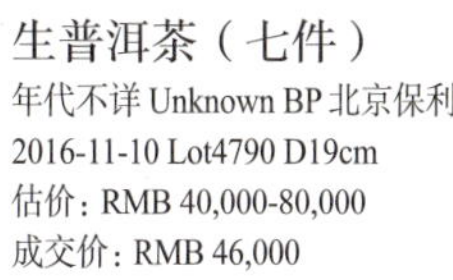

### 生普洱茶（七件）
年代不详 Unknown BP 北京保利
2016-11-10 Lot4790 D19cm
估价：RMB 40,000-80,000
成交价：RMB 46,000

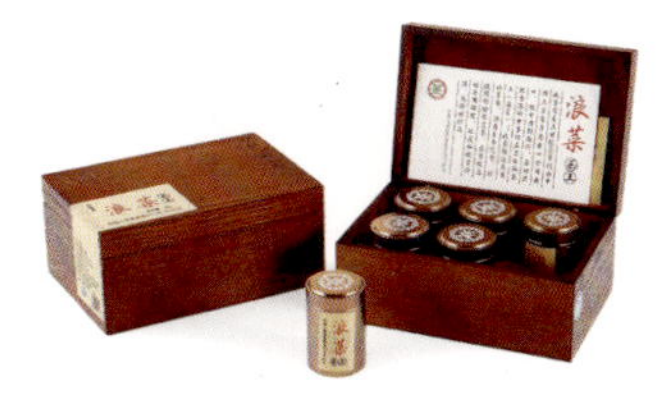

### 茶王浪菜礼盒装
1960 年 1960 PLXM 保利厦门
2016-11-06 Lot1639 48g/ 盒
估价：RMB 27,000-35,000
成交价：RMB 33,350

### 汪裕泰上等普洱
民国 Republic Period PLXM 保利厦门
2016-11-06 Lot1609 3000g
估价：无底价
成交价：RMB 56,350

### 红印圆茶（一片）
年代不详 Unknown PLXM 保利厦门
2016-11-06 Lot1621 345g
估价：RMB 460,000-580,000
成交价：RMB 644,000

## 中茶公司出口 水仙

1981 年 1981 PLXM 保利厦门
2016-11-06 Lot1644 16000g
估价：RMB 75,000-100,000
成交价：RMB 86,250

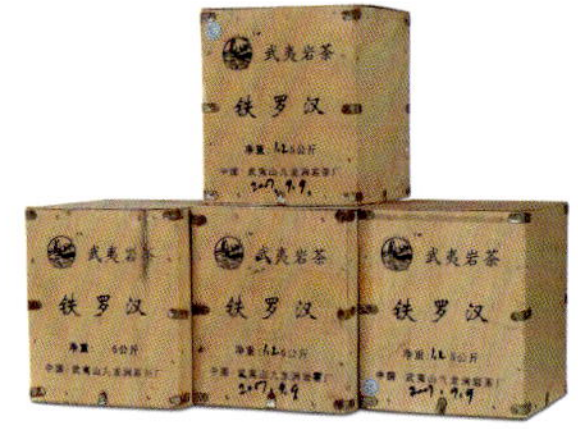


## 铁罗汉

2007 年 2007 PLXM 保利厦门
2016-11-06 Lot1650 5000g
估价：RMB 20,000-30,000
成交价：RMB 34,500

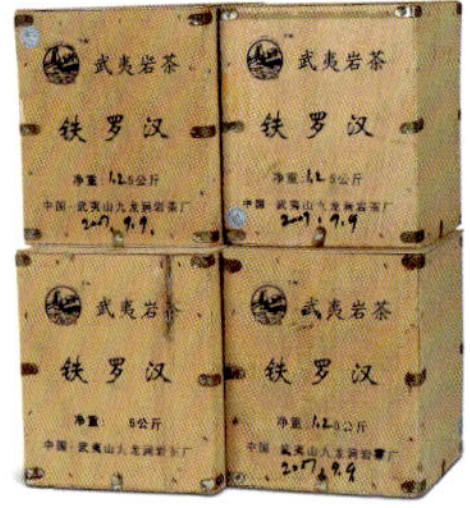


## 铁罗汉

2007 年 2007 PLXM 保利厦门
2016-11-06 Lot1651 5000g
估价：RMB 20,000-30,000
成交价：RMB 40,250

# 古籍善本
# Book

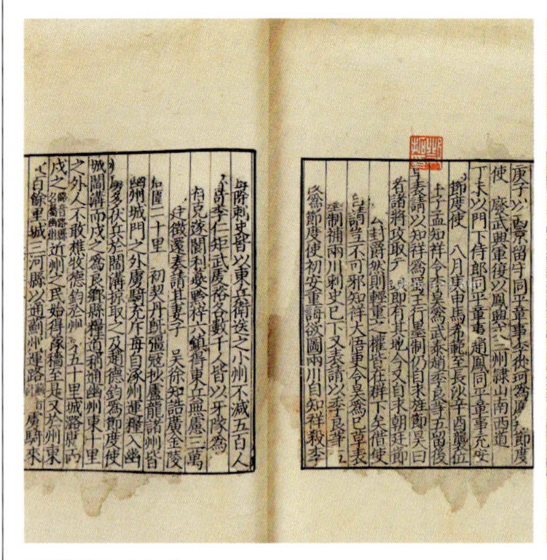
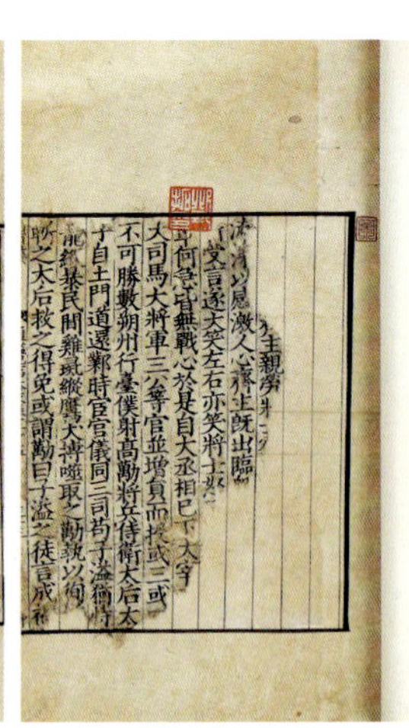

## 通鉴纪事本末

年代不详 Unknown SUN 中贸圣佳
2016-05-16 Lot728 24.8 × 19.7cm
估价：RMB 200,000-300,000
成交价：RMB 897,000

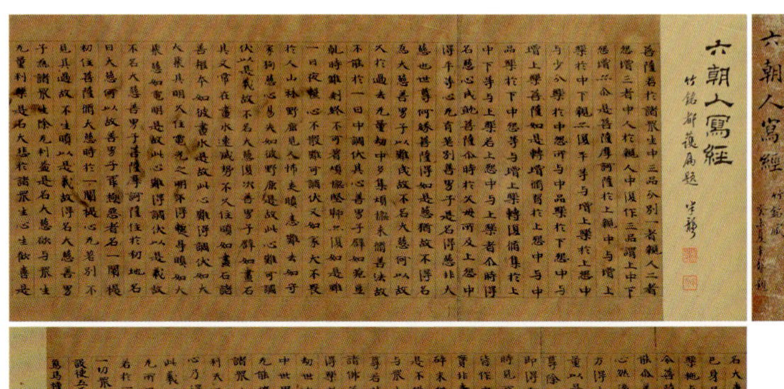

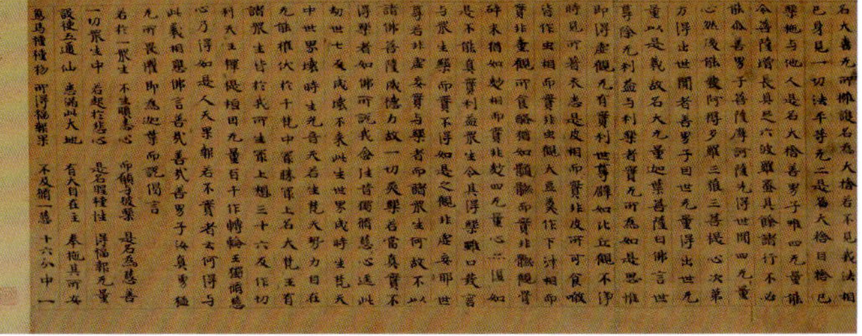

## 六朝人写经（大般涅槃经卷第十五）（敦煌写经）

六朝 Six Dy. BP 北京保利
2016-06-05 Lot143 24.3 × 109cm
估价：RMB 900,000-950,000
成交价：RMB 1,092,500

大般若波罗蜜多经卷第三百卌（敦煌写经）

年代不详 Unknown BP 北京保利

2016-06-05 Lot142 26 × 823cm

估价：RMB 800,000-850,000

成交价：RMB 1,150,000

八千颂般若经

年代不详 Unknown SUN 中贸圣佳

2016-11-15 Lot1026 21 × 60cm

估价：RMB 3,000,000-5,000,000

成交价：RMB 10,752,500

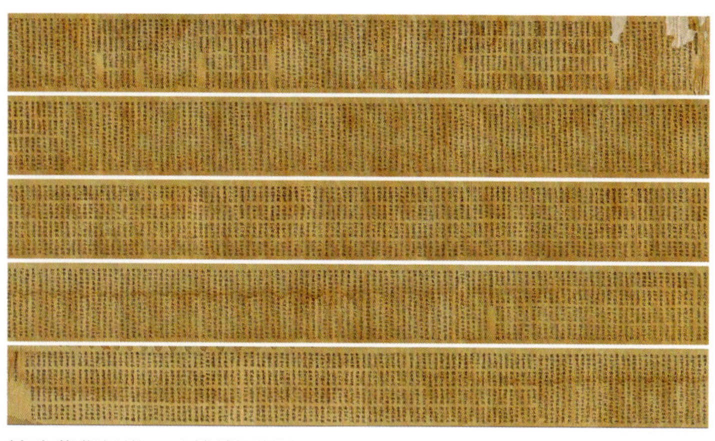

妙法莲华经卷二（敦煌写经）
年代不详 Unknown BP 北京保利
2016-06-05 Lot134 25.5 × 1007cm
估价：RMB 280,000-300,000
成交价：RMB 2,070,000

经书《律师戒行经》（一套）
乾隆 Qianlong GD 中国嘉德
2016-11-12 Lot3063 73 × 22 × 12.5cm
估价：无底价
成交价：RMB 598,000

百论卷上（敦煌写经）
年代不详 Unknown BP 北京保利
2016-12-05 Lot66 尺寸不一
估价：RMB 700,000-750,000
成交价：RMB 3,220,000

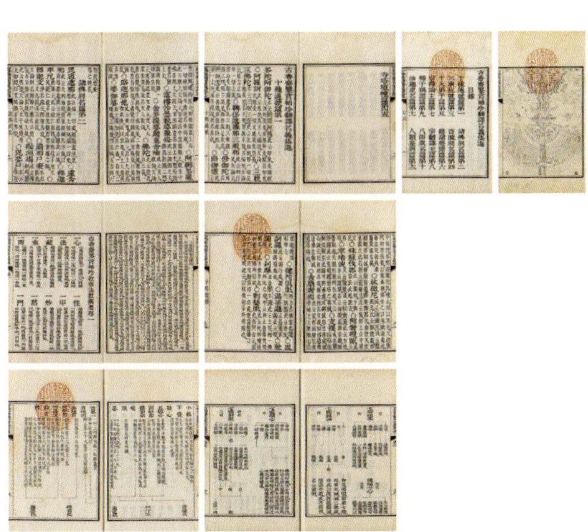

古香斋鉴赏袖珍佛典两种
年代不详 Unknown GD 中国嘉德
2016-11-14 Lot2086 8.2 × 10.3cm
估价：RMB 2,200,000-3,200,000
成交价：RMB 3,565,000

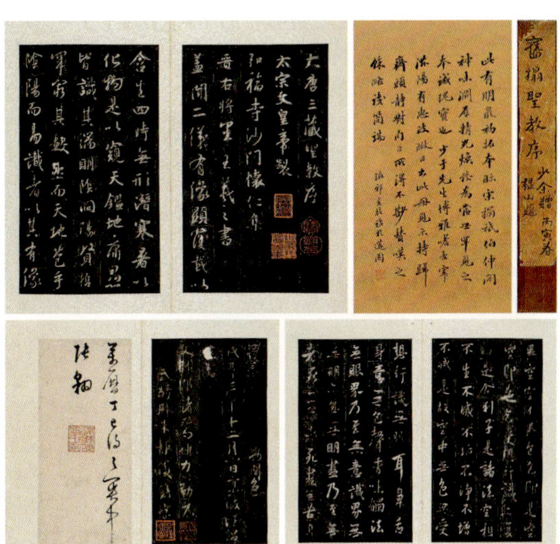

大唐三藏圣教序
年代不详 Unknown BP 北京保利
2016-06-05 Lot548 32.4 × 20cm
估价：RMB 120,000-130,000
成交价：RMB 563,500

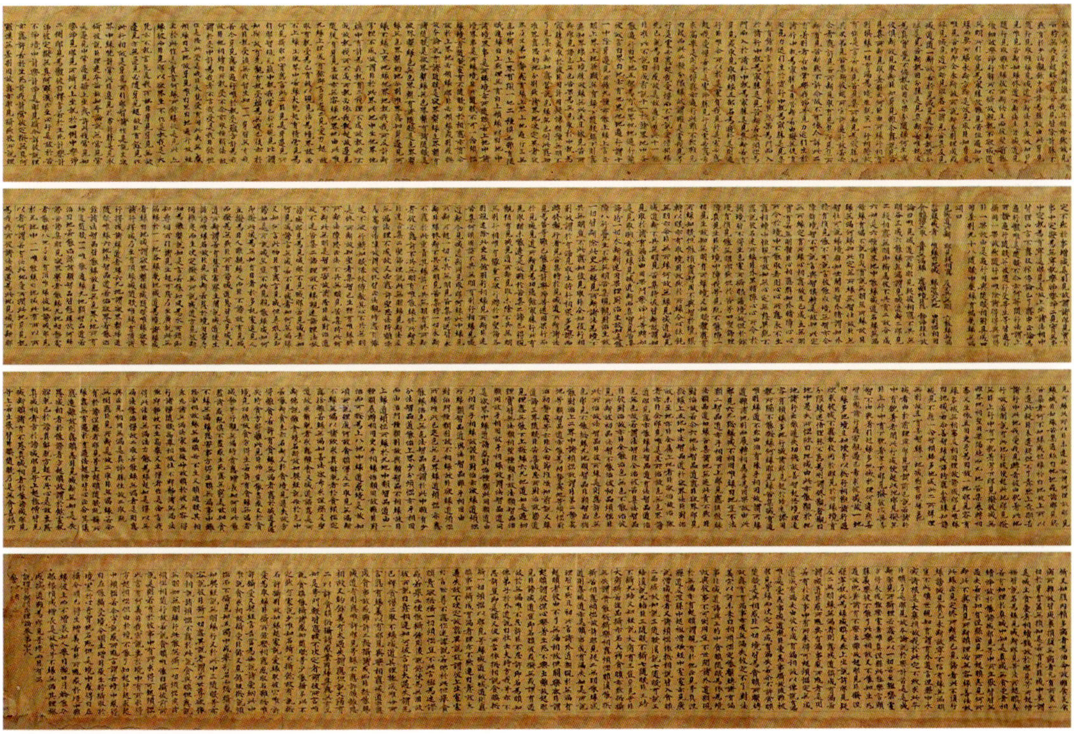

说一切有部顺正理论卷第四十八（中原写经）
年代不详 Unknown BP 北京保利
2016-06-05 Lot133 25 × 606cm
估价：RMB 250,000-300,000
成交价：RMB 2,300,000

佛说弥勒上生经（中原刻经）

年代不详 Unknown BP 北京保利

2016-06-05 Lot131 22.5 × 337.5cm

估价：RMB 500,000-600,000

成交价：RMB 5,060,000

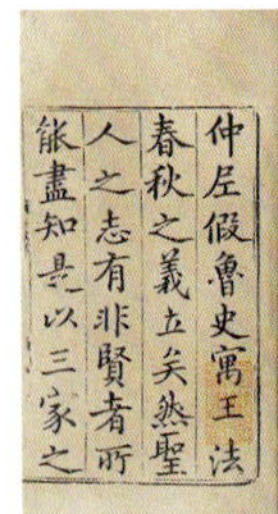
仲尼假魯史寓王法
春秋之義立矣然聖
人之志有非賢者所
能盡知是以三家之

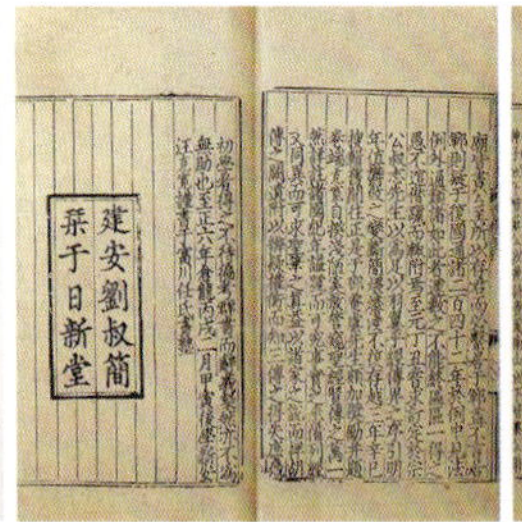


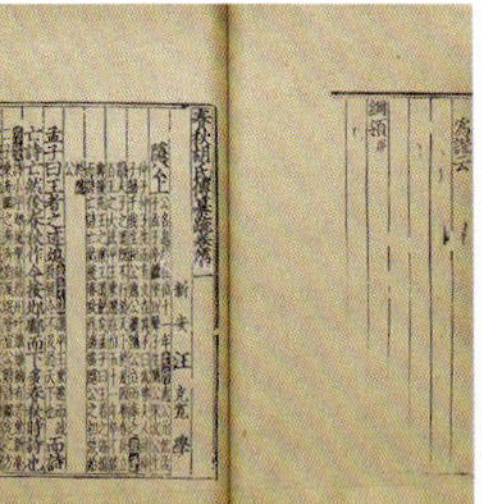

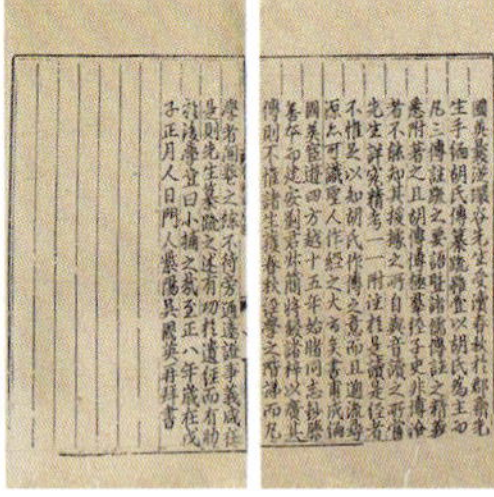

汪克宽 撰　春秋胡氏传纂疏三十卷首二卷

年代不详 Unknown SUN 中贸圣佳

2016-11-15 Lot1031 26.9 × 15.5cm

估价：RMB 5,000,000-8,000,000

成交价：RMB 8,395,000

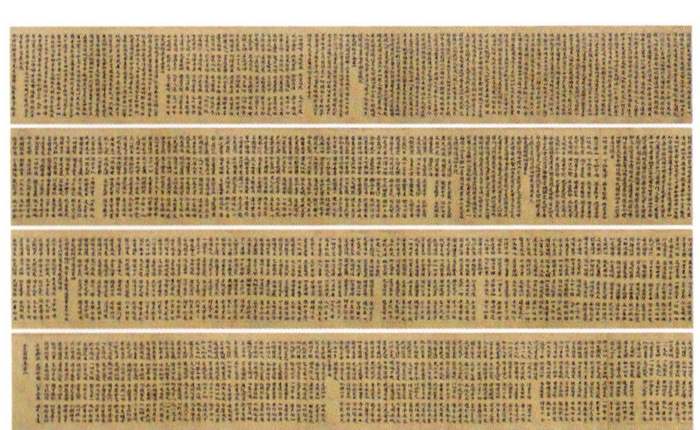

金光明经卷一（中原写经）

年代不详 Unknown BP 北京保利

2016-06-05 Lot132 26 × 738cm

估价：RMB 250,000-300,000

成交价：RMB 1,380,000

大般涅槃经卷第七

年代不详 Unknown BP 北京保利

2016-06-05 Lot148 28.2 × 11.3cm

估价：RMB 450,000-480,000

成交价：RMB 701,500

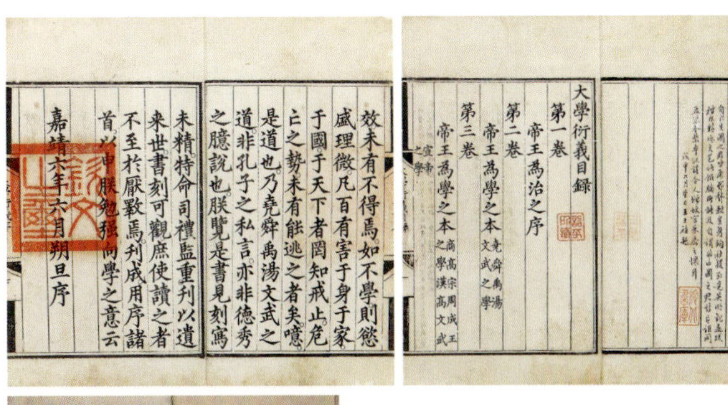

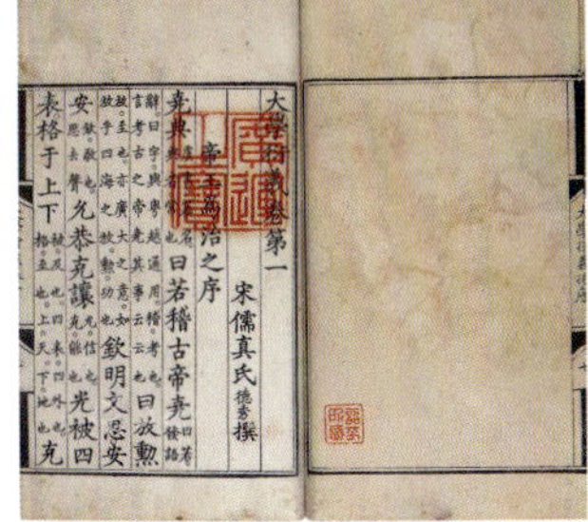

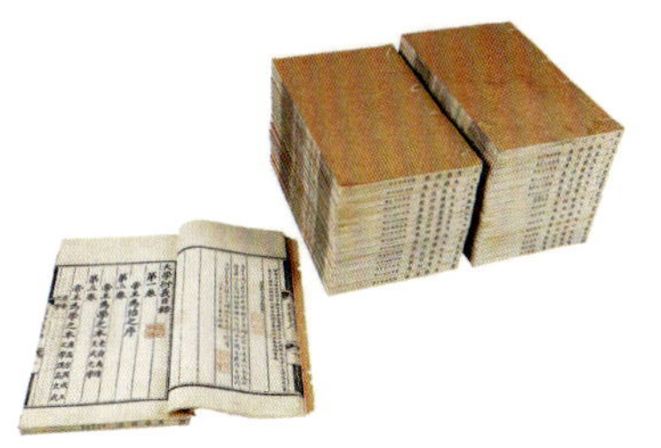

真德秀 撰 大学衍义四 13 卷
年代不详 Unknown SUN 中贸圣佳
2016-11-15 Lot1025 30.6 × 19cm
估价：RMB 2,000,000-3,000,000
成交价：RMB 9,085,000

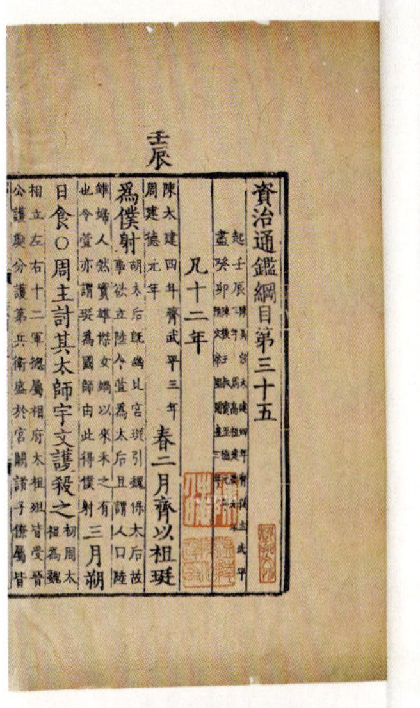

资治通鉴纲目 存一卷
年代不详 Unknown SUN 中贸圣佳
2016-05-16 Lot724 21.2 × 14.5cm
估价：RMB 200,000-300,000
成交价：RMB 2,070,000

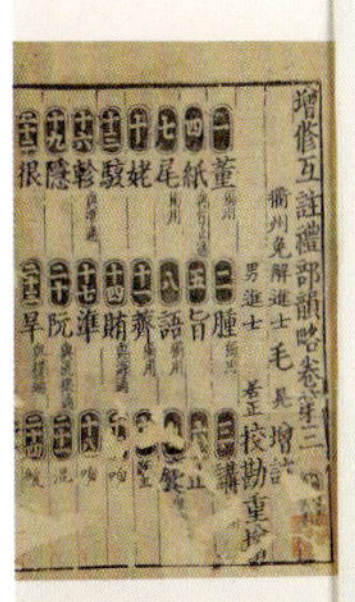

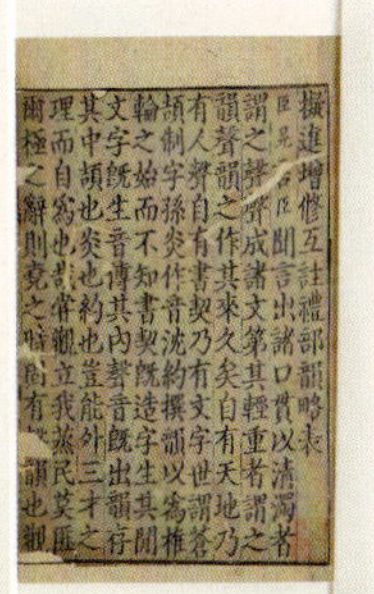

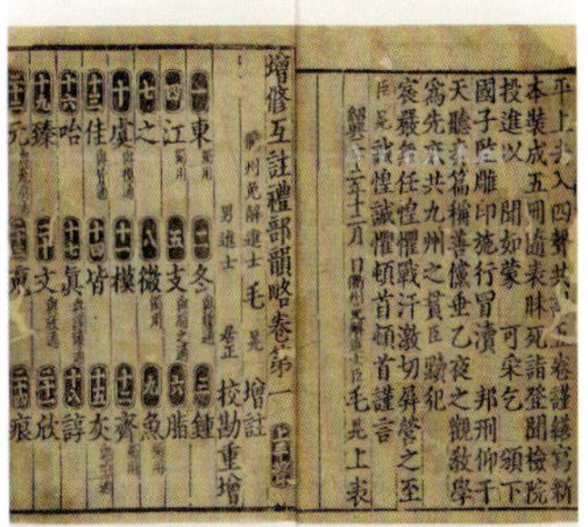

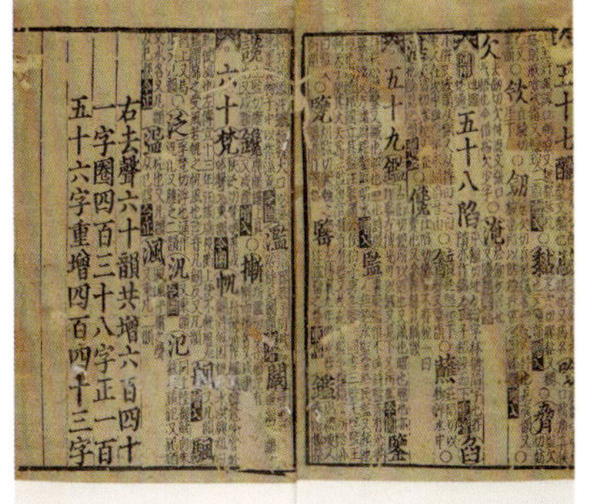

毛晃增 注 增修互注礼部韵略五卷
年代不详 Unknown SUN 中贸圣佳
2016-11-15 Lot1032 28.4 × 16.9cm
估价：RMB 2,000,000-3,000,000
成交价：RMB 6,670,000

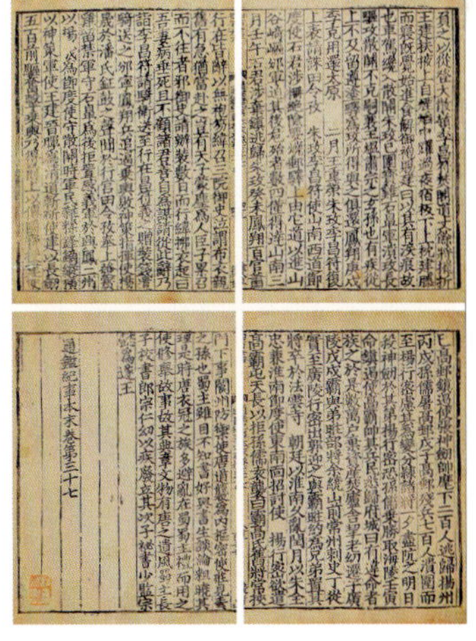

通鉴纪事本末存卷三十七全
年代不详 Unknown BP 北京保利
2016-06-05 Lot289 25 × 19.7cm
估价：RMB 380,000-400,000
成交价：RMB 1,265,000

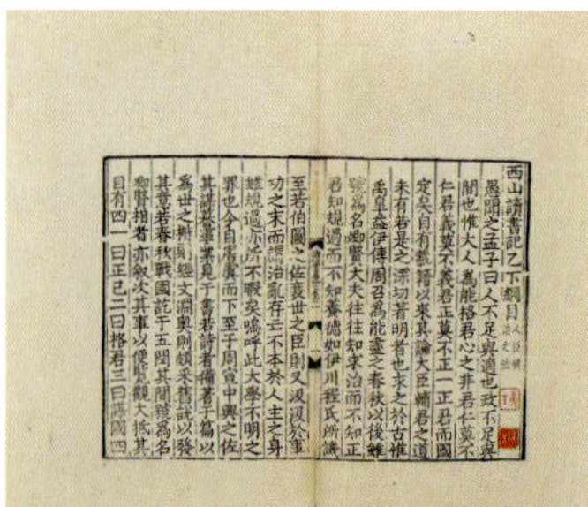
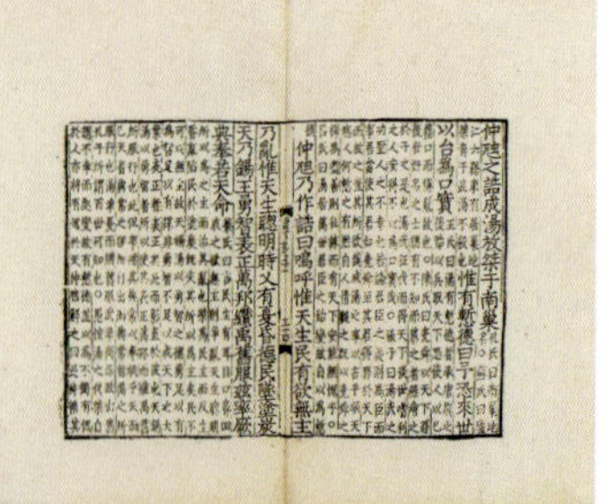

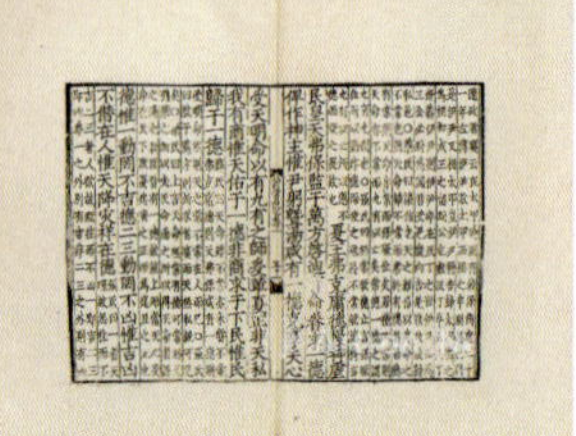

**真德秀 撰 西山读书记乙集卷一**

年代不详 Unknown SUN 中贸圣佳

2016-11-15 Lot1017 37.8 × 23.2cm

估价：RMB 1,000,000-1,500,000

成交价：RMB 8,165,000

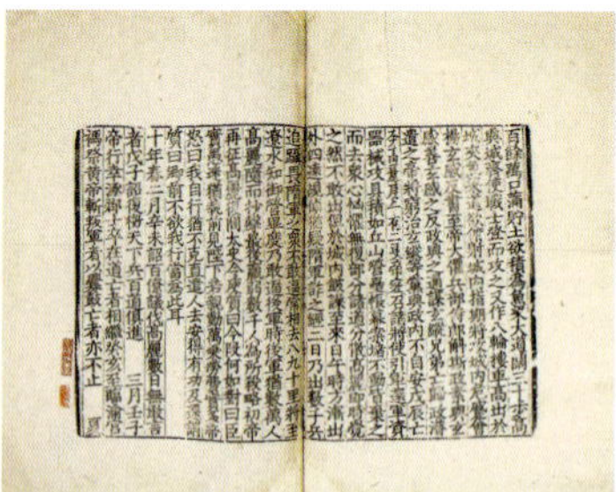

**通鉴纪事本末**

年代不详 Unknown SUN 中贸圣佳

2016-05-16 Lot723 24.5 × 39.7cm

估价：RMB 300,000-500,000

成交价：RMB 1,207,500

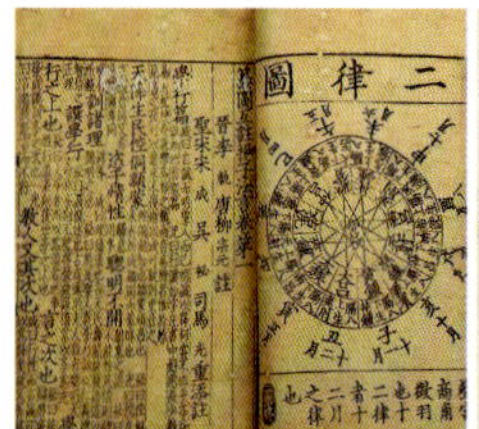
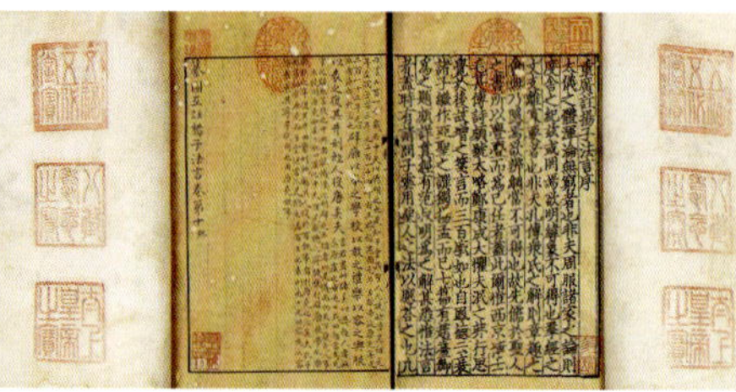

**纂图互注扬子法言 十卷**

年代不详 Unknown SUN 中贸圣佳

2016-05-16 Lot727 18.5 × 12.2cm

估价：RMB 600,000-900,000

成交价：RMB 23,000,000

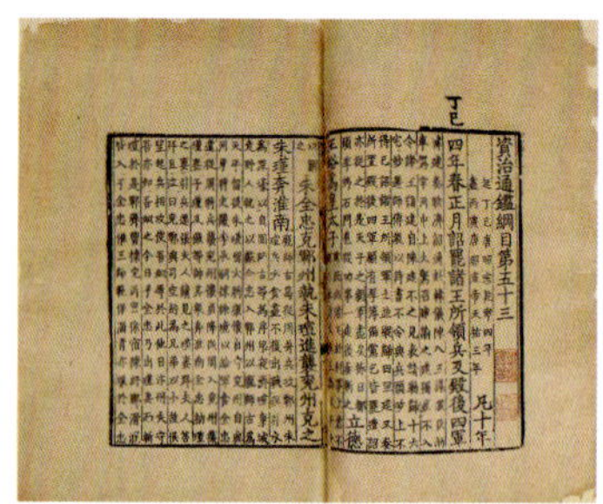

**资治通鉴纲目 存一卷**

年代不详 Unknown SUN 中贸圣佳

2016-05-16 Lot725 20.8 × 29cm

估价：RMB 300,000-500,000

成交价：RMB 2,300,000

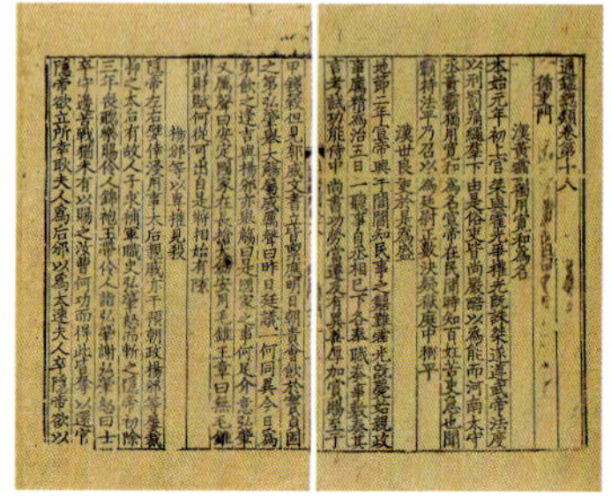

**通鉴总类二十卷（存卷十七、十八）**

年代不详 Unknown BP 北京保利

2016-06-05 Lot291 31.5 × 21cm

估价：RMB 600,000-650,000

成交价：RMB 1,380,000

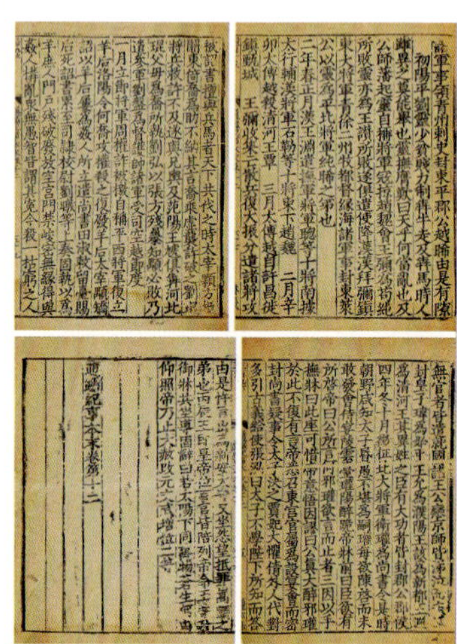

**通鉴纪事本末（存卷第十二卷）**

年代不详 Unknown BP 北京保利

2016-06-05 Lot290 32.5 × 24cm

估价：RMB 250,000-280,000

成交价：RMB 1,104,000

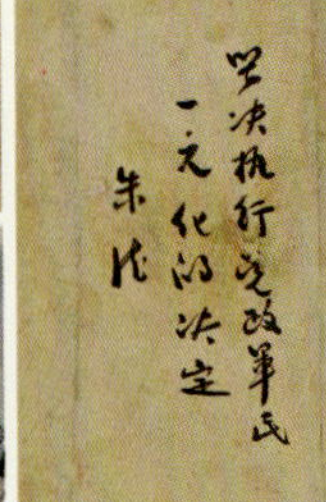
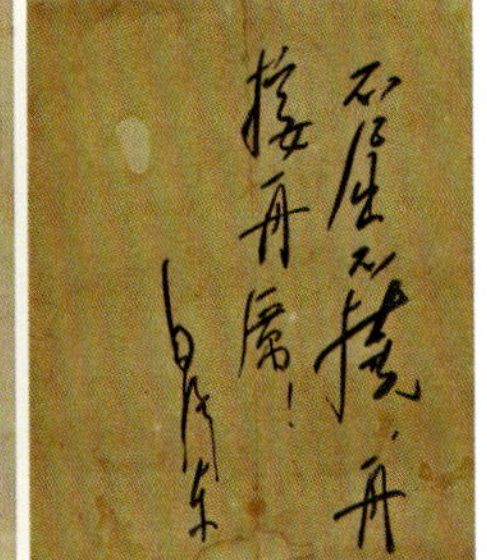

张海先生旧藏 历史资料（一组）
年代不详 Unknown GD 中国嘉德
2016-11-14 Lot2356 尺寸不一
估价：RMB 1,800,000-2,200,000
成交价：RMB 8,050,000

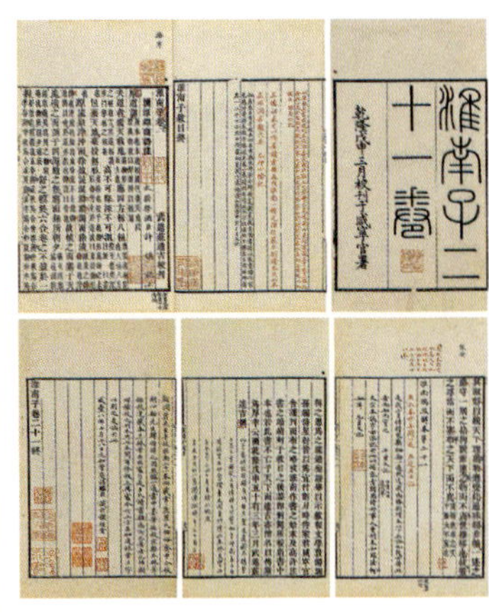

淮南子二十一卷（嘉业堂旧藏、顾广圻批校本）
年代不详 Unknown BP 北京保利
2016-06-05 Lot355 26.1 × 15.9cm
估价：RMB 160,000-170,000
成交价：RMB 1,495,000

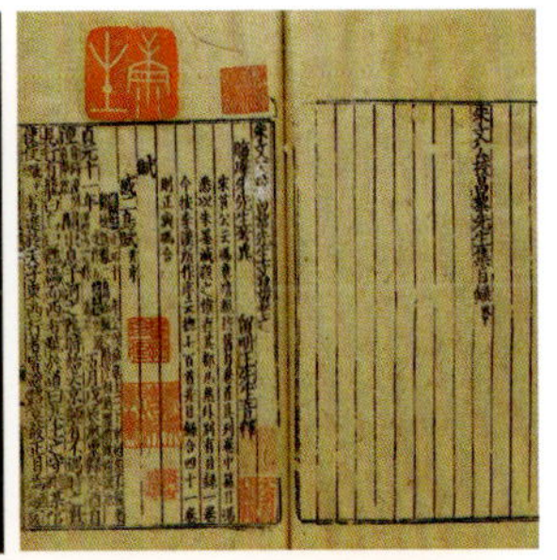
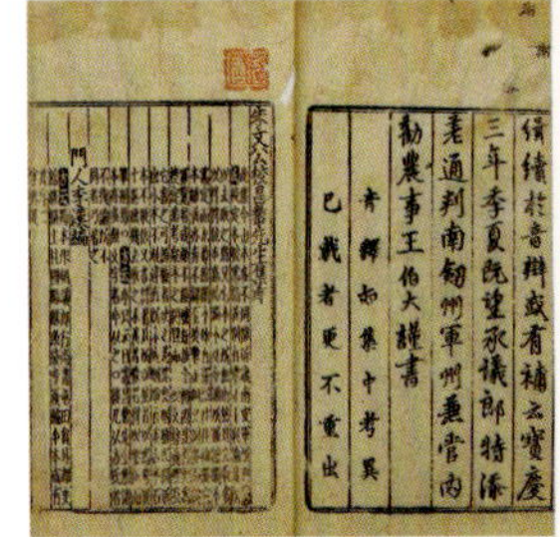
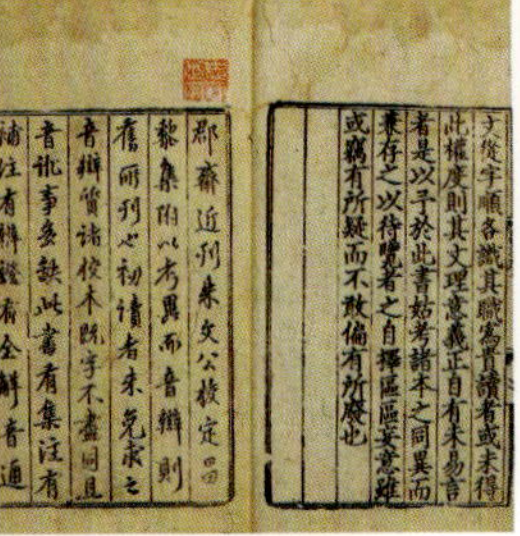

朱熹考 王伯大 异 音释 朱文公校昌黎先生集四十卷外集十卷传一卷遗文一卷
年代不详 Unknown SUN 中贸圣佳
2016-11-15 Lot1014 26.2 × 15cm
估价：RMB 500,000-800,000
成交价：RMB 4,772,500

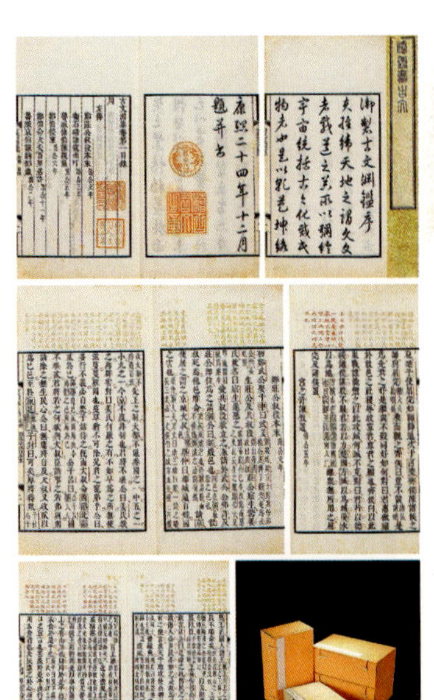

古文渊鉴六十四卷
年代不详 Unknown BP 北京保利
2016-06-05 Lot353 29.3 × 16.8cm
估价：RMB 280,000-300,000
成交价：RMB 701,500

郑樵 撰 天禄琳琅旧藏通志存三卷

年代不详 Unknown SUN 中贸圣佳

2016-11-15 Lot1012 34.8 × 22.3cm

估价：RMB 1,000,000-1,500,000

成交价：RMB 5,865,000

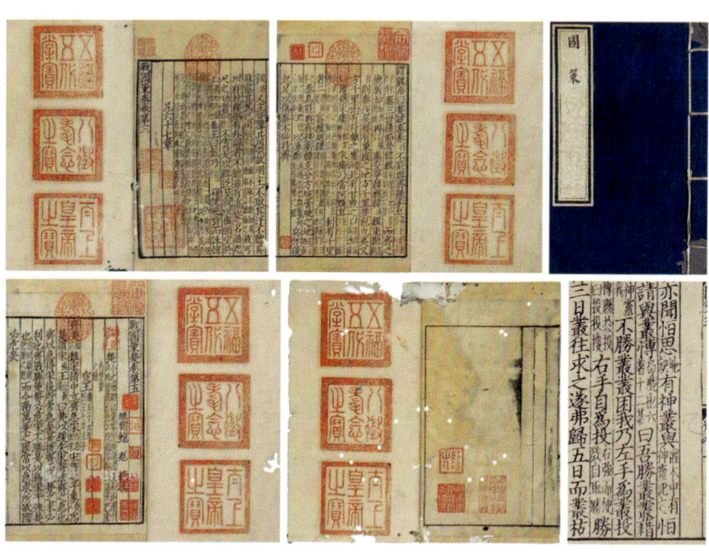

鲍彪 吴师道 注 校 天禄琳琅旧藏战国策存二卷

年代不详 Unknown SUN 中贸圣佳

2016-11-15 Lot1013 22.6 × 14.4cm

估价：RMB 1,000,000-1,500,000

成交价：RMB 3,162,500

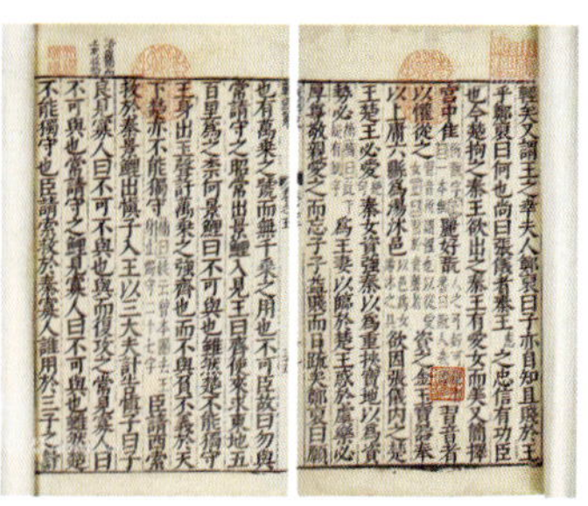

战国策 存一卷

年代不详 Unknown SUN 中贸圣佳

2016-05-16 Lot721 21 × 13.6cm

估价：RMB 100,000-150,000

成交价：RMB 2,530,000

砚臺书籍共七本

年代不详 Unknown AS 中国艺海

2016-01-21 Lot3055 尺寸不一

估价：HKD 550,000-1,100,000

成交价：HKD 605,000

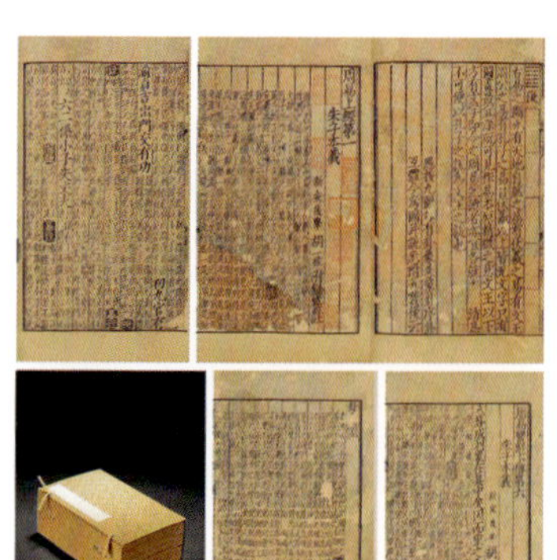

易本义附录纂疏十五卷

年代不详 Unknown BP 北京保利

2016-06-05 Lot254 27.4 × 16.5cm

估价：RMB 1,500,000-1,600,000

成交价：RMB 2,932,500

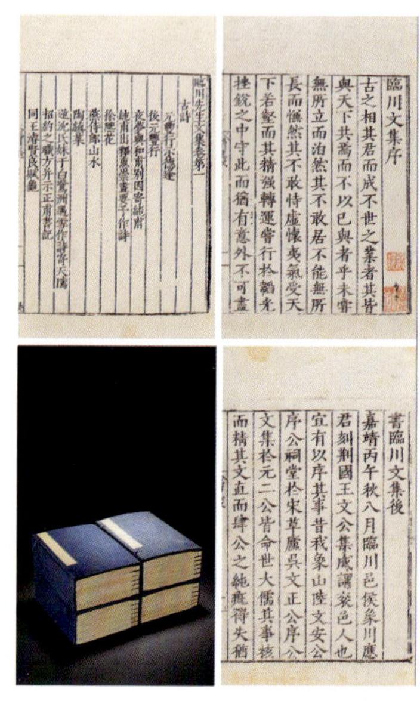

临川先生文集一百卷目录二卷

年代不详 Unknown BP 北京保利

2016-06-05 Lot421 27.8 × 18.9cm

估价：RMB 280,000-300,000

成交价：RMB 540,500

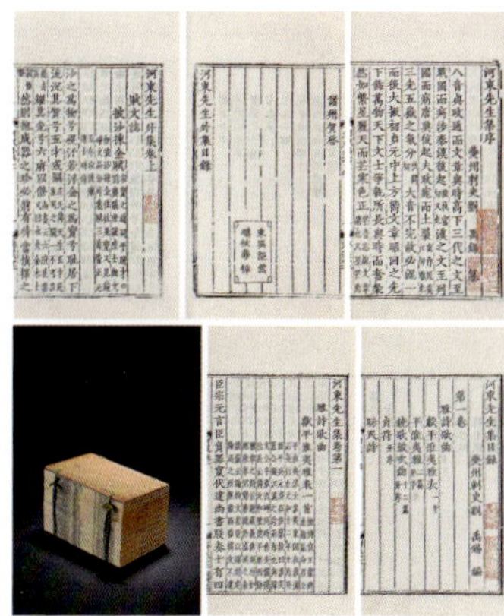

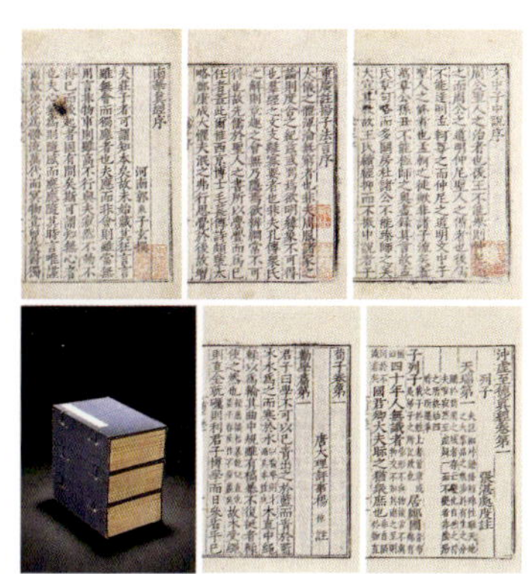

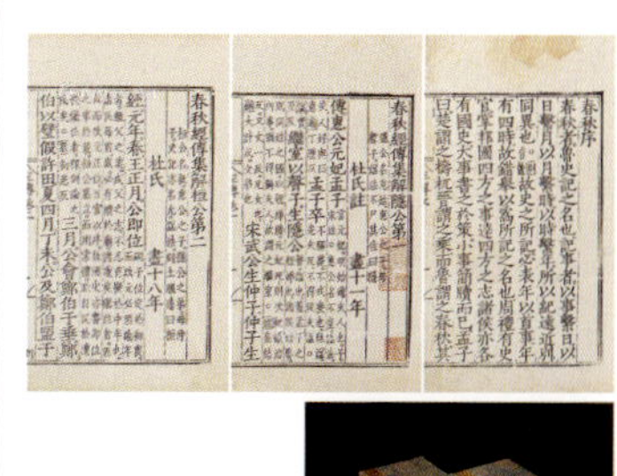

河东先生集四十五卷外集二卷、河东先生龙城录二卷附录二卷传一卷

年代不详 Unknown BP 北京保利
2016-06-05 Lot521 27 × 17.2cm
估价：RMB 350,000-380,000
成交价：RMB 517,500

六子书六十卷

年代不详 Unknown BP 北京保利
2016-06-05 Lot368 25.3 × 16.6cm
估价：RMB 250,000-280,000
成交价：RMB 598,000

杜预 陆德明 撰 释文 春秋经传集解 三十卷

年代不详 Unknown GD 中国嘉德
2016-05-16 Lot2174 14 × 20.5cm
估价：RMB 200,000-300,000
成交价：RMB 552,000

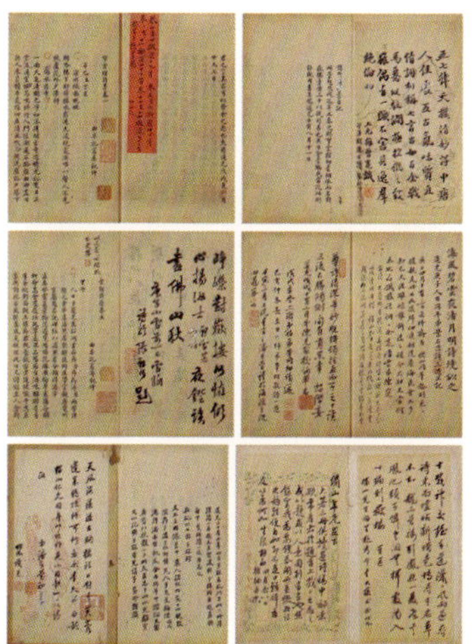

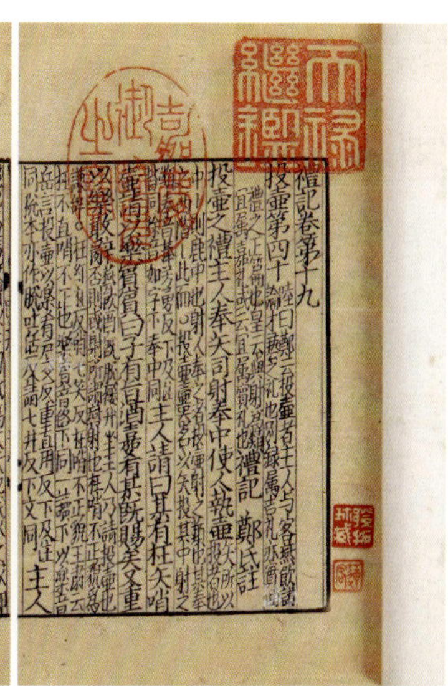

孔宪彝 撰 筝云馆诗稿 七卷 对岳楼文稿 七卷

年代不详 Unknown GD 中国嘉德
2016-05-16 Lot2107 14.5 × 25cm
估价：RMB 50,000-80,000
成交价：RMB 460,000

礼记 存一卷

年代不详 Unknown SUN 中贸圣佳
2016-05-16 Lot726 9.8 × 6.9cm
估价：RMB 400,000-600,000
成交价：RMB 7,130,000

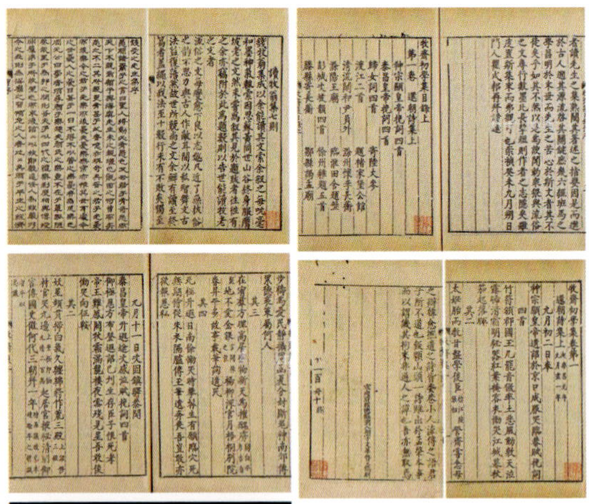

钱谦益 撰 牧斋初学集 一百一十卷

年代不详 Unknown GD 中国嘉德

2016-05-16 Lot2039 14.5×20.5cm

估价：RMB 120,000-180,000

成交价：RMB 483,000

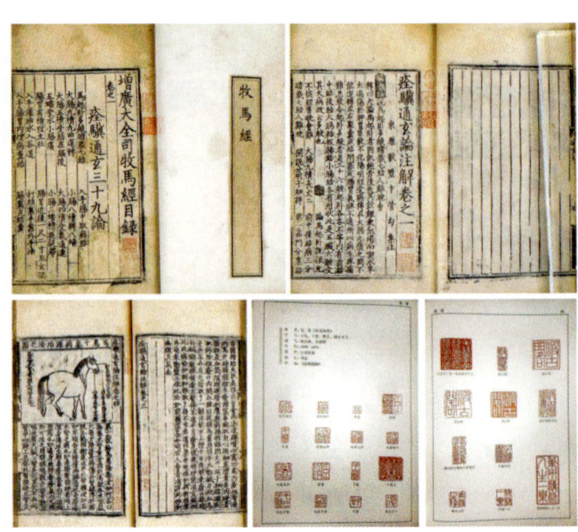

毛晋旧藏并钤印《增广大全司牧马经》六卷一厚册全（附录:《中国鉴藏家印鉴大全》书影）

年代不详 Unknown CT 广州崇正

2016-06-13 Lot996 27×16cm

估价：RMB 200,000-600,000

成交价：RMB 471,500

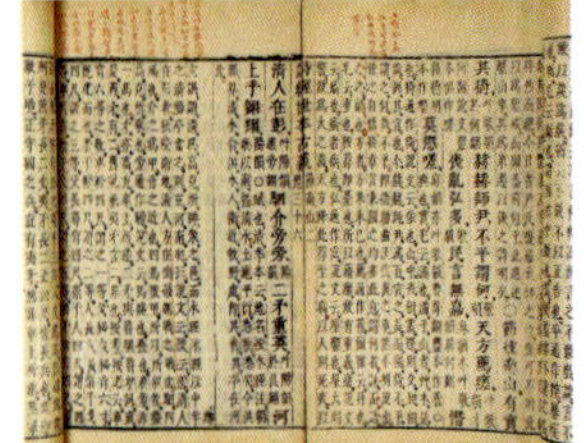

诗经世本古义 存三卷

年代不详 Unknown SUN 中贸圣佳

2016-05-16 Lot722 20×14.2cm

估价：RMB 200,000-300,000

成交价：RMB 4,600,000

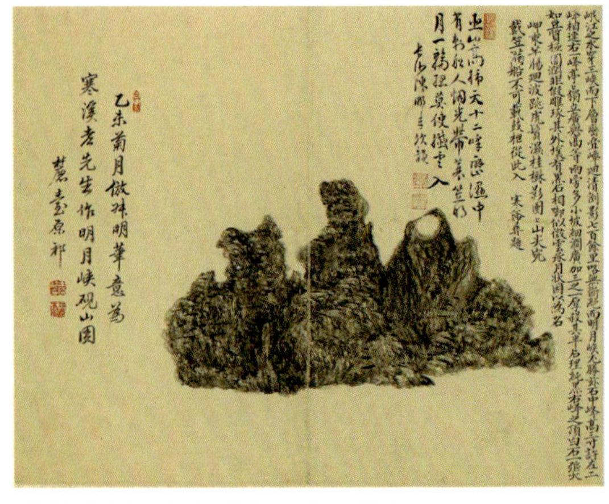

诸家 清 研山十图 册页（十一开）

年代不详 Unknown C 佳士得

2016-03-17 Lot1201 24.6×30.8cm

估价：USD 4,000-8,000

成交价：USD 197,000

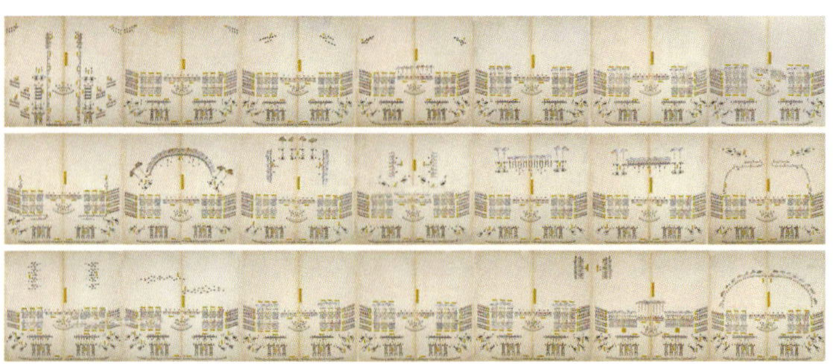

## 清宫旧藏手绘行阵图 册页（二十一开）

清早期 Early Qing TH 北京传是
2016-06-04 Lot159 73.5 × 79cm × 21
估价：RMB 650,000-850,000
成交价：RMB 805,000

## 周毛公鼎并铭文全形拓本

年代不详 Unknown GD 中国嘉德
2016-11-14 Lot1912 64.7 × 111cm
估价：RMB 10,000-20,000
成交价：RMB 529,000

## 引见折

雍正，1725 年 Yongzheng,1725 GD 中国嘉德
2016-11-14 Lot2075 11.5 × 24.5cm
估价：RMB 500,000-600,000
成交价：RMB 575,000

## 毕泷辑 广堪斋印谱

清 Qing GD 中国嘉德
2016-05-16 Lot4278 25.8 × 13.5cm
估价：RMB 25,000-35,000
成交价：RMB 414,000

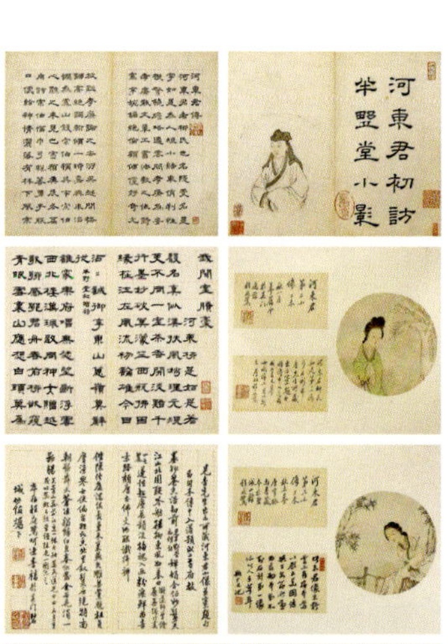

## 余集 程庭鹭 绘 河东君小像册

年代不详 Unknown GD 中国嘉德
2016-05-16 Lot2056 27.5 × 23.8cm
估价：RMB 350,000-450,000
成交价：RMB 805,000

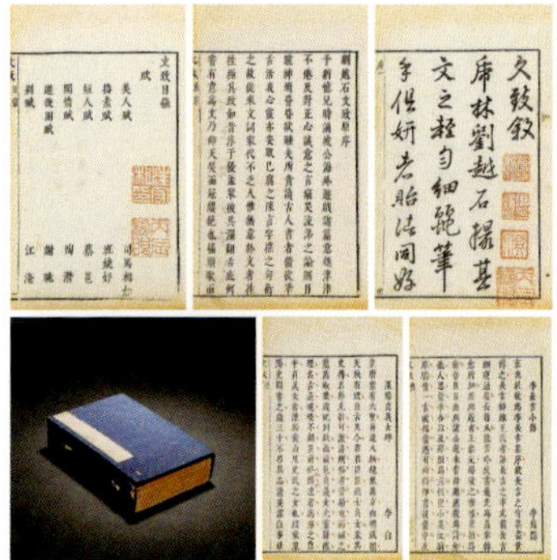

## 文致不分卷

年代不详 Unknown BP 北京保利
2016-06-05 Lot347 26.2 × 17.1cm
估价：RMB 200,000-220,000
成交价：RMB 552,000

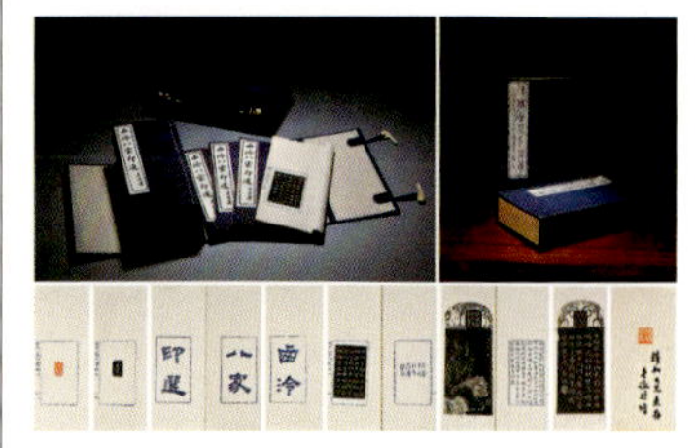

## 丁辅之辑 西泠八家印选

年代不详 Unknown GD 中国嘉德
2016-05-16 Lot4375 28.5 × 11.5cm × 30
估价：RMB 100,000-150,000
成交价：RMB 506,000

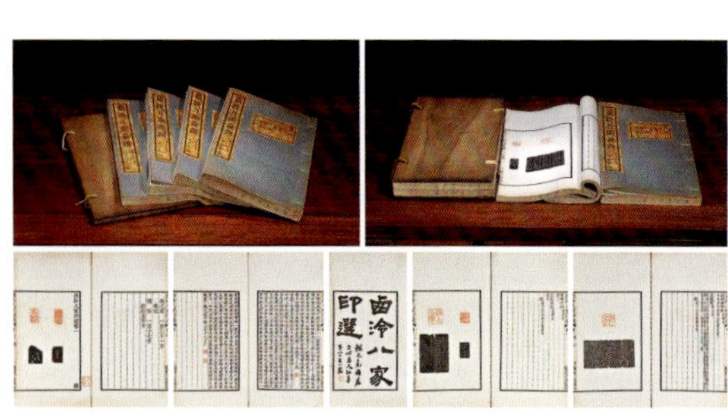

丁辅之辑 西泠八家印选（泓字号）
年代不详 Unknown GD 中国嘉德
2016-05-16 Lot4290 30 × 17.5cm
估价：RMB 250,000-350,000
成交价：RMB 828,000

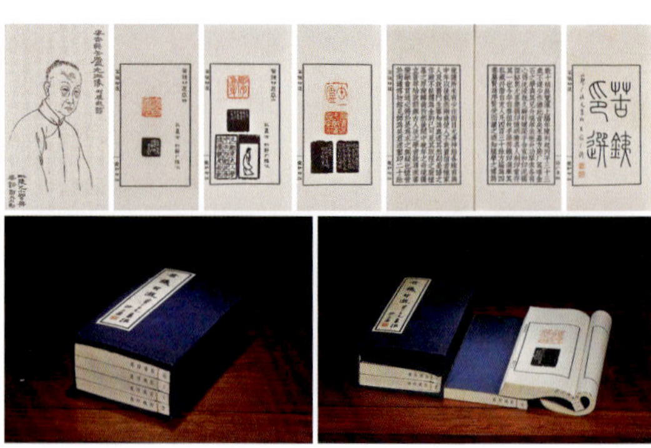

方节盦辑 苦铁印选
年代不详 Unknown GD 中国嘉德
2016-05-16 Lot4313 26.5 × 16cm
估价：RMB 200,000-300,000
成交价：RMB 506,000

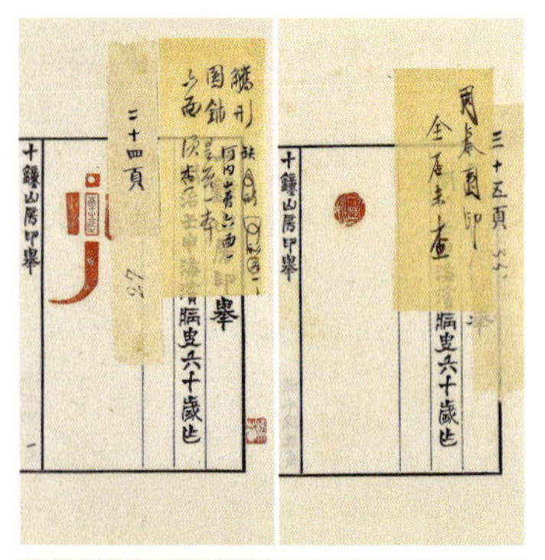

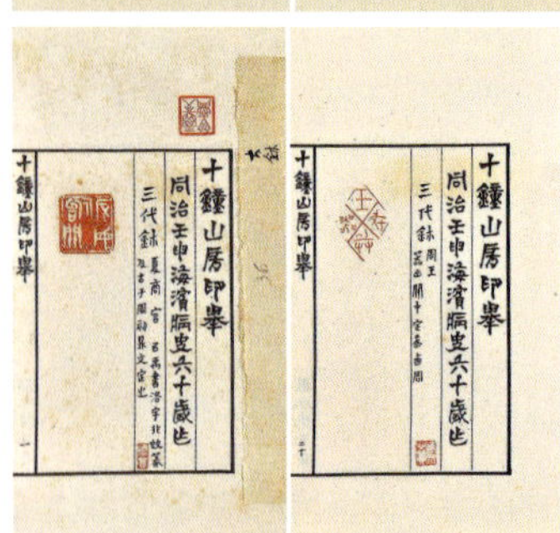

陈介祺 辑《十钟山房印举》稿本
年代不详 Unknown GD 中国嘉德
2016-05-16 Lot2117 11.5 × 19cm
估价：RMB 6,000,000-12,000,000
成交价：RMB 6,900,000

高络园辑 二陈印则
年代不详 Unknown GD 中国嘉德
2016-05-16 Lot4327 20.8 × 8.7cm
估价：RMB 45,000-65,000
成交价：RMB 460,000

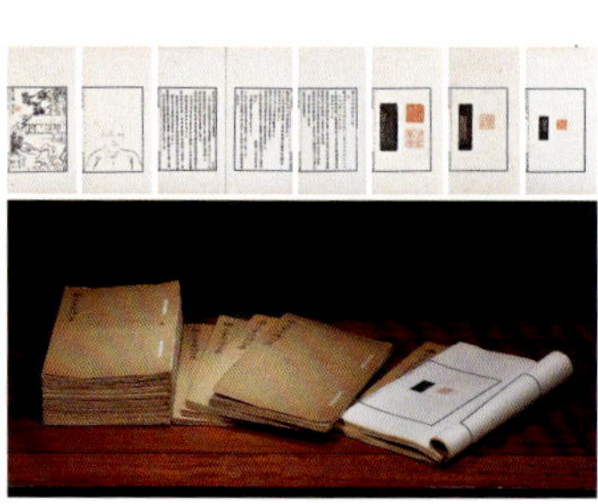

高络园辑 乐只室印选初集
年代不详 Unknown GD 中国嘉德
2016-05-16 Lot4361 27.5 × 14cm
估价：RMB 80,000-120,000
成交价：RMB 460,000

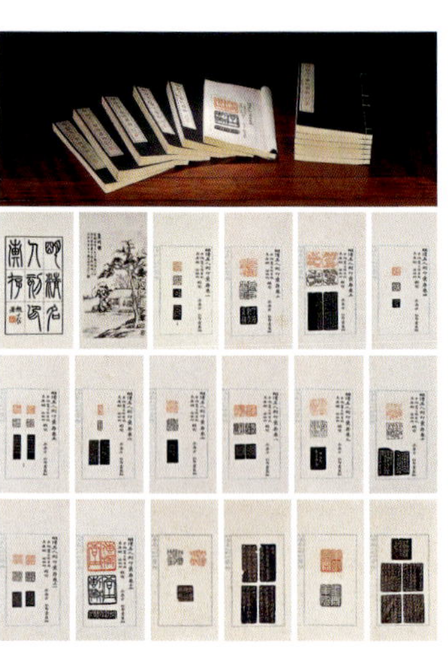

葛昌楹、胡佐卿辑 明清名人刻印汇存
年代不详 Unknown GD 中国嘉德
2016-05-16 Lot4400 29.5 × 16.5cm
估价：RMB 300,000-500,000
成交价：RMB 1,265,000

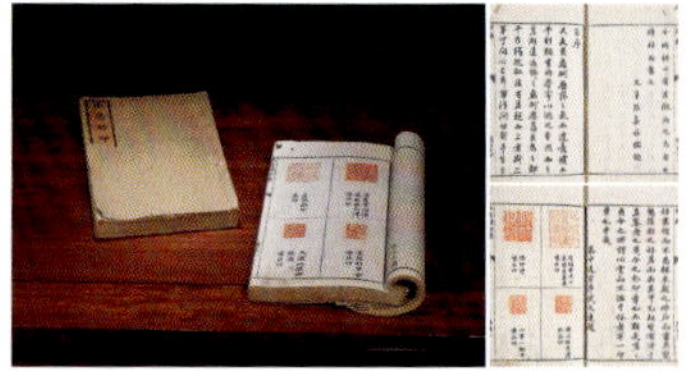

张灏辑 承清馆印谱
明 Ming GD 中国嘉德
2016-05-16 Lot4395 27.4 × 16.8cm
估价：RMB 80,000-120,000
成交价：RMB 1,058,000

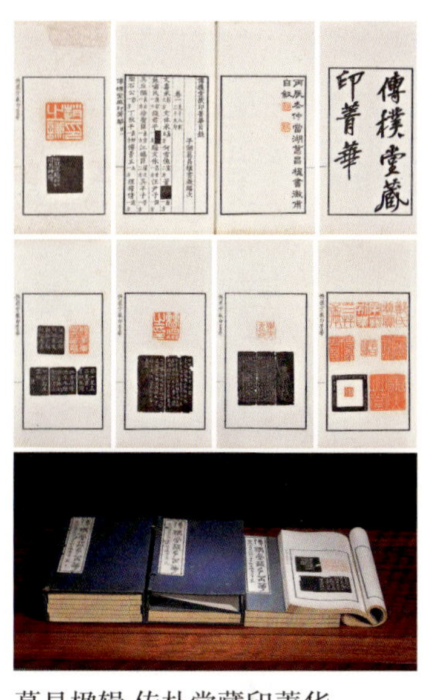


葛昌楹辑 传朴堂藏印菁华
年代不详 Unknown GD 中国嘉德
2016-05-16 Lot4376 20.8 × 16.5cm
估价：RMB 100,000-150,000
成交价：RMB 621,000

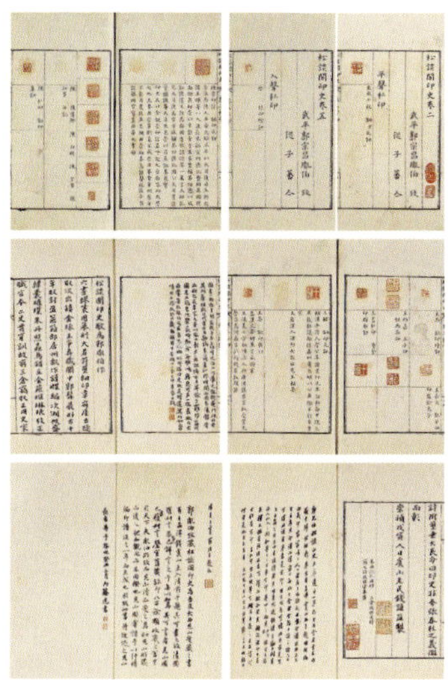

郭宗昌 辑《松谈阁印史》稿本
年代不详 Unknown GD 中国嘉德
2016-05-16 Lot2113 13.8 × 20.9cm
估价：RMB 2,000,000-4,000,000
成交价：RMB 3,105,000

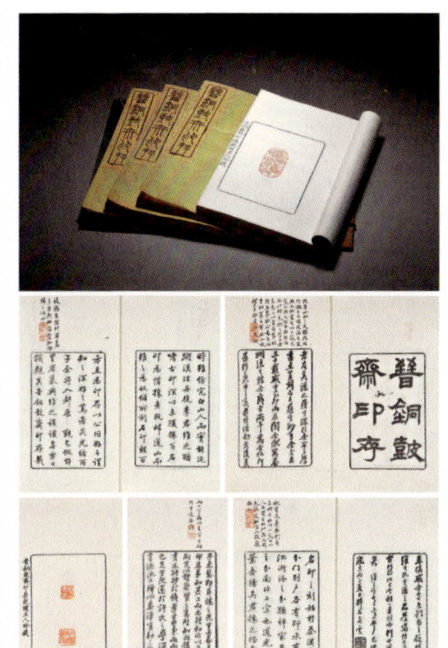


李培桢辑 晋铜鼓斋印存
清 Qing GD 中国嘉德
2016-05-16 Lot4288 26.3 × 15cm
估价：RMB 80,000-120,000
成交价：RMB 437,000

汉君车画像题字
年代不详 Unknown GD 中国嘉德
2016-05-16 Lot2199 138 × 93cm
估价：RMB 100,000-200,000
成交价：RMB 828,000

苏宣辑 苏氏印略
明 Ming GD 中国嘉德
2016-05-16 Lot4382 26.9 × 15.5cm
估价：RMB 200,000-300,000
成交价：RMB 897,000

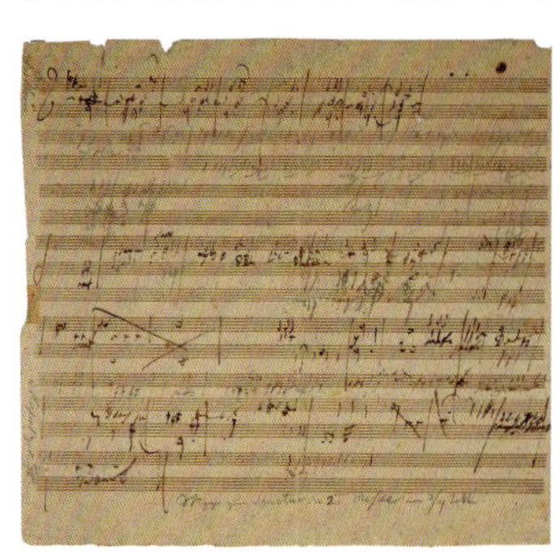

贝多芬《庄严弥撒》创作手稿片段
年代不详 Unknown GD 中国嘉德
2016-05-15 Lot5103 28 × 24cm
估价：RMB 1,700,000-3,000,000
成交价：RMB 2,185,000

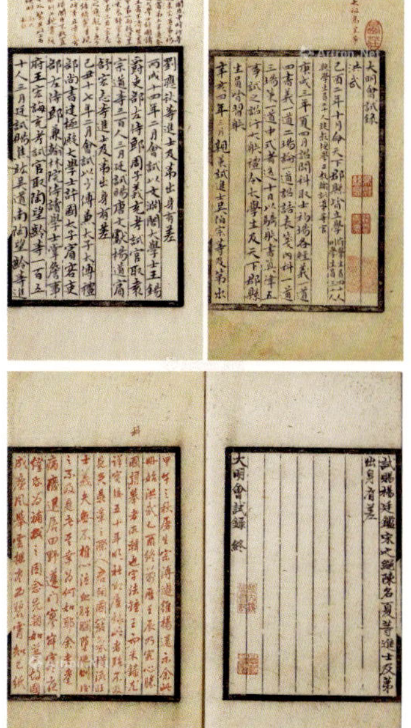

会试录
明 Ming GD 中国嘉德
2016-05-16 Lot2067 15.5 × 21.8cm
估价：RMB 160,000-200,000
成交价：RMB 437,000

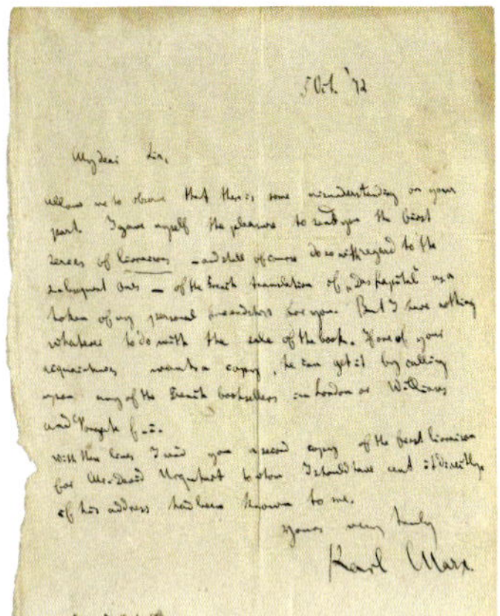

马克思亲笔信函
年代不详 Unknown GD 中国嘉德
2016-05-15 Lot5033 11.3 × 17.4cm
估价：RMB 400,000-1,000,000
成交价：RMB 1,897,500

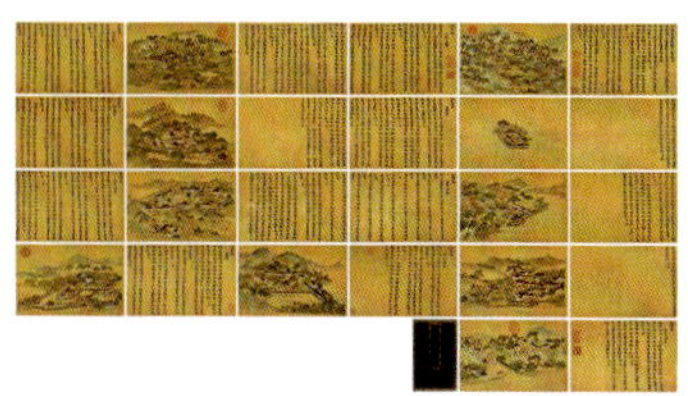

彩绣御制诗文西湖十景图册页
乾隆 Qianlong GD 中国嘉德
2016-11-12 Lot3035 36 × 23cm × 26
估价：RMB 500,000-800,000
成交价：RMB 575,000

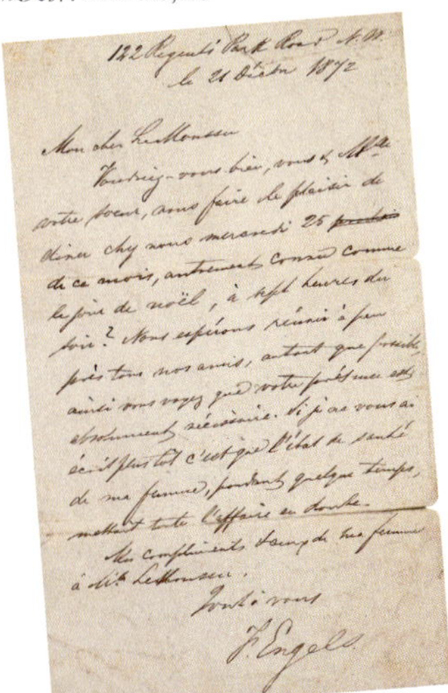

恩格斯 亲笔信函
年代不详 Unknown GD 中国嘉德
2016-11-13 Lot6758 10.7 × 16.8cm
估价：RMB 400,000-1,000,000
成交价：RMB 1,092,500

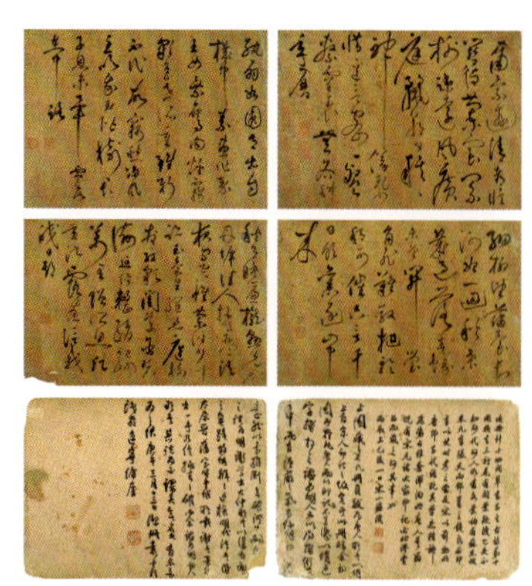

袁金铠（旧藏）佚名书札
年代不详 Unknown GD 中国嘉德
2016-11-14 Lot2037 44 × 29.5cm
估价：RMB 20,000-30,000
成交价：RMB 1,104,000

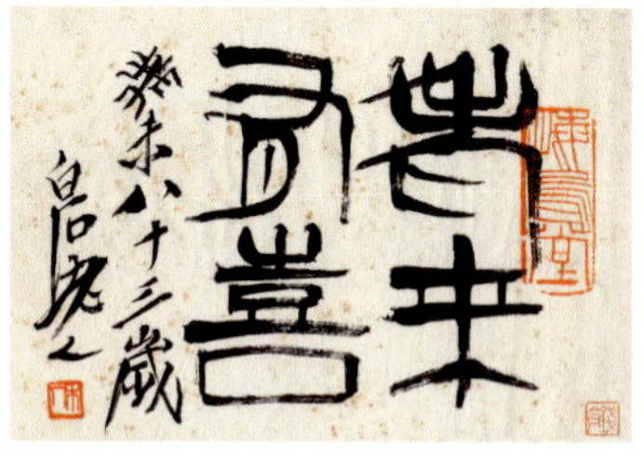

齐白石 书法 老来有喜
年代不详 Unknown GD 中国嘉德
2016-11-14 Lot2384 26 × 17.5cm
估价：无底价
成交价：RMB 862,500

章太炎 篆书 弟子职
年代不详 Unknown GD 中国嘉德
2016-11-14 Lot2264 135.5 × 40cm
估价：RMB 60,000-100,000
成交价：RMB 828,000

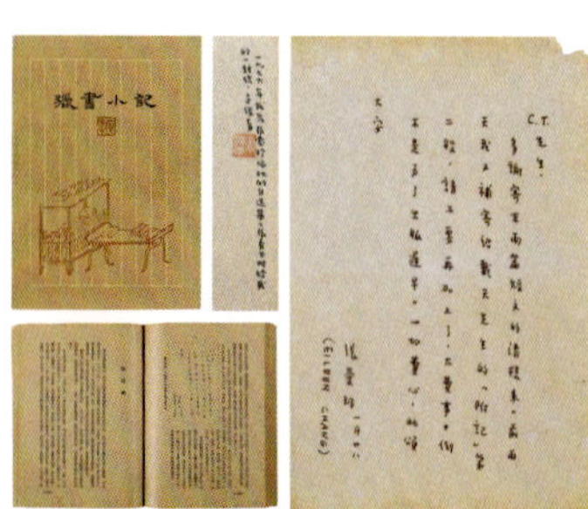

张爱玲 致黄俊东信札
年代不详 Unknown GD 中国嘉德
2016-11-14 Lot2355 14 × 21.5cm
估价：RMB 40,000-60,000
成交价：RMB 805,000

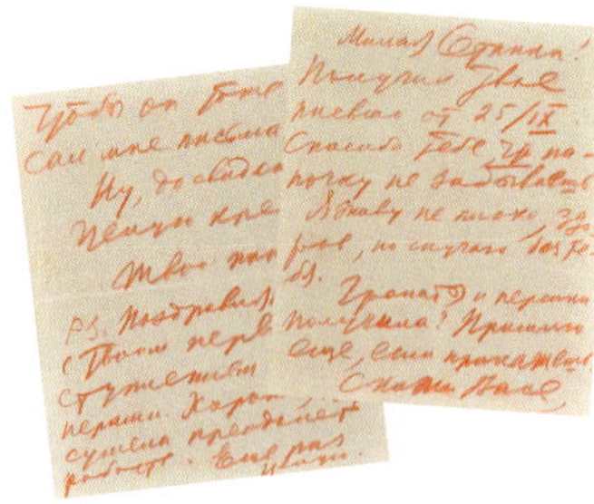

斯大林 致女儿斯维特拉娜家书
年代不详 Unknown GD 中国嘉德
2016-11-13 Lot6757 20 × 16.9cm
估价：RMB 200,000-400,000
成交价：RMB 690,000

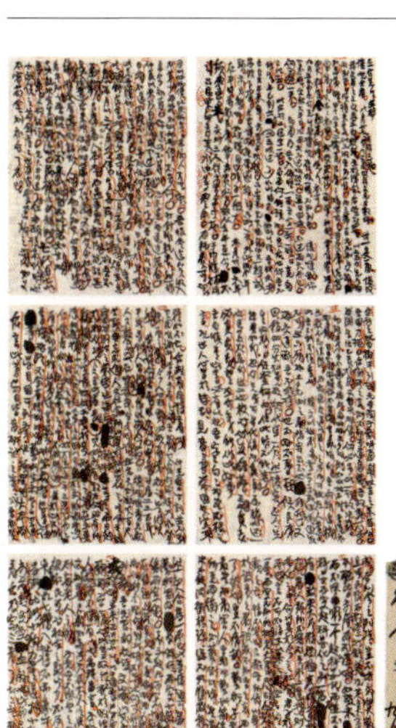

熊十力 致张丕介、徐复观、唐君毅、钱穆、牟宗三信札
年代不详 Unknown GD 中国嘉德
2016-11-14 Lot2214 21.5 × 27.5cm
估价：无底价
成交价：RMB 598,000

舒伯特《F 大调第一弥撒曲》乐谱手稿
年代不详 Unknown GD 中国嘉德
2016-11-13 Lot6741 24 × 31.5cm
估价：RMB 400,000-800,000
成交价：RMB 575,000

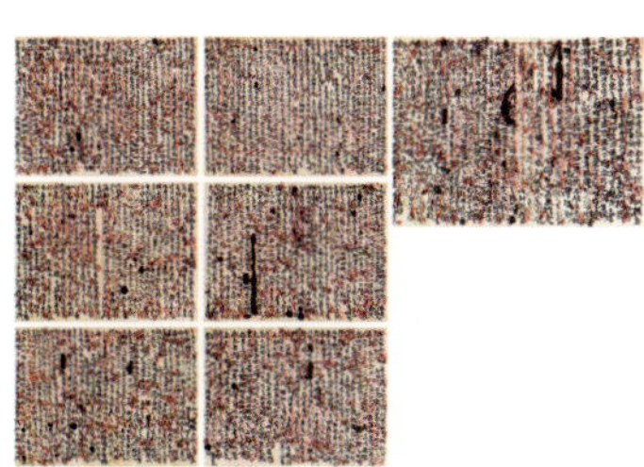

熊十力 致唐君毅、钱穆、徐复观、胡秋原、张丕介信札
年代不详 Unknown GD 中国嘉德
2016-11-14 Lot2218 159.5 × 59cm
估价：无底价
成交价：RMB 552,000

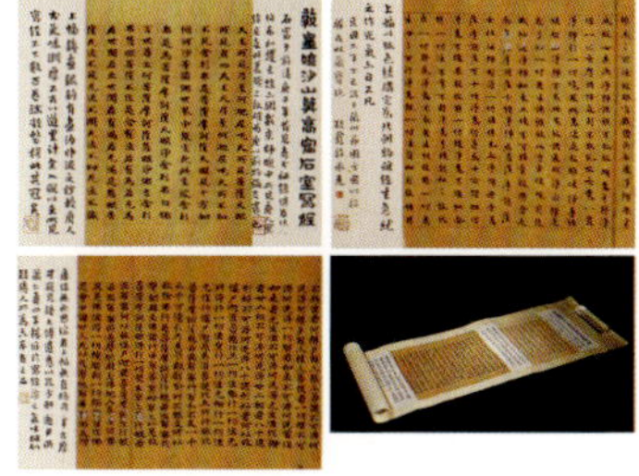

许承尧 跋 敦煌写经残丛
年代不详 Unknown GD 中国嘉德
2016-05-16 Lot2087 96 × 25cm
估价：RMB 150,000-250,000
成交价：RMB 713,000

彼得 保罗 鲁本斯爵士 三個男子的人體結構
年代不详 Unknown S 苏富比
2016-04-05 Lot2831 29.1 × 19.1cm
估价：HKD 4,000,000-6,000,000
成交价：HKD 4,880,000

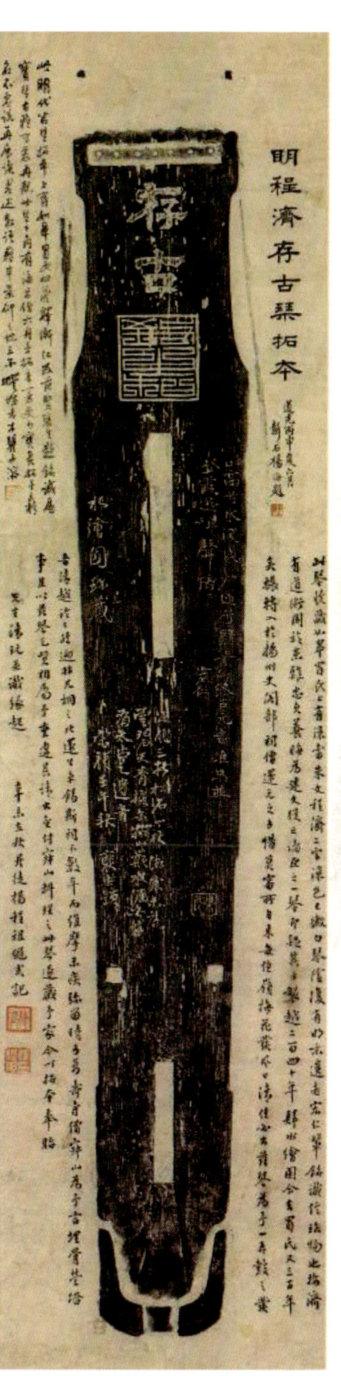


明程济存古琴拓本
清 Qing C 佳士得
2016-03-17 Lot1181 128.1*32.8cm
估价：USD 800-1,200
成交价：USD 87,500

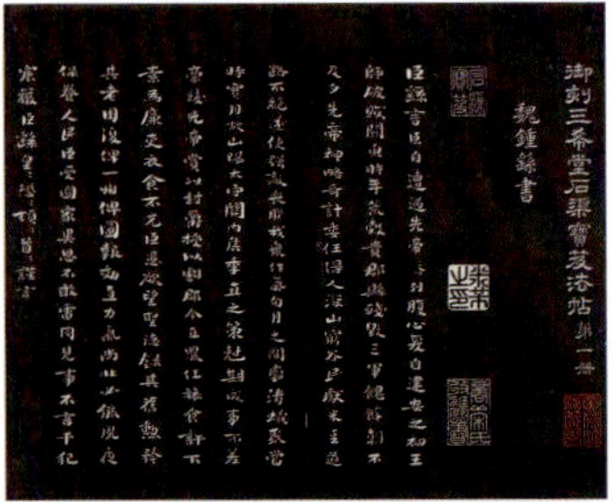

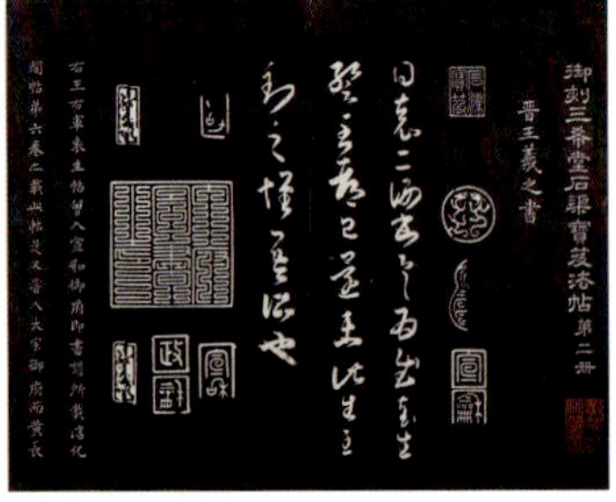

三希堂法帖
年代不详 Unknown GD 中国嘉德
2016-03-27 Lot3418 尺寸不详
估价：RMB 80,000-120,000
成交价：RMB 460,000

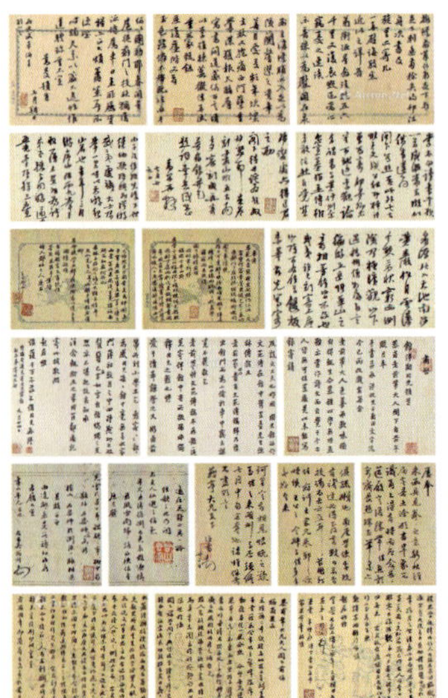

王引之 吴嵩梁 钱维乔 吴锡麒 朱鹤年 陈嵩庆 书札
年代不详 Unknown GD 中国嘉德
2016-05-16 Lot2004 尺寸不一
估价：RMB 150,000-200,000
成交价：RMB 517,500

吴昌硕 簋竹拓画
年代不详 Unknown GD 中国嘉德
2016-05-16 Lot2037 68.5 × 34cm
估价：RMB 400,000-600,000
成交价：RMB 460,000

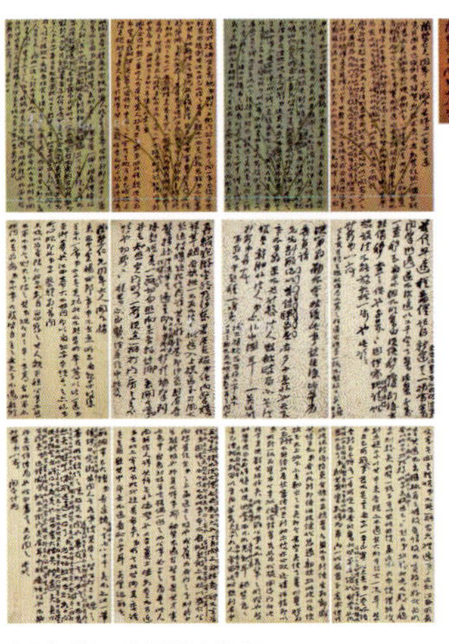

赵之谦 致兰墅书札
年代不详 Unknown GD 中国嘉德
2016-05-16 Lot2023 13 × 24.5cm
估价：RMB 180,000-280,000
成交价：RMB 1,058,000

## 钱币 Currencies

"京"背"行"实首布
春秋，郑 S.&A.,Zheng GD 中国嘉德
2016-05-17 Lot6047 L7.07cm
估价：RMB 300,000-800,000
成交价：RMB 1,150,000

银质半两大钱
秦 Qin D 朵云轩
2016-10-20 Lot920 D6.6cm
估价：RMB 350,000-350,000
成交价：RMB 782,000

"天德重宝"背"殷"
五代，南闽 Five Dy.,S.Min GD 中国嘉德
2016-05-17 Lot6100 D3.41cm
估价：RMB 280,000-400,000
成交价：RMB 391,000

哲宗“绍圣重宝”隶书
北宋 N.Song GD 中国嘉德
2016-11-15 Lot5256 D2.93cm
估价：RMB 300,000-400,000
成交价：RMB 345,000

“至元十四年 行中书”背阴文“元宝”五十两银铤
元 Yuan GD 中国嘉德
2016-05-17 Lot5336 W1902g
估价：RMB 530,000-650,000
成交价：RMB 609,500

至元通行宝钞贰贯一枚
元 Yuan BC 北京诚轩
2016-11-15 Lot1001 30×22cm
估价：RMB 300,000-400,000
成交价：RMB 437,000

“至元十四年 扬州 两浙运司盐”背阴文“元宝”五十两银铤
元 Yuan GD 中国嘉德
2016-11-15 Lot5609 W1909g
估价：RMB 200,000-500,000
成交价：RMB 425,500

“合阳县”五十两银锭
明 Ming GD 中国嘉德
2016-11-15 Lot5530 W1875g
估价：RMB 200,000-350,000
成交价：RMB 333,500

大明元宝四十八两
明 Ming AS 中国艺海
2016-01-21 Lot3076 H7cm
估价：HKD 350,000-700,000
成交价：HKD 385,000

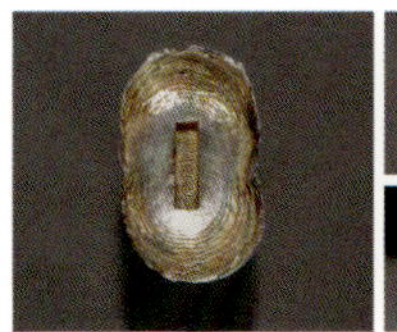

“龙江西新关”单戳十两银锭一枚
清早期 Early Qing BC 北京诚轩
2016-11-14 Lot1594 W355.3g
估价：RMB 300,000-350,000
成交价：RMB 345,000

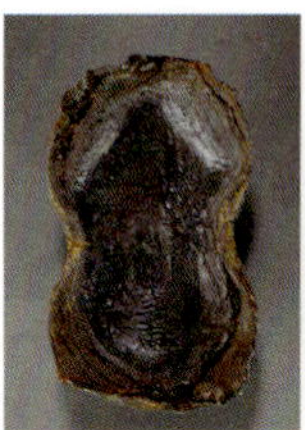

湖北“康熙四十一年分 襄阳县 银匠毛子成 粮银五十两”银锭一枚
清 Qing BC 北京诚轩
2016-11-14 Lot1582 W1830.4g
估价：RMB 350,000-400,000
成交价：RMB 402,500

“大康六年”铜钱一枚
年代不详 Unknown BP 北京保利
2016-06-04 Lot12255 D4.8cm
估价：RMB 160,000-300,000
成交价：RMB 230,000

江西“丰城县 乾隆伍拾贰年肆月 匠万裕 伍拾两”方宝一枚
清 Qing BC 北京诚轩
2016-05-16 Lot1594 尺寸不详
估价：RMB 200,000-300,000
成交价：RMB 391,000

**十两金锭一枚**
乾隆 Qianlong GD 中国嘉德
2016-11-15 Lot5525 W370g
估价：RMB 250,000-450,000
成交价：RMB 460,000

**祺祥通宝**
清 Qing D 朵云轩
2016-10-20 Lot1033 D2cm
估价：RMB 250,000-250,000
成交价：RMB 322,000

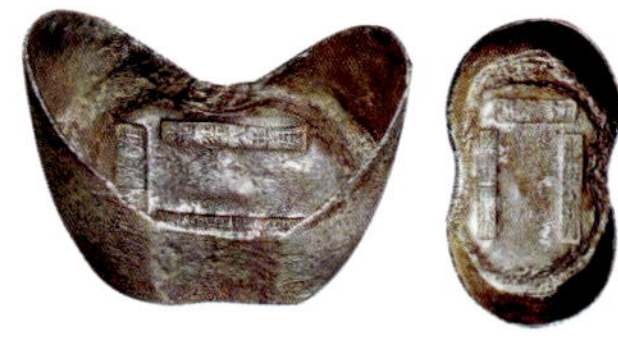

**湖北“江汉关 光绪八年月 乾裕号匠蔡春”三排戳五十两银锭**
清 Qing GD 中国嘉德
2016-05-17 Lot5345 W1866g
估价：RMB 200,000-250,000
成交价：RMB 322,000

**北洋机器局造五角银币一枚**
光绪，1896 年 Guangxu，1896 BC 北京诚轩
2016-11-14 Lot2128 尺寸不详
估价：RMB 500,000-800,000
成交价：RMB 966,000

**北洋机器局造壹圆银币一枚**
光绪，1898 年 Guangxu，1898 BC 北京诚轩
2016-11-14 Lot2136 尺寸不详
估价：RMB 120,000-180,000
成交价：RMB 437,000

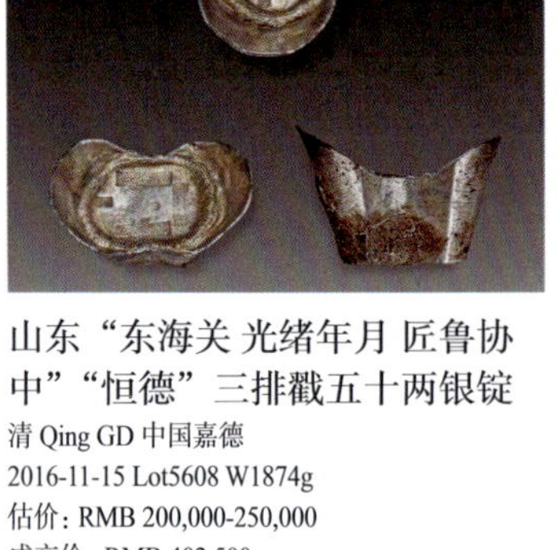

**山东“东海关 光绪年月 匠鲁协中”“恒德”三排戳五十两银锭**
清 Qing GD 中国嘉德
2016-11-15 Lot5608 W1874g
估价：RMB 200,000-250,000
成交价：RMB 402,500

**“咸丰元宝宝泉星月当千”母钱一枚**
清 Qing BP 北京保利
2016-06-04 Lot12318 D6.15cm
估价：RMB 250,000-300,000
成交价：RMB 287,500

**中外通宝一钱银币样币一枚**
1858 年 1858 BC　北京诚轩
2016-05-16 Lot2452 尺寸不详
估价：RMB 250,000-350,000
成交价：RMB 379,500

**广东省造光绪元宝库平七钱三分银币样币一枚**
1889 年 1889 BC　北京诚轩
2016-05-16 Lot2033 尺寸不详
估价：RMB 250,000-350,000
成交价：RMB 287,500

**陕西省造光绪元宝库平一钱四分四厘银币样币一枚**
1898 年 1898 BC　北京诚轩
2016-05-16 Lot2288 尺寸不详
估价：RMB 300,000-500,000
成交价：RMB 437,000

**陕西省造光绪元宝库平三分六厘银币样币一枚**
1898 年 1898 BC 北京诚轩
2016-11-14 Lot2092 尺寸不详
估价：RMB 300,000-400,000
成交价：RMB 667,000

戊戌江南省造光绪元宝库平七钱二分银币一枚

1898 年 1898 BC 北京诚轩
2016-11-14 Lot1971 尺寸不详
估价：RMB 30,000-50,000
成交价：RMB 425,500

浙江省造光绪元宝库平七钱二分银币样币一枚

1902 年 1902 BC 北京诚轩
2016-11-14 Lot2010 尺寸不详
估价：RMB 5,500,000-7,500,000
成交价：RMB 6,325,000

己亥江南省造光绪元宝库平三钱六分银币一枚

1899 年 1899 BC 北京诚轩
2016-11-14 Lot1973 尺寸不详
估价：RMB 800,000-1,500,000
成交价：RMB 1,552,500

浙江省造光绪元宝当十铜币样币一枚

1902 年 1902 BC 北京诚轩
2016-11-14 Lot2020 尺寸不详
估价：RMB 500,000-600,000
成交价：RMB 575,000

北洋光绪元宝库平一两银币样币一枚

光绪，1907 年 Guangxu，1907 BC 北京诚轩
2016-11-14 Lot2127 尺寸不详
估价：RMB 680,000-800,000
成交价：RMB 943,000

天津都统衙门制金质勋章

1901 年 1901 GD 中国嘉德
2016-11-15 Lot5849 尺寸不详
估价：RMB 250,000-500,000
成交价：RMB 345,000

湖北省造大清银币库平一两一枚

光绪，1904 年 Guangxu，1904 BC 北京诚轩
2016-11-14 Lot1940 尺寸不详
估价：RMB 150,000-200,000
成交价：RMB 391,000

大清金币库平一两龙图单面银质样币一枚

光绪，1907 年 Guangxu，1907 BC 北京诚轩
2016-11-14 Lot1679 尺寸不详
估价：RMB 300,000-400,000
成交价：RMB 345,000

天津“津海关 裕丰官银号 光绪年月日”“匠伍世才”三排戳五十两银锭
清 Qing GD 中国嘉德
2016-11-15 Lot5576 W1859g
估价：RMB 380,000-600,000
成交价：RMB 437,000

陕西省造光绪元宝库平三钱六分银币样币一枚
1898 年 1898 BC 北京诚轩
2016-05-16 Lot2287 尺寸不详
估价：RMB 600,000-800,000
成交价：RMB 1,437,500

北洋造光绪元宝库平七钱二分银币一枚
光绪，1907 年 Guangxu，1907 BC 北京诚轩
2016-11-14 Lot2141 尺寸不详
估价：RMB 120,000-180,000
成交价：RMB 414,000

安徽省造光绪元宝库平七钱二分银币一枚
光绪，1898 年 Guangxu,1898 BC 北京诚轩
2016-05-16 Lot2090 尺寸不详
估价：RMB 50,000-80,000
成交价：RMB 218,500

户部光绪元宝库平五钱银币样币一枚
光绪，1903 年 Guangxu,1903 BC 北京诚轩
2016-05-16 Lot1732 尺寸不详
估价：RMB 320,000-350,000
成交价：RMB 368,000

湖北省造大清银币库平一两一枚
光绪，1904 年 Guangxu,1904 BC 北京诚轩
2016-05-16 Lot2062 尺寸不详
估价：RMB 80,000-150,000
成交价：RMB 218,500

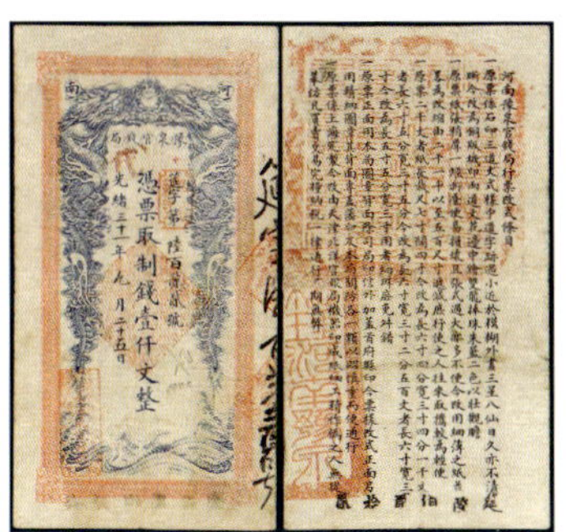

河南豫泉官钱局制钱票壹仟文一枚
光绪，1905 年 Guangxu,1905 BC　北京诚轩
2016-05-17 Lot1142 尺寸不详
估价：RMB 700,000-900,000
成交价：RMB 805,000

新疆喀什道大清银币湘平弍两一枚
1907 年 1907 BC　北京诚轩
2016-05-16 Lot2483 尺寸不详
估价：RMB 190,000-220,000
成交价：RMB 437,000

己酉大清铜币二文鎏金样币一枚
1909 年 1909 BC 北京诚轩
2016-11-14 Lot1664 尺寸不详
估价：RMB 300,000-400,000
成交价：RMB 345,000

大清银币“反龙”版壹圆样币一枚
宣统，1911 年 Xuantong，1911 BC 北京诚轩
2016-11-14 Lot1678 尺寸不详
估价：RMB 400,000-500,000
成交价：RMB 747,500

褚玉璞像背双旗四月七日周年纪念银币一枚
1927 年 1927 BC 北京诚轩
2016-11-14 Lot1781 尺寸不详
估价：RMB 600,000-700,000
成交价：RMB 690,000

满洲中央银行一千元
1932 年 1932 AS 中国艺海
2016-01-21 Lot3026 尺寸不详
估价：HKD 750,000-1,500,000
成交价：HKD 825,000

大清银币“反龙”版壹圆样币一枚
宣统，1911 年 Xuantong,1911 BC　北京诚轩
2016-05-16 Lot1751 尺寸不详
估价：RMB 350,000-500,000
成交价：RMB 770,500

大清银币“长须龙”版壹圆样币一枚
宣统，1911 年 Xuantong,1911 BC　北京诚轩
2016-05-16 Lot1750 尺寸不详
估价：RMB 400,000-600,000
成交价：RMB 632,500

大清银币“立龙”伍角样币一枚
宣统，1911 年 Xuantong,1911 BC　北京诚轩
2016-05-16 Lot1741 尺寸不详
估价：RMB 260,000-320,000
成交价：RMB 333,500

江西“万载县 光绪式拾柒年正月伍拾两 匠刘德”方宝一枚
清 Qing BC　北京诚轩
2016-05-16 Lot1593 W1875g
估价：RMB 180,000-200,000
成交价：RMB 207,000

孙中山像开国纪念弍角背“十枚当一圆”银币一枚

1912年 1912 BC 北京诚轩
2016-05-16 Lot1771 尺寸不详
估价：RMB 100,000-150,000
成交价：RMB 368,000

李鸿章像大清银行兑换券加盖改作中国银行兑换券拾圆一枚

民国，1912年 Republic Period,1912 BC 北京诚轩
2016-05-17 Lot1069 尺寸不详
估价：RMB 100,000-200,000
成交价：RMB 287,500

中华民国共和纪念“L.GIORGI”签字版十文铜币试铸样币一枚

1914年 1914 BC 北京诚轩
2016-05-16 Lot1851 尺寸不详
估价：RMB 100,000-200,000
成交价：RMB 264,500

袁世凯像共和纪念壹圆银币一枚

1914年 1914 BC 北京诚轩
2016-05-16 Lot1850 尺寸不详
估价：RMB 100,000-150,000
成交价：RMB 230,000

洪宪纪元袁世凯像飞龙纪念“L.GIORGI”签字版银币样币一枚

1916年 1916 BC 北京诚轩
2016-05-16 Lot1867 尺寸不详
估价：RMB 1,500,000-2,000,000
成交价：RMB 1,782,500

嘉禾圆孔“GIORGI”签字版壹分铜币试铸样币一枚

民国，1916年 Republic Period,1916 BC 北京诚轩
2016-05-16 Lot1813 尺寸不详
估价：RMB 350,000-400,000
成交价：RMB 563,500

龙凤壹圆银币一枚

民国，1923年 Republic Period,1923 BC 北京诚轩
2016-05-16 Lot1820 尺寸不详
估价：RMB 120,000-180,000
成交价：RMB 310,500

段祺瑞像中华民国执政纪念银币一枚

1924年 1924 BC 北京诚轩
2016-05-16 Lot1861 尺寸不详
估价：RMB 100,000-150,000
成交价：RMB 230,000

察哈尔造中华铜币背嘉禾“双枚”试铸样币一枚

民国，1924年 Republic Period,1924 BC 北京诚轩
2016-05-16 Lot2400 尺寸不详
估价：RMB 200,000-250,000
成交价：RMB 293,250

张作霖戎装像陆海军大元帅纪念银币样币一枚
民国，1926 年 Republic Period,1926 BC 北京诚轩
2016-05-16 Lot1862 尺寸不详
估价：RMB 600,000-800,000
成交价：RMB 690,000

金本位币贰仙镍质样币一枚
民国，1932 年 Republic Period,1932 BC 北京诚轩
2016-05-16 Lot1818 尺寸不详
估价：RMB 80,000-100,000
成交价：RMB 218,500

孙中山像背帆船下三鸟金本位壹圆铜质样币一枚
1932 年 1932 BC 北京诚轩
2016-11-14 Lot1750 尺寸不详
估价：RMB 200,000-300,000
成交价：RMB 379,500

中华民国二十五年五拾枚嘉禾铜元样币
1936 年 1936 GD 中国嘉德
2016-11-15 Lot5807 尺寸不详
估价：RMB 400,000-800,000
成交价：RMB 575,000

纸币一组
民国 Republic Period AS 中国艺海
2016-01-21 Lot3007 尺寸不详
估价：HKD 900,000-1,800,000
成交价：HKD 550,000

第一版人民币一组五十四枚
年代不详 Unknown GD 中国嘉德
2016-11-15 Lot6583 尺寸不详
估价：RMB 170,000-250,000
成交价：RMB 333,500

第一版人民币壹万圆“牧马”一枚
1951 年 1951 BC 北京诚轩
2016-11-15 Lot1391 尺寸不详
估价：RMB 2,000,000-2,500,000
成交价：RMB 2,760,000

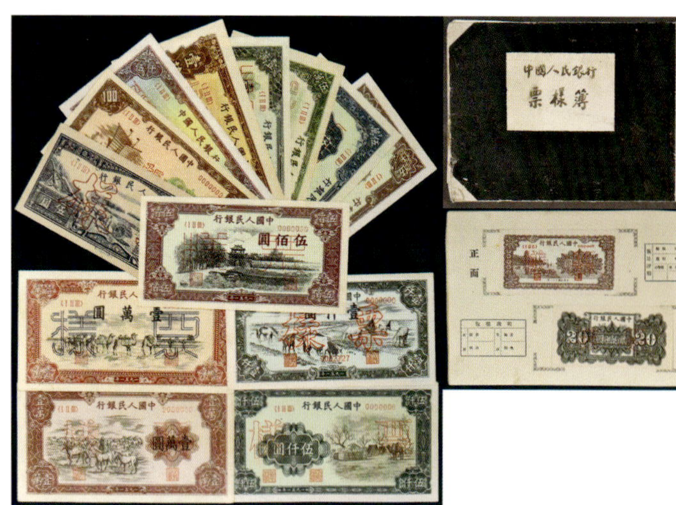

第一版人民币样票大全套一组六十种

年代不详 Unknown GD 中国嘉德

2016-11-15 Lot6629 尺寸不详

估价：RMB 1,100,000-1,500,000

成交价：RMB 1,265,000

第二版人民币硬分币毛泽东像未采用稿试铸样币一组二十八枚

1968 年 -1969 年 1968-1969 BC 北京诚轩

2016-11-14 Lot1871 尺寸不详

估价：咨询价

成交价：RMB 8,970,000

第二版人民币硬分币未采用稿试铸样币 1 分、2 分、5 分各一枚

1969 年 1969 BC 北京诚轩

2016-11-14 Lot1870 尺寸不详

估价：RMB 450,000-550,000

成交价：RMB 805,000

第二版人民币硬分币“工农学”未采用稿试铸样币 1 分、2 分、5 分各一枚

1975 年 1975 BC 北京诚轩

2016-11-14 Lot1869 尺寸不详

估价：RMB 300,000-500,000

成交价：RMB 943,000

孙中山像背帆船壹圆小型银币样币一枚

民国，1936 年 Republic Period,1936 BC 北京诚轩

2016-05-16 Lot1844 尺寸不详

估价：RMB 100,000-150,000

成交价：RMB 207,000

第二版人民币硬分币“农作物”未采用稿试铸样币 1 分、2 分、5 分各一枚

1975 年 1975 BC 北京诚轩
2016-05-16 Lot1981 尺寸不详
估价：RMB 200,000-300,000
成交价：RMB 1,035,000

第二版人民币硬分币“工农学”未采用稿试铸样币 1 分、2 分、5 分二套计六枚

1975 年 1975 BC 北京诚轩
2016-05-16 Lot1980 尺寸不详
估价：RMB 500,000-800,000
成交价：RMB 2,530,000

第二版人民币硬分币毛泽东像未采用稿试铸样币伍分一枚

1969 年 1969 BC 北京诚轩
2016-05-16 Lot1979 尺寸不详
估价：RMB 30,000-50,000
成交价：RMB 207,000

不同种类国库券样票七十八枚大全套

1981-1997 年 1981-1997 BC 北京诚轩
2016-05-17 Lot1452 尺寸不详
估价：RMB 300,000-350,000
成交价：RMB 345,000

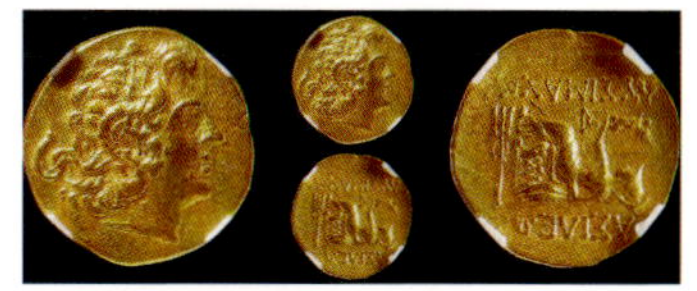

古希腊名品 - 叙拉古城十德拉克马大银币一枚

年代不详 Unknown BP 北京保利
2016-06-04 Lot12061 尺寸不详
估价：RMB 200,000-300,000
成交价：RMB 230,000

# 织品 Textile

黄色缎绣彩云金龙纹十二章龙袍
嘉庆 Jiaqing BP 北京保利
2016-06-07 Lot8268 194 × 152cm
估价：RMB 850,000-1,200,000
成交价：RMB 977,500

明黄纳纱绣十二章女龙袍
同治 Tongzhi BD 北京东正
2016-05-15 Lot623 139 × 136cm
估价：RMB 400,000-500,000
成交价：RMB 713,000

石青地缂丝金云龙团仙鹤纹朝袍
清，19 世纪末 Qing,Late 19th Century C 佳士得
2016-11-11 Lot724 尺寸不详
估价：GBP 7,000-10,000
成交价：GBP 13,750

绛色绸绣彩云金龙纹棉龙袍
清晚期 Late Qing BP 北京保利
2016-06-07 Lot8270 215 × 137cm
估价：RMB 280,000-380,000
成交价：RMB 322,000

石青地绣龙纹朝褂
清，19 世纪 Qing,19th Century C 佳士得
2016-03-17 Lot1381 L136.5cm
估价：USD 30,000-50,000
成交价：USD 87,500

明黄色绸绣云龙纹缂丝小龙袍
清晚期 Late Qing Z 北京中汉
2016-11-13 Lot176 L74cm;H42cm
估价：RMB 10,000-20,000
成交价：RMB 46,000

蓝色绸绣云龙纹龙袍
清晚期 Late Qing BP 北京保利
2016-06-07 Lot8266 220 × 138cm
估价：RMB 180,000-280,000
成交价：RMB 207,000

石青地纳纱文官五品补服
清，19 世纪 Qing,19th Century C 佳士得
2016-11-11 Lot719 尺寸不详
估价：GBP 1,000-2,000
成交价：GBP 3,500

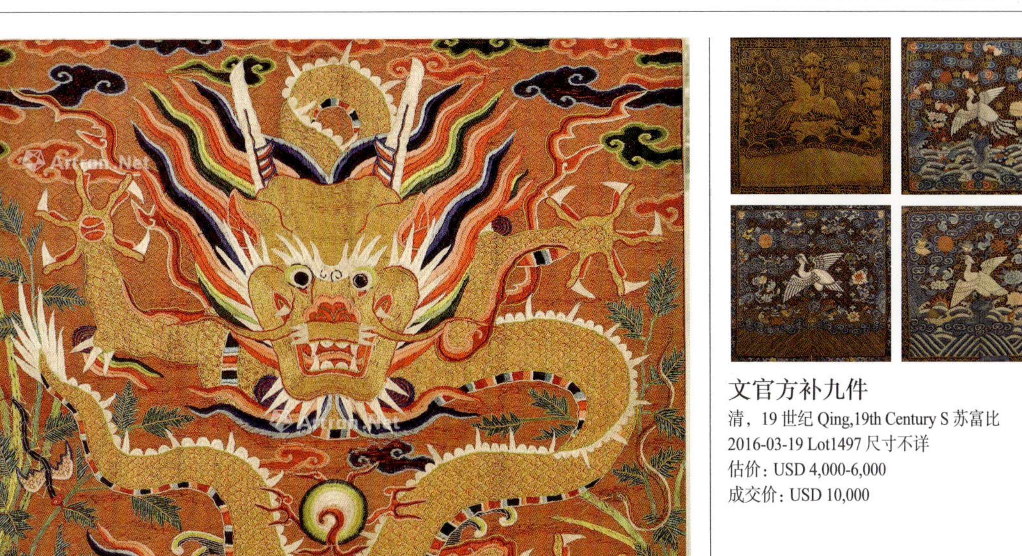

撒线绣“虎镇五毒”端午节正龙方补
万历 Wanli BD 北京东正
2016-05-15 Lot662 29.5×29.5cm
估价：RMB 350,000-500,000
成交价：RMB 690,000

文官方补九件
清，19 世纪 Qing,19th Century S 苏富比
2016-03-19 Lot1497 尺寸不详
估价：USD 4,000-6,000
成交价：USD 10,000

文官补子及刺绣片（一组十一件）
清，19-20 世纪初 Qing,19th Century-Early 20th Century C 佳士得
2016-11-11 Lot776 尺寸不详
估价：GBP 2,000-4,000
成交价：GBP 3,500

石青地刺绣龙纹圆补（一组三件）
乾隆 - 嘉庆 Qianlong-Jiaqing C 佳士得
2016-11-11 Lot774 尺寸不详
估价：GBP 4,000-8,000
成交价：GBP 8,750

文官方补八件
清，19 世纪 Qing,19th Century S 苏富比
2016-03-19 Lot1496 尺寸不详
估价：USD 5,000-7,000
成交价：USD 9,375

宫廷绣团龙纹仪仗甲胄一副
清晚期 Late Qing S 苏富比
2016-09-13 Lot374 尺寸不详
估价：USD 20,000-30,000
成交价：USD 50,000

青色绸绣八团仙鹤花蝶纹吉服褂
清晚期 Late Qing BP 北京保利
2016-06-07 Lot8305 180×139cm
估价：RMB 180,000-280,000
成交价：RMB 207,000

蓝色织锦二龙戏珠吉服
19 世纪 19th Century C 佳士得
2016-05-13 Lot586 尺寸不详
估价：GBP 4,000-6,000
成交价：GBP 3,750

铺金地彩绣“五伦图”挂屏
明 Ming BD 北京东正
2016-11-11 Lot1236 155×200cm
估价：咨询价
成交价：RMB 5,175,000

蓝色织锦二龙戏珠吉服
19 世纪 19th Century C 佳士得
2016-05-13 Lot588 尺寸不详
估价：GBP 3,000-5,000
成交价：GBP 6,500

蓝色织金妆花缎女棉朝袍
雍正 Yongzheng BD 北京东正
2016-05-15 Lot624 189×130cm
估价：RMB 300,000-400,000
成交价：RMB 368,000

石青地云龙盘长纹吉服袍
清，19 世纪 Qing,19th Century C 佳士得
2016-11-11 Lot720 尺寸不详
估价：GBP 1,500-2,500
成交价：GBP 3,500

紫地缂丝龙纹吉服袍及紫地织锦龙纹吉服袍（一组两件）
清，19 世纪 Qing,19th Century C 佳士得
2016-11-11 Lot721 尺寸不详
估价：GBP 2,500-4,000
成交价：GBP 6,250

红地缂丝团花蝶纹女袍
清，19 世纪 Qing,19th Century C 佳士得
2016-11-11 Lot725 尺寸不详
估价：GBP 3,000-5,000
成交价：GBP 6,875

香色缎绣暗八仙云龙纹吉服
清，19 世纪 Qing,19th Century S 苏富比
2016-09-17 Lot983 尺寸不详
估价：USD 5,000-7,000
成交价：USD 6,250

石青地纳纱九龙纹吉服袍料
清，19 世纪 Qing,19th Century C 佳士得
2016-11-11 Lot784 H662 × W71cm
估价：GBP 2,000-4,000
成交价：GBP 3,500

孔雀绿地缂丝蝴蝶花卉纹女袍
清，19 世纪 Qing,19th Century C 佳士得
2016-11-11 Lot729 尺寸不详
估价：GBP 2,500-3,500
成交价：GBP 5,250

红地刺绣团八吉祥花卉纹婚袍
清，19 世纪 Qing,19th Century C 佳士得
2016-11-11 Lot727 尺寸不详
估价：GBP 1,500-2,500
成交价：GBP 6,875

明黄织锦地龙纹吉服袍料
清，19 世纪初 Qing,Early 19th Century C 佳士得
2016-11-11 Lot733 266 × 208cm
估价：GBP 3,000-5,000
成交价：GBP 6,250

湖绿地缂丝冰梅纹满式袷氅衣
道光 Daoguang BD 北京东正
2016-05-15 Lot621 143 × 124cm
估价：RMB 80,000-100,000
成交价：RMB 218,500

蓝地绛丝秋海棠纹满式袷衬衣
道光 Daoguang BD 北京东正
2016-05-15 Lot622 139 × 136cm
估价：RMB 80,000-100,000
成交价：RMB 276,000

湖绿色缎绣团鹤花卉纹衬衣
清晚期 Late Qing BP 北京保利
2016-06-07 Lot8290 132 × 142cm
估价：RMB 180,000-280,000
成交价：RMB 207,000

红地女袍及裙装（一组四件）
清，19 世纪 Qing,19th Century C 佳士得
2016-11-11 Lot737 尺寸不详
估价：GBP 1,500-2,500
成交价：GBP 13,750

朱红描金银龙戏珠纹斗方绢 97 张（黑漆描金团龙纹斗方盒）
乾隆 Qianlong SUN 中贸圣佳
2016-11-15 Lot1477 64 × 64cm
估价：RMB 1,600,000-2,000,000
成交价：RMB 4,197,500

石青地瓜瓞绵绵纹女袍及乳白地刺绣花蝶纹外套（一组两件）
约 1900 年及 20 世纪初 Circa 1900 or Early 20th Century C 佳士得
2016-11-11 Lot790 尺寸不详
估价：GBP 1,200-1,800
成交价：GBP 5,000

蓝地团人物图女袍及裙装（一组四件）
清，19 世纪 Qing,19th Century C 佳士得
2016-11-11 Lot739 尺寸不详
估价：GBP 1,500-2,500
成交价：GBP 30,000

黄地丝绣龙纹额叶
19 世纪 19th Century C 佳士得
2016-05-13 Lot575 84 × 144cm
估价：GBP 3,000-5,000
成交价：GBP 4,000

黄地折枝牡丹纹绸缎
清晚期 Late Qing BO 邦瀚斯
2016-11-10 Lot122 797 × 63cm
估价：GBP 4,000-6,000
成交价：GBP 5,000

**盘金属丝九龙纹毯**

清，19 世纪末 Qing,Late 19th Century C 佳士得
2016-03-17 Lot1388 360.8cm × 266.7cm
估价：USD 30,000-50,000
成交价：USD 125,000

**织绣云龙纹椅披（四条）**

清 Qing SUN 中贸圣佳
2016-05-16 Lot1225 L158.8cm;W51.5cm
估价：RMB 200,000-250,000
成交价：RMB 230,000

**盘银金属丝九龙纹毯**

清，19 世纪末 Qing,Late 19th Century C 佳士得
2016-03-17 Lot1387 252.7cm × 152.4cm
估价：USD 12,000-18,000
成交价：USD 50,000

**黄绒地莲纹毯**

清晚期 Late Qing C 佳士得
2016-03-17 Lot1385 324cm189.8cm
估价：USD 8,000-12,000
成交价：USD 35,000

**“乾清宫御用”丝织金银线地毯**

清 Qing BP 北京保利
2016-06-06 Lot7490 L282cm;W187cm
估价：RMB 800,000-1,200,000
成交价：RMB 1,092,500

**编织“中和殿备用”九龙赶珠纹地毯**

清晚期 Late Qing BO 邦瀚斯
2016-11-10 Lot135 247 × 156cm
估价：GBP 30,000-40,000
成交价：GBP 27,500

**编织“保和殿”九龙穿云纹地毯**

清晚期 Late Qing BO 邦瀚斯
2016-11-10 Lot133 238.7 × 154cm
估价：GBP 10,000-15,000
成交价：GBP 17,500

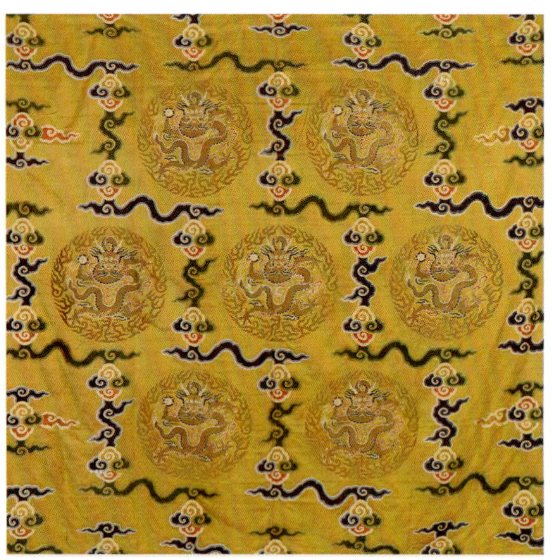

明黄地妆花缎七正龙经袱

乾隆 Qianlong BD 北京东正
2016-05-15 Lot682 200 × 200cm
估价：RMB 1,200,000-1,600,000
成交价：RMB 3,220,000

明黄地彩绣凤凰纹坐褥面

乾隆 Qianlong BD 北京东正
2016-05-15 Lot684 104 × 104cm
估价：RMB 100,000-120,000
成交价：RMB 287,500

五色织锦加官封冕圣旨

乾隆，1790 年 Qianlong，1790 BO 邦瀚斯
2016-09-12 Lot8116 30.5x383.5cm
估价：USD 7,000-10,000
成交价：USD 8,750

五色织锦加官封冕圣旨

乾隆，1790 年 Qianlong，1790 BO 邦瀚斯
2016-09-12 Lot8115 30.5x391cm
估价：USD 7,000-10,000
成交价：USD 8,750

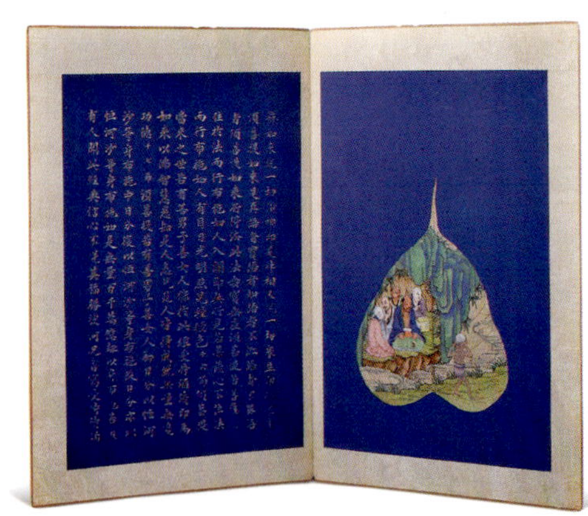

石青地菩提叶彩绘佛教故事描金经文册页

乾隆 Qianlong GD 中国嘉德
2016-09-25 Lot5095 32.5 × 22cm
估价：RMB 15,000-25,000
成交价：RMB 32,200

绢本清人朝服像 一对
清晚期 Late Qing BO 邦瀚斯
2016-11-10 Lot117 180 × 90cm
估价：GBP 40,000-60,000
成交价：GBP 95,000

缂丝群仙献寿图
清，约 1900 年 Qing,Circa 1900 C 佳士得
2016-11-11 Lot787 H169.5 × W79.3cm
估价：GBP 5,000-8,000
成交价：GBP 16,250

蓝地金银丝瑞兽图
清，19 世纪 Qing,19th Century C 佳士得
2016-11-11 Lot780 H88.2 × W99cm
估价：GBP 1,500-2,500
成交价：GBP 5,625

缂丝八仙贺寿图挂轴
19 世纪 19th Century BO 邦瀚斯
2016-11-10 Lot138 174 × 82.5cm
估价：GBP 10,000-15,000
成交价：GBP 12,500

缎绣群仙祝寿图挂轴
19 世纪 19th Century BO 邦瀚斯
2016-11-10 Lot127 170 × 68cm
估价：GBP 8,000-12,000
成交价：GBP 12,500

绢米珠打好绣花鸟图轴（一对）
清，18 世纪 Qing,18th Century S 苏富比
2016-10-05 Lot3728 231cm;227cm
估价：HKD 750,000-850,000
成交价：HKD 937,500

缉米珠绣茶花鸟禽图轴
清，18-19 世纪 Qing,18th-19th Century S 苏富比
2016-10-05 Lot3727 61cm
估价：HKD 250,000-300,000
成交价：HKD 293,750

缂丝“鸿寿”镜心
乾隆 Qianlong S 苏富比
2016-10-05 Lot3730 128cm
估价：HKD 600,000-800,000
成交价：HKD 750,000

妆花缎云龙江崖纹挂帐
雍正 Yongzheng BD 北京东正
2016-05-15 Lot687 228 × 149cm
估价：RMB 400,000-500,000
成交价：RMB 460,000

缎绣莲塘鸳鸯图挂轴
清 Qing BO 邦瀚斯
2016-11-07 Lot410 120 × 34cm
估价：GBP 800-1,200
成交价：GBP 16,250

博古长命富贵图缂丝（两件）
清 Qing BP 北京保利
2016-11-10 Lot4805 95 × 55cm;100 × 50cm
估价：RMB 30,000-50,000
成交价：RMB 34,500

缂金百鸟朝凤纹桌帏
清 Qing BP 北京保利
2016-06-07 Lot8314A 97.5 × 77.5cm
估价：RMB 250,000-350,000
成交价：RMB 287,500

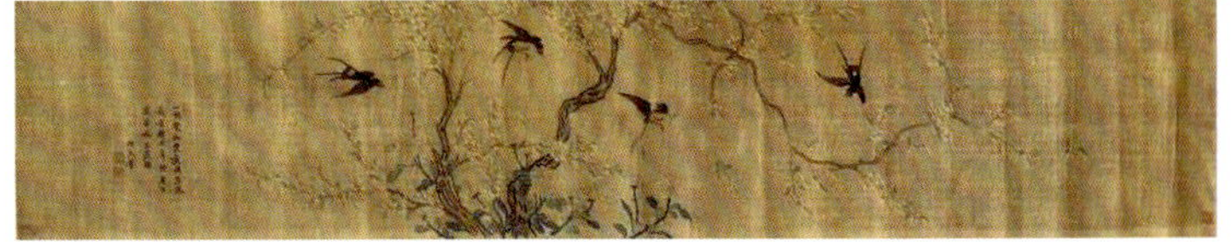

丝绣燕子归来长轴
乾隆 Qianlong C 佳士得
2016-05-13 Lot673 L180.3cm;H35.6cm
估价：GBP 7,000-10,000
成交价：GBP 11,875

**杏色地织锦九龙图挂屏**

清，19 世纪 Qing,19th Century C 佳士得
2016-03-17 Lot1384 159.3cm × 148cm
估价：USD 3,000-5,000
成交价：USD 50,000

**广绣名家“宝莲”款花鸟挂屏（一对）**

道光 Daoguang BD 北京东正
2016-05-15 Lot644 89 × 26cm
估价：RMB 250,000-300,000
成交价：RMB 437,000

**缂丝蜀葵菊石图**

乾隆 Qianlong BP 北京保利
2016-06-07 Lot8276 81.5 × 42cm
估价：RMB 550,000-750,000
成交价：RMB 598,000

**广绣花鸟屏风（一套）**

光绪 Guangxu BD 北京东正
2016-05-15 Lot645 123 × 45cm
估价：RMB 120,000-150,000
成交价：RMB 276,000

**刺绣十八应真图四条屏（一组）**

清晚期 Late Qing BD 北京东正
2016-05-15 Lot650 106 × 34cm
估价：RMB 400,000-450,000
成交价：RMB 460,000

**刺绣杜甫诗意花鸟挂屏**

乾隆 Qianlong BD 北京东正
2016-05-15 Lot648 129 × 38cm
估价：RMB 80,000-100,000
成交价：RMB 230,000

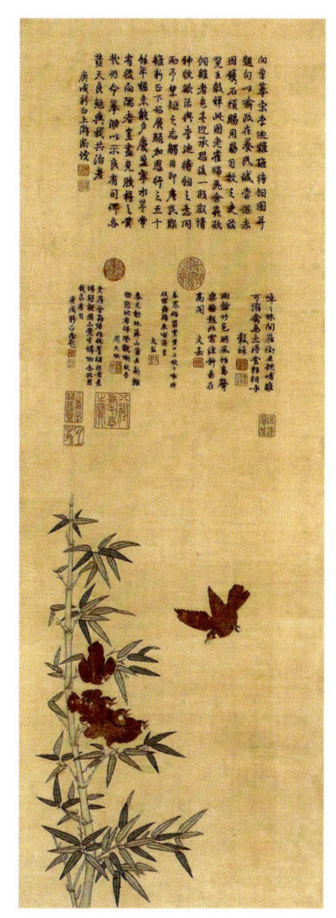

**缂丝春雏得饲图**

乾隆 Qianlong BD 北京东正
2016-05-14 Lot314 40 × 107cm
估价：RMB 500,000-600,000
成交价：RMB 575,000

缂丝罗汉图轴

嘉庆 Jiaqing BP 北京保利

2016-06-07 Lot8279 121 × 32.5cm

估价：RMB 180,000-280,000

成交价：RMB 276,000

缉珠绣一鹭富贵图轴

清早期 Early Qing PLXM 保利厦门

2016-05-08 Lot848 69.5 × 34.5cm

估价：RMB 280,000-380,000

成交价：RMB 322,000

本色绸苏绣“沉香舒锦”轴

乾隆 - 嘉庆 Qianlong-Jiaqing BP 北京保利

2016-06-07 Lot8274 106 × 54cm

估价：RMB 1,200,000-2,200,000

成交价：RMB 1,265,000

羊毡绣龙纹旗

19 世纪末 Late 19th Century BO 邦瀚斯

2016-09-12 Lot8080 325x233.6x218.4cm

估价：USD 2,500-4,000

成交价：USD 5,000

# *PART 4*

# 鼻烟壶
# Snuff Bottle

# 料
# Glass

套红料螭纹鼻烟壶
清中期 Mid Qing BP 北京保利
2016-04-27 Lot588 H7cm
估价：无底价
成交价：RMB 46,000

套红料盘螭鼻烟壶
清中期 Mid Qing BP 北京保利
2016-04-27 Lot590 H7cm
估价：无底价
成交价：RMB 46,000

套红料云蝠纹鼻烟壶
清中期 Mid Qing BP 北京保利
2016-04-27 Lot586 H7cm
估价：无底价
成交价：RMB 46,000

白夹粉红玻璃白菜式鼻烟壶
1750-1830 年 1750-1830 C 佳士得
2016-03-16 Lot491 H7.6cm
估价：USD 6,000-8,000
成交价：USD 10,625

红地套涅蓝玻璃莲纹鼻烟壶
1750-1850 年 1750-1850 C 佳士得
2016-03-16 Lot541 H7cm
估价：USD 3,500-4,500
成交价：USD 4,750

粉红地套白玻璃花卉纹鼻烟壶
1770-1850 年 1770-1850 C 佳士得
2016-03-16 Lot456 H5.4cm
估价：USD 7,000-9,000
成交价：USD 8,750

雪霏地套五色玻璃花卉纹鼻烟壶
1760-1820 年 1760-1820 C 佳士得
2016-03-16 Lot471 H6.4cm
估价：USD 8,000-10,000
成交价：USD 16,250

雪霏地套黑白双色玻璃鹤鹿同春图鼻烟壶
1780-1850 年 1780-1850 C 佳士得
2016-03-16 Lot486 H9.3cm
估价：USD 4,000-6,000
成交价：USD 5,000

粉红地套白玻璃松鹤长青图鼻烟壶
1800-1880 年 1800-1880 C 佳士得
2016-03-16 Lot415 H5.8cm
估价：USD 2,000-3,000
成交价：USD 11,250

料胎画珐琅泛舟图鼻烟壶古月轩款
乾隆 Qianlong C 佳士得
2016-11-09 Lot307 H6.3cm
估价：GBP 6,000-8,000
成交价：GBP 8,125

御制扬州作玻璃画珐琅喜上眉梢图鼻烟壶
乾隆 Qianlong C 佳士得
2016-09-14 Lot448 H6cm
估价：USD 2,000-3,000
成交价：USD 10,000

涅白玻璃雕象纹鼻烟壶
1770-1850 年 1770-1850 C 佳士得
2016-03-16 Lot448 H6.4cm
估价：USD 2,800-3,800
成交价：USD 5,625

扬州派制涅白地套蓝料博古图铺首耳鼻烟壶
清，19 世纪 Qing,19th Century S 苏富比
2016-06-02 Lot942 6cm
估价：高 KD 15,000-20,000
成交价：高 KD 50,000

扬州派制涅白地套红料延年益寿铺首耳鼻烟壶
清，19 世纪 Qing,19th Century S 苏富比
2016-06-02 Lot941 5.6cm
估价：高 KD 30,000-40,000
成交价：高 KD 81,250

御制扬州作玻璃粉彩海棠寿石纹鼻烟壶
1780-1799年 1780-1799 C 佳士得
2016-03-16 Lot472 H5.4cm
估价：USD 3,500-4,500
成交价：USD 23,750

白地套红玻璃洪福鼻烟壶
1780-1850年 1780-1850 C 佳士得
2016-03-16 Lot479 H6cm
估价：USD 3,500-4,500
成交价：USD 16,250

白地套红玻璃桑蚕图鼻烟壶
1780-1860年 1780-1860 C 佳士得
2016-03-16 Lot492 H6cm
估价：USD 5,000-7,000
成交价：USD 11,250

白夹粉红料雕螭龙纹鼻烟壶
清，18-19世纪初 Qing,18th Century-Early 19th Century S 苏富比
2016-09-13 Lot218 尺寸不详
估价：USD 3,000-5,000
成交价：USD 8,125

白地套蓝玻璃鸟蝶纹鼻烟壶
1830-1880年 1830-1880 C 佳士得
2016-03-16 Lot599 H6cm
估价：USD 2,800-3,800
成交价：USD 4,750

涅白地套蓝料花蝶牡丹图鼻烟壶

乾隆 Qianlong S 苏富比

2016-09-13 Lot226 尺寸不详

估价：USD 8,000-12,000

成交价：USD 40,000

2016 Chinese Art Auction TOP10 中国鼻烟壶拍卖十大天价排行榜 Top 4

白地套蓝玻璃金玉满堂鼻烟壶

1760-1820 年 1760-1820 C 佳士得

2016-09-14 Lot561 H7.4cm

估价：USD 5,000-7,000

成交价：USD 5,000

白地套双色玻璃海棠纹鼻烟壶

1770-1850 年 1770-1850 C 佳士得

2016-03-16 Lot536 H6.7cm

估价：USD 5,000-7,000

成交价：USD 8,125

扬州风格 涅白地套绿料蛙鸣荷塘鼻烟壶

1800-1840 年 1800-1840 BO 邦瀚斯

2016-09-12 Lot9034 H5.6cm

估价：USD 6,000-8,000

成交价：USD 5,625

白地套剔红料 鹤鹿同春 鼻烟壶

1780-1860 年 1780-1860 BO 邦瀚斯

2016-09-12 Lot9005 H6.8cm

估价：USD 5,000-7,000

成交价：USD 5,000

白地套蓝玻璃鼻烟壶（三件）

1800-1880 年 1800-1880 C 佳士得

2016-09-14 Lot528 6.1cm;5.8cm;5.8cm

估价：USD 5,000-7,000

成交价：USD 4,750

白地套红料凤纹鼻烟壶

乾隆 Qianlong BP 北京保利

2016-04-27 Lot591 H6.5cm

估价：无底价

成交价：RMB 48,300

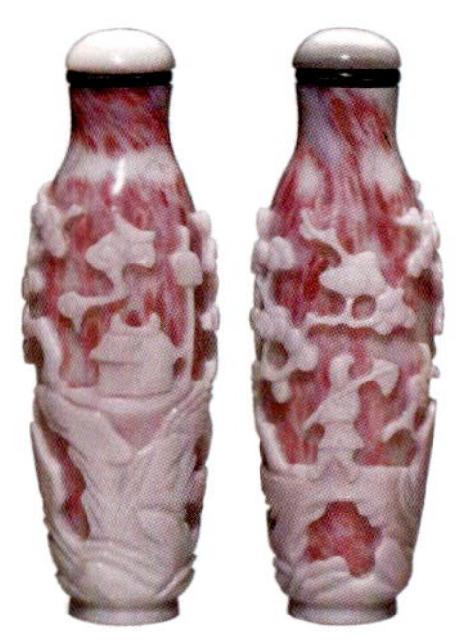

白夹粉红套白玻璃通景松石人物图鼻烟壶
1770-1840 年 1770-1840 C 佳士得
2016-09-14 Lot557 H8.3cm
估价：USD 6,000-8,000
成交价：USD 9,375

红玻璃雕连年有余鼻烟壶
1750-1830 年 1750-1830 C 佳士得
2016-09-14 Lot489 H7.7cm
估价：USD 3,000-5,000
成交价：USD 5,625

浅松石绿地套红玻璃螭龙纹鼻烟壶
1790-1850 年 1790-1850 C 佳士得
2016-03-16 Lot437 H6cm
估价：USD 3,000-5,000
成交价：USD 6,875

粉红地套白玻璃八吉祥纹鼻烟壶
1770-1850 年 1770-1850 C 佳士得
2016-09-14 Lot452 H6.4cm
估价：USD 6,000-8,000
成交价：USD 16,250

米黄色料葫芦形鼻烟壶
清 Qing GD 中国嘉德
2016-05-14 Lot3191 H6.3cm
估价：RMB 38,000-48,000
成交价：RMB 43,700

御制透明绿玻璃磨花鼻烟壶
1720-1780 年 1720-1780 C 佳士得
2016-03-16 Lot489 H5.1cm
估价：USD 2,000-3,000
成交价：USD 5,250

**蓝地套绿玻璃通景亭台人物图鼻烟壶**
1770-1850 年 1770-1850 C 佳士得
2016-03-16 Lot563 H5.3cm
估价：USD 8,000-10,000
成交价：USD 23,750

**深蓝地套浅蓝玻璃踏雪寻梅图鼻烟壶**
1780-1850 年 1780-1850 C 佳士得
2016-03-16 Lot424 H5.4cm
估价：USD 7,000-9,000
成交价：USD 8,750

**扬州作蓝地套红玻璃五羊图鼻烟壶**
1800-1890 年 1800-1890 C 佳士得
2016-03-16 Lot512 H6.6cm
估价：USD 3,000-5,000
成交价：USD 10,000

**御制扬州作玻璃粉彩高士图鼻烟壶**
乾隆 Qianlong C 佳士得
2016-09-14 Lot572 H5.6cm
估价：USD 3,500-4,500
成交价：USD 12,500

**蓝地玻璃嵌珍珠母贝喜上眉梢图鼻烟壶**
1780-1850 年 1780-1850 C 佳士得
2016-09-14 Lot537 H6.7cm
估价：USD 12,000-18,000
成交价：USD 35,000

2016 Chinese Art Auction TOP10 中国鼻烟壶拍卖十大天价排行榜 Top 5

**蓝玻璃磨花鼻烟壶（两件）**
1780-1880 年 1780-1880 C 佳士得
2016-09-14 Lot432 H6cm;H4.5cm
估价：USD 3,500-4,500
成交价：USD 5,250

御制鸡油黄玻璃光素鼻烟壶
1700-1850 年 1700-1850 C 佳士得
2016-09-14 Lot430 H5.7cm
估价：USD 2,000-3,000
成交价：USD 8,125

扬州作褐地套红绿料山水图鼻烟壶
清，19 世纪 Qing,19th Century S 苏富比
2016-09-13 Lot220 尺寸不详
估价：USD 6,000-8,000
成交价：USD 7,500

霏雪地套蓝料高士携童子游春归来鼻烟壶
1750-1820 年 1750-1820 BO 邦瀚斯
2016-09-12 Lot9006 H6.1cm
估价：USD 4,000-6,000
成交价：USD 7,500

御制宫廷作坊北京工黄料刻 麒麟驮书 鼻烟壶
1750-1820 年 1750-1820 BO 邦瀚斯
2016-09-12 Lot9010 H5.8cm
估价：USD 4,000-6,000
成交价：USD 5,250

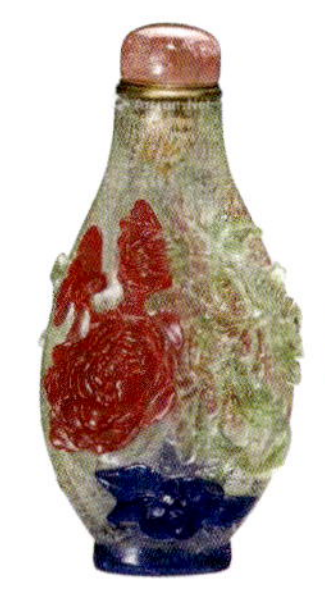

雪霏地套三色玻璃花卉图鼻烟壶
1760-1850 年 1760-1850 C 佳士得
2016-09-14 Lot558 H7.5cm
估价：USD 7,000-9,000
成交价：USD 6,250

透明地套五色料螭龙纹鼻烟壶
清，18-19 世纪 Qing,18th-19th Century S 苏富比
2016-09-17 Lot1062 尺寸不详
估价：USD 1,000-1,500
成交价：USD 7,500

黄料鼻烟壶（两件）
清，19 世纪 Qing,19th Century S 苏富比
2016-09-17 Lot1066 尺寸不详
估价：USD 800-1,200
成交价：USD 30,000

2016 Chinese Art Auction TOP10 中国鼻烟壶拍卖十大天价排行榜 Top 7

透明绿料八方鼻烟壶
乾隆 Qianlong S 苏富比
2016-09-13 Lot213 尺寸不详
估价：USD 8,000-12,000
成交价：USD 16,250

透明粉红玻璃磨花小鼻烟壶
1740-1850 年 1740-1850 C 佳士得
2016-09-14 Lot583 H4.3cm
估价：USD 2,400-3,400
成交价：USD 5,250

御制仿雄黄玻璃鼻烟壶
1700-1820 年 1700-1820 C 佳士得
2016-03-16 Lot497 H6cm
估价：USD 2,800-3,800
成交价：USD 6,875

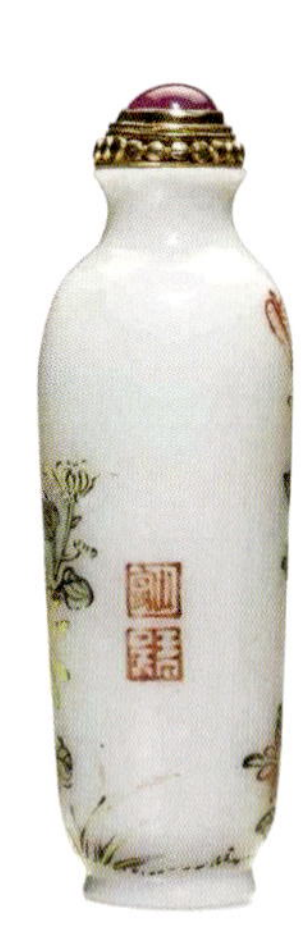

吴玉川款白地玻璃画珐琅寿石图鼻烟壶
1767-1799 年 1767-1799 C 佳士得
2016-09-14 Lot577 H7.2cm
估价：USD 12,000-18,000
成交价：USD 30,000

2016 Chinese Art Auction TOP10 中国鼻烟壶拍卖十大天价排行榜 Top 6

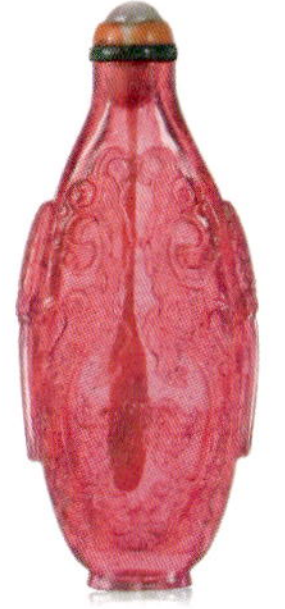

透明红料雕夔龙纹鼻烟壶
清，18-19 世纪 Qing,18th-19th Century S 苏富比
2016-09-13 Lot217 尺寸不详
估价：USD 2,000-3,000
成交价：USD 5,000

御制金星玻璃雕莲纹鼻烟壶
1750-1800 年 1750-1800 C 佳士得
2016-03-16 Lot457 H6.3cm
估价：USD 5,000-7,000
成交价：USD 6,250

扬州作黄地套红玻璃寿老图鼻烟壶
1840-1890 年 1840-1890 C 佳士得
2016-03-16 Lot537 H6cm
估价：USD 5,000-7,000
成交价：USD 15,000

玻璃磨花鼻烟壶（两件）
1720-1820 年 1720-1820 C 佳士得
2016-09-14 Lot527 H5.2cm;H7.7cm
估价：USD 4,500-5,500
成交价：USD 6,875

扬州工 白料胎画珐琅 春风如意 鼻烟壶
乾隆 Qianlong BO 邦瀚斯
2016-09-12 Lot9089 H5.7cm
估价：USD 4,000-6,000
成交价：USD 6,250

玻璃胎鼻烟壶（五十三件）
年代不详 Unknown C 佳士得
2016-10-04 Lot196 尺寸不详
估价：HKD 200,000-400,000
成交价：HKD 93,750

御制掐丝珐琅螭龙团寿纹鼻烟壶
1760-1820 年 1760-1820 C 佳士得
2016-03-16 Lot413 H5.4cm
估价：USD 3,500-4,500
成交价：USD 8,750

## 珐琅
## Enamel

御制画珐琅双龙赶珠纹鼻烟壶
道光 Daoguang C 佳士得
2016-03-16 Lot468 5.4cm
估价：USD 6,000-8,000
成交价：USD 13,750

御制铜胎画珐琅西洋人物鼻烟壶
乾隆 Qianlong C 佳士得
2016-03-16 Lot582 H4.8cm
估价：USD 22,000-32,000
成交价：USD 52,500

2016 Chinese Art Auction TOP10 中国鼻烟壶拍卖十大天价排行榜 Top 2

金胎画珐琅西洋母子图鼻烟壶
乾隆 Qianlong PLXM 保利厦门
2016-05-08 Lot859 H5.5cm
估价：RMB 350,000-650,000
成交价：RMB 460,000

2016 Chinese Art Auction TOP10 中国鼻烟壶拍卖十大天价排行榜 Top 1

御制画珐琅蝈蝈图鼻烟壶
道光 Daoguang C 佳士得
2016-03-16 Lot519 H5.7cm
估价：USD 2,800-3,800
成交价：USD 5,250

广东铜胎画珐琅粉地开光花鸟图鼻烟壶
乾隆 Qianlong S 苏富比
2016-09-13 219 尺寸不详
估价：USD 4,000-6,000
成交价：USD 6,250

御制 广州 铜胎画珐琅西洋人物图鼻烟壶
1750-1795 年 1750-1795 BO 邦瀚斯
2016-09-12 9075 H4.8cm
估价：USD 2,500-4,000
成交价：USD 12,500

景泰蓝福寿鼻烟壶
乾隆 Qianlong BO 邦瀚斯
2016-09-12 9082 H6.1cm
估价：USD 2,000-3,000
成交价：USD 6,000

## 内绘 Inside Painted

孟子受作玻璃内画谭鑫培京剧人物鼻烟壶
1905 或 1906 年 1905 or 1906 C 佳士得
2016-03-16 Lot429 H4.4cm
估价：USD 3,000-5,000
成交价：USD 8,125

王习三作袖珍玻璃内画耄耋图鼻烟壶
1964 年 1964 C 佳士得
2016-03-16 Lot562 H3.5cm
估价：USD 3,000-5,000
成交价：USD 7,500

周乐元作 玻璃内画鼻烟壶（两件）
1886-1891 年 1886-1891 C 佳士得
2016-03-16 Lot407 H6cm
估价：USD 7,500-9,500
成交价：USD 9,375

叶仲三作玻璃内画钟馗出巡图鼻烟壶
1924 年 1924 C 佳士得
2016-09-14 501 H6cm
估价：USD 3,500-4,500
成交价：USD 4,750

周乐元作玻璃内画牧牛图鼻烟壶
1891 年 1891 C 佳士得
2016-09-14 431 H6.4cm
估价：USD 5,000-7,000
成交价：USD 7,500

王习三玻璃内画烟壶
年代不详 Unknown SUN 中贸圣佳
2016-05-16 Lot1133 H5.8cm
估价：RMB 120,000-150,000
成交价：RMB 138,000

王习三作内画玻璃鼻烟壶
1971年 1971 C 佳士得
2016-04-05 177 H5.3cm
估价：HKD 10,000-15,000
成交价：HKD 106,250

孙星五 内画玻璃风雪夜归图鼻烟壶
年代不详 Unknown BO 邦瀚斯
2016-09-12 9016 H6cm
估价：USD 3,000-5,000
成交价：USD 6,000

内画鼻烟壶及琥珀鼻烟壶（三十件）
年代不详 Unknown C 佳士得
2016-04-05 179 尺寸不详
估价：HKD 40,000-60,000
成交价：HKD 350,000

2016 Chinese Art Auction TOP10 中国鼻烟壶拍卖十大天价排行榜 Top 3

玻璃内画金鱼雄鸡图鼻烟壶
19-20世纪 19th-20th Century S 苏富比
2016-09-13 239 尺寸不详
估价：USD 2,000-3,000
成交价：USD 13,750

## 琥珀 Amber

雀脑琥珀雕松鼠葡萄纹鼻烟壶
1750-1860 年 1750-1860 C 佳士得
2016-03-16 Lot443 H6.3cm
估价：USD 8,000-10,000
成交价：USD 10,000

琥珀雕卧牛式鼻烟壶
1760-1860 年 1760-1860 C 佳士得
2016-09-14 581 L6.6cm
估价：USD 4,000-6,000
成交价：USD 5,250

琥珀福寿纹鼻烟壶、盒盖
18-19 世纪 18th-19th Century C 佳士得
2016-05-11 117 H8.1cm
GBP 3,000-5,000
GBP 6,875

琥珀根雕瓜瓞绵绵鼻烟壶
1760-1860 年 1760-1860 C 佳士得
2016-09-14 424 H5.7cm
估价：USD 1,200-1,800
成交价：USD 5,000

琥珀 封侯图 鼻烟壶
1800-1880 年 1800-1880 BO 邦瀚斯
2016-09-12 9003 H7cm
估价：USD 4,000-7,000
成交价：USD 5,250

琥珀童子葫芦形鼻烟壶
1770-1830 年 1770-1830 BO 邦瀚斯
2016-09-12 9039 H5.7cm
估价：USD 15,000-25,000
成交价：USD 10,000

## 玛瑙 Agate

玛瑙巧雕封侯花鸟鼻烟壶
清中期 Mid Qing BP 北京保利
2016-04-27 Lot580 H7cm
估价：无底价
成交价：RMB 74,750

苏州芝亭流派作玛瑙巧雕高士图鼻烟壶
1760-1860 年 1760-1860 C 佳士得
2016-09-14 569 H6.3cm
估价：USD 24,000-30,000
成交价：USD 9,375

玛瑙巧雕骑马人物图鼻烟壶
1760-1830 年 1760-1830 C 佳士得
2016-03-16 Lot444 H6.4cm
估价：USD 5,000-7,000
成交价：USD 9,375

玛瑙巧雕封侯图鼻烟壶
清 Qing BC · 北京诚轩
2016-05-15 Lot940 4.3 × 7.2cm
估价：RMB 10,000-15,000
成交价：RMB 115,000

玛瑙巧雕烟壶
清 Qing SUN 中贸圣佳
2016-11-15 Lot1420 H8cm
估价：RMB 160,000-200,000
成交价：RMB 172,500

颁赐品 巧雕玛瑙踏青归来鼻烟壶
1750-1860 年 1750-1860 BO 邦瀚斯
2016-09-12 9097 H5.5cm
估价：USD 7,000-9,000
成交价：USD 8,125

影子玛瑙 洪福万代 鼻烟壶
1740-1860 年 1740-1860 BO 邦瀚斯
2016-09-12 9026 H5.7cm
估价：USD 8,000-10,000
成交价：USD 12,500

影子玛瑙牧童放牛鼻烟壶
1750-1850 年 1750-1850 BO 邦瀚斯
2016-09-12 9014 H6.2cm
估价：USD 10,000-15,000
成交价：USD 13,750

苏州作玛瑙巧雕高士图鼻烟壶
1760-1880 年 1760-1880 C 佳士得
2016-09-14 514 H6.2cm
估价：USD 6,000-8,000
成交价：USD 11,250

玛瑙雕云龙纹鼻烟壶
1760-1820 年 1760-1820 C 佳士得
2016-03-16 Lot488 H5.1cm
估价：USD 4,000-6,000
成交价：USD 6,875

玛瑙巧雕狮戏绣球图鼻烟壶
1750-1860 年 1750-1860 C 佳士得
2016-03-16 Lot521 H5.7cm
估价：USD 2,000-3,000
成交价：USD 4,750

玛瑙巧雕瑞兽封侯烟壶
清中期 Mid Qing BP 北京保利
2016-06-08 Lot9234 H8.4cm
估价：RMB 60,000-80,000
成交价：RMB 149,500

玛瑙巧雕双骏图鼻烟壶
1760-1850 年 1760-1850 C 佳士得
2016-03-16 Lot558 H5.3cm
估价：USD 3,500-4,500
成交价：USD 6,875

玛瑙巧雕 三羊开泰 鼻烟壶
1750-1850 年 1750-1850 BO 邦瀚斯
2016-09-12 9025 H5.8cm
估价：USD 6,000-8,000
成交价：USD 6,000

玛瑙巧雕灵猴献寿图鼻烟壶
1770-1850 年 1770-1850 C 佳士得
2016-09-14 582 H6.2cm
估价：USD 2,000-3,000
成交价：USD 5,250

玛瑙巧雕双骏图鼻烟壶
1770-1840 年 1770-1840 C 佳士得
2016-09-14 512 H6.7cm
估价：USD 2,400-3,400
成交价：USD 6,875

玛瑙巧雕鱼化龙烟壶
清中期 Mid Qing BP 北京保利
2016-06-08 Lot9231 H6.3cm
估价：RMB 30,000-50,000
成交价：RMB 34,500

玛瑙巧雕双犬双鸟图鼻烟壶
1800-1860 年 1800-1860 C 佳士得
2016-09-14 435 H6cm
估价：USD 2,400-3,400
成交价：USD 9,750

玛瑙巧雕松鼠葡萄图鼻烟壶
1800-1880 年 1800-1880 C 佳士得
2016-09-14 486 H5.7cm
估价：USD 2,000-3,000
成交价：USD 5,000

玛瑙英雄烟壶
清中期 Mid Qing BP 北京保利
2016-06-08 Lot9233 H7.9cm
估价：RMB 40,000-60,000
成交价：RMB 46,000

颁赐品 玛瑙巧雕鹰鹤图鼻烟壶
1760-1840 年 1760-1840 BO 邦瀚斯
2016-09-12 9137 H6.4cm
估价：USD 1,000-1,500
成交价：USD 10,000

玛瑙巧雕鸳鸯衔莲图鼻烟壶
19 世纪 19th Century BO 邦瀚斯
2016-11-10 87 H7.5cm
估价：GBP 3,000-5,000
成交价：GBP 5,625

御制玛瑙番莲纹鼻烟壶
清，18 世纪 Qing,18th Century S 苏富比
2016-06-02 Lot768 5.8cm
估价：高 KD 50,000-70,000
成交价：高 KD 62,500

玛瑙巧雕喜上眉梢图鼻烟壶
1760-1850 年 1760-1850 C 佳士得
2016-03-16 Lot566 H6cm
估价：USD 2,000-3,000
成交价：USD 10,625

玛瑙巧雕鼻烟壶（两件）
1760-1880 年 1760-1880 C 佳士得
2016-03-16 Lot550 H4.5;6.4cm
估价：USD 2,200-3,200
成交价：USD 23,750

玛瑙天然纹鼻烟壶
清，18-19 世纪 Qing,18th-19th Centuey S 苏富比
2016-04-06 Lot74 5.5cm
估价：高 KD 40,000-60,000
成交价：高 KD 60,000

玛瑙巧雕鼻烟壶（一组两件）
19 世纪 19th Century BO 邦瀚斯
2016-11-07 516 H5.5cm
估价：GBP 2,000-3,000
成交价：GBP 3,500

玛瑙天然纹鼻烟壶（两件）
1740-1850 年 1740-1850 C 佳士得
2016-03-16 Lot594 H6cm;5.4cm
估价：USD 2,600-3,600
成交价：USD 4,750

玉髓玛瑙雕三阳开泰图鼻烟壶
1760-1850 年 1760-1850 C 佳士得
2016-09-14 562 H5.7cm
估价：USD 7,000-9,000
成交价：USD 7,500

羊肝玛瑙雕牧牛图鼻烟壶
1770-1850 年 1770-1850 C 佳士得
2016-09-14 492 H5.3cm
估价：USD 4,000-6,000
成交价：USD 10,625

海藻玛瑙内画金鱼图鼻烟壶
19 世纪 19th Century S 苏富比
2016-09-17 1064 尺寸不详
估价：USD 4,000-6,000
成交价：USD 5,250

皮影玛瑙连生贵子图鼻烟壶
1780-1860 年 1780-1860 C 佳士得
2016-03-16 Lot517 H5.1cm
估价：USD 4,000-6,000
成交价：USD 6,250

皮影玛瑙鸟兽图鼻烟壶
1770-1860 年 1770-1860 C 佳士得
2016-09-14 428 H5.4cm
估价：USD 2,400-3,400
成交价：USD 4,750

玛瑙雕婴戏图鼻烟壶
1750-1850 年 1750-1850 C 佳士得
2016-09-14 437 H5.6cm
估价：USD 2,400-3,400
成交价：USD 6,250

皮影玛瑙英雄独立图鼻烟壶
1780-1880 年 1780-1880 C 佳士得
2016-03-16 Lot514 H6cm
估价：USD 3,500-4,500
成交价：USD 6,875

铺首双耳玛瑙鼻烟壶
1740-1860 年 1740-1860 BO 邦瀚斯
2016-09-12 9013 H6.1cm
估价：USD 5,000-7,000
成交价：USD 5,000

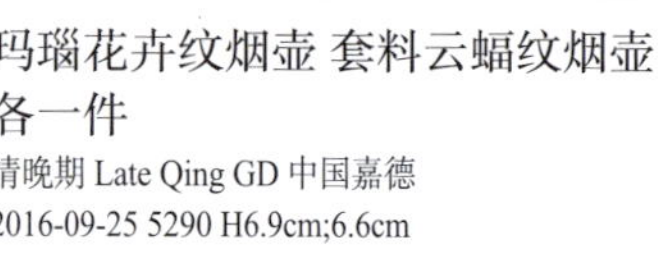

玛瑙花卉纹烟壶 套料云蝠纹烟壶各一件
清晚期 Late Qing GD 中国嘉德
2016-09-25 5290 H6.9cm;6.6cm
估价：无底价
成交价：RMB 34,500

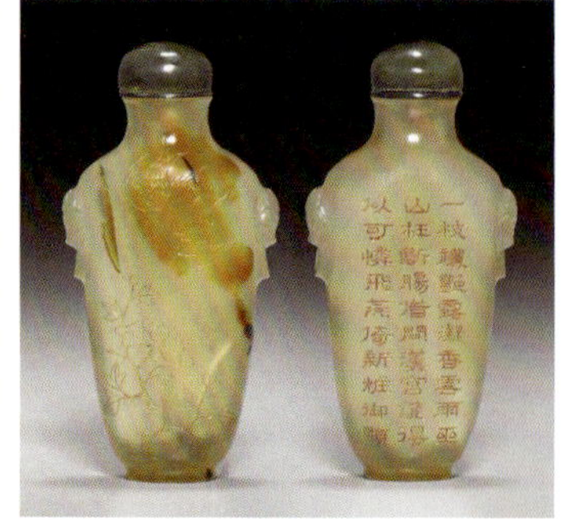

拟御制 浅刻牡丹春燕图带御题诗玛瑙鼻烟壶
1750-1820 年 1750-1820 BO 邦瀚斯
2016-09-12 9035 H5.8cm
估价：USD 7,000-9,000
成交价：USD 11,250

玛瑙鼻烟壶 三件
清，18-19 世纪 Qing,18th-19th Centuey S 苏富比
2016-06-02 Lot770 5.3 至 6cm
估价：HKD 20,000-30,000
成交价：HKD 60,000

苏作玛瑙烟壶
清 Qing SUN 中贸圣佳
2016-05-16 Lot1132 H6.1cm
估价：RMB 170,000-250,000
成交价：RMB 195,500

水藻玛瑙烟壶
清中期 Mid Qing BP 北京保利
2016-06-08 Lot9230 H7cm
估价：RMB 30,000-50,000
成交价：RMB 51,750

影子玛瑙凫鸭烟壶
清中期 Mid Qing BP 北京保利
2016-06-08 Lot9232 H7.5cm
估价：RMB 30,000-50,000
成交价：RMB 34,500

玉髓玛瑙雕双福纹葫芦式鼻烟壶
1780-1840 年 1780-1840 C 佳士得
2016-03-16 Lot476 H6.4cm
估价：USD 3,000-5,000
成交价：USD 8,125

# 水晶及其他宝石
# Rock Crystal and Others

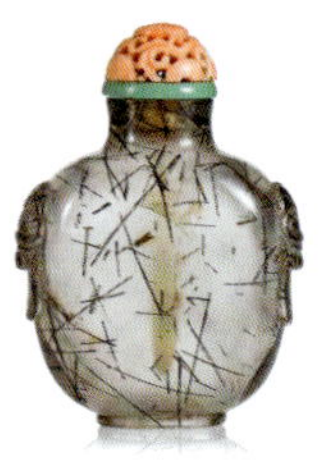

发晶雕狮耳鼻烟壶
清，19 世纪 Qing,19th Century S 苏富比
2016-09-13 234 尺寸不详
估价：USD 1,500-2,000
成交价：USD 4,750

王习三作水晶内画耄耋图鼻烟壶
1969 年 1969 C 佳士得
2016-03-16 Lot518 H6.7cm
估价：USD 12,000-15,000
成交价：USD 15,000

水晶福寿纹鼻烟壶
1730-1820 年 1730-1820 BO 邦瀚斯
2016-09-12 9020 H6.1cm
估价：USD 7,000-9,000
成交价：USD 11,250

叶仲三作水晶内画太平有象图鼻烟壶
1934 年 1934 C 佳士得
2016-03-16 Lot440 H6.7cm
估价：USD 6,000-8,000
成交价：USD 11,875

水晶阳刻太平有象竹纹烟壶
道光 Daoguang BP 北京保利
2016-12-07 Lot6792 H7.8cm
估价：RMB 120,000-150,000
成交价：RMB 138,000

马少宣作水晶内画童子戏鹰图诗文鼻烟壶
1903 年 1903 C 佳士得
2016-03-16 Lot417 H5.7cm
估价：USD 6,000-8,000
成交价：USD 10,000

叶仲三内画人物水晶鼻烟壶
光绪，1900 年 Guangxu,1900 GD 中国嘉德
2016-05-14 Lot3201 H6cm
估价：RMB 30,000-50,000
成交价：RMB 34,500

叶仲三作水晶内画穆王八骏图鼻烟壶
1897 年 1897 C 佳士得
2016-03-16 Lot495 H6.4cm
估价：USD 5,000-7,000
成交价：USD 5,625

王习三作水晶内画双猫双鹅图鼻烟壶
1968 年 1968 C 佳士得
2016-09-14 421 H6cm
估价：USD 3,000-5,000
成交价：USD 8,750

叶仲三 作 水晶内画穆桂英鼻烟壶
1909 年 1909 BO 邦瀚斯
2016-09-12 9122 H5.7cm
估价：USD 2,000-3,000
成交价：USD 4,750

叶氏家族作 水晶内画人物刻松莲纹鼻烟壶
1938 年 1938 BO 邦瀚斯
2016-09-12 9105 H6.1cm
估价：USD 3,000-5,000
成交价：USD 5,000

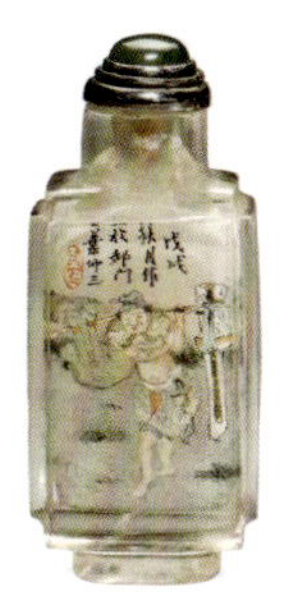

叶仲三作水晶内画钟馗骑驴图鼻烟壶
1898 年 1898 C 佳士得
2016-09-14 402 H5.1cm
估价：USD 5,000-7,000
成交价：USD 6,250

水晶内画香妃图鼻烟壶
1972 年 1972 S 苏富比
2016-09-13 232 尺寸不详
估价：USD 4,000-6,000
成交价：USD 4,750

紫水晶雕蝉形鼻烟壶
清，18-19 世纪 Qing,18th-19th Century S 苏富比
2016-09-13 235 尺寸不详
估价：USD 3,000-5,000
成交价：USD 5,250

卢建光 水晶内画名犬鼻烟壶 五只
1990 年 1990 BO 邦瀚斯
2016-09-12 9031 H6cm
估价：USD 2,000-3,000
成交价：USD 6,250

粉碧玺三羊开泰鼻烟壶
清 Qing BSA 北京古天一
2016-12-07 Lot1051 H7.5cm
估价：RMB 150,000-180,000
成交价：RMB 172,500

2016 Chinese Art Auction TOP10 中国鼻烟壶拍卖十大天价排行榜 Top 9

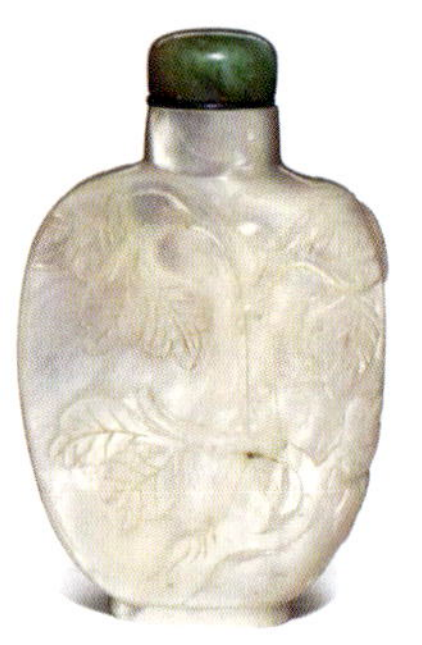

珍珠母雕狮纹鼻烟壶
1750-1860 年 1750-1860 C 佳士得
2016-03-16 Lot574 H5.7cm
估价：USD 2,000-3,000
成交价：USD 6,875

御制端石刻夔龙铺首耳鼻烟壶
1760-1820 年 1760-1820 BO 邦瀚斯
2016-09-12 9088 H5.7cm
估价：USD 3,000-5,000
成交价：USD 6,000

端石 福禄万代 鼻烟壶
1760-1820 年 1760-1820 BO 邦瀚斯
2016-09-12 9033 H6.1cm
估价：USD 6,000-8,000
成交价：USD 6,250

寿山石镂雕转心式鼻烟壶
1750-1850 年 1750-1850 C 佳士得
2016-09-14 478 H4.2cm
估价：USD 1,500-2,000
成交价：USD 5,000

剔红品茗图鼻烟壶
1730-1800 年 1730-1800 C 佳士得
2016-03-16 Lot409 H5.4cm
估价：USD 5,000-7,000
成交价：USD 11,250

模印加彩龙凤纹鼻烟壶
1830-1880 年 1830-1880 C 佳士得
2016-03-16 Lot581 H7.3cm
估价：USD 3,000-5,000
成交价：USD 5,000

## 有机物质
## Organic Materials

剔红亭台人物图鼻烟壶
1780-1850 年 1780-1850 C 佳士得
2016-03-16 Lot430 H7cm
估价：USD 2,000-3,000
成交价：USD 5,000

黑漆嵌金银丝高士乘舟图鼻烟壶
1892 年 1892 C 佳士得
2016-03-16 Lot414 H6.4cm
估价：USD 6,000-8,000
成交价：USD 7,500

珊瑚婴戏图烟壶
年代不详 Unknown KS 北京匡时
2016-12-05 Lot2685 H10.5cm
估价：RMB 120,000-220,000
成交价：RMB 138,000

日本象牙嵌剔彩人物图鼻烟壶
19 世纪末 -20 世纪初 Late 19th Century-Early 20th Century S 苏富比
2016-12-02 Lot890 7.8cm
估价：HKD 70,000-90,000
成交价：HKD 162,500

牙雕躺卧仕女式鼻烟壶
19 世纪 19th Century BO 邦瀚斯
2016-11-10 153 L8cm
估价：GBP 3,000-5,000
成交价：GBP 8,750

黑漆螺钿开光仕女花鸟图鼻烟壶
日本，1860-1920 年 Japan,1860-1920 C 佳士得
2016-09-14 480 H7.7cm
估价：USD 1,500-2,000
成交价：USD 4,750

椰壳雕山水人物鼻烟壶
1800-1880 年 1800-1880 BO 邦瀚斯
2016-09-12 9056 H5.1cm
估价：USD 2,000-3,000
成交价：USD 13,750

珊瑚雕鼻烟壶（一组三件）
19-20 世纪 19th-20th Century BO 邦瀚斯
2016-11-07 527 H8cm
估价：GBP 3,000-5,000
成交价：GBP 3,750

宜兴紫砂开光加彩鼻烟壶（两件）
1820-1880 年 1820-1880 C 佳士得
2016-09-14 510 6.5cm;6.8cm
估价：USD 4,000-6,000
成交价：USD 6,000

# *PART 5*

# 家具
# Furniture

# 黄花梨
# Dalbergia Odorifera

黄花梨攒接卍字纹围子罗汉床
明晚期 Late Ming S 苏富比
2016-04-06 Lot109 78.6 × 206.5 × 90cm
估价：HKD 9,800,000-15,000,000
成交价：HKD 11,840,000

2016 Chinese Art Auction TOP10
中国古典家具拍卖
十大天价排行榜 Top 5

黄花梨“卐”字纹六柱架子床
清早期 Early Qing TH 北京传是
2016-06-04 Lot375 218 × 147 × 231cm
估价：RMB 600,000-1,200,000
成交价：RMB 690,000

黄花梨三围独板罗汉床
近代 Modern TH 北京传是
2016-06-04 Lot383 210 × 110 × 73cm
估价：RMB 1,500,000-2,500,000
成交价：RMB 1,725,000

黄花梨雕龙纹架子床
明末清初 Late Ming-Early Qing KS 北京匡时
2016-06-06 Lot2426 220 × 151 × 226cm
估价：RMB 5,800,000-8,000,000
成交价：RMB 6,670,000

黄花梨架子床
明末清初 Late Ming-Early Qing C 佳士得
2016-03-17 Lot1311 220.5 × 209 × 109.6cm
估价：USD 200,000-300,000
成交价：USD 665,000

黄花梨簇云纹围子三弯腿六柱式架子床
清早期 Early Qing PLXM 保利厦门
2016-11-06 Lot950 200 × 149 × 219cm
估价：RMB 3,800,000-4,800,000
成交价：RMB 4,485,000

黄花梨万字纹围子架子床
明，16-17 世纪 Ming,16th-17th Century C 佳士得
2016-09-16 Lot1204 De106.4cm
估价：USD 300,000-500,000
成交价：USD 845,000

黄花梨架子床
明晚期 Late Ming BO 邦瀚斯
2016-09-12 Lot6020 204 × 209 × 146cm
估价：USD 250,000-400,000
成交价：USD 1,385,000

2016 Chinese Art Auction TOP10
中国古典家具拍卖
十大天价排行榜 Top 9

黄花梨龙纹席面榻
清 Qing KS 北京匡时
2016-06-06 Lot2415 195×81×48cm
估价：RMB 400,000-660,000
成交价：RMB 552,000

黄花梨有束腰罗锅枨榻
明末清初 Late Ming-Early Qing C 佳士得
2016-09-16 Lot1203 De62.2cm
估价：USD 250,000-350,000
成交价：USD 269,000

黄花梨有束腰马蹄足榻
清早期 Early Qing GD 中国嘉德
2016-11-13 Lot4618 190×80×46.5cm
估价：RMB 2,800,000-4,000,000
成交价：RMB 3,450,000

黄花梨榻
17-18世纪 17th-18th Century S 苏富比
2016-03-16 Lot227 尺寸不详
估价：USD 300,000-500,000
成交价：USD 970,000

黄花梨龙纹书柜
清 Qing KS 北京匡时
2016-06-06 Lot2417 91×38×189cm
估价：RMB 550,000-700,000
成交价：RMB 632,500

黄花梨四面镂空卍字龙纹书柜
明 Ming SUN 中贸圣佳
2016-05-16 Lot1319 L59.5cm;W35.3cm;H73.8cm
估价：RMB 2,400,000-3,000,000
成交价：RMB 2,760,000

黄花梨书柜
明 Ming SUN 中贸圣佳
2016-05-16 Lot1339 L89cm;W43.5cm;H185.4cm
估价：RMB 1,400,000-1,800,000
成交价：RMB 1,610,000

黄花梨圆角柜
清，19 世纪 Qing,19th Century S 苏富比
2016-05-11 Lot44 102.5 × 53 × 184cm
估价：GBP 40,000-60,000
成交价：GBP 50,000

黄花梨圆角面条柜
清 Qing SUN 中贸圣佳
2016-05-16 Lot1338A L76cm;W43.5cm;H116cm
估价：RMB 550,000-650,000
成交价：RMB 632,500

黄花梨有闩杆圆角柜
清早期 Early Qing GD 中国嘉德
2016-11-13 Lot4617 87.5 × 47 × 125.5cm
估价：RMB 1,800,000-2,800,000
成交价：RMB 2,070,000

黄花梨顶箱柜（一对）
年代不详 Unknown BP 北京保利
2016-10-31 Lot360 120 × 60 × 240cm
估价：无底价
成交价：RMB 80,500

黄花梨圆角柜
清，18-19 世纪 Qing,18th-19th Century S 苏富比
2016-05-11 Lot42 77.5 × 44.5 × 104cm
估价：GBP 25,000-30,000
成交价：GBP 32,500

黄花梨圆角柜
17-18 世纪 17th-18th Century BO 邦瀚斯
2016-09-12 Lot6017W 114.3 × 77.8 × 42.1cm
估价：USD 40,000-60,000
成交价：USD 317,000

**黄花梨圆角柜（一对）**
清早期 Early Qing S 苏富比
2016-03-16 Lot273 尺寸不详
估价：USD 60,000-80,000
成交价：USD 62,500

**黄花梨透雕如意纹圆角柜（一对）**
清，17-18 世纪 Qing,17th-18th Century S 苏富比
2016-03-15 Lot21 尺寸不详
估价：USD 300,000-500,000
成交价：USD 137,500

**黄花梨圆角柜**
17 世纪 17th Century BO 邦瀚斯
2016-09-12 Lot6004 111.2 × 74 × 41cm
估价：USD 40,000-60,000
成交价：USD 353,000

**黄花梨方角柜**
明末清初 Late Ming-Early Qing S 苏富比
2016-10-05 Lot3018 112 × 77.2 × 42.1cm
估价：HKD 380,000-550,000
成交价：HKD 812,500

**黄花梨圆角拼花书柜**
近代 Modern TH 北京传是
2016-06-04 Lot371 89 × 47 × 172cm
估价：RMB 500,000-600,000
成交价：RMB 828,000

黄花梨缠枝花纹圆角柜
明 Ming BD 北京东正
2016-05-14 Lot375 99 × 53.5 × 179cm
估价：RMB 2,800,000-3,800,000
成交价：RMB 4,025,000

黄花梨木轴门圆角柜
明晚期 Late Ming GD 中国嘉德
2016-05-14 Lot4819 W79cm;De42.5cm;H129cm
估价：RMB 2,200,000-3,800,000
成交价：RMB 2,645,000

黄花梨木轴门无闩杆小圆角柜
明晚期 Late Ming GD 中国嘉德
2016-05-14 Lot4830 W65.5cm;De34.6cm;H95.7cm
估价：RMB 480,000-880,000
成交价：RMB 782,000

黄花梨木轴门圆角柜
明晚期 Late Ming S 苏富比
2016-04-06 Lot104 157.2 × 88.7 × 44.5cm
估价：HKD 3,800,000-5,500,000
成交价：HKD 6,320,000

黄花梨方角小柜（一对）
17-18 世纪 17th-18th Century S 苏富比
2016-03-15 Lot45 尺寸不详
估价：USD 40,000-60,000
成交价：USD 125,000

**黄花梨方角柜**

清，18世纪 Qing,18th Century C 佳士得
2016-03-17 Lot1366 132.7 × 89.8 × 46.9cm
估价：USD 20,000-30,000
成交价：USD 60,000

**黄花梨小方角柜 一对**

清，18世纪 Qing,18th Century S 苏富比
2016-09-13 Lot358 尺寸不详
估价：USD 40,000-60,000
成交价：USD 81,250

**花梨木四件柜（一对）**

清晚期 Late Qing S 苏富比
2016-09-17 Lot1007 尺寸不详
估价：USD 10,000-15,000
成交价：USD 50,000

**黄花梨方角四件柜（一对）**

清，17-18世纪 Qing,17th-18th Century S 苏富比
2016-03-15 Lot42 尺寸不详
估价：USD 300,000-500,000
成交价：USD 346,000

**黄花梨上格双层亮格柜成对**

明末清初 Late Ming-Early Qing GD 中国嘉德
2016-11-13 Lot4614 77.5 × 38.5 × 190cm × 2
估价：RMB 1,800,000-2,800,000
成交价：RMB 5,060,000

**黄花梨小柜**

清，19世纪 Qing,19th Century S 苏富比
2016-09-17 Lot1002 尺寸不详
估价：USD 4,000-6,000
成交价：USD 32,500

**黄花梨小方角柜**

明末清初 Late Ming-Early Qing GD 中国嘉德
2016-05-14 Lot4807 W49.1cm;De32.9cm;H72.9cm
估价：RMB 380,000-550,000
成交价：RMB 471,500

**黄花梨图书行柜**

17-18世纪 17th-18th Century C 佳士得
2016-09-16 Lot1206 De35.6cm
估价：USD 120,000-180,000
成交价：USD 365,000

**黄花梨方角矮柜**

清，18世纪 Qing,18th Century C 佳士得
2016-03-17 Lot1357 84.5 × 103.8 × 46cm
估价：USD 20,000-30,000
成交价：USD 35,000

黄花梨镶瘿木方角柜
清，18 世纪 Qing,18th Century S 苏富比
2016-03-15 Lot52 尺寸不详
估价：USD 30,000-50,000
成交价：USD 25,000

黄花梨案上万历柜（一对）
清中期 Mid Qing KS 北京匡时
2016-06-06 Lot2404 34 × 18 × 54cm × 2
估价：RMB 150,000-200,000
成交价：RMB 241,500

黄花梨雕凤穿牡丹万历柜（一对）
清 Qing KS 北京匡时
2016-06-06 Lot2409 102 × 44 × 197cm × 2
估价：RMB 380,000-450,000
成交价：RMB 575,000

黄花梨嵌硬木错银小炕柜（一对）
清，19 世纪 Qing,19th Century C 佳士得
2016-06-01 Lot3400 H51.5cm;W43.5cm;De21.5cm × 2
估价：HKD 400,000-600,000
成交价：HKD 250,000

黄花梨面条柜（一对）
清 Qing KS 北京匡时
2016-06-06 Lot2421 84 × 43 × 161cm × 2
估价：RMB 800,000-1,000,000
成交价：RMB 920,000

黄花梨如意纹小药柜
近代 Modern TH 北京传是
2016-06-04 Lot370 80×36×45cm
估价：RMB 180,000-220,000
成交价：RMB 207,000

黄花梨五屉官皮柜
清中期 Mid Qing HC 北京华辰
2016-05-13 Lot1001 H32cm
估价：RMB 220,000-320,000
成交价：RMB 345,000

黄花梨案上四门柜
清 Qing KS 北京匡时
2016-06-06 Lot2407 62×21×63cm
估价：RMB 200,000-280,000
成交价：RMB 368,000

黄花梨顶箱柜
明末清初 Late Ming-Early Qing GD 中国嘉德
2016-05-14 Lot4824 W91.9cm;De47cm;H205cm
估价：RMB 2,800,000-4,800,000
成交价：RMB 2,185,000

黄花梨双龙捧寿顶箱柜
清 Qing SUN 中贸圣佳
2016-05-16 Lot1340 L82cm;W38cm;H187.4cm
估价：RMB 5,200,000-6,200,000
成交价：RMB 5,980,000

黄花梨独板三联柜
近代 Modern TH 北京传是
2016-06-04 Lot380 130×44×84cm
估价：RMB 1,200,000-1,800,000
成交价：RMB 1,840,000

黄花梨对开独板大顶箱柜（一对）
近代 Modern TH 北京传是
2016-06-04 Lot379 134 × 68 × 288cm × 2
估价：RMB 5,000,000-7,500,000
成交价：RMB 8,625,000

黄花梨联二橱
清，18-19 世纪 Qing,18th-19th Century S 苏富比
2016-05-11 Lot46 147.5 × 55.5 × 85cm
估价：GBP 30,000-50,000
成交价：GBP 37,500

黄花梨联三橱
清 Qing S 苏富比
2016-03-15 Lot51 尺寸不详
估价：USD 30,000-50,000
成交价：USD 68,750

**黄花梨透棂书格**

清早期 Early Qing GD 中国嘉德

2016-11-13 Lot4527 120.5 × 42 × 178cm

估价：咨询价

成交价：RMB 12,650,000

2016 Chinese Art Auction TOP10 中国古典家具拍卖十大天价排行榜 Top 4

黄花梨翼飞龙纹带座联二橱
明晚期 Late Ming GD 中国嘉德
2016-11-13 Lot4604 131.5 × 54 × 53.2cm
估价：RMB 300,000-500,000
成交价：RMB 4,140,000

黄花梨螭龙纹联二闷户橱
明晚期 Late Ming GD 中国嘉德
2016-11-13 Lot4605 111 × 59 × 88cm
估价：RMB 600,000-1,000,000
成交价：RMB 2,990,000

花梨木三闷户橱
清中期 Mid Qing BO 邦瀚斯
2016-11-07 Lot115 89.3 × 207 × 52cm
估价：GBP 5,000-8,000
成交价：GBP 6,250

黄花梨折叠式大镜架
明末清初 Late Ming-Early Qing S 苏富比
2016-10-05 Lot3006 6 × 57.5 × 54cm;
49.3 × 57.5 × 54cm
估价：HKD 220,000-300,000
成交价：HKD 562,500

黄花梨翘头闷户橱
清 Qing BO 邦瀚斯
2016-11-10 Lot132 70 × 68.8 × 31cm
估价：GBP 3,000-5,000
成交价：GBP 3,500

黄花梨盆架
明，17世纪 Ming,17th Century S 苏富比
2016-03-16 Lot278 尺寸不详
估价：USD 20,000-30,000
成交价：USD 20,000

黄花梨镜台
清 Qing BP 北京保利
2016-10-31 Lot331 60×40×80cm
估价：无底价
成交价：RMB 74,750

黄花梨连三橱
年代不详 Unknown BO 邦瀚斯
2016-09-12 Lot8102 86.3x139.8x57.5cm
估价：USD 30,000-50,000
成交价：USD 106,250

黄花梨天平架
清，18世纪 Qing,18th Century C 佳士得
2016-09-16 Lot1209 De21.9cm
估价：USD 20,000-30,000
成交价：USD 62,500

黄花梨折叠式帖架
清早期 Early Qing BC 北京诚轩
2016-11-12 Lot908 45.8×23.8cm
估价：RMB 20,000-30,000
成交价：RMB 34,500

黄花梨荷叶边束腰螭纹罗锅枨方桌
清 Qing SUN 中贸圣佳
2016-11-15 Lot1651 L99cm;W99cm;H85cm
估价：RMB 2,200,000-2,800,000
成交价：RMB 3,220,000

黄花梨霸王枨方桌
清中期 Mid Qing BO 邦瀚斯
2016-11-10 Lot124 85.5 × 85.5 × 78cm
估价：GBP 7,000-9,000
成交价：GBP 8,750

黄花梨方桌
明末清初 Late Ming-Early Qing C 佳士得
2016-03-17 Lot1302 88.3 × 94.6 × 93.3cm
估价：USD 30,000-50,000
成交价：USD 87,500

黄花梨方桌
清 Qing KS 北京匡时
2016-06-06 Lot2406 90 × 90 × 82.5cm
估价：RMB 250,000-350,000
成交价：RMB 287,500

黄花梨螭龙纹可拆卸折叠方桌
明 Ming BD 北京东正
2016-05-14 Lot377 95.5 × 95 × 87.5cm
估价：RMB 1,800,000-2,800,000
成交价：RMB 4,370,000

黄花梨霸王枨方桌
清 Qing TH 北京传是
2016-06-04 Lot372 86 × 86 × 82.5cm
估价：RMB 500,000-800,000
成交价：RMB 690,000

黄花梨霸王枨方桌
清早期 Early Qing TH 北京传是
2016-06-04 Lot381 75.5 × 75.5 × 82.5cm
估价：RMB 450,000-600,000
成交价：RMB 517,500

黄花梨裹脚竹叶纹方桌
清早期 Early Qing KS 北京匡时
2016-06-07 Lot3763 89 × 89 × 88.5cm
估价：RMB 1,600,000-1,800,000
成交价：RMB 1,840,000

黄花梨三屉长方桌
清，18 世纪 Qing,18th Century C 佳士得
2016-03-17 Lot1362 88.9 × 138.1 × 57.7cm
估价：USD 40,000-60,000
成交价：USD 50,000

黄花梨四面平式长方桌
明，17 世纪 Ming,17th Century C 佳士得
2016-03-17 Lot1309 84.1 × 97.8 × 52.7cm
估价：USD 200,000-300,000
成交价：USD 785,000

黄花梨如意卡子花方桌
17-18 世纪 17th-18th Century S 苏富比
2016-03-15 Lot33 尺寸不详
估价：USD 50,000-70,000
成交价：USD 37,500

黄花梨无束腰方桌
明末清初 Late Ming-Early Qing C 佳士得
2016-03-17 Lot1305 87 × 94.6cm
估价：USD 60,000-80,000
成交价：USD 100,000

黄花梨小长方桌
明末清初 Late Ming-Early Qing C 佳士得
2016-03-17 Lot1308 88.3 × 114.3 × 54.6cm
估价：USD 80,000-120,000
成交价：USD 100,000

黄花梨带插角方桌
清 Qing SUN 中贸圣佳
2016-05-16 Lot1337 L98cm;W98cm;H84cm
估价：RMB 800,000-1,200,000
成交价：RMB 920,000

黄花梨一脚三牙方桌
清 Qing KS 北京匡时
2016-06-06 Lot2419 93 × 93 × 86cm
估价：RMB 800,000-1,000,000
成交价：RMB 1,092,500

黄花梨无束腰圆腿方桌
清早期 Early Qing GD 中国嘉德
2016-11-13 Lot4612 87.3 × 87.3 × 81.5cm
估价：RMB 600,000-1,000,000
成交价：RMB 805,000

黄花梨鱼门洞圆抱圆方桌（一对）
明末清初 Late Ming-Early Qing KS 北京匡时
2016-06-06 Lot2420 91 × 91 × 86cm × 2
估价：RMB 1,800,000-2,200,000
成交价：RMB 2,530,000

黄花梨方桌
18 世纪 18th Century BO 邦瀚斯
2016-09-12 Lot8104 83.8x100x101cm
估价：USD 60,000-90,000
成交价：USD 137,000

黄花梨拼铁梨木方桌
清，18-19 世纪 Qing,18th-19th Century S 苏富比
2016-09-17 Lot1034 尺寸不详
估价：USD 4,000-6,000
成交价：USD 8,750

黄花梨嵌云石方桌
清 Qing BD 北京东正
2016-09-23 Lot248 87 × 90 × 84cm
估价：RMB 550,000-650,000
成交价：RMB 747,500

黄花梨矮桌展腿式八仙桌
明末清初 Late Ming-Early Qing GD 中国嘉德
2016-05-14 Lot4806 W93cm;De92.8cm;H87.8cm
估价：RMB 1,200,000-2,200,000
成交价：RMB 1,495,000

黄花梨四面平攒牙子长方桌
明末清初 Late Ming-Early Qing GD 中国嘉德
2016-11-13 Lot4603 92.5 × 68.8 × 82.5cm
估价：RMB 600,000-1,000,000
成交价：RMB 690,000

黄花梨方桌
清，19-20 世纪 Qing,19th-20th Century S 苏富比
2016-09-17 Lot992 尺寸不详
估价：USD 6,000-8,000
成交价：USD 50,000

黄花梨有束腰罗锅枨马蹄足八仙桌
明晚期 Late Ming GD 中国嘉德
2016-05-14 Lot4822 W93cm;De93cm;H86.3cm
估价：RMB 900,000-1,800,000
成交价：RMB 1,150,000

黄花梨裹腿卡子花六仙桌
明末清初 Late Ming-Early Qing GD 中国嘉德
2016-05-14 Lot4837 W88.6cm;De88.3cm;H89.2cm
估价：RMB 680,000-1,000,000
成交价：RMB 862,500

黄花梨半桌（一对）
明晚期 - 清，18 世纪 Late Ming-Qing,18th Century C 佳士得
2016-03-17 Lot1316 88.9 × 110.4 × 77.5cm
估价：USD 600,000-800,000
成交价：USD 785,000

黄花梨半桌
明末清初 Late Ming-Early Qing HY 华艺国际
2016-05-26 Lot1215 49 × 100 × 86.5cm
估价：RMB 800,000-1,200,000
成交价：RMB 920,000

黄花梨螭龙纹罗锅枨半桌
清 Qing TH 北京传是
2016-06-04 Lot374 94 × 50 × 82cm
估价：RMB 100,000-150,000
成交价：RMB 126,500

黄花梨有束腰罗锅枨马蹄足半桌
明末清初 Late Ming-Early Qing GD 中国嘉德
2016-05-14 Lot4833 W94cm;De53.6cm;H87.7cm
估价：RMB 800,000-1,500,000
成交价：RMB 598,000

黄花梨半桌
清 Qing SUN 中贸圣佳
2016-05-16 Lot1330 L104cm;W51.2cm;H84.5cm
估价：RMB 700,000-850,000
成交价：RMB 920,000

黄花梨束腰半桌
清 Qing C 佳士得
2016-03-17 Lot1356 82.5 × 89 × 44.4cm
估价：USD 15,000-20,000
成交价：USD 30,000

黄花梨螭龙纹炕桌
清早期 Early Qing BD 北京东正
2016-05-14 Lot380 103.3 × 68 × 29.5cm
估价：RMB 380,000-480,000
成交价：RMB 552,000

**黄花梨雕螭龙纹炕桌**
17-18 世纪 17th-18th Century S 苏富比
2016-03-15 Lot44 尺寸不详
估价：USD 30,000-50,000
成交价：USD 68,750

**黄花梨炕桌**
17-18 世纪 17th-18th Century S 苏富比
2016-03-15 Lot6 尺寸不详
估价：USD 30,000-50,000
成交价：USD 30,000

**黄花梨有束腰三弯腿炕桌**
明晚期 Late Ming GD 中国嘉德
2016-05-14 Lot4818 W93.5cm;De58.9cm;H30.5cm
估价：RMB 480,000-680,000
成交价：RMB 632,500

**黄花梨雕螭龙纹炕桌**
17-18 世纪 17th-18th Century S 苏富比
2016-03-15 Lot50 尺寸不详
估价：USD 50,000-70,000
成交价：USD 30,000

**黄花梨炕桌**
清，18 世纪 Qing,18th Century S 苏富比
2016-03-15 Lot35 尺寸不详
估价：USD 40,000-60,000
成交价：USD 35,000

**黄花梨螭龙纹炕桌**
清早期 Early Qing GD 中国嘉德
2016-09-25 Lot5125 92 × 58.5 × 32cm
估价：RMB 180,000-280,000
成交价：RMB 460,000

**黄花梨炕桌**
清，19 世纪 Qing,19th Century C 佳士得
2016-03-17 Lot1301 26.4 × 94 × 57.2cm
估价：USD 20,000-30,000
成交价：USD 32,500

**黄花梨方炕桌**
清，17 世纪 Qing,17th Century C 佳士得
2016-06-01 Lot3250 H28cm;W77cm;De78cm
估价：HKD 300,000-500,000
成交价：HKD 525,000

**黄花梨透雕螭龙纹炕桌**
清，19-20 世纪 Qing,19th-20th Century S 苏富比
2016-09-17 Lot1000 尺寸不详
估价：USD 10,000-12,000
成交价：USD 12,500

黄花梨镶瘿木炕桌
清，18-19 世纪 Qing,18th-19th Century S 苏富比
2016-09-13 Lot365 尺寸不详
估价：USD 10,000-15,000
成交价：USD 12,500

黄花梨小炕桌
明晚期 Late Ming S 苏富比
2016-10-05 Lot3005 28.6 × 57.5 × 36.5cm
估价：HKD 90,000-150,000
成交价：HKD 625,000

黄花梨仿古夔凤纹条桌
明，17 世纪 Ming,16th Century BO 邦瀚斯
2016-11-10 Lot118 140 × 45 × 83.2cm
估价：GBP 20,000-30,000
成交价：GBP 47,500

黄花梨束腰三弯腿炕桌
明晚期 Late Ming BO 邦瀚斯
2016-09-12 Lot6010 30.5 × 93.5 × 58.8cm
估价：USD 50,000-70,000
成交价：USD 125,000

黄花梨炕桌
清早期 Early Qing BD 北京东正
2016-06-05 Lot282 95 × 62 × 32.6cm
估价：RMB 80,000-100,000
成交价：RMB 287,500

黄花梨卡子花条桌
20 世纪 20th Century S 苏富比
2016-09-17 Lot993 尺寸不详
估价：USD 5,000-7,000
成交价：USD 30,000

黄花梨束腰炕桌
17 世纪 17th Century BO 邦瀚斯
2016-09-12 Lot6001 14 × 67.2 × 44.2cm
估价：USD 10,000-15,000
成交价：USD 68,750

黄花梨炕桌
17-18 世纪 17th-18th Century C 佳士得
2016-11-08 Lot197 23.5 × 88.9 × 52.1cm
估价：GBP 28,000-35,000
成交价：GBP 35,000

黄花梨透雕仿古纹条桌
清，18-19 世纪 Qing,18th-19th Century S 苏富比
2016-09-13 Lot369 尺寸不详
估价：USD 8,000-12,000
成交价：USD 30,000

黄花梨条桌
清，18-19 世纪 Qing,18th-19th Century S 苏富比
2016-03-16 Lot284 尺寸不详
估价：USD 10,000-15,000
成交价：USD 62,500

黄花梨条桌
17 世纪 17th Century BO 邦瀚斯
2016-09-12 Lot6011 87 × 173.5 × 51cm
估价：USD 125,000-200,000
成交价：USD 461,000

黄花梨带束腰内翻马蹄足条桌
清 Qing TH 北京传是
2016-06-04 Lot368 157 × 36.5 × 87cm
估价：RMB 120,000-180,000
成交价：RMB 195,500

黄花梨条桌
清，18 世纪 Qing,18th Century S 苏富比
2016-03-16 Lot226 尺寸不详
估价：USD 80,000-120,000
成交价：USD 1,450,000

黄花梨四平马蹄腿翘头条桌
清 Qing KS 北京匡时
2016-06-06 Lot2401 104.5 × 38 × 79.5cm
估价：RMB 220,000-280,000
成交价：RMB 287,500

黄花梨罗锅枨条桌
明 Ming BD 北京东正
2016-05-14 Lot373 92.3 × 55 × 82.5cm
估价：RMB 800,000-1,200,000
成交价：RMB 1,265,000

黄花梨高束腰条桌
清早期 Early Qing BD 北京东正
2016-05-14 Lot408 L138.5cm;W52.5cm H79.5cm
估价：RMB 3,200,000-3,600,000
成交价：RMB 4,140,000

黄花梨打洼攒牙头条桌
清 Qing BD 北京东正
2016-05-14 Lot378 210.5 × 76.5 × 84cm
估价：RMB 5,000,000-8,000,000
成交价：RMB 9,200,000

2016 Chinese Art Auction TOP10 中国古典家具拍卖十大天价排行榜 Top 7

黄花梨条桌
清 Qing BP 北京保利
2016-06-08 Lot9456 173 × 52 × 86.5cm
估价：RMB 200,000-300,000
成交价：RMB 230,000

黄花梨酒桌
清，18世纪 Qing,18th Century C 佳士得
2016-03-17 Lot1354 80.9 × 102.2 × 51.7cm
估价：USD 40,000-60,000
成交价：USD 75,000

黄花梨平头案式酒桌
明晚期 Late Ming GD 中国嘉德
2016-05-14 Lot4805 W96.2cm;De47.6cm;H82.2cm
估价：RMB 550,000-880,000
成交价：RMB 805,000

黄花梨夹头榫酒桌
明末清初 Late Ming-Early Qing C 佳士得
2016-09-16 Lot1205 De72.4cm
估价：USD 250,000-350,000
成交价：USD 293,000

黄花梨、瘿木、榉木夹头榫小酒桌
清早期 Early Qing GD 中国嘉德
2016-11-13 Lot4716 87 × 63.5 × 80.5cm
估价：RMB 150,000-250,000
成交价：RMB 287,500

黄花梨书桌
清，19 世纪 Qing,19th Century S 苏富比
2016-09-17 Lot999 尺寸不详
估价：USD 5,000-7,000
成交价：USD 9,375

黄花梨夹头榫酒桌
明晚期 Late Ming GD 中国嘉德
2016-11-13 Lot4602 93.5 × 62 × 79.2cm
估价：RMB 400,000-600,000
成交价：RMB 1,380,000

黄花梨带屉板酒桌
明 Ming PLHK 保利香港
2016-10-04 Lot3186 78 × 42.5 × 83cm
估价：HKD 600,000-800,000
成交价：HKD 708,000

黄花梨有束腰半月桌
清早期 Early Qing GD 中国嘉德
2016-11-13 Lot4613 97 × 48 × 84cm
估价：RMB 1,200,000-2,200,000
成交价：RMB 8,050,000

**黄花梨螭龙纹小棋桌**
明末清初 Late Ming-Early Qing GD 中国嘉德
2016-05-14 Lot4804 W48.5cm;De48.5cm;H21.8cm
估价：RMB 380,000-550,000
成交价：RMB 977,500

**黄花梨琴桌**
明晚期 Late Ming GD 中国嘉德
2016-05-14 Lot4826 W116cm;De55cm;H82.5cm
估价：RMB 1,500,000-2,500,000
成交价：RMB 1,725,000

**黄花梨半桌**
17 世纪 17th Century BO 邦瀚斯
2016-09-12 Lot6016 87.7 × 98.2 × 48.8cm
估价：USD 60,000-100,000
成交价：USD 149,000

**黄花梨二屉抽屉桌**
明末清初 Late Ming-Early Qing GD 中国嘉德
2016-05-14 Lot4832 W96.3cm;De55.9cm;H83.7cm
估价：RMB 1,000,000-2,000,000
成交价：RMB 598,000

**黄花梨有束腰马蹄足半桌**
明末清初 Late Ming-Early Qing S 苏富比
2016-10-05 Lot3019 86.8 × 97.8 × 48.9cm
估价：HKD 380,000-550,000
成交价：HKD 1,000,000

**黄花梨矮桌**
清 Qing S 苏富比
2016-03-19 Lot1521 尺寸不详
估价：USD 8,000-10,000
成交价：USD 18,750

**黄花梨独面小翘头桌**
明末清初 Late Ming-Early Qing SUN 中贸圣佳
2016-05-16 Lot1305 L53.4cm;W20.2cm;H14cm
估价：RMB 1,200,000-1,500,000
成交价：RMB 3,392,500

**黄花梨配硬木矮桌**
清 Qing S 苏富比
2016-03-19 Lot1505 尺寸不详
估价：USD 5,000-7,000
成交价：USD 10,000

黄花梨四屉架几桌
清，19-20 世纪 Qing,19th-20th Century S 苏富比
2016-09-17 Lot979 尺寸不详
估价：USD 8,000-12,000
成交价：USD 52,500

黄花梨四平龙凤纹满工大画案
明末清初 Late Ming-Early Qing KS 北京匡时
2016-06-06 Lot2424 190 × 75 × 83cm
估价：RMB 1,500,000-1,800,000
成交价：RMB 1,840,000

黄花梨夹头榫平头案
明晚期 Late Ming S 苏富比
2016-04-06 Lot113 78.8 × 205.5 × 53.3cm
估价：HKD 5,500,000-8,000,000
成交价：HKD 6,680,000

黄花梨桌
清，19 世纪 Qing,19th Century S 苏富比
2016-09-17 Lot986 尺寸不详
估价：USD 15,000-25,000
成交价：USD 68,750

黄花梨四平画案
清 Qing KS 北京匡时
2016-06-06 Lot2422 118 × 62 × 23cm
估价：RMB 880,000-1,000,000
成交价：RMB 1,012,000

黄花梨夹头榫平头案
明晚期 Late Ming GD 中国嘉德
2016-05-14 Lot4823 W150.2cm;De53cm;H79.5cm
估价：RMB 1,500,000-2,500,000
成交价：RMB 2,012,500

黄花梨桌
明末清初 Late Ming-Early Qing C 佳士得
2016-11-08 Lot195 H86.4cm;W104cm
估价：GBP 100,000-200,000
成交价：GBP 485,000

黄花梨夹头榫画案
明晚期 Late Ming S 苏富比
2016-04-06 Lot118 78.3 × 155.8 × 71.5cm
估价：HKD 2,800,000-4,000,000
成交价：HKD 6,080,000

黄花梨平头案
明晚期 Late Ming S 苏富比
2016-03-16 Lot228 尺寸不详
估价：USD 60,000-80,000
成交价：USD 137,500

**黄花梨雕竹节纹平头案**
清，18 世纪 Qing,18th Century S 苏富比
2016-03-16 Lot286 尺寸不详
估价：USD 60,000-80,000
成交价：USD 150,000

**黄花梨雕卷草纹平头案**
清，18-19 世纪 Qing,18th-19th Century S 苏富比
2016-09-13 Lot366 尺寸不详
估价：USD 25,000-35,000
成交价：USD 43,750

**黄花梨夹头榫平头案**
清早期 Early Qing GD 中国嘉德
2016-11-13 Lot4616 194.5 × 52 × 81cm
估价：RMB 1,600,000-2,600,000
成交价：RMB 2,300,000

**黄花梨平头案**
18-19 世纪 18th-19th Century BO 邦瀚斯
2016-09-12 Lot8103 83.2x61.6x132cm
估价：USD 20,000-30,000
成交价：USD 47,500

**黄花梨平头案**
19-20 世纪 19th-20th Century S 苏富比
2016-09-13 Lot342 尺寸不详
估价：USD 60,000-90,000
成交价：USD 75,000

**黄花梨平头案**
清 Qing S 苏富比
2016-03-19 Lot1519 尺寸不详
估价：USD 3,000-5,000
成交价：USD 9,375

黄花梨如意纹翘头案
明，16-17 世纪 Ming,16th-17th Century C 佳士得
2016-03-17 Lot1314 92.1 × 217.2 × 45.1cm
估价：USD 400,000-600,000
成交价：USD 965,000

黄花梨夹头榫云纹画案
清 Qing TH 北京传是
2016-06-04 Lot356 145 × 70 × 84cm
估价：RMB 450,000-600,000
成交价：RMB 598,000

黄花梨螭龙纹翘头案
清早期 Early Qing BD 北京东正
2016-05-14 Lot379 200 × 45.8 × 85.5cm
估价：RMB 2,800,000-3,800,000
成交价：RMB 4,255,000

黄花梨罗锅枨带矮老画案
清早期 Early Qing TH 北京传是
2016-06-04 Lot352 149 × 67.5 × 85cm
估价：RMB 1,500,000-2,200,000
成交价：RMB 2,300,000

黄花梨翘头案
年代不详 Unknown BP 北京保利
2016-04-28 Lot2119 216 × 46 × 80cm
估价：RMB 180,000-250,000
成交价：RMB 207,000

黄花梨翘头案
清，17-18 世纪 Qing,17th-18th Century S 苏富比
2016-03-15 Lot20 尺寸不详
估价：USD 80,000-120,000
成交价：USD 87,500

黄花梨翘头案
清 Qing SUN 中贸圣佳
2016-05-16 Lot1335 L248.5cm;W48.3cm;H100.7cm
估价：RMB 2,600,000-3,000,000
成交价：RMB 3,737,500

黄花梨方腿打洼翘头案
清早期 Early Qing SUN 中贸圣佳
2016-05-16 Lot1333 L174.5cm;W54.1cm;H83.5cm
估价：RMB 2,000,000-2,600,000
成交价：RMB 2,300,000

黄花梨楠木装心翘头案
清早期 Early Qing SUN 中贸圣佳
2016-05-16 Lot1334 L237.5 cm;W46 cm;H86cm
估价：RMB 1,900,000-2,300,000
成交价：RMB 2,990,000

黄花梨夹头榫独板面翘头案
明晚期 Late Ming GD 中国嘉德
2016-05-14 Lot4810 W183cm;De37.8cm;H84.3cm
估价：RMB 2,300,000-3,300,000
成交价：RMB 2,875,000

黄花梨一腿三牙顶牙罗锅枨独板翘头案
明末清初 Late Ming-Early Qing GD 中国嘉德
2016-11-13 Lot4623 119 × 44 × 85.8cm
估价：RMB 1,000,000-2,000,000
成交价：RMB 1,610,000

黄花梨拼木福寿双全纹翘头案
清，18-19 世纪 Qing,18th-19th Century S 苏富比
2016-09-13 Lot370 尺寸不详
估价：USD 30,000-50,000
成交价：USD 62,500

黄花梨如意纹翘头案
明，17 世纪 Ming,17th Century S 苏富比
2016-03-16 Lot285 尺寸不详
估价：USD 30,000-50,000
成交价：USD 137,500

黄花梨如意云纹板足小翘头案
清 Qing SUN 中贸圣佳
2016-11-15 Lot1633 L49.5cm;W19.5cm;H17cm
估价：RMB 500,000-800,000
成交价：RMB 3,047,500

黄花梨翘头案
17-18 世纪 17th-18th Century S 苏富比
2016-03-16 Lot229 尺寸不详
估价：USD 200,000-300,000
成交价：USD 322,000

黄花梨翘头案
20 世纪 20th Century S 苏富比
2016-03-19 Lot1504 尺寸不详
估价：USD 5,000-7,000
成交价：USD 16,250

黄花梨平头案
17-18 世纪 17th-18th Century S 苏富比
2016-03-15 Lot22 尺寸不详
估价：USD 60,000-80,000
成交价：USD 32,500

黄花梨翘头案
清，18-19 世纪 Qing,18th-19th Century S 苏富比
2016-09-13 Lot367 尺寸不详
估价：USD 25,000-35,000
成交价：USD 47,500

黄花梨翘头案
19-20 世纪 19th-20th Century S 苏富比
2016-03-19 Lot1503 尺寸不详
估价：USD 5,000-7,000
成交价：USD 13,750

黄花梨漆面平头案
明 Ming SUN 中贸圣佳
2016-05-16 Lot1330A L101cm;W50cm;H77.5cm
估价：RMB 550,000-650,000
成交价：RMB 782,000

黄花梨镶瘿木平头案
17-18 世纪 17th-18th Century S 苏富比
2016-03-15 Lot8 尺寸不详
估价：USD 80,000-120,000
成交价：USD 150,000

黄花梨镶瘿木平头案
17 世纪 17th Century S 苏富比
2016-03-15 Lot14 尺寸不详
估价：USD 30,000-50,000
成交价：USD 37,500

黄花梨刀子板平头案
清 Qing KS 北京匡时
2016-06-06 Lot2402 89 × 37.5 × 77cm
估价：RMB 220,000-300,000
成交价：RMB 437,000

黄花梨折叠式画案
明晚期 Late Ming C 佳士得
2016-11-30 Lot3360 H84cm;W175cm;De75cm
估价：HKD 3,800,000-5,000,000
成交价：HKD 5,100,000

黄花梨画案
清晚期 Late Qing S 苏富比
2016-03-19 Lot1506 尺寸不详
估价：USD 15,000-25,000
成交价：USD 514,000

黄花梨大画案
明末清初 Late Ming-Early Qing C 佳士得
2016-09-16 Lot1207 De70.8cm
估价：USD 500,000-700,000
成交价：USD 869,000

黄花梨插肩榫炕案
明 Ming PLHK 保利香港
2016-10-04 Lot3187 46.5 × 37.5 × 139cm
估价：HKD 500,000-800,000
成交价：HKD 1,475,000

黄花梨带束腰插肩榫如意云纹条案
清 Qing TH 北京传是
2016-06-04 Lot359 160 × 45 × 85cm
估价：RMB 550,000-750,000
成交价：RMB 828,000

瘿木香插香盒配黄花梨台几
清 Qing BD 北京东正
2016-05-14 Lot391 L32.2cm;W15.8cm;H6.8cm
估价：RMB 60,000-80,000
成交价：RMB 126,500

黄花梨小几
明末清初 Late Ming-Early Qing GD 中国嘉德
2016-05-14 Lot4816 W62.9cm;De29.8cm;H8.9cm
估价：RMB 180,000-280,000
成交价：RMB 759,000

黄花梨方几（一对）
清，18 世纪 Qing,18th Century C 佳士得
2016-03-17 Lot1304 87.6 × 48.3cm
估价：USD 60,000-80,000
成交价：USD 197,000

黄花梨南官帽椅
17 世纪 17th Century S 苏富比
2016-03-15 Lot13 尺寸不详
估价：USD 70,000-90,000
成交价：USD 112,500

黄花梨官帽椅（一对）
明末清初 Late Ming-Early Qing C 佳士得
2016-03-17 Lot1313 116.2 × 59.1 × 54.6cm
估价：USD 200,000-300,000
成交价：USD 293,000

黄花梨官帽椅（一对）
清，18 世纪 Qing,18th Century C 佳士得
2016-03-17 Lot1303 106.7 × 61.6 × 55.2cm
估价：USD 80,000-120,000
成交价：USD 112,500

黄花梨官帽椅（一对）
清，17-18 世纪 Qing,17th-18th Century S 苏富比
2016-05-11 Lot39 58 × 48 × 104cm
估价：GBP 80,000-120,000
成交价：GBP 100,000

黄花梨高靠背南官帽椅成对
明末清初 Late Ming-Early Qing GD 中国嘉德
2016-11-29 Lot1318 115 × 58 × 43.5cm
估价：HKD 3,200,000-5,000,000
成交价：HKD 6,130,000

黄花梨南官帽椅（一对）
明晚期 - 清，18 世纪 Late Ming-Qing,18th Century C 佳士得
2016-03-17 Lot1315 99.1 × 60 × 44.8cm
估价：USD 150,000-250,000
成交价：USD 437,000

黄花梨南官帽椅（一对）
17-18 世纪 17th-18th Century S 苏富比
2016-03-15 Lot7 尺寸不详
估价：USD 100,000-150,000
成交价：USD 175,000

**黄花梨南官帽椅（一对）**

清，17-18 世纪 Qing,17th-18th Century C 佳士得
2016-06-01 Lot3251 H95.7cm;W55.5cm;De44.7cm × 2
估价：HKD 700,000-900,000
成交价：HKD 3,520,000

**黄花梨四出头官帽椅（一对）**

明 Ming PLXM 保利厦门
2016-05-08 Lot872 55 × 44 × 110cm × 2
估价：RMB 1,600,000-2,600,000
成交价：RMB 2,415,000

**黄花梨四出头官帽椅（一对）**

清 Qing TH 北京传是
2016-06-04 Lot382 57.5 × 45.5 × 109cm × 2
估价：RMB 500,000-800,000
成交价：RMB 552,000

**黄花梨南官帽椅（一对）**

明末清初 Late Ming-Early Qing C 佳士得
2016-03-17 Lot1307 104.1 × 57.2 × 52cm
估价：USD 80,000-120,000
成交价：USD 149,000

**黄花梨四出头官帽椅（一对）**

明末清初 Late Ming-Early Qing C 佳士得
2016-03-17 Lot1317 119.4 × 63.5 × 48.9cm
估价：USD 700,000-900,000
成交价：USD 905,000

**黄花梨四出头龙纹官帽椅成对**

明晚期 Late Ming GD 中国嘉德
2016-05-14 Lot4821 W58.8cm;De45.5cm;H110cm
估价：咨询价
成交价：RMB 9,200,000

黄花梨四出头官帽椅（一对）
清 Qing TH 北京传是
2016-06-04 Lot369 58 × 47 × 122cm × 2
估价：RMB 150,000-200,000
成交价：RMB 172,500

黄花梨镶瘿木雕福字纹四出头官帽椅（一对）
明，16-17世纪 Ming,16th-17th Century S 苏富比
2016-03-15 Lot32 尺寸不详
估价：USD 300,000-500,000
成交价：USD 910,000

黄花梨南官帽椅
17-18世纪 17th-18th Century C 佳士得
2016-09-16 Lot1202 De54cm
估价：USD 100,000-150,000
成交价：USD 269,000

黄花梨镶瘿木雕福字纹四出头官帽椅（一对）
明，16-17世纪 Ming,16th-17th Century S 苏富比
2016-03-15 Lot31 尺寸不详
估价：USD 500,000-700,000
成交价：USD 1,210,000

黄花梨螭龙纹官帽椅
清 Qing TH 北京传是
2016-06-04 Lot353 57.5 × 44 × 87.5cm
估价：RMB 650,000-1,200,000
成交价：RMB 805,000

黄花梨南官帽椅 一对
清，18世纪 Qing,18th Century S 苏富比
2016-09-13 Lot344 尺寸不详
估价：USD 30,000-50,000
成交价：USD 112,500

黄花梨四出头高靠背官帽椅
明晚期 Late Ming S 苏富比
2016-04-06 Lot108 115 × 58.3 × 45cm
估价：HKD 2,200,000-3,500,000
成交价：HKD 2,960,000

黄花梨攒靠背南官帽椅
明晚期 Late Ming S 苏富比
2016-04-06 Lot103 93 × 56.3 × 45.3cm
估价：HKD 1,800,000-2,800,000
成交价：HKD 4,400,000

黄花梨南官帽椅（一对）
清，17-18世纪 Qing,17th-18th Century S 苏富比
2016-03-16 Lot281 尺寸不详
估价：USD 80,000-120,000
成交价：USD 100,000

黄花梨四出头官帽椅
明末清初 Late Ming-Early Qing GD 中国嘉德
2016-11-13 Lot4513 59 × 56 × 109cm
估价：RMB 1,500,000-2,600,000
成交价：RMB 1,610,000

黄花梨四出头官帽椅
明末清初 Late Ming-Early Qing GD 中国嘉德
2016-11-13 Lot4611 65.5 × 63 × 117.5cm
估价：RMB 600,000-1,000,000
成交价：RMB 2,185,000

黄花梨四出头官帽椅
17-18 世纪 17th-18th Century S 苏富比
2016-03-16 Lot279 尺寸不详
估价：USD 30,000-50,000
成交价：USD 162,500

黄花梨四出头官帽椅（一对）
明，17 世纪 Ming,16th Century C 佳士得
2016-04-05 Lot150 106.4 × 5.7 × 46cm
估价：HKD 2,800,000-3,500,000
成交价：HKD 4,360,000

黄花梨四出头官帽椅 一对
清，18-19 世纪 Qing,18th-19th Century S 苏富比
2016-09-13 Lot359 尺寸不详
估价：USD 40,000-60,000
成交价：USD 62,500

黄花梨四出头官帽椅 一对
17 世纪 17th Century S 苏富比
2016-09-13 Lot343 尺寸不详
估价：USD 100,000-150,000
成交价：USD 125,000

黄花梨四出头官帽椅（一对）
明 Ming PLXM 保利厦门
2016-11-06 Lot949 65 × 49 × 107cm
估价：RMB 800,000-1,200,000
成交价：RMB 1,035,000

黄花梨攒靠背南官帽椅
明晚期 Late Ming S 苏富比
2016-04-06 Lot103 93 × 56.3 × 45.3cm
估价：HKD 1,800,000-2,800,000
成交价：HKD 4,400,000

黄花梨雕寿字纹南官帽椅（一对）
17-18 世纪 17th-18th Century S 苏富比
2016-03-16 Lot280 尺寸不详
估价：USD 150,000-200,000
成交价：USD 346,000

**黄花梨南官帽梳背椅**
清中期 Mid Qing BO 邦瀚斯
2016-11-10 Lot126 90.2 × 53.3 × 42cm
估价：GBP 15,000-20,000
成交价：GBP 18,750

**黄花梨圈椅**
明 Ming SUN 中贸圣佳
2016-05-16 Lot1327 H98cm
估价：RMB 1,200,000-1,500,000
成交价：RMB 1,380,000

**黄花梨梅芝图圈椅（一对）**
清早期 Early Qing BD 北京东正
2016-05-14 Lot376 65 × 59 × 97cm × 2
估价：RMB 1,600,000-2,200,000
成交价：RMB 2,530,000

**黄花梨圈椅**
明晚期 Late Ming GD 中国嘉德
2016-05-14 Lot4808 W58.8cm;De44.6cm;H100cm
估价：RMB 800,000-1,200,000
成交价：RMB 1,265,000

**黄花梨圈椅（一对）**
明 Ming SUN 中贸圣佳
2016-05-16 Lot1328 L59cm;W48cm;H95cm
估价：RMB 2,500,000-3,000,000
成交价：RMB 3,220,000

**黄花梨竹节纹圈椅**
17-18 世纪 17th-18th Century S 苏富比
2016-03-15 Lot19 尺寸不详
估价：USD 120,000-150,000
成交价：USD 442,000

**黄花梨圈椅**
清早期 Early Qing HY 华艺国际
2016-05-26 Lot1218 45 × 58.5 × 95cm
估价：RMB 600,000-800,000
成交价：RMB 690,000

**黄花梨圈椅（一对）**
清，18 世纪 Qing,18th Century S 苏富比
2016-03-15 Lot41 尺寸不详
估价：USD 80,000-120,000
成交价：USD 212,500

**黄花梨竹节纹圈椅**
清，18 世纪 Qing,18th Century S 苏富比
2016-03-15 Lot53 尺寸不详
估价：USD 60,000-80,000
成交价：USD 125,000

黄花梨竹节纹圈椅（一对）
清，19-20 世纪 Qing,19th-20th Century S 苏富比
2016-03-15 Lot46 尺寸不详
估价：USD 30,000-50,000
成交价：USD 68,750

黄花梨四出头椅（一对）
清 Qing TH 北京传是
2016-06-04 Lot351 54.5 × 43 × 92cm × 2
估价：RMB 250,000-350,000
成交价：RMB 287,500

黄花梨玫瑰椅（一对）
清晚期 Late Qing S 苏富比
2016-03-16 Lot277 尺寸不详
估价：USD 30,000-50,000
成交价：USD 118,750

黄花梨雕螭龙纹圈椅（一对）
清，17-18 世纪 Qing,17th-18th Century S 苏富比
2016-03-15 Lot27 尺寸不详
估价：USD 60,000-80,000
成交价：USD 137,500

黄花梨螭龙纹玫瑰椅
明 Ming BD 北京东正
2016-05-14 Lot372 58 × 44 × 83.5cm
估价：RMB 500,000-800,000
成交价：RMB 805,000

黄花梨玫瑰椅
17-18 世纪 17th-18th Century BO 邦瀚斯
2016-09-12 Lot6008 88.8 × 59.3 × 45.5cm;89.4 × 59.3 × 45.5cm
估价：USD 100,000-150,000
成交价：USD 413,000

黄花梨大素圈椅成对
明晚期 Late Ming S 苏富比
2016-04-06 Lot117 102 × 61.6 × 47.6cm
估价：HKD 2,800,000-4,000,000
成交价：HKD 3,920,000

黄花梨玫瑰椅（一对）
明末清初 Late Ming-Early Qing C 佳士得
2016-06-01 Lot3249 H86cm;W57.5cm;De45.5cm × 2
估价：HKD 800,000-1,500,000
成交价：HKD 1,480,000

黄花梨灯挂椅
16-17 世纪 16th-17th Century BO 邦瀚斯
2016-09-12 Lot6018 117.5 × 52.3 × 42.5cm
估价：USD 20,000-30,000
成交价：USD 100,000

黄花梨拼硬木玫瑰椅 四件
清，18世纪 Qing,18th Century S 苏富比
2016-09-13 Lot362 尺寸不详
估价：USD 40,000-60,000
成交价：USD 62,500

黄花梨小灯挂椅（一对）
20世纪 20th Century S 苏富比
2016-09-17 Lot1004 尺寸不详
估价：USD 4,000-6,000
成交价：USD 35,000

黄花梨团龙纹圈椅 一对
19世纪 19th Century BO 邦瀚斯
2016-11-10 Lot130 100×66.5×60.5cm
估价：GBP 8,000-12,000
成交价：GBP 37,500

黄花梨素圈椅成对
明末清初 Late Ming-Early Qing GD 中国嘉德
2016-11-13 Lot4622 66×57.5×100.5cm×2
估价：RMB 2,460,000-3,600,000
成交价：RMB 3,795,000

黄花梨圈椅
明，17世纪 Ming,16th Century C 佳士得
2016-11-08 Lot199 98.8×67×60.4cm
估价：GBP 30,000-50,000
成交价：GBP 81,250

黄花梨螭龙纹圈椅成对
明末清初 Late Ming-Early Qing GD 中国嘉德
2016-11-13 Lot4601 63×60×99cm
估价：RMB 800,000-1,500,000
成交价：RMB 920,000

黄花梨圈椅
17世纪 17th Century BO 邦瀚斯
2016-09-12 Lot6005 103.5×62.3×48.7cm
估价：USD 50,000-70,000
成交价：USD 155,000

黄花梨玫瑰椅
17-18世纪 17th-18th Century C 佳士得
2016-11-08 Lot198 86.3×56.2×43.8cm
估价：GBP 30,000-50,000
成交价：GBP 25,000

**黄花梨无束腰直足直枨方凳**
明末清初 Late Ming-Early Qing GD 中国嘉德
2016-11-13 Lot4620 56 × 56 × 47.5cm
估价：RMB 480,000-700,000
成交价：RMB 575,000

**黄花梨有束腰马蹄足罗锅枨禅凳**
明末清初 Late Ming-Early Qing PLXM 保利厦门
2016-11-06 Lot660 44 × 37 × 51.5cm
估价：RMB 180,000-280,000
成交价：RMB 207,000

**黄花梨有束腰四足圆凳成对**
明末清初 Late Ming-Early Qing GD 中国嘉德
2016-11-13 Lot4609 39 × 39 × 48.5cm × 2
估价：RMB 180,000-280,000
成交价：RMB 2,300,000

**黄花梨方凳（一套四张）**
清，18 世纪 Qing,18th Century C 佳士得
2016-04-05 Lot151 H49.8cm;62.2cm
估价：HKD 800,000-1,500,000
成交价：HKD 2,800,000

**黄花梨方凳 一对**
17-18 世纪 17th-18th Century BO 邦瀚斯
2016-09-12 Lot6009 49 × 37.7 × 38cm
估价：USD 20,000-30,000
成交价：USD 93,750

**黄花梨方凳 一对**
清，18 世纪 Qing,18th Century S 苏富比
2016-09-13 Lot360 尺寸不详
估价：USD 25,000-35,000
成交价：USD 22,500

**黄花梨长方凳**
明，17 世纪 Ming,16th Century C 佳士得
2016-11-08 Lot201 56 × 49.5 × 52cm
估价：GBP 40,000-60,000
成交价：GBP 233,000

黄花梨方凳（一对）
17-18世纪 17th-18th Century S 苏富比
2016-03-16 Lot225 尺寸不详
估价：USD 60,000-80,000
成交价：USD 75,000

黄花梨螭龙纹三屉镜台
明 Ming HC 北京华辰
2016-05-13 Lot1002 L35cm
估价：RMB 180,000-280,000
成交价：RMB 207,000

黄花梨长方凳
20世纪 20th Century S 苏富比
2016-09-17 Lot1003 尺寸不详
估价：USD 3,000-5,000
成交价：USD 8,750

黄花梨折叠式镜架
明末清初 Late Ming-Early Qing GD 中国嘉德
2016-05-14 Lot4827 W46.3cm;De45.7cm;H40cm
估价：RMB 60,000-80,000
成交价：RMB 310,500

黄花梨五屏风式镜台
清，17-18世纪 Qing,17th-18th Century S 苏富比
2016-03-15 Lot34 尺寸不详
估价：USD 25,000-35,000
成交价：USD 62,500

黄花梨天平架
17世纪 17th Century S 苏富比
2016-03-15 Lot3 尺寸不详
估价：USD 25,000-35,000
成交价：USD 93,750

黄花梨高火盆架
明晚期 Late Ming GD 中国嘉德
2016-05-14 Lot4809 W59.2cm;De59cm;H76.2cm
估价：RMB 1,300,000-2,300,000
成交价：RMB 1,380,000

黄花梨宝座式镜台
17-18世纪 17th-18th Century S 苏富比
2016-03-15 Lot30 尺寸不详
估价：USD 40,000-60,000
成交价：USD 47,500

**黄花梨镜台**
清 Qing SUN 中贸圣佳
2016-05-16 Lot1311 L50cm;W28.5cm;H61cm
估价：RMB 180,000-200,000
成交价：RMB 207,000

**黄花梨嵌宝子龙救主图官皮箱**
清 Qing S 苏富比
2016-09-17 Lot975 尺寸不详
估价：USD 5,000-8,000
成交价：USD 37,500

**黄花梨官皮箱**
清，17-18 世纪 Qing,17th-18th Century C 佳士得
2016-10-04 Lot170 35.2cm
估价：HKD 120,000-180,000
成交价：HKD 150,000

**黄花梨雕龙纹官皮箱**
清 Qing S 苏富比
2016-03-15 Lot59 尺寸不详
估价：USD 3,000-5,000
成交价：USD 43,750

**黄花梨官皮箱**
明末清初 Late Ming-Early Qing S 苏富比
2016-04-06 Lot112 39 × 39 × 27.8cm
估价：HKD 180,000-280,000
成交价：HKD 475,000

**黄花梨嵌百宝官皮箱**
清早期 Early Qing BP 北京保利
2016-10-31 Lot1227 32 × 22 × 29cm
估价：RMB 65,000-100,000
成交价：RMB 74,750

**黄花梨官皮箱**
17-18 世纪 17th-18th Century S 苏富比
2016-03-15 Lot28 尺寸不详
估价：USD 25,000-35,000
成交价：USD 20,000

**黄花梨双开门顶箱**
19 世纪 19th Century C 佳士得
2016-05-11 Lot365 81.3 × 104.2 × 54.6cm
估价：GBP 2,000-4,000
成交价：GBP 5,625

**黄花梨状元箱**
清 Qing BD 北京东正
2016-05-14 Lot3123 L44.5cm;W22.5cm;H14.2cm
估价：RMB 120,000-180,000
成交价：RMB 276,000

**黄花梨轿箱**
17-18 世纪 17th-18th Century S 苏富比
2016-03-15 Lot18 尺寸不详
估价：USD 15,000-25,000
成交价：USD 21,250

**黄花梨官皮箱**
明末清初 Late Ming-Early Qing S 苏富比
2016-10-05 Lot3010 32.1 × 34.6 × 25.4cm
估价：HKD 180,000-250,000
成交价：HKD 250,000

**黄花梨双门七屉药箱**
明末清初 Late Ming-Early Qing GD 中国嘉德
2016-05-14 Lot4838 W36.8cm;De26.6cm;H36cm
估价：RMB 120,000-220,000
成交价：RMB 345,000

**黄花梨提箱**
17-18 世纪 17th-18th Century S 苏富比
2016-03-15 Lot5 尺寸不详
估价：USD 20,000-30,000
成交价：USD 50,000

**黄花梨雕花鸟龙纹书箱**
明末清初 Late Ming-Early Qing BD 北京东正
2016-05-14 Lot3124 L40cm;W24cm;H16.5cm
估价：RMB 450,000-600,000
成交价：RMB 828,000

**黄花梨荷塘纹镜箱**
清 Qing TH 北京传是
2016-06-04 Lot96 31 × 29 × 14.5cm
估价：RMB 150,000-250,000
成交价：RMB 230,000

**黄花梨插门式六屉箱**
明晚期 Late Ming GD 中国嘉德
2016-05-14 Lot4812 W38.2cm;De27.5cm;H38.5cm
估价：RMB 150,000-250,000
成交价：RMB 448,500

**黄花梨衣箱**
清，19 世纪 Qing,19th Century S 苏富比
2016-09-17 Lot1001 尺寸不详
估价：USD 4,000-6,000
成交价：USD 25,000

**黄花梨小提箱**
清，18-19 世纪 Qing,18th-19th Century S 苏富比
2016-09-17 Lot972 尺寸不详
估价：USD 5,000-7,000
成交价：USD 11,250

**黄花梨印箱**
17-18 世纪 17th-18th Century BO 邦瀚斯
2016-09-12 Lot6002 32 × 31.5 × 22.5cm
估价：USD 15,000-25,000
成交价：USD 52,500

**黄花梨插门式六屉箱**
明晚期 Late Ming S 苏富比
2016-10-05 Lot3008 35.5 × 42 × 26.6cm
估价：HKD 220,000-300,000
成交价：HKD 875,000

**黄花梨带屉盘小方箱**
明末清初 Late Ming-Early Qing S 苏富比
2016-10-05 Lot3012 11.8 × 13.8 × 12cm
估价：HKD 80,000-120,000
成交价：HKD 100,000

**黄花梨箱**
明末清初 Late Ming-Early Qing BD 北京东正
2016-05-14 Lot371 68 × 43.2 × 24.6cm
估价：RMB 380,000-580,000
成交价：RMB 690,000

**黄花梨衣箱 一对**
清，18-19 世纪 Qing,18th-19th Century S 苏富比
2016-09-13 Lot361 尺寸不详
估价：USD 8,000-12,000
成交价：USD 32,500

**黄花梨小箱**
清，19 世纪 Qing,19th Century C 佳士得
2016-03-17 Lot1367 10.2 × 26.7 × 15.9cm
估价：USD 6,000-8,000
成交价：USD 21,250

黄花梨小箱
明末清初 Late Ming-Early Qing GD 中国嘉德
2016-05-14 Lot4828 W37.4cm;De20.7cm;H17.8cm
估价：RMB 80,000-120,000
成交价：RMB 253,000

黄花梨嵌宝松鹤延年图小箱
17-18 世纪 17th-18th Century S 苏富比
2016-09-13 Lot356 尺寸不详
估价：USD 10,000-12,000
成交价：USD 37,500

黄花梨小箱子
明末清初 Late Ming-Early Qing S 苏富比
2016-10-05 Lot3002 20.5 × 45 × 27cm
估价：HKD 90,000-150,000
成交价：HKD 625,000

黄花梨小箱
明末清初 Late Ming-Early Qing GD 中国嘉德
2016-05-14 Lot4803 W36.4cm;De20.5cm;H15.5cm
估价：RMB 80,000-120,000
成交价：RMB 195,500

黄花梨小箱
17-18 世纪 17th-18th Century C 佳士得
2016-09-16 Lot1216 De22.3cm
估价：USD 8,000-10,000
成交价：USD 50,000

黄花梨透雕螭龙纹镜台
20 世纪 20th Century S 苏富比
2016-09-17 Lot996 尺寸不详
估价：USD 6,000-8,000
成交价：USD 8,750

黄花梨小箱子
明末清初 Late Ming-Early Qing S 苏富比
2016-04-06 Lot106 14.9 × 40 × 22.2cm
估价：HKD 80,000-120,000
成交价：HKD 350,000

黄花梨小箱
清，18-19 世纪 Qing,18th-19th Century S 苏富比
2016-09-17 Lot973 尺寸不详
估价：USD 4,000-6,000
成交价：USD 6,875

黄花梨长方箱
明末清初 Late Ming-Early Qing S 苏富比
2016-04-06 Lot111 18.6 × 51.5 × 26.7cm
估价：HKD 80,000-120,000
成交价：HKD 325,000

## 黄花梨方凳

17-18 世纪 17th-18th Century S 苏富比
2016-03-15 Lot4 尺寸不详
估价：USD 25,000-35,000
成交价：USD 43,750

## 黄花梨无束腰方凳（一对）

清 Qing C 佳士得
2016-03-17 Lot1369 53.9 × 55.8cm
估价：USD 18,000-25,000
成交价：USD 37,500

## 黄花梨方凳

清 Qing SUN 中贸圣佳
2016-05-16 Lot1314 L55.5cm;W55.5cm;H50.5cm
估价：RMB 200,000-250,000
成交价：RMB 287,500

## 黄花梨罗锅枨长方凳（一对）

明 Ming BD 北京东正
2016-05-14 Lot374 58 × 47.8 × 51cm × 2
估价：RMB 1,000,000-1,500,000
成交价：RMB 1,610,000

## 黄花梨大方凳

清早期 Early Qing SUN 中贸圣佳
2016-05-16 Lot1315 L71cm;W59.5cm;H47.5cm
估价：RMB 880,000-1,200,000
成交价：RMB 2,472,500

## 黄花梨有束腰罗锅枨马蹄足长方凳成对

明晚期 Late Ming GD 中国嘉德
2016-05-14 Lot4820 W48.8cm;De43.5cm;H51.7cm
估价：RMB 700,000-900,000
成交价：RMB 908,500

**黄花梨带束腰内翻马蹄足方凳**
明 Ming TH 北京传是
2016-06-04 Lot384 55 × 50 × 46cm
估价：RMB 150,000-200,000
成交价：RMB 253,000

**黄花梨灵芝纹凳**
清，18-19 世纪 Qing,18th-19th Century S 苏富比
2016-03-15 Lot2 尺寸不详
估价：USD 30,000-40,000
成交价：USD 150,000

**黄花梨案上箱己（鼓墩）**
清 Qing KS 北京匡时
2016-06-06 Lot2398 D36cm;H37cm
估价：RMB 200,000-260,000
成交价：RMB 230,000

**黄花梨长方凳**
清 Qing S 苏富比
2016-03-15 Lot57 尺寸不详
估价：USD 30,000-50,000
成交价：USD 17,500

**黄花梨绣墩一对**
清，18 世纪 Qing,18th Century S 苏富比
2016-06-02 Lot747 49x40x40cm
估价：HKD 200,000-300,000
成交价：HKD 600,000

**黄花梨长方桌式小座**
清，18 世纪 Qing,18th Century C 佳士得
2016-03-17 Lot1170 H8.3cm;W16.8cm;De8.9cm
估价：USD 6,000-8,000
成交价：USD 22,500

**黄花梨云纹牙头方凳**
明晚期 Late Ming S 苏富比
2016-04-06 Lot114 49.3 × 57.5 × 57cm
估价：HKD 480,000-700,000
成交价：HKD 937,500

**黄花梨脚踏**
明晚期 Late Ming GD 中国嘉德
2016-05-14 Lot4835 W62.9cm;De31.7cm;H19.7cm
估价：RMB 280,000-480,000
成交价：RMB 460,000

黄花梨翘头案式座
明末清初 Late Ming-Early Qing C 佳士得
2016-03-17 Lot1168 H17.8cm;W47.9cm;De14.9cm
估价：USD 15,000-20,000
成交价：USD 18,750

黄花梨雕仿古纹案式座
清，19 世纪 Qing,19th Century S 苏富比
2016-03-19 Lot1518 尺寸不详
估价：USD 3,000-5,000
成交价：USD 11,250

黄花梨小几 一对
19 世纪 19th Century BO 邦瀚斯
2016-11-10 Lot131 37 × 37 × 44cm
估价：GBP 5,000-8,000
成交价：GBP 4,375

黄花梨圆座
明末清初 Late Ming-Early Qing S 苏富比
2016-10-05 Lot3013 6.7 × 26cm
估价：HKD 65,000-100,000
成交价：HKD 162,500

黄花梨镶大理石坐墩 一对
清，18-19 世纪 Qing,18th-19th Century S 苏富比
2016-09-13 Lot368 尺寸不详
估价：USD 8,000-12,000
成交价：USD 22,500

黄花梨条板
20 世纪 20th Century S 苏富比
2016-09-17 Lot1014 尺寸不详
估价：USD 6,000-8,000
成交价：USD 7,500

花梨架几案几子（一对）
清中期 Mid Qing C 佳士得
2016-04-05 Lot157 87.5 × 44 × 44cm
估价：HKD 100,000-200,000
成交价：HKD 137,500

# 紫檀
# Pterocarpus Indicus

紫檀有束腰三弯腿攒斗月洞门架子床
年代不详 Unknown KS 北京匡时
2016-12-05 Lot3824 240 × 180 × 230cm
估价：RMB 3,200,000-3,800,000
成交价：RMB 4,600,000

紫檀云龙纹柜
乾隆 Qianlong KS 北京匡时
2016-06-07 Lot3422 43.5 × 20.5 × 57cm
估价：RMB 1,000,000-1,200,000
成交价：RMB 1,322,500

紫檀方柜
清，18 世纪 Qing,18th Century C 佳士得
2016-03-17 Lot1318 81.3 × 79.4 × 45.7cm
估价：USD 150,000-200,000
成交价：USD 269,000

紫檀圆角柜一对
20 世纪 20th Century S 苏富比
2016-03-19 Lot1511 尺寸不详
估价：USD 10,000-15,000
成交价：USD 10,000

小叶紫檀木博古柜（一对）
年代不详 Unknown SE 福建东南
2016-10-30 Lot54 76 × 48 × 21cm
估价：RMB 60,000-80,000
成交价：RMB 86,250

紫檀暗八仙顶箱柜成对
年代不详 Unknown KS 北京匡时
2016-12-05 Lot3826 115 × 58 × 235cm × 2
估价：RMB 2,600,000-3,000,000
成交价：RMB 4,140,000

紫檀多宝格成对
清 Qing GD 中国嘉德
2016-09-24 Lot3788 85 × 37.5 × 181cm × 2
估价：无底价
成交价：RMB 57,500

紫檀螭龙纹多宝格（一对）
民国 Republic Period BP 北京保利
2016-11-10 Lot4826 86 × 38 × 170cm
估价：RMB 85,000-120,000
成交价：RMB 86,250

紫檀缠枝莲小顶箱柜（两件）
尼泊尔，年代不详 Nepal,Unknown BP 北京保利
2016-10-31 Lot2080 89 × 36 × 162cm
估价：RMB 60,000-100,000
成交价：RMB 69,000

紫檀高浮雕山水亭台顶箱式四件柜
19-20 世纪 19th-20th Century BO 邦瀚斯
2016-11-10 Lot137 214 × 118 × 48cm
估价：GBP 40,000-60,000
成交价：GBP 52,500

紫檀博古架（一对）
清 Qing BD 北京东正
2016-06-05 Lot270 H86cm;W60cm
估价：无底价
成交价：RMB 34,500

紫檀配硬木描金山水纹柜格
18-19 世纪 18th-19th Century C 佳士得
2016-05-11 Lot369 194.3 × 94 × 82.5cm
估价：GBP 35,000-50,000
成交价：GBP 120,100

瘿子面紫檀书箱柜（一对）
清早期 Early Qing BP 北京保利
2016-06-08 Lot9458 54 × 35.5 × 61cm
估价：RMB 250,000-350,000
成交价：RMB 287,500

紫檀及硬木挑杆灯架及灯
清，18-19 世纪 Qing,18th-19th Century C 佳士得
2016-10-04 Lot60 H202cm
估价：HKD 150,000-250,000
成交价：HKD 275,000

紫檀带束腰内翻马蹄足拐子龙纹方桌
清早期 Early Qing TH 北京传是
2016-06-04 Lot366 92.5 × 92 × 87.5cm
估价：RMB 650,000-1,000,000
成交价：RMB 1,035,000

紫檀卷草龙纹高束腰云纹洞方桌
清 Qing KS 北京匡时
2016-06-06 Lot2414 90 × 90 × 80cm
估价：RMB 550,000-680,000
成交价：RMB 632,500

紫檀方桌
清 Qing SUN 中贸圣佳
2016-05-16 Lot1324 L96cm;W96cm;H88cm
估价：RMB 1,000,000-1,300,000
成交价：RMB 1,380,000

紫檀八仙桌
清早期 Early Qing HY 华艺国际
2016-05-26 Lot1246 96 × 96 × 87.5cm
估价：RMB 1,300,000-1,800,000
成交价：RMB 1,495,000

紫檀雕云龙纹漆面长桌
清 Qing SUN 中贸圣佳
2016-05-16 Lot1343 L165cm;W69cm;H90cm
估价：RMB 6,500,000-8,500,000
成交价：RMB 6,325,000

紫檀拐子龙纹炕桌
清，18-19 世纪 Qing,18th-19th Century C 佳士得
2016-03-17 Lot1321 28.6 × 75.6cm
估价：USD 60,000-80,000
成交价：USD 185,000

紫檀双套环条桌

清，18-19 世纪 Qing,18th-19th Century S 苏富比

2016-03-16 Lot291 尺寸不详

估价：USD 80,000-120,000

成交价：USD 100,000

紫檀绳纹嵌玉小条桌

乾隆 Qianlong BP 北京保利

2016-12-06 Lot6041 115 × 40 × 83cm

估价：RMB 2,600,000-3,600,000

成交价：RMB 3,220,000

紫檀夔龙纹展腿式条桌

清中期 Mid Qing SUN 中贸圣佳

2016-11-15 Lot1655 L115cm;W68cm;H68cm

估价：RMB 1,500,000-1,800,000

成交价：RMB 3,047,500

紫檀束腰内翻马蹄小条案

乾隆 Qianlong BD 北京东正

2016-11-11 Lot160 116 × 38 × 82cm

估价：RMB 1,500,000-2,000,000

成交价：RMB 3,220,000

紫檀束腰三弯腿炕桌
明末清初 Late Ming-Early Qing BO 邦瀚斯
2016-09-12 Lot6014 26.2 × 92.8 × 63.4cm
估价：USD 50,000-80,000
成交价：USD 118,750

紫檀圆材矮老小炕桌
明末清初 Late Ming-Early Qing S 苏富比
2016-10-05 Lot3021 27.5 × 64.1 × 42.9cm
估价：HKD 90,000-150,000
成交价：HKD 275,000

紫檀嵌花梨木台面三屉书桌
清末民初 Late Qing-Early Republic Period GD 中国嘉德
2016-11-13 Lot4608 136 × 68.5 × 79.5cm
估价：RMB 80,000-150,000
成交价：RMB 345,000

紫檀云龙纹平头案
当代 Contemporary BD 北京东正
2016-05-14 Lot383 147 × 42 × 88cm
估价：RMB 500,000-700,000
成交价：RMB 805,000

紫檀嵌掐丝珐琅西番莲画案
乾隆 Qianlong SUN 中贸圣佳
2016-11-15 Lot1656 L167.5cm;W60.5cm;H89.5cm
估价：RMB 9,000,000-12,000,000
成交价：RMB 13,800,000

紫檀夔龙纹翘头案
民国 Republic Period BD 北京东正
2016-09-23 Lot241 179 × 42 × 88cm
估价：RMB 70,000-90,000
成交价：RMB 82,800

紫檀云龙纹画案
年代不详 Unknown BP 北京保利
2016-10-31 Lot2082 190 × 102 × 89cm
估价：无底价
成交价：RMB 36,800

紫檀西番莲画案
年代不详 Unknown BP 北京保利
2016-10-31 Lot2085 176 × 80 × 85cm
估价：RMB 72,000-120,000
成交价：RMB 82,800

紫檀长方案
17 世纪 17th Century S 苏富比
2016-05-11 Lot79 176 × 48.6 × 52.1cm
估价：GBP 20,000-30,000
成交价：GBP 100,000

紫檀嵌大理石内翻马蹄足香几
清早期 Early Qing TH 北京传是
2016-06-04 Lot365 62 × 44 × 85cm
估价：RMB 200,000-300,000
成交价：RMB 287,500

紫檀嵌青花双龙赶珠图瓷板双层几（一对）
清晚期 Late Qing C 佳士得
2016-03-17 Lot1344 87 × 40.6cm
估价：USD 12,000-15,000
成交价：USD 56,250

紫檀带屉方几（一对）
清，19 世纪初 Qing,Early 19th Century C 佳士得
2016-03-17 Lot1359 85.7 × 38.1 × 47.6cm
估价：USD 20,000-30,000
成交价：USD 65,000

紫檀云龙纹展腿式长方几
当代 Contemporary BD 北京东正
2016-05-14 Lot382 49.7 × 40.8 × 93cm
估价：RMB 500,000-800,000
成交价：RMB 897,000

紫檀雕迭石纹几
清 Qing BD 北京东正
2016-05-14 Lot3083 L26.8cm;W20cm;De4.2cm
估价：RMB 120,000-180,000
成交价：RMB 287,500

紫檀雕龙纹束腰香几
清中期 Mid Qing BD 北京东正
2016-06-05 Lot290 42 × 28 × 29cm
估价：RMB 80,000-100,000
成交价：RMB 172,500

紫檀雕梅花纹长方几
乾隆 Qianlong KS 北京匡时
2016-06-07 Lot3760 58.8 × 34.5 × 10.5cm
估价：RMB 200,000-300,000
成交价：RMB 345,000

紫檀嵌黄花梨案几
清早期 Early Qing GD 中国嘉德
2016-11-13 Lot4526 66.5 × 47.5 × 9.5cm
估价：RMB 130,000-230,000
成交价：RMB 149,500

紫檀龙纹三板几
清 Qing BD 北京东正
2016-05-14 Lot3026 L34.8cm;W6.5cm;H11cm
估价：无底价
成交价：RMB 149,500

紫檀云石面小几
清中期 Mid Qing BD 北京东正
2016-05-14 Lot413 L37.5cm;W19cm;H9.5cm
估价：RMB 30,000-50,000
成交价：RMB 172,500

## 紫檀官帽椅（一套）

民国 Republic Period BD 北京东正
2016-09-23 Lot228 60 × 47 × 97cm
估价：RMB 100,000-120,000
成交价：RMB 115,000

## 紫檀龙椅

当代 Contemporary SUN 中贸圣佳
2016-05-16 Lot1344 L165cm;W69cm;H90cm
估价：RMB 2,700,000-3,500,000
成交价：RMB 2,875,000

## 紫檀及硬木百宝嵌四出头官帽椅

清 Qing C 佳士得
2016-10-04 Lot62 104 × 56 × 43cm
估价：HKD 80,000-120,000
成交价：HKD 525,000

## 紫檀四出头官帽椅（一对）

清 Qing KS 北京匡时
2016-06-06 Lot2403 63 × 43 × 119cm × 2
估价：RMB 150,000-200,000
成交价：RMB 253,000

## 紫檀太师椅（一对）

民国 Republic Period BP 北京保利
2016-10-31 Lot2060 62 × 42 × 98cm
估价：RMB 35,000-55,000
成交价：RMB 40,250

### 紫檀镂雕双龙戏珠提梁器架
清 Qing SUN 中贸圣佳
2016-05-16 Lot1452 L23.5cm;W18cm;H43.8cm
估价：RMB 60,000-70,000
成交价：RMB 195,500

### 紫檀螭龙纹莲花佛台
清 Qing SUN 中贸圣佳
2016-05-16 Lot1422 L27.8cm;W19.5cm;H12.2cm
估价：RMB 30,000-40,000
成交价：RMB 437,000

### 紫檀刻花官皮箱
清，18-19 世纪 Qing,18th-19th Century S 苏富比
2016-09-13 Lot364 尺寸不详
估价：USD 10,000-15,000
成交价：USD 37,500

### 紫檀官箱
清 Qing BD 北京东正
2016-05-14 Lot3030 L34.3cm;W24cm;H36.5cm
估价：RMB 80,000-100,000
成交价：RMB 195,500

### 紫檀药箱
明末清初 Late Ming-Early Qing BO 邦瀚斯
2016-09-12 Lot6007 30.2 × 35.5 × 23.4cm
估价：USD 15,000-25,000
成交价：USD 62,500

### 紫檀镂雕蝙蝠龙纹提梁器架
清 Qing SUN 中贸圣佳
2016-05-16 Lot1453 L38.2cm;W13.4cm;H56cm
估价：RMB 75,000-85,000
成交价：RMB 207,000

### 紫檀镜箱
清早期 Early Qing HY 华艺国际
2016-05-26 Lot1251 41 × 41 × 19cm
估价：RMB 180,000-250,000
成交价：RMB 253,000

### 紫檀小箱
17-18 世纪 17th-18th Century C 佳士得
2016-09-16 Lot1214 De17.5cm
估价：USD 9,000-12,000
成交价：USD 22,500

紫檀书箱
明末清初 Late Ming-Early Qing S 苏富比
2016-10-05 Lot86 19.6 × 41.5 × 23.5cm
估价：HKD 120,000-150,000
成交价：HKD 475,000

紫檀箱
19 世纪 19th Century C 佳士得
2016-05-13 Lot690 20.5 × 42 × 24.5cm
估价：GBP 1,200-1,800
成交价：GBP 5,250

紫檀列屏式有束腰宝座
雍正 - 乾隆 Yongzheng-Qianlong BP 北京保利
2016-06-06 Lot7415 W109cm;D86.5cm;H102cm
估价：RMB 6,000,000-10,000,000
成交价：RMB 19,550,000

2016 Chinese Art Auction TOP10 中国古典家具拍卖十大天价排行榜 Top 2

紫檀束腰方凳（一对）
乾隆 Qianlong HY 华艺国际
2016-05-26 Lot1250 50 × 51 × 52cm
估价：RMB 1,300,000-1,800,000
成交价：RMB 1,380,000

紫檀嵌景泰蓝禅凳（一对）
18 世纪 18th Century KS 北京匡时
2016-09-23 Lot222 39 × 42cm × 2;51 × 54 × 51.5cm × 2
估价：RMB 200,000-300,000
成交价：RMB 287,500

紫檀序面绣墩
明末清初 Late Ming-Early Qing KS 北京匡时
2016-06-06 Lot2399 56 × 45 × 45cm
估价：RMB 180,000-230,000
成交价：RMB 253,000

紫檀雕卷草花卉纹坐墩
乾隆 Qianlong S 苏富比
2016-03-16 Lot290 尺寸不详
估价：USD 80,000-120,000
成交价：USD 274,000

紫檀透雕西番莲纹绣墩
乾隆 Qianlong C 佳士得
2016-10-04 Lot61 H51.4cm
估价：HKD 500,000-800,000
成交价：HKD 750,000

紫檀西番莲纹鼓墩（一对）
清 Qing SUN 中贸圣佳
2016-05-16 Lot1322 H46cm
估价：RMB 2,300,000-2,800,000
成交价：RMB 3,565,000

## 其他木材
## Other Wood

红木雕拐子龙架子床
民国 Republic Period BH 北京翰海
2016-04-17 Lot1042 239 × 167 × 225cm
估价：RMB 85,000-85,000
成交价：RMB 356,500

榉木三屏风螭虎灵芝纹罗汉床
清早期 Early Qing GD 中国嘉德
2016-11-13 Lot4713 203 × 90.5 × 77cm
估价：RMB 1,280,000-2,300,000
成交价：RMB 1,552,500

榆木罗汉床
清 Qing GD 中国嘉德
2016-09-24 Lot3783 207 × 93 × 76.5cm
估价：无底价
成交价：RMB 40,250

榉木禅床
清早期 Early Qing GD 中国嘉德
2016-11-13 Lot4708 139.5 × 83 × 73cm
估价：RMB 600,000-900,000
成交价：RMB 782,000

铁力木雕花联三橱
明晚期 Late Ming GD 中国嘉德
2016-11-13 Lot4606 175.5 × 54 × 86.5cm
估价：RMB 60,000-100,000
成交价：RMB 483,000

杂木联三闷户橱
清中期 Mid Qing GD 中国嘉德
2016-11-13 Lot4607 215 × 50 × 88cm
估价：RMB 1,500-2,500
成交价：RMB 34,500

红木多宝阁（一对）
清晚期 Late Qing S 苏富比
2016-03-16 Lot352 尺寸不详
估价：USD 20,000-30,000
成交价：USD 20,000

红木小多宝阁（一对）
约 1900 年 Circa 1900 C 佳士得
2016-11-09 Lot328 57 × 43.2 × 11.4cm
估价：GBP 3,000-5,000
成交价：GBP 3,750

红木竹节书柜（一对）
民国 Republic Period BD 北京东正
2016-09-23 Lot224 90 × 37 × 183cm
估价：RMB 80,000-90,000
成交价：RMB 101,200

红木镂雕龙赶珠纹多宝阁及硬木瑞兽纹箱子（一组两件）
清，19-20 世纪 Qing,19th-20th Century C 佳士得
2016-11-09 Lot337 H40cm;W49cm;H57.7cm
估价：GBP 1,200-1,500
成交价：GBP 4,000

金丝楠书柜（一对）
年代不详 Unknown BP 北京保利
2016-10-31 Lot349 95 × 45 × 199cm
估价：无底价
成交价：RMB 35,650

瓜棱腿书柜
年代不详 Unknown BP 北京保利
2016-06-08 Lot9926 L84.5cm;W49.5cm;H187cm
估价：RMB 180,000-280,000
成交价：RMB 207,000

鸡翅木长方柜（一对）
清，18-19 世纪 Qing,18th-19th Century C 佳士得
2016-03-17 Lot1331 189.2 × 103.5 × 59.7cm
估价：USD 40,000-60,000
成交价：USD 112,500

金丝楠木龙纹大顶箱柜（一对）
年代不详 Unknown BP 北京保利
2016-10-31 Lot354 130 × 60 × 260cm
估价：无底价
成交价：RMB 103,500

金丝楠顶箱柜（一对）
年代不详 Unknown BP 北京保利
2016-10-31 Lot358 101 × 61 × 240cm
估价：无底价
成交价：RMB 34,500

阴沉金丝楠顶箱柜（一对）
年代不详 Unknown BP 北京保利
2016-10-31 Lot355 121 × 61 × 240cm
估价：无底价
成交价：RMB 89,700

红漆描金山水人物纹大柜
明晚期 Late Ming GD 中国嘉德
2016-09-24 Lot3768 151 × 65.5 × 197cm
估价：无底价
成交价：RMB 32,200

黑漆描金缠枝莲狮纹顶箱柜（一对）
清早期 Early Qing SUN 中贸圣佳
2016-11-15 Lot1663 L95.2cm;W56.6cm;H234.5cm
估价：RMB 4,000,000-5,000,000
成交价：RMB 5,060,000

红木雕花卉纹方角柜（一对）
清，19 世纪 Qing,19th Century S 苏富比
2016-09-17 Lot1015 尺寸不详
估价：USD 6,000-8,000
成交价：USD 75,000

红木方角柜（一对）
清，19 世纪 Qing,19th Century S 苏富比
2016-09-17 Lot990 尺寸不详
估价：USD 4,000-6,000
成交价：USD 5,000

硬木柜
19 世纪 19th Century C 佳士得
2016-11-08 Lot156 H53.6cm
估价：GBP 8,000-12,000
成交价：GBP 10,625

硬木龙纹柜格
19 世纪 19th Century C 佳士得
2016-05-11 Lot368 181.5 × 86.2 × 33.4cm
估价：GBP 4,000-6,000
成交价：GBP 6,000

龚心钊旧藏卢葵生制坡雪斋主人款漆砂多宝格
清 Qing SUN 中贸圣佳
2016-05-16 Lot1308 L35.5cm;W16cm;H57.5cm
估价：RMB 300,000-400,000
成交价：RMB 460,000

朱漆描金山水图立柜（一对）
清，18 世纪 Qing,18th Century S 苏富比
2016-03-16 Lot309 尺寸不详
估价：USD 30,000-50,000
成交价：USD 50,000

酸枝木制博古柜（一对）
年代不详 Unknown SE 福建东南
2016-10-30 Lot55 178 × 75 × 28cm
估价：RMB 48,000-50,000
成交价：RMB 55,200

红木博古纹方角柜
清晚期 Late Qing C 佳士得
2016-03-17 Lot1346 182.2 × 125.1 × 55.2cm
估价：USD 7,000-9,000
成交价：USD 17,500

明式鸡翅木面条柜
清 Qing BD 北京东正
2016-06-05 Lot292 171 × 80cm
估价：无底价
成交价：RMB 80,500

风景图桌柜
明治 Meiji KS 北京匡时
2016-06-07 Lot3477 H8.3cm
估价：RMB 80,000-120,000
成交价：RMB 126,500

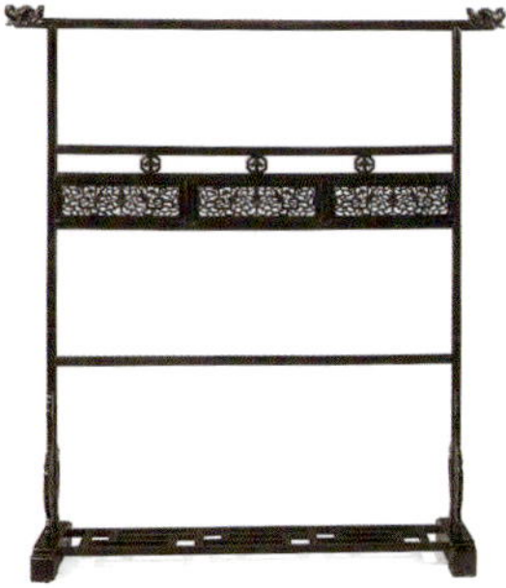

硬木衣架
清晚期 Late Qing C 佳士得
2016-09-16 Lot1208 De46.4cm
估价：USD 6,000-8,000
成交价：USD 62,500

苏作红木圆花架（一对）
清 Qing BD 北京东正
2016-06-05 Lot269 H91cm;D33.5cm
估价：无底价
成交价：RMB 36,800

苏作拐子龙大方桌
清 Qing BD 北京东正
2016-06-05 Lot279 H85cm;D99cm
估价：无底价
成交价：RMB 97,750

苏作大拉钱方桌
清 Qing BD 北京东正
2016-06-05 Lot277 H83.5cm;D98.5cm
估价：无底价
成交价：RMB 46,000

黄杨木随形架
年代不详 Unknown BO 邦瀚斯
2016-09-12 Lot8088 W34cm
估价：USD 4,000-6,000
成交价：USD 25,000

苏作红木橄榄大方桌
清 Qing BD 北京东正
2016-06-05 Lot280 H84cm;D99cm
估价：无底价
成交价：RMB 138,000

黑漆铁力木及软木方桌
17 世纪 17th Century BO 邦瀚斯
2016-11-10 Lot125 93.5 × 93.5 × 80cm
估价：GBP 4,000-6,000
成交价：GBP 3,750

高束腰罗锅枨四屉小方桌
明 Ming SUN 中贸圣佳
2016-05-16 Lot1336 L82.8cm;W82.8cm;H84.8cm
估价：RMB 1,000,000-1,400,000
成交价：RMB 1,150,000

红木回纹方桌
清 Qing BD 北京东正
2016-09-23 Lot221 87 × 87 × 81cm
估价：RMB 30,000-40,000
成交价：RMB 46,000

红木雕如意纹长方桌
清，19 世纪 Qing,19th Century S 苏富比
2016-03-19 Lot1524 尺寸不详
估价：USD 5,000-7,000
成交价：USD 6,000

红木嵌大理石花卉纹长方桌
19 世纪 19th Century C 佳士得
2016-05-11 Lot361 81.3 × 88.9 × 48.3cm
估价：GBP 3,000-5,000
成交价：GBP 3,750

明式金丝楠小炕桌
清 Qing BD 北京东正
2016-06-05 Lot281 H26.5cm;L93cm
估价：无底价
成交价：RMB 43,700

硬木嵌大理石象腿半圆桌
清 Qing C 佳士得
2016-05-11 Lot363 147.3 × 63.5 × 74.9cm
估价：GBP 10,000-20,000
成交价：GBP 26,250

红木雕螭龙纹条桌
清 Qing S 苏富比
2016-03-19 Lot1529 尺寸不详
估价：USD 6,000-8,000
成交价：USD 8,125

大漆螺钿案桌
康熙 Kangxi C 佳士得
2016-11-09 Lot503 153.5 × 87.5 × 60.4cm
估价：GBP 10,000-15,000
成交价：GBP 15,000

红木嵌大理石花卉纹独梃圆桌
19 世纪 19th Century C 佳士得
2016-05-11 Lot358 H83.2cm;D71.1cm
估价：GBP 8,000-12,000
成交价：GBP 9,375

彩漆描金花卉纹条桌
康熙 Kangxi S 苏富比
2016-03-16 Lot288 尺寸不详
估价：USD 10,000-15,000
成交价：USD 10,000

红木嵌大理石半桌
清，19 世纪 Qing,19th Century C 佳士得
2016-11-09 Lot329 80.4 × 124.5 × 58.5cm
估价：GBP 6,000-8,000
成交价：GBP 9,375

红木嵌大理石花卉纹独梃圆桌
19 世纪 19th Century C 佳士得
2016-05-11 Lot360 H75.5cm;D132cm
估价：GBP 15,000-25,000
成交价：GBP 22,500

黑漆嵌螺钿月牙桌
清，18 世纪 Qing,18th Century S 苏富比
2016-03-16 Lot287 尺寸不详
估价：USD 8,000-12,000
成交价：USD 10,000

花竹配黑漆面月牙桌一对
清，19 世纪 Qing,19th Century S 苏富比
2016-03-19 Lot1515 尺寸不详
估价：USD 5,000-7,000
成交价：USD 6,250

苏作红木琴桌
清 Qing BD 北京东正
2016-06-05 Lot274 H83.5cm;D40cm
估价：无底价
成交价：RMB 32,200

金丝楠木书桌
年代不详 Unknown BP 北京保利
2016-10-31 Lot334 170 × 83 × 81cm
估价：无底价
成交价：RMB 34,500

金丝楠餐桌、椅（共七件）
年代不详 Unknown BP 北京保利
2016-10-31 Lot338 161×80×83cm;50×45×110cm
估价：无底价
成交价：RMB 34,500

金丝楠书桌、官帽椅（一套两件）
年代不详 Unknown BP 北京保利
2016-10-31 Lot335 220×98×85cm;62×46×118cm
估价：无底价
成交价：RMB 36,800

嵌螺钿梭型小桌
明 Ming BD 北京东正
2016-05-14 Lot2109 L39cm
估价：RMB 150,000-200,000
成交价：RMB 207,000

硬木满雕梅花纹画案
乾隆 Qianlong HY 华艺国际
2016-05-26 Lot1219 169 × 75 × 80cm
估价：RMB 1,100,000-1,800,000
成交价：RMB 1,265,000

铁力卷云翘头供案
清早期 Early Qing BP 北京保利
2016-06-08 Lot9445 274 × 58 × 86cm
估价：RMB 200,000-300,000
成交价：RMB 230,000

黄杨木嵌瘿木夹头榫翘头案上案
清中期 Mid Qing GD 中国嘉德
2016-05-14 Lot4554 35.5 × 17 × 10cm
估价：RMB 30,000-50,000
成交价：RMB 126,500

石雕巴洛克风格人物长方案
19 世纪 19th Century BP 北京保利
2016-06-07 Lot7855 150 × 80 × 80cm
估价：RMB 30,000-40,000
成交价：RMB 253,000

榆木圆腿平头案
清 Qing GD 中国嘉德
2016-09-24 Lot3723 208 × 65 × 85cm
估价：无底价
成交价：RMB 48,300

红木平头案
清，19 世纪末 Qing,Late 19th Century S 苏富比
2016-03-19 Lot1534 尺寸不详
估价：USD 6,000-8,000
成交价：USD 15,000

红木平头画案
民国 Republic Period BP 北京保利
2016-10-31 Lot2146 185 × 74 × 83cm
估价：RMB 38,000-58,000
成交价：RMB 43,700

白漆平头案
清 Qing S 苏富比
2016-03-19 Lot1523 尺寸不详
估价：USD 4,000-6,000
成交价：USD 9,375

榉木独板大翘头案
清早期 Early Qing GD 中国嘉德
2016-11-13 Lot4706 351 × 54 × 88cm
估价：RMB 1,200,000-2,200,000
成交价：RMB 1,380,000

湘妃竹嵌黑漆描金山水人物纹面条案
年代不详 Unknown GD 中国嘉德
2016-09-25 Lot5225 129 × 45 × 77.5cm
估价：无底价
成交价：RMB 36,800

京作红木大画案
清 Qing BD 北京东正
2016-06-05 Lot291 130 × 76 × 88cm
估价：RMB 250,000-300,000
成交价：RMB 287,500

红木荷花纹画案
年代不详 Unknown BP 北京保利
2016-10-31 Lot2150 180 × 90 × 85cm
估价：RMB 30,000-50,000
成交价：RMB 34,500

红木方几
清，19-20 世纪 Qing,19th-20th Century S 苏富比
2016-03-16 Lot283 尺寸不详
估价：USD 5,000-7,000
成交价：USD 6,250

彩漆缠枝莲纹方几（一对）
清，18-19 世纪 Qing,18th-19th Century C 佳士得
2016-11-09 Lot507 H81.3cm
估价：GBP 8,000-12,000
成交价：GBP 10,000

紫檀木小方几
清 Qing S 苏富比
2016-10-05 Lot3020 7.8 × 13.8 × 13.5cm
估价：HKD 30,000-50,000
成交价：HKD 50,000

木三曲香几
清，19 世纪 Qing,19th Century S 苏富比
2016-06-02 Lot51 8.1 × 50 × 19.5cm
估价：HKD 200,000-300,000
成交价：HKD 225,000

柞榛木香几
清 Qing SUN 中贸圣佳
2016-05-16 Lot1317 L66.7cm;W50.5cm;H87cm
估价：RMB 250,000-300,000
成交价：RMB 287,500

黑漆嵌螺钿人物故事图小几
明，17 世纪 Ming,16th Century C 佳士得
2016-11-09 Lot505 31 × 48.5 × 34.5cm
估价：GBP 4,000-6,000
成交价：GBP 5,000

黄杨木香几
清 Qing BD 北京东正
2016-05-14 Lot3136 H77cm
估价：RMB 350,000-500,000
成交价：RMB 747,500

戗金填漆菊纹香几
清，18 世纪 Qing,18th Century C 佳士得
2016-03-17 Lot1325 H75.6cm;D31.1cm
估价：USD 12,000-15,000
成交价：USD 27,500

苏作红木盆景花几（一对）
清 Qing BD 北京东正
2016-06-05 Lot285 H91cm;L58.5cm
估价：无底价
成交价：RMB 36,800

奇木香几
清 Qing BD 北京东正
2016-05-14 Lot3135 H100cm
估价：RMB 80,000-100,000
成交价：RMB 115,000

御制漆金如意纹香几
雍正 Yongzheng C 佳士得
2016-03-17 Lot1324 83.8 × 41.3cm
估价：USD 8,000-12,000
成交价：USD 50,000

红木嵌竹束腰香几
清 Qing PLHK 保利香港
2016-10-04 Lot3185 90 × 43.5 × 43cm
估价：HKD 300,000-400,000
成交价：HKD 424,800

苏作香几
清 Qing BD 北京东正
2016-06-05 Lot287 H85cm;L54.5cm
估价：无底价
成交价：RMB 94,300

随形花儿
清 Qing SUN 中贸圣佳
2016-05-16 Lot1316 H74cm
估价：RMB 140,000-180,000
成交价：RMB 276,000

楠木书卷式香儿
清，19 世纪 Qing,19th Century S 苏富比
2016-09-17 Lot998 尺寸不详
估价：USD 6,000-8,000
成交价：USD 7,500

大漆长方香儿
清，18 世纪 Qing,18th Century C 佳士得
2016-11-09 Lot504 69.8 × 80 × 35.5cm
估价：GBP 4,000-6,000
成交价：GBP 6,250

红木卷书式琴儿
清中期 Mid Qing GD 中国嘉德
2016-05-14 Lot4694 93.5 × 34.5 × 89.5cm
估价：RMB 300,000-500,000
成交价：RMB 345,000

匏金小香儿
万历 Wanli BD 北京东正
2016-06-05 Lot98 50 × 30cm
估价：RMB 50,000-70,000
成交价：RMB 70,150

文石花儿
年代不详 Unknown BP 北京保利
2016-06-05 Lot3833 140 × 120 × 50cm
估价：RMB 50,000-80,000
成交价：RMB 276,000

灵璧石石儿
明晚期 Late Ming GD 中国嘉德
2016-05-14 Lot4557 29 × 28.5 × 13.5cm
估价：RMB 50,000-80,000
成交价：RMB 345,000

奇木根瘤花几
清早期 Early Qing GD 中国嘉德
2016-05-14 Lot4592 30×24×20.5cm
估价：RMB 30,000-50,000
成交价：RMB 195,500

楠木雕福字纹南官帽椅（一对）
清，19 世纪 Qing,19th Century S 苏富比
2016-09-17 Lot1033 尺寸不详
估价：USD 6,000-8,000
成交价：USD 7,500

榉木四出头官帽椅
清中期 Mid Qing GD 中国嘉德
2016-11-13 Lot4701 58×57×108.5cm
估价：RMB 180,000-280,000
成交价：RMB 207,000

红木嵌瘿木写字台
清晚期 Late Qing GD 中国嘉德
2016-09-25 Lot5124 144.5×71×83cm
估价：RMB 50,000-80,000
成交价：RMB 57,500

剔红山水花鸟纹南官帽椅一对
清，19 世纪 Qing,19th Century S 苏富比
2016-09-13 Lot352 尺寸不详
估价：USD 50,000-70,000
成交价：USD 62,500

大漆嵌竹黄卷书式搭脑太师椅（一对）
乾隆 Qianlong SUN 中贸圣佳
2016-05-16 Lot1326 L56cm;W45cm;H92.5cm
估价：RMB 900,000-1,200,000
成交价：RMB 1,035,000

红木雕如意纹南官帽椅一对
清，19 世纪 Qing,19th Century S 苏富比
2016-03-19 Lot1530 尺寸不详
估价：USD 6,000-8,000
成交价：USD 16,250

鸡翅木雕仿古螭龙纹官帽椅一对
清，19 世纪 Qing,19th Century S 苏富比
2016-03-19 Lot1520 尺寸不详
估价：USD 10,000-15,000
成交价：USD 12,500

乌木高扶手南官帽椅成对
清早期 Early Qing GD 中国嘉德
2016-05-14 Lot4831 W57.5cm;De43.8cm;H96cm
估价：RMB 2,000,000-3,000,000
成交价：RMB 1,012,000

柞榛六角书房桌椅（一套）
清 Qing SUN 中贸圣佳
2016-05-16 Lot1329 尺寸不一
估价：RMB 850,000-1,150,000
成交价：RMB 1,150,000

红木扶手椅（一对）
清，18-19 世纪 Qing,18th-19th Century C 佳士得
2016-09-16 Lot1217 De55.9cm
估价：USD 5,000-7,000
成交价：USD 40,000

榉木如意纹圈椅
清早期 Early Qing GD 中国嘉德
2016-11-13 Lot4705 66×68×95cm
估价：RMB 250,000-350,000
成交价：RMB 345,000

红木玫瑰椅一套四件
清，19 世纪 Qing,19th Century S 苏富比
2016-03-19 Lot1535 尺寸不详
估价：USD 5,000-7,000
成交价：USD 26,250

红木鼓腿彭牙扶手椅（一对）
清，19 世纪 Qing,19th Century S 苏富比
2016-09-17 Lot981 尺寸不详
估价：USD 4,000-6,000
成交价：USD 12,500

红木玫瑰椅（一对）
清，18 世纪 Qing,18th Century S 苏富比
2016-03-16 Lot275 尺寸不详
估价：USD 10,000-15,000
成交价：USD 322,000

红木镶大理石透雕螭龙纹宝座形椅
清，19 世纪 Qing,19th Century S 苏富比
2016-09-17 Lot987 尺寸不详
估价：USD 3,000-5,000
成交价：USD 56,250

红木牌桌椅（一套五件）
民国 Republic Period BP 北京保利
2016-10-31 Lot2129 86×86×82cm;46×39×93cm
估价：RMB 45,000-70,000
成交价：RMB 51,750

苏作羊角椅（一套四椅二儿）
清 Qing BD 北京东正
2016-06-05 Lot283 尺寸不一
估价：无底价
成交价：RMB 92,000

红木椅（一组八件）
清，19世纪初 Qing,Early 19th Century C 佳士得
2016-11-09 Lot335 76.2×54×42.5cm
估价：GBP 5,000-8,000
成交价：GBP 10,625

苏作羊角椅嵌大理石椅（一对）
清中期 Mid Qing BD 北京东正
2016-06-05 Lot259 98.5×60cm
估价：无底价
成交价：RMB 63,250

红木雕花长椅
年代不详 Unknown GD 中国嘉德
2016-09-24 Lot3704 193×57×78cm
估价：无底价
成交价：RMB 78,200

红木"福庆"纹扶手椅
清，18-19世纪 Qing,18th-19th Century C 佳士得
2016-03-17 Lot1350 99.4×59.1×46.4cm
估价：USD 4,000-6,000
成交价：USD 18,750

苏作羊角椅嵌影子木椅（一对）
清中期 Mid Qing BD 北京东正
2016-06-05 Lot260 101×68cm
估价：无底价
成交价：RMB 115,000

红木龙纹椅一对及红木嵌大理石儿
清，19世纪 Qing,19th Century C 佳士得
2016-11-09 Lot330 H100.3cm;W43.8cm;H43.8cm
估价：GBP 1,500-2,500
成交价：GBP 3,750

香妃竹博古架（一对）
年代不详 Unknown KS 北京匡时
2016-06-06 Lot2583 76×28×121cm×2
估价：RMB 130,000-150,000
成交价：RMB 149,500

花梨配木书架
清，18-19 世纪 Qing,18th-19th Century S 苏富比
2016-03-15 Lot56 尺寸不详
估价：USD 20,000-30,000
成交价：USD 47,500

奚希敏制 樾木挂架
年代不详 Unknown GD 中国嘉德
2016-05-14 Lot4588 L75cm;H280cm
估价：无底价
成交价：RMB 161,000

戏曲镂空镜、镜架（一组）
年代不详 Unknown BP 北京保利
2016-06-08 Lot9742 D10cm
估价：RMB 150,000-200,000
成交价：RMB 172,500

黄杨木香台
清早期 Early Qing GD 中国嘉德
2016-05-14 Lot4542 24 × 21 × 15cm
估价：RMB 60,000-90,000
成交价：RMB 1,012,000

瘿木文具箱
明 Ming HC 北京华辰
2016-05-13 Lot1003 H37cm
估价：RMB 120,000-150,000
成交价：RMB 138,000

朱漆描金龙凤呈祥衣箱
崇祯 Chongzhen C 佳士得
2016-06-01 Lot3399 L93cm
估价：HKD 200,000-300,000
成交价：HKD 250,000

红木螭龙纹扶手椅配脚踏（一对）
清，19 世纪 Qing,19th Century C 佳士得
2016-03-17 Lot1349 97.2 × 66.7 × 52.7cm;
12.1 × 66.7 × 35cm
估价：USD 6,000-8,000
成交价：USD 21,250

鸡翅木无束腰方凳
明末清初 Late Ming-Early Qing C 佳士得
2016-03-17 Lot1365 47.3 × 55.2 × 54.6cm
估价：USD 12,000-18,000
成交价：USD 56,250

红木嵌汉白玉座墩（一对）
清，18-19 世纪 Qing,18th-19th Century C 佳士得
2016-03-17 Lot1334 H52.1cm;D48.3cm
估价：USD 30,000-50,000
成交价：USD 68,750

红木嵌珐琅绣墩四张成堂
光绪 Guangxu C 佳士得
2016-09-16 Lot1218 H45.7cm
估价：USD 8,000-12,000
成交价：USD 35,000

樱木大官皮箱
年代不详 Unknown SE 福建东南
2016-10-30 Lot49 41 × 41 × 33cm
估价：RMB 40,000-50,000
成交价：RMB 46,000

苏作红木禅凳（一套）
清 Qing BD 北京东正
2016-06-05 Lot263 45.5 × 63cm
估价：无底价
成交价：RMB 86,250

天然瘿木绣墩（一对）
清 Qing PLXM 保利厦门
2016-11-06 Lot659 53 × 45 × 51cm
估价：RMB 100,000-120,000
成交价：RMB 115,000

竹簧雕缠枝莲纹多宝箱
乾隆 Qianlong BD 北京东正
2016-06-05 Lot88 H32cm;D27.8cm
估价：RMB 60,000-80,000
成交价：RMB 82,800

硬木方凳（一对）
清 Qing C 佳士得
2016-10-04 Lot63 H52cm;44.5cm
估价：HKD 100,000-150,000
成交价：HKD 375,000

黄杨木雕云龙祥蝠纹座子（两件）
年代不详 Unknown C 佳士得
2016-10-04 Lot172 H28cm
估价：HKD 80,000-120,000
成交价：HKD 100,000

剔红五福捧寿花卉纹小箱
乾隆 Qianlong S 苏富比
2016-09-13 Lot351 尺寸不详
估价：USD 20,000-30,000
成交价：USD 75,000

鸡翅木刻龙纹桌腿、望板（共四件）
乾隆 Qianlong BP 北京保利
2016-04-27 Lot548 尺寸不一
估价：无底价
成交价：RMB 253,000

紫檀云石插屏
清 Qing HY 华艺国际
2016-05-26 Lot1229 H42.5cm
估价：RMB 150,000-180,000
成交价：RMB 172,500

紫檀嵌大理石小插屏
清，18 世纪 Qing,18th Century C 佳士得
2016-03-17 Lot1138 H33cm;W27cm
估价：USD 12,000-18,000
成交价：USD 40,000

## 屏风 Folding Screen

紫檀镂雕西番莲纹镜面插屏
乾隆 Qianlong BD 北京东正
2016-05-14 Lot333 H100cm
估价：RMB 500,000-600,000
成交价：RMB 368,000

紫檀云石插屏
清 Qing SUN 中贸圣佳
2016-05-16 Lot1306 H32cm
估价：RMB 180,000-220,000
成交价：RMB 253,000

铜胎掐丝珐琅白玉折枝花卉纹插屏（一对）
乾隆 Qianlong BD 北京东正
2016-05-14 Lot335 H24.7cm
估价：RMB 800,000-1,200,000
成交价：RMB 1,265,000

红木嵌白玉雕兰草山石插屏
清 Qing XLA 西泠印社
2016-09-29 Lot151 25.3 × 23.3 × 13.7cm
估价：RMB 58,000-70,000
成交价：RMB 71,300

紫檀插屏座（二件）
清 Qing BD 北京东正
2016-05-14 Lot3015 尺寸不一
估价：无底价
成交价：RMB 138,000

紫檀嵌粉彩矾红云龙纹挂屏
乾隆 Qianlong PLHK 保利香港
2016-10-04 Lot3001 H49.7cm;W25cm;H33cm
估价：HKD 100,000-150,000
成交价：HKD 472,000

红木框漆嵌百宝博古图挂屏
清 Qing Z 北京中汉
2016-11-13 Lot157 W70cm;H100cm
估价：RMB 70,000-90,000
成交价：RMB 80,500

褐漆地嵌瓷书法挂屏（一对）
清，18-19世纪 Qing,18th-19th Century C 佳士得
2016-04-05 Lot152 尺寸不详
估价：HKD 100,000-150,000
成交价：HKD 275,000

剔红山水图挂屏（四件）
清晚期 Late Qing S 苏富比
2016-09-17 Lot957 尺寸不详
估价：USD 30,000-50,000
成交价：USD 125,000

剔红云龙纹葫芦形挂屏（一对）
清，18-19 世纪 Qing,18th-19th Century C 佳士得
2016-11-11 Lot694 H51.5cm
估价：GBP 2,000-4,000
成交价：GBP 7,750

百宝嵌博古挂屏（一对）
年代不详 Unknown BP 北京保利
2016-10-31 Lot2050 80 × 110cm
估价：无底价
成交价：RMB 42,550

铜胎画珐琅西洋人物纹挂屏
乾隆 Qianlong KS 北京匡时
2016-09-23 Lot224 21.5 × 56.5cm
估价：RMB 120,000-150,000
成交价：RMB 276,000

黑漆彩绘描金云龙蝙蝠纹"寿"字挂屏
19-20 世纪初 19th Century-Early 20th Century S 苏富比
2016-09-17 Lot980 尺寸不详
估价：USD 4,000-6,000
成交价：USD 5,000

紫檀木嵌宝框嵌织绣群仙祝寿图挂屏
清中期 Mid Qing Z 北京中汉
2016-05-15 Lot13 136 × 95cm
估价：RMB 5,000-8,000
成交价：RMB 161,000

紫檀嵌银御题诗挂屏
清 Qing SUN 中贸圣佳
2016-05-16 Lot1468 L102cm;W58cm
估价：RMB 250,000-300,000
成交价：RMB 552,000

紫檀云龙纹挂屏框
清 Qing SUN 中贸圣佳
2016-05-16 Lot1463 L109.8cm;W70.4cm
估价：RMB 150,000-175,000
成交价：RMB 333,500

黄花梨嵌绿石插屏
明 Ming TH 北京传是
2016-06-04 Lot116 H37cm
估价：RMB 350,000-550,000
成交价：RMB 552,000

铜胎掐丝珐琅御题诗牧马图挂屏（一对）
乾隆 Qianlong BP 北京保利
2016-06-06 Lot7412 L64cm;H32cm
估价：RMB 2,000,000-3,000,000
成交价：RMB 2,300,000

硬木框嵌百宝喜上眉梢图挂屏
清 Qing Z 北京中汉
2016-05-15 Lot14 98 × 70cm
估价：RMB 25,000-50,000
成交价：RMB 241,500

紫檀框百宝嵌竹雀图挂屏
清中期 Mid Qing BP 北京保利
2016-06-06 Lot7529 102 × 73cm
估价：RMB 1,000,000-1,500,000
成交价：RMB 1,150,000

紫檀框漆地嵌玉御题诗木雕沉香挂屏（一对）
乾隆 Qianlong BP 北京保利
2016-06-06 Lot7414 L94cm;H79cm
估价：RMB 2,600,000-3,600,000
成交价：RMB 3,910,000

楠木镶宋元钧瓷挂屏（一对）
清中期 Mid Qing HY 华艺国际
2016-05-26 Lot1244 82 × 43.5cm
估价：RMB 220,000-280,000
成交价：RMB 253,000

大漆嵌百宝小座屏（一对）
清晚期 Late Qing TH 北京传是
2016-06-04 Lot94 H60cm × 2
估价：RMB 100,000-200,000
成交价：RMB 230,000

紫檀框珐琅花鸟灵仙图挂屏
乾隆 Qianlong SUN 中贸圣佳
2016-05-16 Lot1184 L102cm;W58cm
估价：RMB 2,700,000-3,500,000
成交价：RMB 3,105,000

嵌百宝松竹梅挂屏
清 Qing BH 北京翰海
2016-06-05 Lot2917 101 × 65.5cm
估价：RMB 280,000-380,000
成交价：RMB 345,000

铜胎掐丝珐琅御制诗“野无伐檀”座屏
乾隆 Qianlong BP 北京保利
2016-06-06 Lot7411 L58cm;W27.5cm H93cm
估价：RMB 1,200,000-2,200,000
成交价：RMB 1,725,000

紫檀框贴金箔嵌百宝文玩图挂屏
乾隆 Qianlong BP 北京保利
2016-06-06 Lot7528 110 × 67.5cm
估价：RMB 2,600,000-3,600,000
成交价：RMB 3,680,000

刺绣鸟插屏
19世纪 19th Century C 佳士得
2016-11-08 Lot104 74.3 × 111.8cm
估价：GBP 12,000-18,000
成交价：GBP 31,250

黄花梨嵌大理石座屏
明末清初 Late Ming-Early Qing GD 中国嘉德
2016-05-14 Lot4825 W95.2cm;De49cm;H184.4cm
估价：RMB 3,800,000-5,500,000
成交价：RMB 3,450,000

青金石山水图插屏及硬木座
19-20 世纪初 19th Century-Early 20th Century C
佳士得
2016-09-16 Lot1300 H45.8cm
估价：USD 12,000-18,000
成交价：USD 25,000

铜胎掐丝珐琅山水人物座屏
明 Ming BP 北京保利
2016-06-07 Lot8543 72 × 21 × 71cm
估价：RMB 800,000-1,200,000
成交价：RMB 1,058,000

鸡翅木嵌大理石“吴昌硕”款座屏
清 Qing BP 北京保利
2016-04-27 Lot659 H76cm
估价：无底价
成交价：RMB 253,000

紫檀嵌玉婴戏图座屏
年代不详 Unknown GD 中国嘉德
2016-09-26 Lot5815 H36.5cm
估价：无底价
成交价：RMB 34,500

彩绘人物纹大座屏
明晚期 Late Ming GD 中国嘉德
2016-09-24 Lot3784 171 × 64 × 187cm
估价：无底价
成交价：RMB 94,300

紫檀嵌大理石案屏
明末清初 Late Ming-Early Qing GD 中国嘉德
2016-05-14 Lot4836 W36.5cm;De23.5cm;H56cm
估价：RMB 360,000-560,000
成交价：RMB 264,500

紫檀雕勾连纹座屏
年代不详 Unknown AS 中国艺海
2016-01-21 Lot3169 66.5 × 22 × 58cm
估价：HKD 2,200,000-4,400,000
成交价：HKD 2,420,000

紫檀框漆嵌百宝博古图插屏
年代不详 Unknown GD 中国嘉德
2016-09-26 Lot5820 H78.5cm
估价：无底价
成交价：RMB 34,500

红木嵌樱木三羊开泰玉石插屏
年代不详 Unknown SE 福建东南
2016-10-30 Lot44 47 × 37 × 16cm
估价：RMB 10,000-12,000
成交价：RMB 55,200

黄花梨镶绿石砚屏
清早期 Early Qing BC · 北京诚轩
2016-05-15 Lot907 47.6 × 27 × 53cm
估价：RMB 350,000-420,000
成交价：RMB 437,000

黄花梨大案屏
明末清初 Late Ming-Early Qing S 苏富比
2016-10-05 Lot3014 85.5 × 63 × 31cm
估价：HKD 220,000-300,000
成交价：HKD 562,500

黄花梨嵌云石砚屏
明 Ming BD 北京东正
2016-05-14 Lot3081 H32.5cm
估价：RMB 60,000-80,000
成交价：RMB 149,500

紫檀嵌绞胎砚屏
清中期 Mid Qing BD 北京东正
2016-05-14 Lot3085 H23.3cm
估价：RMB 120,000-150,000
成交价：RMB 138,000

紫檀镶云石案屏
清，18-19世纪 Qing,18th-19th Century S 苏富比
2016-03-16 Lot274 尺寸不详
估价：USD 20,000-30,000
成交价：USD 12,500

紫檀嵌云石砚屏
清 Qing BD 北京东正
2016-05-14 Lot3038 H21cm
估价：RMB 80,000-120,000
成交价：RMB 149,500

红木镶大理石砚屏
清早期 Early Qing S 苏富比
2016-10-05 Lot3003 23.5 × 17.5 × 11.7cm
估价：HKD 30,000-50,000
成交价：HKD 75,000

紫檀雕云龙纹屏
清 Qing SUN 中贸圣佳
2016-05-16 Lot1457 L24.3cm;W15.3cm;H35.2cm
估价：RMB 150,000-175,000
成交价：RMB 402,500

**紫檀雕福寿八吉祥嵌百宝十二扇屏风**
乾隆 Qianlong BP 北京保利
2016-12-05 Lot5182 L425cm;H209cm
估价：RMB 8,000,000-12,000,000
成交价：RMB 24,380,000

2016 Chinese Art Auction TOP10 中国古典家具拍卖十大天价排行榜 Top 1

**黑漆剔红人物故事图八扇屏**
19 世纪 19th Century C 佳士得
2016-05-11 Lot316 H235cm;W42.5cm
估价：GBP 4,000-6,000
成交价：GBP 5,000

**髹漆加彩郭子仪祝寿图八扇屏风**
19-20 世纪 19th-20th Century S 苏富比
2016-09-17 Lot1013 尺寸不详
估价：USD 6,000-8,000
成交价：USD 7,500

黄花梨五抹十二扇围屏
清早期 Early Qing GD 中国嘉德
2016-05-14 Lot4834 W54cm;De2.7cm;H305cm
估价：RMB 3,800,000-5,500,000
成交价：RMB 5,750,000

红木云海龙纹四开屏风
清，19 世纪 Qing,19th Century C 佳士得
2016-11-09 Lot510 186 × 41cm
估价：GBP 3,000-6,000
成交价：GBP 3,750

紫檀嵌群仙祝寿图绣片屏风
19 世纪 19th Century BO 邦瀚斯
2016-11-10 Lot136 522 × 218cm
估价：GBP 30,000-50,000
成交价：GBP 77,500

紫檀夔凤纹镀金莲花头屏座
清 Qing SUN 中贸圣佳
2016-05-16 Lot1458 L56.2cm;W20.4cm;H58.2cm
估价：RMB 100,000-110,000
成交价：RMB 218,500

款彩山水博古图十二扇屏风
康熙 Kangxi C 佳士得
2016-03-17 Lot1328 279.4 × 563.9cm
估价：USD 30,000-50,000
成交价：USD 32,500

紫檀雕夔凤纹屏座
清 Qing SUN 中贸圣佳
2016-05-16 Lot1460 L63cm;W23.4cm;H63.5cm
估价：RMB 140,000-150,000
成交价：RMB 299,000

# 2016年度拍卖场次索引

## 2016 AUCTIONS INDEX

| 场次 | 拍卖机构 | 专场名称 | 拍卖时间 | 地点 |
|---|---|---|---|---|
| 1 | 北京保利 | 瓷器·玉器·工艺品 | 2016-01-16 | 北京 |
| 2 | 中国艺海 | 雅灿共赏——玉器 | 2016-01-21 | 香港 |
| 3 | 中国艺海 | 雅灿共赏——杂项 | 2016-01-21 | 香港 |
| 4 | 中国艺海 | 雅灿共赏——瓷器 | 2016-01-21 | 香港 |
| 5 | 佳士得 | 中国出口艺术品 | 2016-01-21 | 纽约 |
| 6 | 华艺国际 | 古董珍玩——瓷器·玉器·工艺品 | 2016-01-23 | 广州 |
| 7 | 邦瀚斯 | 印度、喜马拉雅及东南亚艺术 | 2016-03-14 | 纽约 |
| 8 | 邦瀚斯 | 美国私人中国鼻烟壶收藏两组：霍华德伉俪收藏及刘月初女仕收藏 | 2016-03-14 | 纽约 |
| 9 | 邦瀚斯 | 中国工艺精品及书画 | 2016-03-14 | 纽约 |
| 10 | 佳士得 | 范德伟喜马拉雅绘画珍藏 | 2016-03-15 | 纽约 |
| 11 | 佳士得 | 印度、喜马拉雅及东南亚工艺精品 | 2016-03-15 | 纽约 |
| 12 | 佳士得 | 拉希莉珍藏：印度与喜马拉雅艺术及古现代收藏 | 2016-03-15 | 纽约 |
| 13 | 苏富比 | 费立哲神父珍藏中国古典家具 | 2016-03-15 | 纽约 |
| 14 | 苏富比 | Caramoor 音乐艺术中心珍藏中国艺术品 | 2016-03-15 | 纽约 |
| 15 | 佳士得 | 露芙及卡尔·巴伦珍藏中国鼻烟壶（第二部分） | 2016-03-16 | 纽约 |
| 16 | 苏富比 | 中国艺术珍品 | 2016-03-16 | 纽约 |
| 17 | 苏富比 | 印度、喜马拉雅及东南亚工艺品重点呈献克劳斯·菲尔希收藏 | 2016-03-16 | 纽约 |
| 18 | 佳士得 | 东西轩——重要比利时显赫私人珍藏中国玉石雕 | 2016-03-17 | 纽约 |
| 19 | 佳士得 | 威尔逊伉俪文玩珍藏 | 2016-03-17 | 纽约 |
| 20 | 佳士得 | 中国瓷器及工艺精品 | 2016-03-17 | 纽约 |
| 21 | 上海嘉禾 | 艺术品 | 2016-03-18 | 上海 |
| 22 | 苏富比 | 苏富比周末拍场：亚洲艺术 | 2016-03-19 | 纽约 |
| 23 | 北京中汉 | 瓷器工艺品专场 | 2016-03-25 | 北京 |
| 24 | 中国嘉德 | 丹青五色——明末清初瓷器集珍 | 2016-03-26 | 北京 |
| 25 | 中国嘉德 | 瓷器 | 2016-03-26 | 北京 |
| 26 | 中国嘉德 | 长物心裁——清供治置 | 2016-03-26 | 北京 |

| 场次 | 拍卖机构 | 专场名称 | 拍卖时间 | 地点 |
|---|---|---|---|---|
| 27 | 中国嘉德 | 承古容今——古典家具及工艺品 | 2016-03-26 | 北京 |
| 28 | 中国嘉德 | 研濡生香——砚、墨、印及文房诸器 | 2016-03-27 | 北京 |
| 29 | 中国嘉德 | 古籍善本·碑帖法书 | 2016-03-27 | 北京 |
| 30 | 北京荣宝 | 古董珍玩紫砂 | 2016-03-27 | 北京 |
| 31 | 北京荣宝 | 名贵珠宝首饰 | 2016-03-27 | 北京 |
| 32 | 中国嘉德 | 玉器·工艺品 | 2016-03-28 | 北京 |
| 33 | 佳士得 | 古今｜佳士得 | 2016-04-05 | 香港 |
| 34 | 保利香港 | 中国古董珍玩专场 | 2016-04-05 | 香港 |
| 35 | 保利香港 | 法华万象——佛教艺术集珍 | 2016-04-05 | 香港 |
| 36 | 保利香港 | 璀璨珠宝专场 | 2016-04-05 | 香港 |
| 37 | 苏富比 | 文人玩趣——怪奇 | 2016-04-05 | 香港 |
| 38 | 苏富比 | 瑰丽珠宝及翡翠首饰 | 2016-04-05 | 香港 |
| 39 | 苏富比 | 赏心菁华——琵金顿珍藏重要中国工艺精品 | 2016-04-06 | 香港 |
| 40 | 苏富比 | 敬天勤民——康熙御制珍宝 | 2016-04-06 | 香港 |
| 41 | 苏富比 | 明式家具——亚洲私人收藏 | 2016-04-06 | 香港 |
| 42 | 苏富比 | 御瓯凝芳——重要鉴赏收藏 | 2016-04-06 | 香港 |
| 43 | 苏富比 | 中国艺术珍品 | 2016-04-06 | 香港 |
| 44 | 西泠印社 | 文房清玩·古玩杂件专场 | 2016-04-09 | 绍兴 |
| 45 | 西泠印社 | 中外名人手迹专场 | 2016-04-09 | 绍兴 |
| 46 | 北京翰海 | 家具·赏石·玉器专场 | 2016-04-17 | 北京 |
| 47 | 北京翰海 | 古董珍玩专场 | 2016-04-17 | 北京 |
| 48 | 朵云轩 | 历代钱币及金银器 | 2016-04-22 | 上海 |
| 49 | 北京保利 | 闲中日月长——瓷器·玉器·文房杂项专场 | 2016-04-27 | 北京 |
| 50 | 北京保利 | 烟云——海外藏画专场 | 2016-04-27 | 北京 |
| 51 | 北京保利 | 瓷器·玉器·工艺品 | 2016-04-28 | 北京 |
| 52 | 保利厦门 | 玄览——重要作品专场 | 2016-05-08 | 厦门 |
| 53 | 保利厦门 | 狮吼南天——中国金铜佛造像、唐卡 | 2016-05-08 | 厦门 |
| 54 | 保利厦门 | 中国古董珍玩 | 2016-05-08 | 厦门 |
| 55 | 邦瀚斯 | 亚洲艺术专场 | 2016-05-09 | 伦敦 |
| 56 | 佳士得 | 中国瓷器及工艺品精选 | 2016-05-10 | 伦敦 |
| 57 | 佳士得 | 中国瓷器、工艺品及纺织品（第一部分） | 2016-05-11 | 伦敦 |
| 58 | 苏富比 | 中国艺术珍品 | 2016-05-11 | 伦敦 |

| 场次 | 拍卖机构 | 专场名称 | 拍卖时间 | 地点 |
| --- | --- | --- | --- | --- |
| 59 | 邦瀚斯 | 中国工艺精品专场 | 2016-05-12 | 伦敦 |
| 60 | 佳士得 | 中国瓷器、工艺品及纺织品（第二部分） | 2016-05-13 | 伦敦 |
| 61 | 北京华辰 | 瓷器玉器工艺品 | 2016-05-13 | 北京 |
| 62 | 北京东正 | 万卷琳琅——20世纪重要古美术文献专场 | 2016-05-14 | 北京 |
| 63 | 北京东正 | 烟云供养——砚墨专场 | 2016-05-14 | 北京 |
| 64 | 北京东正 | 明清工艺美术专场 | 2016-05-14 | 北京 |
| 65 | 北京东正 | 神怡牧闲——书斋生活专场 | 2016-05-14 | 北京 |
| 66 | 北京东正 | 德不孤——古代陈设艺术专场 | 2016-05-14 | 北京 |
| 67 | 北京东正 | 稽首世尊——国内名家藏唐卡佛像专场 | 2016-05-14 | 北京 |
| 68 | 北京东正 | 皇家长物 | 2016-05-14 | 北京 |
| 69 | 北京东正 | 重要宫廷夜场 | 2016-05-14 | 北京 |
| 70 | 北京东正 | 合契——明清古典家具专场 | 2016-05-14 | 北京 |
| 71 | 北京东正 | 十日十月——文人生活空间专场 | 2016-05-14 | 北京 |
| 72 | 中国嘉德 | 器以载道——现当代陶瓷 | 2016-05-14 | 北京 |
| 73 | 中国嘉德 | 天撷英华——当代玉石雕刻艺术家专场 | 2016-05-14 | 北京 |
| 74 | 中国嘉德 | 锦绣琼琚——明清玉器·鼻烟壶·织绣 | 2016-05-14 | 北京 |
| 75 | 中国嘉德 | 文人·漫生活——天地有大美而不言 | 2016-05-14 | 北京 |
| 76 | 中国嘉德 | 案上云烟——文房雅玩 | 2016-05-14 | 北京 |
| 77 | 中国嘉德 | 嘉木万重光——明式家具集珍 | 2016-05-14 | 北京 |
| 78 | 北京诚轩 | 瓷器工艺品 | 2016-05-15 | 北京 |
| 79 | 北京东正 | 真如妙谛——古代佛教艺术专场 | 2016-05-15 | 北京 |
| 80 | 北京东正 | 卿云斋织绣艺术撷芳 | 2016-05-15 | 北京 |
| 81 | 北京东正 | 玉成其美——当代玉雕专场 | 2016-05-15 | 北京 |
| 82 | 北京东正 | 紫器东来——茶·器专场 | 2016-05-15 | 北京 |
| 83 | 中国嘉德 | 名人手迹·签名收藏 | 2016-05-15 | 北京 |
| 84 | 中国嘉德 | 花香供佛·瓷珍雅玩 | 2016-05-15 | 北京 |
| 85 | 中国嘉德 | 明清瓷器·宫廷御玩 | 2016-05-15 | 北京 |
| 86 | 中国嘉德 | 逸云斋珍藏 | 2016-05-15 | 北京 |
| 87 | 中国嘉德 | 紫泥菁英——紫砂古器与近现代臻品 | 2016-05-15 | 北京 |
| 88 | 中国嘉德 | 旃檀林——佛教艺术集萃 | 2016-05-15 | 北京 |
| 89 | 中国嘉德 | 万法归一——宫廷造像精粹 | 2016-05-15 | 北京 |
| 90 | 中国嘉德 | 清宁——国石篆刻艺术 | 2016-05-15 | 北京 |

| 场次 | 拍卖机构 | 专场名称 | 拍卖时间 | 地点 |
|---|---|---|---|---|
| 91 | 北京中汉 | 瓷器工艺品 | 2016-05-15 | 北京 |
| 92 | 北京诚轩 | 古钱·银锭·机制币 | 2016-05-16 | 北京 |
| 93 | 中国嘉德 | 印林锦囊——吴中王氏槐荫层晖庐藏明清印谱 | 2016-05-16 | 北京 |
| 94 | 中国嘉德 | 古籍善本 | 2016-05-16 | 北京 |
| 95 | 中国嘉德 | 笔墨文章——信札写本专场 | 2016-05-16 | 北京 |
| 96 | 中贸圣佳 | 藏珍——瓷器专场 | 2016-05-16 | 北京 |
| 97 | 中贸圣佳 | 彝癖——铜器专场 | 2016-05-16 | 北京 |
| 98 | 中贸圣佳 | 竹嶰虚心——明清竹雕专场 | 2016-05-16 | 北京 |
| 99 | 中贸圣佳 | 集萃——古董珍玩 | 2016-05-16 | 北京 |
| 100 | 中贸圣佳 | 斫木——明清家具专场 | 2016-05-16 | 北京 |
| 101 | 中贸圣佳 | 中国碑帖·古籍·书札专场 | 2016-05-16 | 北京 |
| 102 | 北京诚轩 | 纸币 | 2016-05-17 | 北京 |
| 103 | 中国嘉德 | 金银器·金银锭·钱币（古钱） | 2016-05-17 | 北京 |
| 104 | 中国嘉德 | 金银器·金银锭·钱币（金银器·金银锭·金银币） | 2016-05-17 | 北京 |
| 105 | 中国嘉德 | 纸钞 | 2016-05-18 | 北京 |
| 106 | 福建东南 | 石韵清玩——寿山石雕精品专场 | 2016-05-21 | 福州 |
| 107 | 福建东南 | 补天遗珍——寿山石雕珍品夜场 | 2016-05-21 | 福州 |
| 108 | 福建东南 | 印象万千——金石篆刻专场 | 2016-05-22 | 福州 |
| 109 | 福建东南 | 乘物游心——文房清供专场 | 2016-05-22 | 福州 |
| 110 | 华艺国际 | 齐门天下——齐白石师生作品集珍 | 2016-05-26 | 广州 |
| 111 | 华艺国际 | 陶雅——中国历代陶瓷专场 | 2016-05-26 | 广州 |
| 112 | 华艺国际 | 静观——历代造像专场 | 2016-05-26 | 广州 |
| 113 | 华艺国际 | 西关大宅——器物篇 | 2016-05-26 | 广州 |
| 114 | 华艺国际 | 经典永恒——珠宝翡翠及珍贵钟表 | 2016-05-26 | 广州 |
| 115 | 佳士得 | 三十周年志庆拍卖：世纪珍藏 | 2016-05-30 | 香港 |
| 116 | 佳士得 | 中国近现代画 | 2016-05-31 | 香港 |
| 117 | 佳士得 | 瑰丽珠宝及翡翠首饰 | 2016-05-31 | 香港 |
| 118 | 佳士得 | 开元大观 | 2016-06-01 | 香港 |
| 119 | 佳士得 | 中国宫廷御制艺术精品·重要中国瓷器及工艺精品 | 2016-06-01 | 香港 |
| 120 | 邦瀚斯 | 中国瓷器及工艺精品专场 | 2016-06-02 | 香港 |
| 121 | 苏富比 | 水松石山房藏珍玩专场——逸翫俊赏 | 2016-06-02 | 香港 |
| 122 | 苏富比 | 中国艺术品 | 2016-06-02 | 香港 |

| 场次 | 拍卖机构 | 专场名称 | 拍卖时间 | 地点 |
|---|---|---|---|---|
| 123 | 北京翰海 | 紫瓯凝香——紫砂艺术 | 2016-06-03 | 北京 |
| 124 | 北京翰海 | 古籍善本 | 2016-06-03 | 北京 |
| 125 | 北京保利 | 古锦——近现代名人书札手迹 · 上册 | 2016-06-03 | 北京 |
| 126 | 北京保利 | 古锦——近现代名人书札手迹 · 下册 | 2016-06-03 | 北京 |
| 127 | 北京翰海 | 木鱼晓动——佛造像艺术 | 2016-06-04 | 北京 |
| 128 | 北京翰海 | 繁华盛世——明清金铜器物 | 2016-06-04 | 北京 |
| 129 | 北京保利 | 百年风云——世界名人字札 | 2016-06-04 | 北京 |
| 130 | 北京保利 | 泉韵古今——古钱机制币、纸币专场 | 2016-06-04 | 北京 |
| 131 | 北京传是 | 雅事——文房杂项专场 | 2016-06-04 | 北京 |
| 132 | 北京传是 | 菩提心专场 | 2016-06-04 | 北京 |
| 133 | 北京传是 | 弥珍——瓷器专场 | 2016-06-04 | 北京 |
| 134 | 北京传是 | 凿枘——家具专场 | 2016-06-04 | 北京 |
| 135 | 北京传是 | 华丽珠宝专场 | 2016-06-04 | 北京 |
| 136 | 北京东正 | 重要中国陶瓷及工艺品专场 | 2016-06-05 | 北京 |
| 137 | 北京翰海 | 中国玉器 | 2016-06-05 | 北京 |
| 138 | 北京翰海 | 中国古董珍玩 | 2016-06-05 | 北京 |
| 139 | 北京保利 | 古事 · 文人生活 | 2016-06-05 | 北京 |
| 140 | 北京保利 | 古籍文献 · 唐宋遗书 · 翰墨菁萃 · 西文经典 | 2016-06-05 | 北京 |
| 141 | 北京保利 | 文人长物集珍（含紫砂壶、赏石、玉雕、天珠） | 2016-06-05 | 北京 |
| 142 | 北京荣宝 | 古董珍玩及工艺品 | 2016-06-05 | 北京 |
| 143 | 北京荣宝 | 名贵珠宝首饰专场 | 2016-06-05 | 北京 |
| 144 | 北京保利 | 吉金——重要私人收藏明清铜炉 | 2016-06-06 | 北京 |
| 145 | 北京保利 | 从喜马拉雅到五台山——重要佛教艺术夜场 | 2016-06-06 | 北京 |
| 146 | 北京保利 | 禹贡——天子与庶民的感应 · 古董珍玩之夜 | 2016-06-06 | 北京 |
| 147 | 北京保利 | 宫廷艺术与重要瓷器、玉器、工艺品 | 2016-06-06 | 北京 |
| 148 | 北京保利 | 冰壶秋月——紫砂茗具与书斋陈设雅玩 | 2016-06-06 | 北京 |
| 149 | 北京保利 | 新月雅集——近现代艺术陶瓷专场 | 2016-06-06 | 北京 |
| 150 | 北京匡时 | 可以清心——家具紫砂茶香及养生专场 A | 2016-06-06 | 北京 |
| 151 | 北京匡时 | 可以清心——家具紫砂茶香及养生专场 B | 2016-06-06 | 北京 |
| 152 | 北京保利 | 稽古——中国文房艺术 | 2016-06-07 | 北京 |
| 153 | 北京保利 | 自在菩提——中国金铜佛造像 | 2016-06-07 | 北京 |
| 154 | 北京保利 | 与古为徒——“有容堂”藏重要吴昌硕自用印及名家篆刻 | 2016-06-07 | 北京 |

| 场次 | 拍卖机构 | 专场名称 | 拍卖时间 | 地点 |
|---|---|---|---|---|
| 155 | 北京保利 | 大明·格古 | 2016-06-07 | 北京 |
| 156 | 北京保利 | 潜龙腾渊——日本名轩御藏长物 | 2016-06-07 | 北京 |
| 157 | 北京保利 | 华彩霓裳——张信哲先生珍藏明清织绣服饰 | 2016-06-07 | 北京 |
| 158 | 北京保利 | 瑰丽珠宝与翡翠 | 2016-06-07 | 北京 |
| 159 | 北京匡时 | 推陈出新——近当代陶瓷专场 | 2016-06-07 | 北京 |
| 160 | 北京匡时 | 风华绝代——明清瓷器专场 | 2016-06-07 | 北京 |
| 161 | 北京匡时 | 神工妙造——古董珍玩专场 | 2016-06-07 | 北京 |
| 162 | 北京匡时 | 作意——佛教艺术专场 | 2016-06-07 | 北京 |
| 163 | 北京匡时 | 天工开物——瓷玉工艺品精品夜场 | 2016-06-07 | 北京 |
| 164 | 北京匡时 | 寻味求真——祺昌号茶事茶叶夜场 | 2016-06-07 | 北京 |
| 165 | 北京保利 | 中国古董珍玩（Ⅰ） | 2016-06-08 | 北京 |
| 166 | 北京保利 | 中国古董珍玩（Ⅱ） | 2016-06-08 | 北京 |
| 167 | 北京保利 | 国有善铜——铜镜·银器·铜杂专题 | 2016-06-08 | 北京 |
| 168 | 北京保利 | 游艺——当代工艺美术薪传录 | 2016-06-08 | 北京 |
| 169 | 北京匡时 | 脂蕴香泽——当代玉雕名家作品专场 | 2016-06-08 | 北京 |
| 170 | 北京匡时 | 珠宝及名表专场 | 2016-06-08 | 北京 |
| 171 | 北京匡时 | 方寸乾坤——印石篆刻专场 | 2016-06-08 | 北京 |
| 172 | 广州崇正 | 古逸清芬·古籍、信札、善本 | 2016-06-13 | 广州 |
| 173 | 中国嘉德 | 瓷器·玉器·工艺品 | 2016-06-18 | 北京 |
| 174 | 上海嘉禾 | 《珍瓷雅玩》——瓷器玉器工艺品专场 | 2016-06-25 | 上海 |
| 175 | 西泠印社 | 吉金嘉会·金石碑帖专场 | 2016-06-25 | 杭州 |
| 176 | 西泠印社 | 古籍善本专场 | 2016-06-25 | 杭州 |
| 177 | 西泠印社 | 萃古熙今·文房古玩专场 | 2016-06-25 | 杭州 |
| 178 | 西泠印社 | 道入匠心·文房古玩专场 | 2016-06-25 | 杭州 |
| 179 | 西泠印社 | 中国历代瓷器专场 | 2016-06-25 | 杭州 |
| 180 | 西泠印社 | 中国当代玉雕大师作品专场 | 2016-06-25 | 杭州 |
| 181 | 西泠印社 | 中外名人手迹专场 | 2016-06-26 | 杭州 |
| 182 | 西泠印社 | 文房清玩·古玩杂件专场 | 2016-06-26 | 杭州 |
| 183 | 西泠印社 | 中国历代紫砂器物暨茶文化专场 | 2016-06-26 | 杭州 |
| 184 | 西泠印社 | 华藏宝相——中国历代造像艺术专场 | 2016-06-26 | 杭州 |
| 185 | 西泠印社 | 中国历代庭园艺术——石雕专场 | 2016-06-26 | 杭州 |
| 186 | 西泠印社 | 西洋钟及器物专场 | 2016-06-26 | 杭州 |

| 场次 | 拍卖机构 | 专场名称 | 拍卖时间 | 地点 |
| --- | --- | --- | --- | --- |
| 187 | 西泠印社 | 寄兴金石·名家闲章集萃专场 | 2016-06-26 | 杭州 |
| 188 | 西泠印社 | 文房清玩·田黄及名家钮工专场 | 2016-06-26 | 杭州 |
| 189 | 西泠印社 | 文房清玩·近现代名家篆刻专场 | 2016-06-26 | 杭州 |
| 190 | 西泠印社 | 文房清玩·历代名砚及古墨专场 | 2016-06-27 | 杭州 |
| 191 | 西泠印社 | 中国园艺盆景专场 | 2016-06-27 | 杭州 |
| 192 | 西泠印社 | 中国历代钱币专场 | 2016-06-27 | 杭州 |
| 193 | 邦瀚斯 | 中国鼻烟壶（美国收藏）专场 | 2016-06-28 | 旧金山 |
| 194 | 邦瀚斯 | 中国工艺精品专场 | 2016-06-28 | 旧金山 |
| 195 | 朵云轩 | 金石缘——近现代名家篆刻专场 | 2016-06-29 | 上海 |
| 196 | 朵云轩 | 金石缘——当代全国名家篆刻专场 | 2016-06-29 | 上海 |
| 197 | 朵云轩 | 含英咀华——首届金石铭刻文房专场 | 2016-06-29 | 上海 |
| 198 | 朵云轩 | 丰乐砚田——古名砚专场 | 2016-06-29 | 上海 |
| 199 | 朵云轩 | 瓷器杂项专场 | 2016-06-29 | 上海 |
| 200 | 中国艺海 | 盛世珍藏——瓷器、玉器、字画 | 2016-07-15 | 香港 |
| 201 | 中国艺海 | 盛世珍藏——杂项 | 2016-07-15 | 香港 |
| 202 | 朵云轩 | 文房玉石杂项 | 2016-07-22 | 上海 |
| 203 | 朵云轩 | 古籍碑帖专场 | 2016-07-22 | 上海 |
| 204 | 华艺国际 | 珠宝·翡翠·钟表 | 2016-07-24 | 广州 |
| 205 | 华艺国际 | 古董珍玩 | 2016-07-24 | 广州 |
| 206 | 北京保利 | 瓷器·玉器·工艺品 | 2016-07-30 | 北京 |
| 207 | 北京翰海 | 玉器·家具·赏石专场 | 2016-08-14 | 北京 |
| 208 | 北京翰海 | 匠心筑梦——燕京八绝精品拍卖专场 | 2016-08-14 | 北京 |
| 209 | 北京翰海 | 古董珍玩专场 | 2016-08-14 | 北京 |
| 210 | 邦瀚斯 | 约翰和西莱斯特·弗莱明夫妇珍藏中国古典家具及艺术精品 | 2016-09-12 | 纽约 |
| 211 | 邦瀚斯 | 美国私人鼻烟壶收藏 | 2016-09-12 | 纽约 |
| 212 | 苏富比 | 艺海观涛：坂本五郎珍藏中国艺术——高古 | 2016-09-13 | 纽约 |
| 213 | 苏富比 | 中国艺术珍品 | 2016-09-13 | 纽约 |
| 214 | 佳士得 | 露芙及卡尔·巴伦珍藏中国鼻烟壶 | 2016-09-14 | 纽约 |
| 215 | 佳士得 | 古韵天成——临宇山人珍藏（二） | 2016-09-15 | 纽约 |
| 216 | 佳士得 | 美藏于斯——大都会艺术博物馆珍藏中国瓷器 | 2016-09-15 | 纽约 |
| 217 | 佳士得 | 中国瓷器及工艺精品 | 2016-09-16 | 纽约 |
| 218 | 苏富比 | 蘇富比周末拍场：亚洲艺术 | 2016-09-17 | 纽约 |

| 场次 | 拍卖机构 | 专场名称 | 拍卖时间 | 地点 |
|---|---|---|---|---|
| 219 | 上海嘉禾 | 珍瓷雅玩 | 2016-09-20 | 上海 |
| 220 | 北京东正 | 重要中国陶瓷及工艺品专场（二） | 2016-09-23 | 北京 |
| 221 | 北京匡时 | 直心道场——五台山人藏珍 | 2016-09-23 | 北京 |
| 222 | 中国嘉德 | 瓷器 | 2016-09-24 | 北京 |
| 223 | 中国嘉德 | 承古容今——古典家具及工艺品 | 2016-09-24 | 北京 |
| 224 | 北京中汉 | 瓷器工艺品专题 | 2016-09-24 | 北京 |
| 225 | 中国嘉德 | 研濡生香——砚、墨、印及文房诸器 | 2016-09-25 | 北京 |
| 226 | 中国嘉德 | 长物心裁——清供冶置 | 2016-09-25 | 北京 |
| 227 | 中国嘉德 | 玉器工艺品 | 2016-09-25 | 北京 |
| 228 | 中国嘉德 | 玉器工艺品 | 2016-09-26 | 北京 |
| 229 | 中国嘉德 | 古籍善本·碑帖法书 | 2016-09-26 | 北京 |
| 230 | 西泠印社 | 文房清玩·古玩杂件专场 | 2016-09-29 | 绍兴 |
| 231 | 保利香港 | 璀璨珠宝专场 | 2016-10-03 | 香港 |
| 232 | 佳士得 | 古今丨佳士得 | 2016-10-04 | 香港 |
| 233 | 保利香港 | 九重芳华——宫廷御制珍玩专场 | 2016-10-04 | 香港 |
| 234 | 保利香港 | 中国古董珍玩专场 | 2016-10-04 | 香港 |
| 235 | 保利香港 | 梵珍妙品——御颐珍藏金铜佛像专场 | 2016-10-04 | 香港 |
| 236 | 保利香港 | 古韵——重要高古艺术专场 | 2016-10-04 | 香港 |
| 237 | 苏富比 | 瑰丽珠宝及翡翠首饰 | 2016-10-04 | 香港 |
| 238 | 苏富比 | 精蕴琳琅：Roger · Keverne · 私人瑰藏 | 2016-10-05 | 香港 |
| 239 | 苏富比 | 花赏瑶华：巴黎名藏中国艺术收藏 · III | 2016-10-05 | 香港 |
| 240 | 苏富比 | 龙游帝苑 | 2016-10-05 | 香港 |
| 241 | 苏富比 | 艺海观涛：坂本五郎珍藏早期佛教铜像 | 2016-10-05 | 香港 |
| 242 | 苏富比 | 明式家具：轻巧袖珍宝 | 2016-10-05 | 香港 |
| 243 | 苏富比 | 中国艺术珍品 | 2016-10-05 | 香港 |
| 244 | 朵云轩 | 历代钱币及金银器 | 2016-10-20 | 上海 |
| 245 | 北京华辰 | 瓷器玉器工艺品 | 2016-10-26 | 杭州 |
| 246 | 北京华辰 | 亚洲重要私人收藏 | 2016-10-26 | 杭州 |
| 247 | 福建东南 | 乘物游心——文房清供专场 | 2016-10-30 | 福州 |
| 248 | 福建东南 | 印象万千——金石篆刻专场 | 2016-10-30 | 福州 |
| 249 | 福建东南 | 石韵清玩——寿山石雕精品专场 | 2016-10-30 | 福州 |
| 250 | 福建东南 | 化境——当代漆艺专场 | 2016-10-30 | 福州 |

| 场次 | 拍卖机构 | 专场名称 | 拍卖时间 | 地点 |
| --- | --- | --- | --- | --- |
| 251 | 福建东南 | 补天遗珍——寿山石雕珍品夜场 | 2016-10-30 | 福州 |
| 252 | 北京保利 | 瓷器·玉器·工艺品一 | 2016-10-31 | 北京 |
| 253 | 北京保利 | 瓷器·玉器·工艺品二 | 2016-10-31 | 北京 |
| 254 | 保利厦门 | 玄览——重要古董器物专场 | 2016-11-06 | 厦门 |
| 255 | 保利厦门 | 中国古董珍玩 | 2016-11-06 | 厦门 |
| 256 | 保利厦门 | 中西名酒及陈年好茶 | 2016-11-06 | 厦门 |
| 257 | 保利厦门 | 珠宝腕表与西洋古董 | 2016-11-06 | 厦门 |
| 258 | 邦瀚斯 | 亚洲瓷器及工艺精品 | 2016-11-07 | 伦敦 |
| 259 | 佳士得 | 中国瓷器及工艺精品 | 2016-11-08 | 伦敦 |
| 260 | 佳士得 | 中国瓷器·工艺精品及纺织品（第一部分） | 2016-11-09 | 伦敦 |
| 261 | 邦瀚斯 | 中国工艺精品专场 | 2016-11-10 | 伦敦 |
| 262 | 北京保利 | 壶中鸥波——士子和他的时代 | 2016-11-10 | 北京 |
| 263 | 北京东正 | 文心清节——书斋生活专场 | 2016-11-11 | 北京 |
| 264 | 北京东正 | 日月菁华——文人器物专场 | 2016-11-11 | 北京 |
| 265 | 北京东正 | 澈心——中国器具陈设与艺术专场 | 2016-11-11 | 北京 |
| 266 | 北京东正 | 卿云斋织绣艺术撷芳 | 2016-11-11 | 北京 |
| 267 | 北京东正 | 燕居首器——明清铜炉专场 | 2016-11-11 | 北京 |
| 268 | 北京东正 | 馨翊轩——明清工艺美术专场 | 2016-11-11 | 北京 |
| 269 | 北京东正 | 真如妙谛——古代佛教艺术专场 | 2016-11-11 | 北京 |
| 270 | 北京东正 | 万物——佛像、玉器及古董艺术专场 | 2016-11-11 | 北京 |
| 271 | 北京东正 | 皇家长物 | 2016-11-11 | 北京 |
| 272 | 北京东正 | 云觥万载——古代玉器专场 | 2016-11-11 | 北京 |
| 273 | 北京东正 | 至尊华美——铜胎掐丝珐琅专场 | 2016-11-11 | 北京 |
| 274 | 佳士得 | 中国瓷器·工艺精品及纺织品（第二部分） | 2016-11-11 | 伦敦 |
| 275 | 北京诚轩 | 瓷器工艺品 | 2016-11-12 | 北京 |
| 276 | 北京东正 | 集古拾今——家具、紫砂茶道具、美术文献专场 | 2016-11-12 | 北京 |
| 277 | 北京东正 | 平凡之外——珍稀佳酿及西洋古董专场 | 2016-11-12 | 北京 |
| 278 | 北京东正 | 琉光溢彩——珠宝、翡翠及艺术品专场 | 2016-11-12 | 北京 |
| 279 | 中国嘉德 | 明清瓷器玉器掌玩艺术 | 2016-11-12 | 北京 |
| 280 | 中国嘉德 | 含英咀华——明清宫廷艺术聚珍 | 2016-11-12 | 北京 |
| 281 | 中国嘉德 | 心赏·赏心——私人藏佛教艺术精粹 | 2016-11-12 | 北京 |
| 282 | 中国嘉德 | 哲布尊丹巴——扎那巴扎尔 | 2016-11-12 | 北京 |

| 场次 | 拍卖机构 | 专场名称 | 拍卖时间 | 地点 |
|---|---|---|---|---|
| 283 | 中国嘉德 | 旃檀林——佛教艺术集萃 | 2016-11-12 | 北京 |
| 284 | 中国嘉德 | 清宁——国石篆刻艺术 | 2016-11-12 | 北京 |
| 285 | 中国嘉德 | 器以载道——现当代陶瓷 | 2016-11-13 | 北京 |
| 286 | 中国嘉德 | 天撷英华——当代玉石雕刻艺术家专场 | 2016-11-13 | 北京 |
| 287 | 中国嘉德 | 紫泥菁英——紫砂古器与近现代臻品 | 2016-11-13 | 北京 |
| 288 | 中国嘉德 | 名人手迹 · 签名收藏 | 2016-11-13 | 北京 |
| 289 | 中国嘉德 | 案上云烟——文房雅玩 | 2016-11-13 | 北京 |
| 290 | 中国嘉德 | 执古御今——书斋长物 | 2016-11-13 | 北京 |
| 291 | 中国嘉德 | 清隽明朗——明清古典家具精品 | 2016-11-13 | 北京 |
| 292 | 中国嘉德 | 匠心妙契——江南长物集珍 | 2016-11-13 | 北京 |
| 293 | 北京中汉 | 瓷器工艺品 | 2016-11-13 | 北京 |
| 294 | 北京诚轩 | 古钱 · 银锭 · 机制币 | 2016-11-14 | 北京 |
| 295 | 中国嘉德 | 古籍善本 | 2016-11-14 | 北京 |
| 296 | 中国嘉德 | 笔墨文章——信札写本专场 | 2016-11-14 | 北京 |
| 297 | 中贸圣佳 | 【夜场】梵尘妙相——佛像专场 | 2016-11-14 | 北京 |
| 298 | 北京诚轩 | 纸币 | 2016-11-15 | 北京 |
| 299 | 中国嘉德 | 金银器 | 2016-11-15 | 北京 |
| 300 | 中国嘉德 | 古钱、金银锭、金银币（古钱币） | 2016-11-15 | 北京 |
| 301 | 中贸圣佳 | 集萃——古董珍玩 | 2016-11-15 | 北京 |
| 302 | 中贸圣佳 | 斫木——明清家具专场 | 2016-11-15 | 北京 |
| 303 | 中贸圣佳 | 藏珍——瓷器专场 | 2016-11-15 | 北京 |
| 304 | 中贸圣佳 | 万卷——古籍 · 碑帖 · 书札专场 | 2016-11-15 | 北京 |
| 305 | 中贸圣佳 | 御览——天禄琳琅及历代佳椠 | 2016-11-15 | 北京 |
| 306 | 中国嘉德 | 纸钞 | 2016-11-16 | 北京 |
| 307 | 中国嘉德 | 古钱、金银锭、金银币（金银锭、金银币） | 2016-11-16 | 北京 |
| 308 | 北京华辰 | 瓷器玉器工艺品 | 2016-11-16 | 北京 |
| 309 | 华艺国际 | 经典永恒——珠宝翡翠与名品手袋 | 2016-11-26 | 广州 |
| 310 | 华艺国际 | 静观——历代造像专场 | 2016-11-26 | 广州 |
| 311 | 华艺国际 | 余香集——古董珍玩专场 | 2016-11-26 | 广州 |
| 312 | 荣宝斋（上海） | 金梅花室——郭若愚藏钱币专场 | 2016-11-27 | 上海 |
| 313 | 荣宝斋（上海） | 金梅花室——郭若愚藏金石书画文房雅玩专场 | 2016-11-27 | 上海 |
| 314 | 荣宝斋（上海） | 古董珍玩专场 | 2016-11-27 | 上海 |

| 场次 | 拍卖机构 | 专场名称 | 拍卖时间 | 地点 |
|---|---|---|---|---|
| 315 | 北京匡时 | 集瑞——古董珍玩专场 | 2016-11-28 | 香港 |
| 316 | 苏富比 | 珍贵珠宝及翡翠首饰 | 2016-11-28 | 香港 |
| 317 | 邦瀚斯 | 中国瓷器及工艺精品 | 2016-11-29 | 香港 |
| 318 | 佳士得 | 瑰丽珠宝及翡翠首饰 | 2016-11-29 | 香港 |
| 319 | 中国嘉德 | 紫英青璲——古砚专场 | 2016-11-29 | 香港 |
| 320 | 中国嘉德 | 怀古——重要元明艺术珍品 | 2016-11-29 | 香港 |
| 321 | 中国嘉德 | 抟泥幻化——中国古代陶瓷 | 2016-11-29 | 香港 |
| 322 | 中国嘉德 | 观古——瓷器珍玩工艺品 | 2016-11-29 | 香港 |
| 323 | 中国嘉德 | 观华——明清古典家具 | 2016-11-29 | 香港 |
| 324 | 保利香港 | 怡情·中国古董珍玩 | 2016-11-29 | 香港 |
| 325 | 佳士得 | 养德堂珍藏中国古陶瓷 | 2016-11-30 | 香港 |
| 326 | 佳士得 | 重要中国瓷器及工艺精品 | 2016-11-30 | 香港 |
| 327 | 苏富比 | 五德冰清——沐文堂藏中国玉雕 | 2016-12-01 | 香港 |
| 328 | 北京翰海 | 紫瓯凝香——紫砂艺术 | 2016-12-02 | 北京 |
| 329 | 苏富比 | 中国艺术品 | 2016-12-02 | 香港 |
| 330 | 北京翰海 | 繁华盛世——明清金铜器物 | 2016-12-03 | 北京 |
| 331 | 北京翰海 | 格古集甄——重要私人收藏 | 2016-12-03 | 北京 |
| 332 | 北京翰海 | 西路十年——金铜佛像 | 2016-12-03 | 北京 |
| 333 | 北京荣宝 | 华庭妙趣——古董文玩造像 | 2016-12-03 | 北京 |
| 334 | 北京翰海 | 中国玉器 | 2016-12-04 | 北京 |
| 335 | 北京翰海 | 中国古董珍玩 | 2016-12-04 | 北京 |
| 336 | 北京保利 | 泉韵古今——古钱机制币、纸币专场 | 2016-12-04 | 北京 |
| 337 | 北京保利 | 中国当代高端工艺品 | 2016-12-04 | 北京 |
| 338 | 北京保利 | 吉金——重要私人收藏明清铜炉 | 2016-12-05 | 北京 |
| 339 | 北京保利 | 大圆觉——重要佛教美术夜场 | 2016-12-05 | 北京 |
| 340 | 北京保利 | 三叠·五缾——东瀛清赏宋元明清花器 | 2016-12-05 | 北京 |
| 341 | 北京保利 | 色古，香清——雍正御瓷与内廷雅玩 | 2016-12-05 | 北京 |
| 342 | 北京保利 | 禹贡——御座与重屏之间·古董珍玩之夜 | 2016-12-05 | 北京 |
| 343 | 北京保利 | 大明·格古 | 2016-12-05 | 北京 |
| 344 | 北京保利 | 古籍文献·唐宋遗书·翰墨菁萃·西文经典 | 2016-12-05 | 北京 |
| 345 | 北京匡时 | 推陈出新——近当代陶瓷专场 | 2016-12-05 | 北京 |
| 346 | 北京匡时 | 风华绝代——明清瓷器专场 | 2016-12-05 | 北京 |

| 场次 | 拍卖机构 | 专场名称 | 拍卖时间 | 地点 |
|---|---|---|---|---|
| 347 | 北京匡时 | 天工紫韵——藏乐阁当代紫檀家具专场 | 2016-12-05 | 北京 |
| 348 | 北京匡时 | 珠宝及西洋古董专场 | 2016-12-05 | 北京 |
| 349 | 北京匡时 | 作意——佛教艺术专场 | 2016-12-05 | 北京 |
| 350 | 北京匡时 | 神工妙造——古董珍玩专场 | 2016-12-05 | 北京 |
| 351 | 北京匡时 | 浮翠流丹——私人藏珊瑚工艺品专场 | 2016-12-05 | 北京 |
| 352 | 北京匡时 | 方寸乾坤——印石篆刻专场 | 2016-12-05 | 北京 |
| 353 | 北京保利 | 稽古——中国文房艺术与紫砂茗具 | 2016-12-06 | 北京 |
| 354 | 北京保利 | 自在菩提——中国金铜佛造像、唐卡 | 2016-12-06 | 北京 |
| 355 | 北京保利 | 宫廷艺术与重要瓷器、玉器、工艺品 | 2016-12-06 | 北京 |
| 356 | 北京保利 | 营作——一木一石间的中国古典家具 | 2016-12-06 | 北京 |
| 357 | 北京保利 | 瑰丽珠宝与翡翠 | 2016-12-06 | 北京 |
| 358 | 北京匡时 | 可以清心——紫砂及茶道具专场 | 2016-12-06 | 北京 |
| 359 | 北京匡时 | 寻味求真——祺昌号茶事茶叶专场 | 2016-12-06 | 北京 |
| 360 | 北京匡时 | 静观——重要私人收藏明清工艺品夜场 | 2016-12-06 | 北京 |
| 361 | 北京匡时 | 天工开物——瓷器工艺品精品夜场 | 2016-12-06 | 北京 |
| 362 | 北京匡时 | 瑞福集臻——宫廷艺术珍品夜场 | 2016-12-06 | 北京 |
| 363 | 北京匡时 | 佳器亙代——乾坤堂藏瓷玉工艺品夜场 | 2016-12-06 | 北京 |
| 364 | 北京匡时 | 百雅之首——重要古琴夜场 | 2016-12-06 | 北京 |
| 365 | 北京保利 | 中国古董珍玩（I） | 2016-12-07 | 北京 |
| 366 | 北京保利 | 中国古董珍玩（II） | 2016-12-07 | 北京 |
| 367 | 北京保利 | 国有善铜——铜镜·金银器 | 2016-12-07 | 北京 |
| 368 | 北京古天一 | 清玩聚珍 | 2016-12-07 | 北京 |
| 369 | 北京古天一 | 缘起——藏传佛教艺术（四） | 2016-12-07 | 北京 |
| 370 | 北京中汉 | 犹珍 25——瓷器工艺品专题拍卖会 | 2016-12-07 | 北京 |
| 371 | 北京中汉 | 瓷器工艺品二 | 2016-12-07 | 北京 |
| 372 | 保利厦门 | 古董珍玩 | 2016-12-10 | 厦门 |
| 373 | 保利厦门 | 珠宝腕表与佳酿茗品 | 2016-12-10 | 厦门 |
| 374 | 广州崇正 | 汲古·珍瓷雅器、玉堂清玩 | 2016-12-11 | 广州 |

# 中国历代年表

## CHRONOLOGY

| 中文/缩写<br>英文 | 年代 |
|---|---|
| 新石器时代 / Neolithic<br>Neolithic Period | 10th-early 1st millennium B.C. |
| 商 Shang | 16th century B.C. – 1059 B.C. |
| 周 Zhou | 1059 B.C. – 221 B.C. |
| 西周 / W.Zhou<br>Western Zhou | 1059 B.C. – 771 B.C. |
| 东周 / E.Zhou<br>Eastern Zhou | 770 B.C. – 255 B.C. |
| 春秋/ S.&A.<br>Spring & Autumn | 770 B.C. – 403 B.C. |
| 战国/ Warring<br>Warring States | 403 B.C. – 221 B.C. |
| 秦 Qin | 221 B.C. – 207 B.C. |
| 汉 Han | 206 B.C. – 220 A.D. |
| 西汉 / W.Han<br>Western Han | 202 B.C. – 9 A.D. |
| 东汉 / E.Han<br>Eastern Han | 25 – 220 |
| 六朝 / Six Dy.<br>Six Dynasties | 220 – 589 |
| 三国 / Three King<br>Three Kingdoms | 220 – 280 |
| 晋 Jin | 266 – 420 |
| 西晋 / W.Jin<br>Western Jin | 266 – 317 |
| 东晋 / E.Jin<br>Eastern Jin | 317 – 420 |
| 南北朝 / S.&N.Dy.<br>Southern & Northern Dynasties | 420 – 589 |
| 隋 Sui | 581 – 618 |
| 唐 Tang | 618 – 907 |
| 五代 / Five Dy.<br>Five Dynasties | 907 – 960 |
| 宋 Song | 960 – 1279 |
| 北宋 / N.Song<br>Northern Song | 960 – 1127 |
| 南宋 / S.Song<br>Southern Song | 1127 – 1279 |
| 辽 Liao | 916 – 1125 |

| 中文/缩写<br>英文 | 年代 |
|---|---|
| 金 Jin | 1115 – 1234 |
| 元 Yuan | 1271 – 1368 |
| 明 Ming | 1368 – 1644 |
| 洪武 Hongwu | 1368 – 1398 |
| 建文 Jianwen | 1398 – 1402 |
| 永乐 Yongle | 1402 – 1424 |
| 洪熙 Hongxi | 1424 – 1425 |
| 宣德 Xuande | 1425 – 1435 |
| 正统 Zhengtong | 1435 – 1449 |
| 景泰 Jingtai | 1449 – 1457 |
| 天顺 Tianshun | 1457 – 1464 |
| 成化 Chenghua | 1464 – 1487 |
| 弘治 Hongzhi | 1487 – 1505 |
| 正德 Zhengde | 1505 – 1521 |
| 嘉靖 Jiajing | 1521 – 1567 |
| 隆庆 Longqing | 1567 – 1572 |
| 万历 Wanli | 1572 – 1620 |
| 泰昌 Taichang | 1620 – 1620 |
| 天启 Tianqi | 1620 – 1627 |
| 崇祯 Chongzhen | 1627 – 1644 |
| 清 Qing | 1636 – 1912 |
| 崇德 Chongde | 1636 – 1643 |
| 顺治 Shunzhi | 1643 – 1661 |
| 康熙 Kangxi | 1661 – 1722 |
| 雍正 Yongzheng | 1722 – 1735 |
| 乾隆 Qianlong | 1735 – 1796 |
| 嘉庆 Jiaqing | 1796 – 1820 |
| 道光 Daoguang | 1820 – 1850 |
| 咸丰 Xianfeng | 1850 – 1861 |
| 同治 Tongzhi | 1861 – 1875 |
| 光绪 Guangxu | 1875 – 1908 |
| 宣统 Xuantong | 1908 – 1912 |
| 中华民国 / Republic Period<br>Republic of China | 1912 – 1949 |
| 中华人民共和国 / PRC<br>People's Republic of China | 1949 – |

**图书在版编目（CIP）数据**

2017中国艺术品拍卖年鉴. 文玩杂项 / 《拍卖年鉴》编辑部（中国）编著. -- 北京：北京联合出版公司, 2017.1

ISBN 978-7-5502-9531-5

Ⅰ. ①2… Ⅱ. ①拍… Ⅲ. ①艺术品－拍卖－价格－中国－2017－年鉴②历史文物－拍卖－价格－中国－2017－年鉴 Ⅳ. ①F724.787-54

中国版本图书馆CIP数据核字(2017)第004974号

# 2017中国艺术品拍卖年鉴
## 文玩杂项

**项目策划** 紫图图书ZITO®
**监　　制** 黄利　万夏

**编　　著** 《拍卖年鉴》编辑部
**责任编辑** 管　文
**特约编辑** 张耀强　高　翔
**装帧设计** 紫图图书ZITO®

---

北京联合出版公司出版
（北京市西城区德外大街83号楼9层　100088）
北京艺堂印刷有限公司印刷　新华书店经销
440千字　710毫米×1000毫米　1/16　38印张
2017年1月第1版　2017年1月第1次印刷
ISBN 978-7-5502-9531-5
定价：199.00元

---

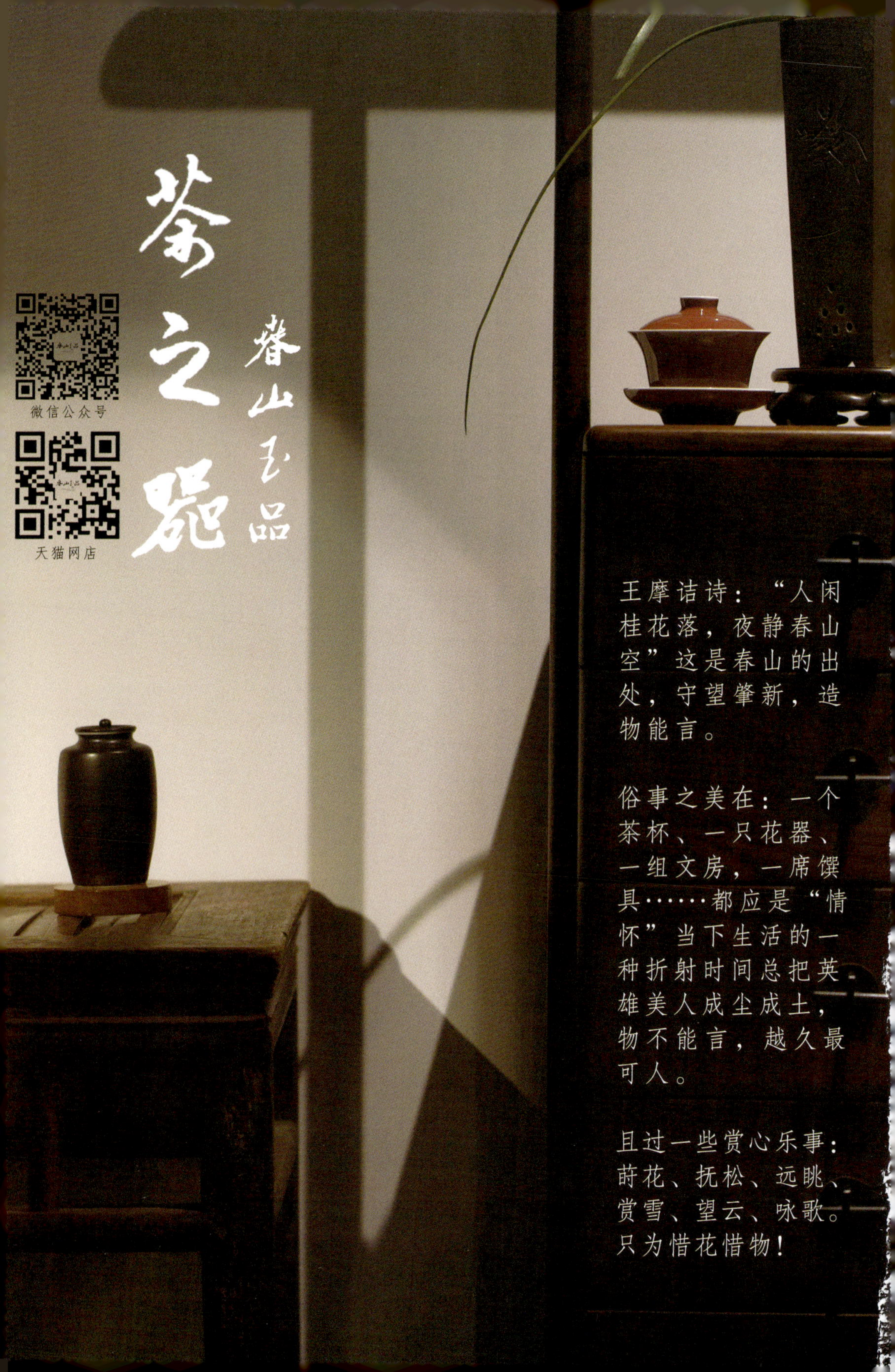

茶之器
春山玉品
微信公众号
天猫网店
王摩诘诗："人闲桂花落，夜静春山空"这是春山的出处，守望肇新，造物能言。
俗事之美在：一个茶杯、一只花器、一组文房，一席馔具……都应是"情怀"当下生活的一种折射时间总把英雄美人成尘成土，物不能言，越久最可人。
且过一些赏心乐事：莳花、抚松、远眺、赏雪、望云、咏歌。只为惜花惜物！